学科、知识与近代中国研究书系

陈力卫——著

东往东来

近代中日之间的语词概念

社会科学文献出版社
SOCIAL SCIENCES ACADEMIC PRESS(CHINA)

编辑说明

 复旦大学中外现代化进程研究中心成立于 2000 年，是涵盖文、史、政、经等学科的综合性研究机构。2004 年，获批为教育部人文社会科学重点研究基地。中心成立后，致力于推动中外文化交流的研究，尤其重视结合近代学科知识的成长，重新认识近代中国的历史。为此先后组织了基地重大项目"'普世性'与'各别性'：现代化进程中文化结构的转型"、国家社科基金重大项目"中外文化交流与近代中国的知识转型"等。因此机缘，中心也与多家研究机构开展了富于成效的合作，邀请到具有不同背景的学者参加课题的研究。同时，中心研究人员也受邀参与到多家机构所组织的课题中。主要包括德国埃尔兰根 - 纽伦堡大学朗宓榭（Michael Lacker）教授主持的项目"中西学术交流：历史与哲学的维度"、日本关西大学承担的文部省 COE 项目"文化交涉学教育研究基地"，以及张寿安教授主持的"中研院"主题研究计划"近代中国知识转型与知识传播，1600 ~ 1949"等。

 "学科、知识与近代中国研究书系"的出版，正是上述合作研究的产物。汇集的研究成果包括：沈国威《一名之立 旬月踟蹰：严复译词研究》、陈力卫《东往东来：近代中日之间的语词概念》、阿梅龙《真实与建构：中国近代史及科技史新探》、孙江《重审中国的"近代"》、潘光哲《创造近代中国的"世界知识"》、章清《会通中西：近代中国知识转型的基调及其变奏》。各位学者有不同的专业背景，皆关注到近代学科知识成长的一些面向，展示出各具特色的研究。

近代学科知识的成长之所以值得关注，乃是因为此与近代世界的诞生密切相关，或者说是同步成长的。包括物理学、社会学、哲学等一系列今日统称为自然科学、社会科学及人文学科的近代学科知识，之所以奠定了近代世界的基础，在于其提供了有关现实世界新的解释，还支撑起对于社会理念的合法性论证。换言之，对于"现代性"（modernity）的认知，理解也好，质疑也罢，或都有必要结合各分科知识进行检讨。对此的关注曾构成马克斯·韦伯学说的核心——以"世界的祛魅"作为问题的肇端。哈贝马斯则勾画出不同时期社会理念合法性论证的不同基础，指明自现代科学产生以来所产生的重要影响。查尔斯·泰勒还具体阐明"西方现代性的主要特征之一"，"是具有魔法力量和神灵的世界的消失"。凡此，皆道出现代社会的建立可视作"理性化"的过程，而以"科学"为标志的各分科知识，对于理解近代世界的诞生、理解"现代性"的成长，具有重大意义。

学科知识的"援西入中"，对于理解近代以来的中国历史，自有其重要性。最基本的，中国社会有关现实世界及社会理念合法性论证的基础，也渐次脱离传统的"学术资源"，转而采纳近代学科知识所提供的"知识资源"。而且，这一过程不仅决定了中国当代学术的理论和实践，从 20 世纪初开始，更通过以分科知识为"专史"的书写样式，重新塑造了"中国之过去"。毫不夸张地说，中国近代思想史上所有重要问题的展开，都受到自 16 世纪至 20 世纪之间所接受的分科知识及学科术语的影响。1923 年发生的"科学与人生观"的论战，即是其中之显例。或许可以说，近代学科知识在中国的成长，是值得进一步发掘的课题。

当然，必须看到的是，近代学科知识的成长是涉及全球范围的文化迁移现象，相应的，各个国家在"知识转型"与"知识传播"上

也有着自身的成长脉络。传统因素的重要作用，也意味着并不存在
"单一的进程"，所呈现的是"多种多样的现代性"。不仅历史进程经
常会发生偏离，其过程也尚未"终结"。故此，基于中国背景检讨近
代学科知识的形成，也需要考虑两类相互联系的问题。其一是西方以
分科为标志的近代知识是如何传入的，需分析与西学传入相关的论作
（包括译作及独立文本），各学科专门术语的翻译和标准术语词汇的
出现，以及新术语在中国思想新的发展阶段的应用。其二是中国本土
接纳分科知识的制度和社会背景，当重点检讨各层次教育中新课程的
输入和介绍、相关研究机构的建立和发展、公众对新学科的反响及对
这段历史的重构。

　　"学科、知识与近代中国研究书系"旨在基于近代学科知识成长
的视野审视近代中国的历史，并把这一过程视为近代中国接受西学的
一个特殊结果来分析；旨在促进对近代学科知识形成的复杂过程的理
解，同时致力于解决与此相关的方法论和概念上的难题。各书针对近
代学科知识的研究，尽管已涉及不同层面，但显然还不足以涵盖此一
课题所涉及的广泛领域。接下来中心还将致力于"东西知识环流与
近代中国"课题的研究，希望能继续推进相关研究成果的出版。

　　上述各位学者作为中心的专职或兼职研究人员，对于推进中心课
题的研究，倾力颇多；能将他们这些年完成的研究成果列入"学科、
知识与近代中国研究书系"出版，更是对中心工作莫大的支持。社
会科学文献出版社首席编辑徐思彦、近代史编辑室主任宋荣欣及其所
领导的编辑团队，对于书系的出版尽心尽责，在此也要表达真挚的
感谢。

复旦大学中外现代化进程研究中心

目 录
CONTENTS

第三编 语词概念定尘埃

序　章　语词的漂移

一　中日同形词为什么那么多

不管是日本人学汉语，还是中国人学日语，都会发现两国之间有很多词词形相同，而且意思也一样。这种现象是怎么形成的呢？从历史上来看，大家知道，中国有着光辉灿烂的古代文明，在其影响下，周围的朝鲜半岛、日本及越南都接受了汉字、汉语，形成了一个我们常说的汉字文化圈。17 世纪以前，中国是这一文化圈文明的主要发源地，一直是中华文明向周边其他国家扩散。所以，近代以前，是日语从中文里大量借用了汉语词。诸如"料理""写真""丈夫"等词，现在虽然已与中文词义相去甚远，但仍可以解释为日语中词义演变的结果。而近代以来，一般则认为是中文从日语里吸收了大量的新词，诸如"象征""科学""美学""美术""哲学"等。这类词因为在时间上距离现在并不远，所以中日文的词形和词义都完全一致。通过这样一来一往的相互借用，便在各自的语言里形成了大量所谓的中日同形词。

对于这一现象，从两千多年的中日交流史上来看，当然是近代以前日文吸收汉语的成分要多得多。早在奈良末期至平安初期(8～9 世纪)，日本盛行汉诗汉文，《日本书纪》《怀风藻》《凌云集》

都是用中文写成的作品，特别是平安初期鲜有用日文写就的作品，故可称为日本文学史上的"国风黑暗时代"。反过来说，这是日本全面接受中国文化的时期，汉语词汇也必然成为日语的一个重要组成部分。

而 17 世纪以后，在欧洲又出现了另一个"近代文明"，它也开始向这个汉字文化圈渗透，利玛窦等早期传教士们留下了许多介绍西方天文地理等知识的中文著作。进入 19 世纪后，中国首先被西方列强打开国门，各种西方知识开始在中国传播。另一方面，日本也早在 18 世纪就以"兰学"（荷兰学）的形式开始汲取西洋文明。进入 19 世纪后，日本看到邻国中国在鸦片战争中的失败，倍感危机，又在美国"黑船袭来"的状况下，不得不积极主动地收集有关西方的情报。这时候，用中文写成的西学新书和英华字典之类便成了日本加快对西洋理解的一个便捷的手段。于是，一直到明治 10 年（1877）左右，日本通过大量引进中文书刊，系统地确立了一条经由中国吸收西洋文明的渠道。当然，在这一过程中，特别是明治维新以后，还有日本独自直接从西洋导入近代文明的步骤，即努力创造新词来对应新概念。这种双管齐下、积极而又主动地"拿来"西方文明，使日本迅速加入到近代国家的行列中。

随后，便是我们知道的甲午战争后，亚洲各国特别是中国和韩国开始以日本为榜样，派遣大量留学生去日本学习，他们把日语中使用的这些新词又原封不动地带回本国，加以普及和使用，形成了汉字文化圈中的知识共享。

从词汇交流史上来看，以上中文与日语的关系可以整理归纳成四种情况：（1）近代以前进入日语的汉语词；（2）近代以后日本经由中国渠道来接受西洋知识；（3）日本直接吸收西洋知识；（4）新词由日本向中国及亚洲其他国家扩散。前两种情况可以视为汉语词由中文进入日语；如果仅限于近代的话，我们在这里就不去详论第一种情况。第三种情况则可以看作日本人创造和改造新词的努力。而最后一种情况正是人们爱议论的话题：近代的中国是如何接受这些来自日本的新词、新概念的。我们下面就此分别阐述。

二　由中文进入日语的新词

通过中文书籍和英华字典来汲取西方知识是日本近代化进程中的手段之一，这是因为日本知识分子一般都能通过汉文来阅读。当时能直接读懂英文的人较少，魏源的《海国图志》、来华传教士用中文写成的介绍西方文化历史地理知识的书籍便成了他们的必读之作。于是这些书中用来表示新概念的汉语词汇，就直接被日语所接受了。

根据其影响和时代，西学新书在日本的传播大致可分为三期。

第一期是从 16 世纪中后期到 19 世纪初期，其中值得一提的是以利玛窦为首，来到中国的天主教传教士留下的著作。其内容广涉宗教、天文、地理、算数等各个方面，代表作有《几何原本》《职方外纪》《天主实义》等等。像"地球""几何""对数""显微镜"等词多是伴随着这些著作传入日语中的。

第二期是从基督教传教士马礼逊来到中国的 1807 年到 19 世纪末，该时期的西学新书较之第一期内容更为广泛，甚至出现了特定领域的专业书。如在本书第四章将要谈到的《博物新编》（1855）中，就可找出下列具有近代特征的词：

气压　风雨针　外气　差异　体重　赤道　流动　陆地　贸易风　牵引
汽车　电气　效能　蒸气　机器　轨道　光速　湿气　幻影　　点线

第三期则是清廷于 1862 年设立京师同文馆等翻译机构以后。该时期虽说年代上与第二期有重合，但由于是在清廷主导下有计划、由外国人和中国人共同进行翻译事业的时期，故在性质上与前

两期大不相同。著名的译书有《万国公法》（本书也设专章介绍）、
《格物入门》、《三角数理》、《化学鉴原》、《地学浅释》等，当时
日本外务省官员柳原前光曾将江南制造局所译图书十数种购回日
本，用作教科书和同类学科书籍翻译时的参考。这一事实也反映出
该时期的中文新词曾系统地流入日本。如在本书第六章提到的《地
学浅释》（玛高温口译，华衡芳笔述，江南制造局，1871）卷一中
我们可找出以下词语：

地球	凝结	地质	地理	生物	种类	气候	探索者
半径	天文家	位置	火山石	水底	腐乱	沉积	海底
平地	地面	陆地	热气	曲折	火山灰	深海	重力
流质	压力	消化	石质	地学	时代	必须	平行
化学法	炭酸	硫酸	斜度	直角	流动		

"沉积""石质""斜度""火山灰"等地学术语自不必言，像"时
代""深海""位置""流动"等一般现代用语也已相当多见了。

　　日本对这些书都进行了翻刻。据八耳俊文的调查，仅19世纪出
版的汉译西书就有155种被日本人翻刻利用，[1] 通过加日文译注等程
序后，其中的"汉语词"便随之被借用到日语里去了。由此可见，
中国译刻的西学新书不仅是日本吸收西方知识的一条途径，而且给日
语语汇里灌输了近代概念的新鲜血液。

　　19世纪的英华字典更能为我们展示当时的英汉对译以及近代新
词的形成情况。在中国出版后传到日本的英华字典为数不少，其中对
日本近代新词的形成产生重要影响的有五种，我们在这里按年代举出
其英汉对译的新词：

---

① 　八耳俊文「清末期西人著訳科学関係中国書および和刻本所在目録」『化学史研
　　究』22巻4号、1995。

马礼逊（R. Morrison）：*A Dictionary of the Chinese Language*，PART Ⅲ，1822

apostle 使徒 blacklead pencil 铅笔 Christ 基利斯督 critic of books 善批评书 exchange 交换 judge 审判 law 法律 level 水平 medicine 医学 natural 自然的 necessarily 必要 news 新闻 novel a small tale 小说书 organ 风琴 practice 演习 radius 半径线 spirit 精神 unit 单位／men 人类 life 生命 plaintiff 原告 materials 材料 arithmetic 数学 method 方法 conduct 行为 language 言语

卫三畏（W. Williams）：*An English and Chinese Vocabulary in Court Dialect*，1844

cabinet 内阁 elect 选举 newspaper 新闻纸 diamond 金刚石 record 记录、记事／yard 码 grammar 文法 consul 领事

麦都思（W. H. Medhurst）：*English and Chinese Dictionary*，1847 – 1848

diameter 直径 knowledge 知识 machine 机器 manage 干事 matter 物质 lane 平面 platina 白金 accident 偶然 educate 教养 association 交际 Lord 天主 revelation 默示 sympathy 同情／fiction 小说 essence 本质

罗存德（W. Lobscheid）：*English and Chinese Dictionary*，*with Punti and Mandarin Pronunciation*，1866 – 1869

protein 蛋白质 positive pole 阳极 adjutant 副官 bank 银行 bier 麦酒 imagination 幻想、想象 carbonic 炭酸 negative pole 阴极 insurance 保险 flag of truce 白旗 literature 文学 marshal 元帅 original sin 原本之罪 passion 受难 principia 原理 privilege 特权 propaganda 宣传 right wing 右翼 rule 法则 frigid zone 寒带 torrid zone 热带 writer 作者／love 恋爱 reader 读者

卢公明（J. Doolittle）：*Vocabulary and Handbook of the Chinese*

Language，1872

telegraph 电报　galvanic battery 电池　light 光线　numerator 分子　geology 地质论

properties of matter 物理　momentum 动力/optics 光学　area 面积　constant 常数

differential calculus 微分学　logarithm 代数　custom house 税关

parliament congress 国会　united states 美国、合众国、联合之邦

national university 国学、大学　republic 民主之国　reigning family 国家、国朝

privilege 权利、利益之处

　　关于马礼逊的辞典，日本很早就有使用它的文字记载，也留下了部分手抄稿。其他几种或是全文照抄下来，或是在日本重新翻刻。尤其是罗存德的《英华字典》在 19 世纪末曾被两次翻刻，一直到 20世纪初还在出版使用。为什么英华字典在日本那么受欢迎呢？一是因为第一本英和辞典要等到 1862 年才出版；二是因为后来的英和辞典里大量采用了英华字典的译词。因此围绕这些辞书，我们想了解的是，当时究竟有多少新词融入日语中去；并且在和刻过程中，为了尽快与日语磨合，编著者们采取了怎样的态度，进行了怎样的改编。

　　上述汉语新词都是作为英语概念的对译出现在英华字典里的，所以迄今为止，很多被认为是从日本进来的词，实际上早就存在于英华字典或西学新书里了。这一事实在中国国内的汉语研究领域中恐怕一直没有得到重视。比如《汉语大词典》从不利用这批材料来佐证词义；刘正埮等的《汉语外来词词典》（上海辞书出版社，1984）中收录的 800 余个来自日语的词中，实际上有很多出现在上述五种英华字典的词例中（如每一组斜线前，共 65 词）。如果再对西学新书进行全面调查，就会发现有更多的新词实际上已在中文的语料中使用，这足以修订很多近代中文的新词是来源于日语词的看法。而每一组斜线后面的词，在日本也经常被认作明治时期的译词，其实也是由中文进入到日语中的词汇，在此一并列出，以便对照。

三　日本人的新词创造和改造

当然，日本有其独自接受西学的历史。从 18 世纪开始吸收兰学知识，到 19 世纪向英学转换方向，都伴随着大量的翻译活动，从中也促使不少译词的产生。

1774 年出版的《解体新书》是由荷兰语翻译过来的外科解剖书，它是考察日本人独自创作汉语译词的绝好资料，通过此书的翻译产生了"十二指肠""软骨""盲肠"等名词。进入明治时期以后，人们开始尝试对概念的直接对译，其过程不一而足。从西周、津田真道、福泽谕吉、中村正直、井上哲次郎等明治知识分子留下来的翻译或笔记中可以窥见他们为找到一个合适译词而煞费苦心的样子。比如"哲学"一词，对应 philosophy，西周一开始联系中国宋明理学所讲的"希贤""希圣"，提出"希圣学"或"希哲学"的方案，后来又将"希哲学"中的"希"字去掉，简化为"哲学"。再比如"人格"一词，是井上哲次郎被某伦理学教授请教 personality 的译词时提议的，后来便流传开来。据说此前西周曾把它译作"自身之情"。

此外，利用古代汉语翻译外来概念也是一种方法，《哲学字汇》（1881）的著者井上哲次郎对此做过介绍，并在汉语译词上都注明了出典。比如：

> Motive 动机　《列子·天瑞篇》云：万物皆出于机，皆入于机。注：机者，群有始动之所宗云云，今取其字而不取其义。（《哲学字汇》第三版）

像这种译词的产生方式曾经获得过很高的评价。但是通过调查井上的亲笔记录可以发现，大多是译词成立在先，而出典是后加的，所以也可以认为他是为了证明译词的合理性，才添加了古代汉语的用例。

《哲学字汇》中能见到的，类似"抽象""範疇""絶対""相対"等词属于日本独自发明的译词，这一类词在哲学、思想、社会各领域内被逐渐推广开来，表示抽象概念的译词越来越丰富。并且，随着概念的分类精细化，像"人格""人生観""世界観""美学""幻覚""個性""錯覚""性能""感性"等日本独自发明的译词开始出现在英和辞典中。"観""学""性""覚"等作为接尾词的使用大大提高了日语语汇的造词能力。另外，正如从"感覚"一词中可以分出"幻覚""錯覚""感性"等近义词一样，意思区分的严密和细化也能促使译词的不断产生。

作为近代新词，其含义与古代用法有着明显的时代差别，像中国古典中使用的"文化""经济"分别意指"以文教化""经世济民"，而日语中一旦将它们作为外来概念的 culture 与 economy 的对应译词固定下来后，就很难再望文生义地加以解释了。另外像"印象""对象""现象""観念""存在"等不少来自汉译佛典的词，作为古汉语的用法和在近代日语中的用法，无论在语义、文体还是时代方面都有很大的差异，这种差异越大，就越能体现出其在日文环境中的近代意义来。比如"印象"一词原为佛教用语，实际上在明治 7 年 5 月《明六杂志》第 8 号登载的箕作秋坪的《教育谈》中才开始作为具有近代意义的新词出现。明治 14 年的《哲学字汇》第一次把它固定为 impression 的译词，后来的《普通术语辞汇》（1905）则在"印象"之外还以形容词的形式收录了"印象的"一词，成为日后"印象派""印象主義"等概念产生的土壤。

可以确切地说，明治时期的日本知识分子并不是在外来概念涌入时才临阵磨枪似的去从大量汉文书籍中寻找适当的汉语词，他们头脑中涌现的汉语词汇，毋宁说是其熟读中国古典并将其在日本汉文、日语文章中活用的结果。比如安政六年（1859）盐谷世弘著的《隔鞾论》中就出现了与近代概念尚未对接的"政治""宣言""文明""組織"等"汉语词"，而"文化"一词的用法与明治初期之前的译词也并无太大的关联。

　　自明治中叶以降，经由中文进入日语的汉语译词逐渐减少后，在日本开始土生土长出很多新词来。若按时代和领域对其形成进行考察，不难发现大正之前产生的人文社会科学用语明显居多，以后伴随着日本的技术革新，理工科用语中的新词剧增。像昭和 7 ~ 10 年（1932 ~ 1935）的《大言海》收录的词尾带"素"的二字词条仅 12 个（"平素"等常用语除外）：

珪素　水素　要素　臭素　色素　窒素　砒素　塩素　元素　酸素　炭素
沃素

而 1995 年的《大辞林》在原来的基础上又增加了 12 个：

酵素　同素　硼素　尿素　画素　毒素　酪素　熱素　弗素　茶素　音素
燃素

如果再加上"血清素""紅藻素""繊維素"等三字词条或"酸化窒素""転写酵素"等四字词条，以及像"四塩化炭素"等五字以上的词条，那么新词的总体数量就显得十分庞大了。

　　这种现象在人文社科用语中同样存在。从昭和 9 年的《新语新知识（附常识辞典）》（大日本雄辩会讲谈社，1934）摘出下列新语来看，三字以上的新词显然要比二字构成的词多得多。如：

超能力　座談会　文庫本　非常時　高姿勢　低姿勢　核家族　営業中
火炎瓶　生命線　赤外線　主題歌　妥当性　超弩級　適齢期　特殊鋼
肺活量　陪審員　背任罪　偏平足　摩天楼　末梢的　無神論　有機体
優生学　容疑者　露出狂　擬人法　過渡期　既得権　紫外線　公証人
自叙伝　再教育
安全第一　英雄主義　階級意識　緩衝地帯　虚無主義　機械文明

　　軍国主義　国粋主義　最後通牒　三角関係　外交辞令　自然主義
　　整形外科　耽美主義　同人雑誌　特権階級　不労所得　変態心理
　　報告文学　保護貿易　浪漫主義

　　此外，像上述这些在明治以后形成的新词，还有很多作为日中共同拥有的同形词被吸收到中文里。三字以上的词汇说明性较强，也容易为中文所接受。

四　由日语进到中文里的新词

　　前面提到日语的近代新词先是通过中国的西学新书和英华字典由中国流到日本，后来则主要是由日本流向中国。这一循环正是近代以后中日同形词增多的最大原因。

　　我们先看看日语新词是通过哪些媒介传入中文的。

　　进入 20 世纪以来，特别是在 1902 年以后，中国留学生对日本书籍的翻译呈现出一个新的高潮，日本新词也随之涌现。尤其是在中国编辑的英华字典，开始反过来利用日本编的英和辞典作为主要参考书，如《英华合解辞汇》（1915）的例言里有这样一段话："吾国通行之英汉字书非由英文本直译，即由和文本改纂。"这就是说当时中国编的英华字典多从"和文本"改纂而来。再如，中国的《德华大字典》（1920）也是参考了五本日本的独和辞书（《独和字典大全》《独和新辞书》《独和大字典》《独和法律新辞典》《独和兵语辞书》）编撰而成的。实际上，这种做法一直持续到 20 世纪 60 年代初为止。通过这一渠道，日本的新词以迅猛的势头进入中文。从这一意义上来说，现代汉语词汇的形成与日语有着密不可分的关系。

　　再比如，20 世纪初的这两本中国出版的英华辞典已经开始收录日本造的新词了。

　　①狄考文（C. W. Mateer）：*Technical Terms, English and Chinese*, 1904

形而上学　哲学　腺　衛生学　物理学　科学　動産

②商务印书馆：《英华新字典》第 2 版，1906

目的　信托　发明　经济学　革命　主义　商标　发行

新词的传入一般都是通过辞书、报纸、杂志和教科书等，但新词表也是重要的媒介之一。起初人们并没有特别认识到某些词是从日本借用的，只是将之笼统地称为"新名词"。留日学生编纂的《新尔雅》（1903）是最早的新词表之一，为新词的普及做出了贡献。另外值得注意的是传教士们编写的新词表。Technical Terms 1904 年初版把 Communism 译作"有无相通"，1910 年版则改译为"共产主义"。再比如，1904 年版把 society 译为"人世"，1910 年版则译为"社会"。日本字"腺"也是出现在 1904 年版中的。

还有，《英华大辞典》（1908）开始用记号标注出新词来。而《英华合解辞汇》也用"新"字明确标记新词，如"绷带""普通"等。再有 English-Chinese Dictionary of the Standard Chinese Spoken Language and Handbook for Translators, including Scientific, Technical, Modern, and Documentary Terms（《官话》，1916）用"新"和"部定"（教育部制定）来表示新词（后者多是严复参与编写的）。这些都反映了当时人们对来自日本的新词的高度重视。其中 1917 年 Handbook of New Terms and Newspaper Chinese 首次用符号 J 标出了"arbitrator 仲裁""attorney-at-law 辩护士""authority, to have 支配""authorize 裁（认）可""cholera 虎列拉"等 75 个来自日语的新词。

对于新词在中国的普及，报刊及留日的著名知识界人士如章炳麟、梁启超、孙文、鲁迅、周作人等的文章起了很大的作用。在日本创办的《清议报》更是语词交流的一个重要平台。还有对中国社会产生极大影响的《共产党宣言》，也是从日文直接翻译过来的，所以不光是语词问题，整个"社会主义"的思想体系都是来自日本的。

实际上，由日本进入中国的新词还有一些是日语固有词的汉字表记，如"取缔""组合""立场""入口""出口""广场""打消""引渡""场合""见习"等，也有用汉字音译的外来词，如"瓦斯""俱乐部""淋巴""浪漫""混凝土"等。还有"甅""瓩""糎"等日本独自创造的国字，也随着时代潮流一同为中文所吸收。当然，现在有些词已被其他词所代替。

面对日本新词的大量涌入，中国人的民族意识使其有点受不住了，早在20世纪初就有人举出"中国本源"说来强调新词和中文古典的关系。如民国7年（1918）的《新名词训纂》（周商夫编）里收有"出张""裁可""商标""目的""时计"等词，但其训释很是牵强。如"出张"一词，用《周礼》的例子来关联：

> ［出张］《周礼》：天官掌次。掌凡邦之张事。《汉书·王尊传》：供张如法。按，日本以因公出外曰出张。供张之所曰出张所。

这种做法后来又被《王云五新词典》（1943）所继承。它给几乎所有的新词都找出一个汉籍出典，把很多与近代意义无关的词，都纳入"中源"的框架之中。

正是因为这类词兼有中文固有的意思和日本新来的意思，所以当时的知识分子总被新旧两义所搅扰，感到困惑，并在思想上、文化上对其有很大的抵触情绪。有关"革命""哲学""经济""社会"等词，当时的思想家章炳麟、梁启超、王国维都有过议论，各执一词，互不相让。①

---

① 参见汤志钧编《章太炎年谱长编》上册，中华书局，1979，第179页；梁启超《释革》，《饮冰室合集·文集一》，中华书局，1989；王国维《哲学辨惑》，《教育世界》第55号，1903年7月，收入姚淦铭、王燕编《王国维文集》第3卷，中国文史出版社，1997。

当然，中国也独自翻译了很多新词，如称社会为"群"，进化论为"天演论"等。严复用全新的字词及其组合来翻译新概念，在回避误解和明确词义上有其独特的贡献。而来自日本的新词、新概念由于采用古代汉语的词形较多，虽然伴随着一定程度的词义上的混乱，却逐步浸透其新概念，最终为中国社会所接受。

五　亚洲共识的平台——近代化进程的知识共享

以上我们可以看出，亚洲近代化的进程是通过这种语词的交流得以实现的。初期是中国领先，日本从中吸收了大量的西学知识和概念，而后期则是日本创新的多，发自日本的近代化在语词方面得以完善和扩充，然后再传到中国、朝鲜半岛及越南等地。由此，在东亚形成了一个近代化的知识共同体，在接受和理解西方的新概念、新思想时可以相互沟通，为推动各国的近代化进程和文化交流做出了贡献。

日本的报刊在谈到近代新名词时，一般是从两个方面来解释这一现象的。一是说明治时期的知识分子具备汉文的素养，在充分把握了外来的概念后，创造出了最为贴切的译词；二是说这些词不仅是日常生活的日语中不可缺少的概念，而且影响到中国和朝鲜半岛，成为东亚各国的同形同义词。照这种说法推导下去，给人们的印象似乎是近代新词都是从日本流向中国的。

中国方面也是不加批评地照搬此说，以至于像滚雪球一样，这种说法愈演愈烈，快成为一种文化现象了。但通过上述验证就会发现，事实并非如此，这里面有许多误解和臆说。其中最大的一点是完全忽视了由中文直接进入日语的大量新词。

所以，我们可以把近代新词分为三类来看。

（1）由中文进入日语的新词。如：

電気　電報　電信　鉄道　工業　銀行　保険　医学　化学　直径　風琴

（2）用中文的古典词来对译外来概念。如：

警察　演説　主義　経済　社会　文学　文化　文明　教育　芸術　思想
自由　精神　生産　交通　進歩　流行　革命　観察　実験

（3）日本人独创的汉语词。如：

電話　　郵便　　商業　　情報　　象徴　　科学　　美学　　美術
止揚　　哲学　　心理学　論理学　倫理学　物理学　地理学　天文学
主観　　客観　　現象

很明显，在日本，一般人完全忽视了第一种情况，而媒体又只是
基于第三种事实，再将第二种加以扩大解释，便导致了一边倒的结
果。这种误导不只是停留在一种文化现象上，而是混淆了一些语言问
题。比如，第一类词可以按汉语构词法分析并得出相应的意义；而第
二类词则容易受古代汉语的影响，以致新旧词义之间差别很大；第三
类词中有些无法按构词法分析的词，只能是囫囵吞枣地将其词义与形
态"约定俗成"而已。

总之，围绕近代新词展开的各种议论，实际上都着眼于近代化进
程中如何接受西方概念的问题。中国在 19 世纪初期被西方打开门户
后所界定的对译词，通过词典和书籍为日本所利用，而后日本独自吸
收和创造的新词又在甲午战争以后通过留日学生的翻译传到中国来。
这样一去一来，中日双方在近代新词上便形成了大量的同形同义词，
而且这部分词同时也传到朝鲜半岛和越南等地，构成了整个东亚近代
概念的共识。从这一意义上说，中日近代的语词交流不光是丰富和发
展了中日两国之间的文化交流，而且也成了亚洲共同的财富。

第一编
西学东渐再东渐

第一章　近代中日新词研究的方法和问题点

引　言

我们都知道日语中存在着大量"汉语词"，这里所说的"汉语词"，既有源自中文的（自古以来吸收中华文明的产物），也有日本为表达新生事物而独自创造的。随着近代以来两国文化交流的加深，这类"汉语词"往来于两国之间，构成了独具特色的中日同形词。于是有人会问：这些同形词中哪些是出自中文的，哪些又是来源于日语的呢？同样，站在日语研究的角度来看，一个主要问题就是搞清楚哪些"汉语词"是中文本身固有的，或在日语语境中变化产生的，哪些是日本独自发明创造的，而且后来还传到中国，成为中文的一个组成部分。

近代日语有一个"汉语词"剧增的时期，在解释这一现象时，以往多以昙花一现来形容之，但实际的杂志用语调查却告诉我们，明治时期（1868～1912）的1874～1909年间"汉语词"均占到70%以上，只有进入大正时期（1912～1926）后，其势头才开始减弱。对这一现象，过去也多认为是由近代日本吸收西学而产生的"新汉语"所导致的，但实际上对其内涵没有做过具体的分析。本章旨在阐明由这一概念的误导所引起的混乱，并对这类"新汉语"的归属及词源验证法提出质疑。至今为止，围绕这个问题展开的各种议论本质上都是基于一种"文化创造的优越感"。① 特别是"新汉语"的词源问题，动辄就会被国粹主义思想所利用。事实上，对日语中"新汉语"的词源调查的意义不单在于文化创造的优先权，更多的是在与西方文化接轨过程中率先实现近代化进程的一种民族自尊心的表现。我们知道，近代日本的知识分子面对西方概念绞尽脑汁，创造出诸如"哲学""人格""科学""美学"等"新汉语"，而且这些词也的确作为新概念传入中国和朝鲜半岛。基于这种事实，中日双方的媒体都喜欢议论这种题材，日本方面愿意夸大其范围，而中国人则喜好在古典汉籍里寻根问祖，只要是能在语词形态上谋得一致，都可以说"我们祖上早就有过了"，而绝不去管该词是否成为一个固定组合，也不看该词在近代以后发生的词义变化（这种变化实际上多发生在日本）。这一倾向自 20 世纪初以来至今不变，且愈演愈烈。② 也就是说，无视词义变化和词汇结构，单从字面上就做出判断，认定该词是中文已有的，主张所谓"原创权"的现象，也不乏某种"大中华思想"在作怪。

我们在这里主要想从语言史上探讨一下这一问题的起因及演变的脉络，并通过具体的例子来看看如何正确处理词源验证过程中的一些问题，以便达成一个基本的共识。

一　日本的"近代汉语"

大家知道日语的词汇按其来源是可以分为三类的，即所谓日本

---

① 陳力衛「『新漢語』とはなにか―漢籍出典を有する語を中心に」坂詰力治編『言語変化の分析と理論』おうふう、2011。
② 如可以把跟词义完全无关的汉文作为出典，如释"科学"为"科举之学"；释"神经"为"神妙之经典"之类。

固有的"和语"、由汉字音读而成的"汉语词"以及来自欧美的"外来语"。从历史上看,这三种词在日语里的发展是非常漫长的,我们可以观察其演变进程。如图 1-1 所示,日语中固有的"和语"在奈良时代的《万叶集》(780)里几乎占百分之百,但随着时代的变迁,比例逐步下降;而"汉语词"在日语里所占的比例则从11 世纪初的《源氏物语》开始呈逐步上升趋势,经过《日葡辞书》(1603)延续到近代后,又有了一个飞跃,即从传教士平文编的《和英语林集成》(1867)到井上十吉编的《新译和英辞典》(1909)的 40 余年间,汉语词的增长幅度(13.7%)几乎与自《源氏物语》至《和英语林集成》的 800 多年间的增长幅度(15.3%)相当。

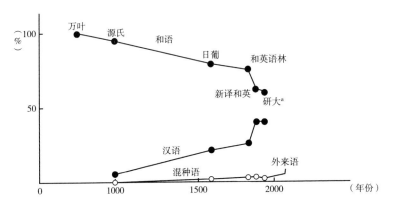

图 1-1 日语中各类语种的比例变化

注:a. 1931 年《研究社新和英大辞典》。
资料来源:宫島达夫「現代語いの形成」『国立国語研究所論集』、1967。

也就是说,从历时的角度来看,我们首先就是要解释为何日语里的"汉语词"在近代会突然有这么一个飞跃,其结果是否影响到中文?

这种"汉语词"在日语里的剧增曾被称作近代日语的一大特征,学界早在昭和 32 年(1957)就有池上祯造《汉语流行的一段时期——关于明治前期资料的处理》一文，认为这种剧增宛如昙花一现，是明治初期的一时流行。① 但是，最近日本国立国语研究所研究员田中牧郎利用近代杂志语料库对明治、大正时期（1874～1925）的词汇进行调查，更为详细地展示了这一时期每隔数年各种语词的分布情况。② 如图1-2所示，"汉语词"在日语词汇中所占的比例（单词个数）在整个明治时期始终保持在70%以上，只是在进入大正时期以后才开始逐渐减少至60%强。

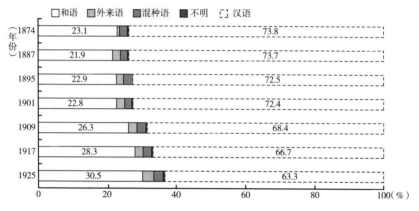

图1-2　近代杂志语料库中的语种分布比例（单词个数）

资料来源：沖森卓也・木村義之・田中牧郎・陳力衛・前田直子『図解日本の語彙』三省堂、2011。

由此我们可以发现，明治时期"汉语词"的剧增并非"一时的"现象，至少是横贯整个明治时期的倾向，加上大正时期，可以说这50年间"汉语词"（单词个数）始终占据了日语词汇的60%以上。

---

① 初载于『国語国文』1957年6月，后收录于『漢語研究の構想』（岩波書店、1984）。
② 田中牧郎「雑誌コーパスでとらえる明治・大正期の漢語の変動」『国際学術研究集会漢字漢語研究の新次元予稿集』国立国语研究所、2010年7月。

二　"汉语词"剧增的时代背景

我们在说到明治时期的日语转型时，"汉语词"的剧增是一个无法回避的问题。当然这种变化并非形成于一朝一夕，之前的一个多世纪都是其准备期。说到日本的近代，人们习惯以明治维新为起点，也就是自 1868 年起，这当然是政治史的概念。但也有人认为应该再提前些，将 1854 年作为日本近代的开端，因为那时美国佩里舰队逼临下田，导致了日本的对外开国（这点与中国将鸦片战争作为近代的起点相似）。而实际上，如果从对外关系的角度来考虑，特别是要注重兰学对日语产生的影响，那倒是可以以 1720 年的"禁书令缓和"为日本近代的萌芽期。从那以后江户幕府开始解禁外国书籍，并选派青年直接学习荷兰语，到了 1774 年终于用汉文译出了第一本解剖学专著《解体新书》，从而开创了日本翻译西学的新纪元。所以，我们也有必要上溯到 1720 年左右，来从以下三个方面看看"汉语词"在日语里的实际情况如何。

首先从思想史上来看，江户幕府是以朱子学为官学的，而在"近世前期儒学势力甚微……在近世中叶至后叶（18～19 世纪——引者注）才逐渐趋于繁荣。且这一走向一直延续到明治以后"。[①] 正如学者所指出的，18 世纪以后便是儒学、汉学家们大显身手的时代，加之长年无战事，连下级武士们也放下刀枪，开始念起四书五经来了。他们用日本独特的汉文训读方式来学习汉学的基础知识，同时又用朱子学对天、地、人的解释和世界观来武装自己的思想，为其后即将涌来的西学备下了可做比较的另一参照面。从语言史上来看，较之平安时期（794～1192），日本近世以后的汉文训读愈发趋

---

① 黒住真「漢学―その書記・生成・権威」『近世日本社会と儒教』ペリカン、2003、210 頁。

于简略，也就是读汉文时直接音读的比例增大，任何两个字以上的组合，只要一经音读便可视为一词，以至于从汉文中可以抽出大量的"汉语词"，这为词的认定打开了绿灯。其结果便反映在《节用集》等辞典和解读各种汉籍的《字解》类书中。有了这么多"汉语词"的储备，也就为即将到来的明治时期所涌现的新概念准备好了载体。①

思想史的另一方面也不容忽视。针对朱子学展开批判的荻生徂徕首先对以往的汉文训读表示不满，他认为这种解读方式无法真正理解汉文的本质，只有掌握同时代的汉文才能与中国人同样理解朱子学并予以批判，所以他便跟长崎的中国人学"唐话"（当时的口语），并主张直接用"唐话"朗读汉文才能达到真正的深刻理解。这一做法实际上也加快了"汉语词"的组合和认定，因为这等于是将汉文完全音读了。另一方面，由于学"唐话"的需要，白话小说作为口语教材得以流行，这对日本的近世文艺产生了深远的影响，同时也使其从中汲取了大量的新词新语，即一批新的"唐话"词语得以补充到日语当中。

最后一个方面便是随着兰学的兴起，日本人在翻译过程中需要参照中国已有的西学著作。因为日本的知识分子精通汉文，对 17 世纪以来中国出版的汉译西书和 19 世纪以来的英华字典等都可以采取拿来主义的方式直接利用，这种做法不光是汲取了新知识，加快了对世界的认识，而且在近代新词新概念的导入上也为日本提供了一个新的源泉——直接采纳中国西学里的近代新词。

以上这三个要素均是来自中国的：一是传统经典，二是白话小说，三是汉译西书。这可以说是明治以前日语中"汉语词"的基本

---

① 笔者认为，日本近代汉文训读的最大特征就是通过训法的简化来直接音读汉文，于是导致各种不同结构的复音节词生成为"汉语"，等于是在语词认定条件上要大大宽于中文。参见陈力卫「新漢語の産出と近代漢文訓読」『日本学・敦煌学・漢文訓読の新展開』汲古書院、2005。

状况，也是明治以后"汉语词"剧增的动力。也正因此，19 世纪末去日本的中国人对日语并不感到陌生。当年梁启超的"和文汉读法"得以运用的基础在于此，后来的"广译日书"在中国近代得以盛行的保障也在于此。

　　除了上面说的构成"汉语词"的三大要素以外，日本人独自创新的部分当然也不容忽视。所谓明治以后产生的"新汉语"这一概念由此浮出水面。森冈健二的研究证明明治时期"汉语词"在增加，他在调查英和字典中的译词时，发现随着时代的变化，英和字典里收录的"汉语词"译词也骤然增多。如图 1 – 3 所示，最早的《英和对译袖珍辞书》（1866）里还是用"和语"来翻译的多，但到了《和译英字汇》（1888）里，"汉语词"译词一跃成为主流。而且这种"汉语词"译词的增加，又可以分为新、旧两个部分，它反映在图1 – 4所示的结果中，即明治以后"新汉语"在"汉语词"译词的成分中不断增加，到了《井上英和大辞典》（1915）时，已经占到"汉语词"译词的约 60% 了。[1]

　　这样一来，明治时期"汉语词"的剧增容易被认为是由"新汉语"的出现而引起的，但应当注意的是，"新汉语"只是一种按"汉语词"使用时代的分法，其概念的不确定性和内涵的随意性是显而易见的。[2] 如果仅以时代为准的话，也就是以为辞书中的新词采纳便等于是对"新汉语"的认可，比如我们常听说的例子，平文编的《和英语林集成》第三版（1886）较第二版新增补了一万余条"汉语词"，这一事实给人们带来的错觉是，好像这一万余词条都是"新汉语"一般，其中正隐含着"汉语词"新词都是产生在明治以后等一连串的问题。

---

[1]　森岡健二「訳語の方法 特集・明治初期の言語生活」『言語生活』、1959 年 12 月。

[2]　陳力衛「『新漢語』とはなにか—漢籍出典を有する語を中心に」坂詰力治編『言語変化の分析と理論』。

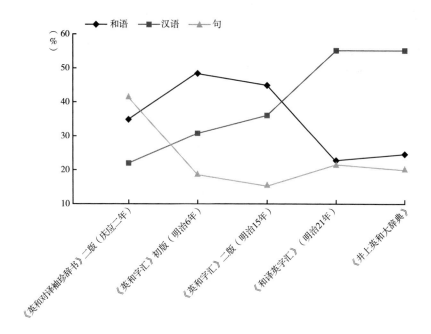

图 1 - 3　英和字典中"汉语词"的比例变化

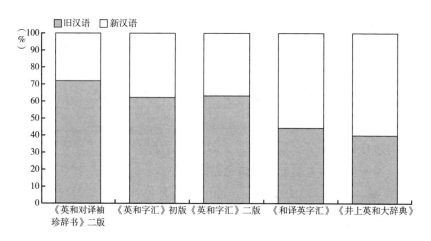

图 1 - 4　英和字典中新汉语词的比例变化

　　什么是"新汉语"？研究者各自界说不一，有宽有窄。宽者如森冈健二，认为只要是明治以后开始用的都是新汉语；窄者如宫岛达夫，他认为旧汉语有两种，一是明治以前日本文献就有用例的，二是除此之外在中国古典中有用例的。也就是说，"新汉语"是既不见于明治以前的日本文献，也不见于中国古典的词，① 这就意味着"新汉语"是日语语境内的、明治以后出现的新词。但实际上学界在强调日语与西学接轨的时候，一般把"新汉语"理解为：（1）直接借用近代中文新词（如"電気""化学"）；（2）用中文的古典词来对译外来概念（如"經済""社会"）；（3）日本人独自创造的新词（如"哲学""悲劇"）。

　　这里第一类所指的就是由 16 世纪以来的汉译西书和英华字典中采录下来的汉语译词，如罗存德的《英华字典》在日本得到广泛应用的同时，其译词亦被大量采纳，这当然是包括在日语新词增加量里面的，也是被当作"新汉语"的；第二类则是拿中文古典词来对译外来概念，是需要通过具体细致的调查才能确定的；只有第三类，我们可以完全将其看作名副其实的新创造的"汉语词"，实际又包括了日本兰学所创造的新词（如"盲肠""神経"等）。所以，上述宫岛的界定仅以明治时代以后为判断，无法涵盖此前日本与西方接触后的语词对应情况。

　　如果把这三类都当作"新汉语"的话，我们仍然无法解释近代日语的"汉语词"剧增是否即源于此的问题。之所以这么讲，是因为我们在解释这一现象时，本来应该调查明治时期某一年（或某一册书）的数据，在抽出所有"汉语词"后，首先要看所谓的"新汉语"（假如能按时代区分新旧的话）所占的比例是多少，然后再展示其内涵的分配，即以上这三类各占多少比例。森冈健二的研究（见图 1-4）只将"汉语词"分成新旧两种，没有给我们提供"新汉语"的内涵。甚至至今我们也拿不出一份这样的调查报告，总是拿"新汉语"这一概念笼统地阐述之，或以偏概全地拿出一部分例子来

———————————

①　宫島達夫「『共産党宣言』の訳語」『言語の研究』むぎ書房、1979。

扩大解释想象中的"新汉语"。

所以，如果说"新汉语"是导致近代"汉语词"剧增的直接原因，那么我们首先就要解决"新汉语"的认定标准和其内涵，以及其在总"汉语词"中所占比例的问题，然后按图1-2的年代推移看其增加的幅度。这样才能有确凿的证据说明"新汉语"在其中的作用和影响，否则便愈发演变出"新汉语词均是出自日本"这一认识，以致在议论什么是日语借词时也混淆了概念和范围，认为只要是日本近代用的"汉语词"，都是日语借词。从这一点来看，阐明日语中"汉语词"的来源和属性，特别是被称作"新汉语"的内涵，便是摆在我们面前的课题了。

三　"新汉语"来源问题的几个误区

如上所述，作为日语词汇的一个种类，"汉语词"在其总数量上所占的比例随历史的推移而变化，我们对此已经有了基本认识。但就其内部本身的构成和属性来说，尚有很多不甚明了的地方。特别是有关"新汉语"源自何处这一问题，至今有以下三种说法甚为流行，已演变成一种日本独创"汉语词"的误解，也因此导致了许多概念的混淆。

首先就是所谓的兰学译词的日本独创说。日本江户后期兰学发展兴旺，以《解体新书》为代表的，通过翻译近代西学而出现的许多新词、新概念，为日本走向近代化奠定了一定的基础。这些当然受到日本和海外学者的高度评价，但同时这种评价又陷入一个怪圈：凡是兰学资料中出现的语词均被视为日本人的独创。过去学界就已经出现过有关"病院""地球""電池"的争论，[1] 结果是搞清了一点：在

---

① 鈴木博「『病院』は和製漢語か」『国文学攷』86 号、1986 年 6 月；河辺弘「漢語『電池』の考証」『言語生活』306 号、1977 年 3 月；佐藤亨「地球」『近世語彙の研究』桜楓社、1983。

日本兰学的发展过程中，来自中国的汉译西书的影响是不容忽视的（有关这点可见荒川清秀的研究），即我们上面讲过的"汉语词"构成的三要素之一。[①] 通过对汉译西书的研究，我们知道"緯度""経度""地平線""顕微鏡""羅針盤""直線""地球"等都是由这一途径进入日语中的。

　　其次是所谓的名人造词说。人们过度相信日本具有代表性的近代启蒙家、思想家的言论，如福泽谕吉、西周、加藤弘之、中村正直、森鸥外和井上哲次郎等，只要是他们用过的语词，就被认为全都是由他们亲手创造出来的。可是当我们一旦开始具体验证时，就会发现纯粹出自他们之手的"和制汉语"屈指可数，这些词大多是前人已经开始使用过的，或是把前人的业绩归到这些名人身上。比如，过去一直认为是森鸥外1901年通过翻译德语的 nachricht 而创造了"情报"一词，事实是早在1876年就由酒井忠恕通过翻译法语的 renseignement 而形成了。

　　最后一个误区是利用中国方面的研究反过来证明自己学说的正确。比如实藤惠秀的著作中就专设一节"中国人认可的日本语汇"，将 20 世纪 50 年代中国人对日语借词的研究加以全面肯定，[②] 在此之上扩充日语借词的范围，并在国内外展示这一"成果"，然后人们便以此为定论，导致了不少错误的认识。最终造成的后果，是无论日本人还是中国人都说对方是这么认为的，应该没有错。基于这种轻信的互动，"借自日本"的语词数愈发累积起来，最后便引出中国人自己的"离开了日本借词就无法说话"或"人文社会方面至少有七成以

---

①　荒川清秀『近代日中学術用語の形成と伝播：地理学用語を中心に』白帝社、1997。

②　実藤惠秀『近代日中交渉史話』春秋社、1973。中文里这方面的议论也很多，继高名凯、刘正埮的《现代汉语外来词研究》（文字改革出版社，1958）后，王立达、谭汝谦、实藤惠秀等不断扩大这一借用词表。北京师范学院中文系汉语教研室编的《五四以来汉语书面语言的变迁和发展》（商务印书馆，1959）更是指出了"反～""非～""超～""～者""～化""～性""～主义"这种用词头词尾新造词的影响，其最终成果便是刘正埮等的《汉语外来词词典》中的 892 个词。

上的日语借词"这一论调。日方再全盘照收，不断添油加醋，中日两国之间都按自己所需来展开议论，表面上看好像是为文化交流史研究提供了丰富的材料和依据，实际上是根本没有具体界定"新汉语""日本借词"这些概念，回避了如何验证语词的来源这一根本问题。

从语言上看，是我们自己没有认真处理好这一问题。比如，针对日语里的新词分类，中文的理解是不对等的：

日文	中文
a. 直接借用中文新词	1. 本族词、本族新词
b. 用中文的古典词来对译外来概念	2. 日本回归借词
c. 日本人独自创新的汉语词	3. 日本原语借词

也就是说，除了承认 c 类"日本人独自创新的汉语词"为第 3 类"日本原语借词"外，其他两项实际上与日语中的界定概念是不对等的。王力《汉语词汇史》在中文的"本族新词"中，只举了"火轮车""公司""铁路"等 7 个词，而将"日本回归借词"扩大解释到日语的 a、b 两类，这等于是缩小了"本族新词"的实际范围和数量，想当然地扩大了"日本回归借词"的范围。但是在其"日本回归借词"背后，又有一种挥之不去的"中源论"意识。他说："我们不应该认为是汉语向日本语'借'词，这些词并不是日本语所固有的，它不过是向西洋吸收过来的。就一般说，日本固有的词汉语很少向它借，因为只有新概念才需要新词，而新概念并不是日本固有的词所能表示的。日本人创造了一些新词来表达从西洋传来的新概念，我们只不过是利用日本现成的翻译，省得另起炉灶罢了。"而且"如果中国人先译，可能也是这样的。但实际上是日本人先译，中国人也就照抄了"。① 这真是有点儿民族主义情绪了。我们只要看看本书第十七章严复的译词和日文译词的不同，就知道这是无视事实的言论。

---

① 王力：《汉语词汇史》，商务印书馆，1993，第 153 页。

　　反过来说，日本史学家原田敬一已经指出："我们过多地强调了日本吸收消化欧美文化，创造和翻译新词，并将之输出给中国、韩国等汉字文化圈的现象。只要看看汉译《万国公法》（1864）中的'遗产''军费''权利''公库''外交''财源''离婚''自治''自主''司法''野蛮''责任'等词仍在现在日语里使用，就会明白，文明和文化的交流是呈'双方向性'的。"①　我们应持这一观点。比如"人民"一词就是《万国公法》中的译词，早早就传到了日本。笔者也曾通过查阅英华字典，举出"法律""领事""议会""保险""医学""必要"等 68 个词，实际上是经由中文传入日语的，并非《汉语外来词词典》所认定的源自日本。②　这些都是日语直接借用中文新词的事实，只是中国学者自己对之认识不足而已。

　　但是，仅强调语词出自中文本身还说明不了问题，因为实际上有很多词是从中文进到日语后，才被赋予新的意义，并组合成一个固定词组的。

　　比如"民主"一词是通过《万国公法》传入日本的近代新词，日本将之视为 a 类；而中国将之视为第 2 类。19 世纪的英华字典《英华萃林韵府》（1872）将之对译为"republic 民主之国"。这一用法当然也被明治时期的日本知识分子所接受。津田真道的《泰西国法论》（1868）中就有"平民政治，一名民主之国"的用法；西周的《和兰毕洒林氏万国公法》（1868）一书里也用了中文的"民主之国""民主国"，来表示 republic 的概念。但实际上，这显然是援用了汉译《万国公法》里的用法。也就是说日本首先是拿"共和政治"来对译 republic 的。但自从中国的"民主 republic"进入日本之后，便形成了一种对应英文概念的类义关系，然后才逐步让两个词分别承担了 republic 和 democracy 的意思。实际上，"民主主義"这一概念在日本

────────────

①　原田敬一『シリーズ日本近現代史 3　日清・日露戦争』岩波書店、2007。
②　陳力衛「近代日本語における中国出自のことばについて─英華字典・漢訳洋書を通して」『アジアにおける異文化交流』明治書院、2004。

语境里的形成加快了这一步伐，同时将具有新义的"民主democracy"传回中国，以至二者完全独自分担英文的两个概念。所以，日本在近代译词方面所起的作用，首先就是为词义变化提供了丰富的土壤。

再举一个"爱人"的例子。如果强调词源的话，那当然是可以追溯到中国古典《礼记》中去，"敬天爱人"作为儒教的基本思想频繁出现，且在平安时代就已传入日本。但是到了近代，日本在与西方文化相接触时，拿这个既有的"爱人"改变其结构，用日语里常见的偏正结构"愛する人"来作为 lover，sweet heart，darling 的译词，于是便使之带有了"恋人"的意思。这一新义随后便被带回到中国。20 世纪 20 年代不管是中国还是日本都是用同一意思，即"爱人 = 恋人"，而中国到了 30 年代以后便将此用于男女之间的相互称呼，进入 50 年代后，更是在男女平等的口号下，将"爱人"一词用于配偶之间的称呼。也就是说该词意思的转换首先是在日本语境中完成的。①

从上述两例可以看出，我们应该重视日语中的词义变化和语词构造的转换，也就是要阐明日语语境下的语词过滤机能，这正是词史研究的一个重要部分。"文学""小说""精神""艺术""自由""思想"这些出自中国的汉语词，其本身所担负的外来概念随着时代也在变化。汉字词的形式只是一种外表的装饰，它不断地掩盖和包容了英文原文词义的实际变化，也就是说，只有搞清每个外来概念的正确理解是源自日本还是源自中国，才能确定该词是不是作为近代新词而形成的。单是确认作为符号的汉字表记与英语概念的最初结合，尚不足以证明近代概念的形成，② 这也是要从概念史方面重新审视"汉语词"译词的意义所在。

---

① 如果加上韩语，这个词现在是三种意义：中文表"配偶者"，日文已沦为"不正当关系的男女"，只有韩语保持了最初日语的"恋人"之意。

② 陳力衛「近代語と中国語」『日本語学 特集・近代日本語研究』、2004 年 9 月。

四　词源调查的方法及其局限性

　　检验上述"新汉语"的方法之一，就是具体考证语词的历史，通过比较中日两国语言的最早用例来决定是源自中文还是出自日语。比如，宫岛达夫分别抽出日中两国的 1000 个高频词，通过比较这些词在辞典里出现的时期，来看各自语言的近代化进程。① 图 1 – 5 所展示的结果正可以看作图 1 – 1 近代部分的扩展版。这里强调了两点：一是"中文近代化进程的步伐本来早于日文，但在 20 世纪初被日文超过"；二是"中文随后又受日文的影响，加快了近代化的步伐"。前者印证了日语中"汉语词"剧增的事实，后者则反映出近代中文新词受日语影响的一面。

　　在日语的 1000 个高频词中，有 416 个"汉语词"，其中 128 个为日中同形词。宫岛对这些词用两国的历史语言词典（《日本国语大辞典》和《汉语大词典》）加以比较，发现其中绝大部分是早就出现在中文里的词，只有 10 个词是日语用例早于中文的，即"簡単""国際""参加""時期""実現""集中""全部""内容""表現""問題"。而实际上这 10 个词也多是中文早已有之，只是现行词典（如《汉语大词典》）没能详尽收录而已。如果检索其后出版的《近代汉语大词典》（中华书局，2008）或《四库全书》电子版，就会发现"时期""实现""全部""内容""表现""问题"等在中文里已经有了早于日语的例子，只是没有反映到词典里去。通过这道检验程序，暂且可以确定在日语中形成的只有"簡単""国際""参加""集中"这四个词，也即作为所谓"和制汉语"输出到中文里去的。

---

① 宫島達夫「語彙史の巨視的比較」，朱京伟主编，汉日对比语言学研究（协作）会、北京大学外国语学院日本语言文化系合编《汉日语言对比研究论丛》第 1 辑，北京大学出版社，2010。

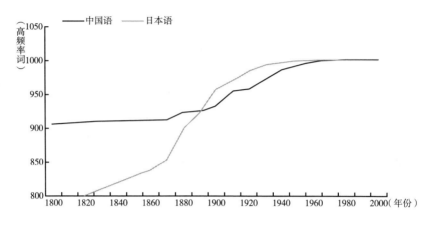

图 1 - 5　日中语言的近代化比较

资料来源：宫島達夫「語彙史の巨視的比較」，朱京伟主编，汉日对比语言学研究（协作）会、北京大学外国语学院日本语言文化系合编《汉日语言对比研究论丛》第 1 辑。

　　这种"汉语词"的词源调查结果表明 128 个日中同形词中只有四个词是纯粹由日本独创的，即我们上面说的 c 类，从比例上来看只占日中同形词的 3%。但我们也发现这种词源判断的结果，是受资料的开放程度所限制的。如果按最初的词典来判断，那就会得出 10 个词，即近一成的词为"和制汉语"。所以，为弥补这一差距，只能利用更多的材料来进行验证，而电子文本语料库的完善，使我们能够做出更为精确的判断。

　　这一调查的目的是明确哪些是日文独自创造的词，这比笼统地将其称为"新汉语"要鲜明得多。如果将"汉语词"两分的话，就是要澄清哪些是汉语词，哪些是日语词。

　　野村雅昭也是利用这种词典用例的时代差，对日语里"汉语词"的出现时期进行了调查，他把范围扩大到"汉语词"双音节的基础三千词上，得出了表 1 - 1 的结果。即按"汉语词"最早出现的时期来做时代划分，结果发现：第Ⅰ、Ⅱ期几乎都是源自古汉语文献的词（如"意見""音楽""観光""同盟"等）；而自第Ⅲ期的江户后期始，便包含了兰学创造的"汉语译语"（如"手術""動脈"等），也就是开始出现日本独自创造的"新汉语"。①

表 1－1　"基础汉语"三千词的出现期分布

时　期	词　数(％)	词　例							
Ⅰ奈良·平安·镰仓	927(30.9)	意見	宇宙	音楽	学校	季節	元気	政治	世界
Ⅱ室町·江户前期	374(12.5)	安心	意外	観光	元旦	出席	早速	真剣	同盟
Ⅲ江户后期	362(12.1)	英語	社会	幸福	手術	制造	地球	動脈	郵便
Ⅳ明治	1167(38.9)	委員	温度	会計	鉱物	资金	推理	選手	発電
Ⅴ大正·昭和	165(5.6)	沿線	空港	原油	公約	知性	都心	密輸	録音
总　计	2998(100)								

野村自己是这样解释的："此表最大的特征便是最初出现在第Ⅳ期日本明治时代的词占大多数（38.9%）。恐怕这三千词的相当部分均是在第Ⅲ期江户时代后期的某一时段才开始出现的，即从幕末到明治时代可以称作日语词汇的变动期，此前几乎都是借自中文的'汉语词'，而自这个时期起日本自己创造的'和制汉语'开始增多。另外，亦可做出一种推测：江户后期以后诞生的语词中有不少也输出到了中国。"②

这一调查结果也印证了我们前面提到的以 1720 年为近代的转折点以及明治时期"新汉语"的增加，同时也展现出三千基本"汉语词"在各个时代的大体分布。但是，与上述宫岛的研究相同，仅靠辞书的首见例证来判断其产生的时代会有很大的误差，江户后期的

① 野村雅昭「現代漢語データベースからみえてくるもの」『国際学術研究集会漢字漢語研究の新次元予稿集』国立国語研究所、2010 年 7 月。

② 野村雅昭「現代漢語データベースからみえてくるもの」『国際学術研究集会漢字漢語研究の新次元予稿集』、66 頁。

第Ⅲ期加上第Ⅳ期共有 1529 个词，这一数量经过更多的材料验证后，必然会有进一步修正的可能性。在此基础上，我们才有可能抽出日中同形词，再确定 a、b、c 三类的正确比例，以及各自的认定及其内涵，也才能判断出哪些词是作为日语借词后来进入到中文里去的。

　　单纯依靠辞书来验证词源有其局限性，笔者曾对各个具体汉语词的词源问题有过一段评论，指出单靠辞典来判断语词的出处有很大的危险性。"如果判断该词为中文成立的话，至少要仔细调查传教士留下的西学材料，然后找出与日本的关联，在确认两者的影响关系后才能在某种程度上给出一个答案。……无论哪种可能，都是以精确的资料调查为前提的，所以在调查每个词时所花费的精力和时间是必不可少的。从这一意义上看，该领域研究中的资料尚不完备，目前只凭借着《日本国语大辞典》《汉语大词典》《大汉和辞典》等辞书来构筑词史，未必能得出正确的结论，反倒是应该对过分依赖这些词典鸣起警钟。"①

　　这就是说，单单比较一下中日双方的辞书用例，就做出一个词语源自日本或中国的判断，不但不能解决问题，反而会带来各种误解。这首先要归结于辞典本身的问题，《大汉和辞典》（修订版）和《汉语大词典》所收的近现代词不足，特别是后者"既不使用西学资料和英华字典，在词目和用例上也无视或轻视近代语词"。② 所以可以想象依照这类词典得出的结论是很不可靠的。

　　近年来，日本的《幕末·明治初期汉语辞典》（佐藤亨编，明治书院，2007）和中国的《近现代辞源》（黄河清编，上海辞书出版社，2010）相继出版，分别弥补了各自辞典在近代语词部分的不足，亦可以说有了一定的进步。比如，以下两例我们用《近现代辞

① 陳力衛「近代語と中国語」『日本語学 特集・近代日本語研究』、2004 年 9 月。
② 陳力衛「国際シンポジウム『近代語の語源研究とその周辺』についての報告─『近現代辞源』の評を兼ねて」『東方』364 号、2011 年 6 月。

源》和《日本国语大辞典》（第二版）做一比较，会发现中国的例子要比日本出现得早，按通常的看法，便会认为其是源自中文的语词：

　　［病例］中国 1942/日本 1959《海辺の光景》安岡章太郎「現在ではアメリカでもっと多く見られる病例で」⇒〈父母乃務　家庭育児〉三谷周策著（鍾美堂、1905）

　　［茶話会］中国 1901/日本 1909《田舎教師》田山花袋「大君の目出度い誕生日は茶話会では収まらなかった」⇒珈琲会（茶話会）〈処女のつとめ〉ダブイヂス著・阪田孫四郎訳（博文館、1894）

但是，如果再仔细调查的话，正如⇒后面的例句所示，我们可以上溯到其他文献里找出日语的用例。这也就是说，《日本国语大辞典》（第二版）虽说是日本最大规模的历史语言词典，但在用例采集方面明显呈现偏重文学的倾向，如上述两例均是取自著名文学家的作品，却并不是最早的用例。同样，宫岛达夫也举过"术科"一词，指出《近现代辞源》引用了《日本国志》（1890）、《游历日本观察兵制学制日记》（1899），而《日本国语大辞典》却只引了阿川弘之《春之城》（1952）的例子。"应该从小说以外军事方面的文献中寻找更早的例子，这显然是《日本国语大辞典》过于偏重文学方面的表现。"实际上我们往上细查一下，就会发现"术科"一词早在 1890 年的《步兵射击教范》（小林又七）里就使用了。[①]

　　另外，《近现代辞源》里早有了中文的用例，而《日本国语大辞典》（第二版）却只列词目，而给不出例句。比如，在《近现代辞

---

　　①　陳力衛「国際シンポジウム『近代語の語源研究とその周辺』についての報告—『近現代辞源』の評を兼ねて」『東方』364 号、2011 年 6 月。

源》里，下面四个词的最早出现年分别为：

[华氏温度] 1942　　　　　　[基肥] 1925

[不成文法] 1903　　　　　　[儿童团] 1942

可是《日本国语大辞典》（第二版）居然举不出例子来。如果按照以往的处理，这四个词当然要算作中文影响日文的例子了，可是再通过数据库往下仔细一查，就会发现在日本的文献里均能找出比《近现代辞源》更早的用例：

摂氏華氏温度比較表（伊谷以知二郎・松尾霊彦『鰮油漬缶詰製造書』水産書院、1907）

肥料の種類 – 石灰と稲作 – 施肥上の原則 – 施肥の時期 – 稲の成育と施肥 – 基肥と補肥（横井時敬『稲作改良論』博文館、1904）

成文法及不成文法より生する一般被治者の利害（河野和三郎『法律社会之現象』吉岡書籍店、1888）

家族兒童團規約貯金（『直江津郵便局誌　御大典記念』直江津郵便局、1916）

这就说明了一点：词源判断上的失误，多数是由辞书编纂的问题所引起的，即在用例采录方面尚欠努力。[1] 反过来看中文也是一样，《汉语大词典》作为历史语言词典的缺陷是显而易见的。[2]

我们可以看出这种依靠辞书所做出的词源判断上的错误，多是起

① 陳力衛「国際シンポジウム『近代語の語源研究とその周辺』についての報告—『近現代辞源』の評を兼ねて」『東方』364 号、2011 年 6 月。
② 陈力卫：《〈汉语大词典〉在处理日语借词上的几个问题》，《日语研究》第 2 辑，商务印书馆，2004。

因于资料的不充分和调查的不足。欲以辞书的用例来建构具体词史，总是会因为材料的不足被误导。

关于这种近代词源研究的新取向，我们还可以关注宫岛达夫的《日中同形语之发掘》一文。过去一般是拿"学校""科学"这类日中同形词来做对比研究的对象，但他以为像日语用テレビ、中文用"电视"这种完全分化的例子也应引起我们的注意，即"电视"这个词在过去的某一时期里，曾作为译词在日语里使用过，而后才进入中文，所以它是某一时期的日中同形词。像这类例子应该多加发掘，他拿吉泽典男、石绵敏雄编的《外来语的语源》（角川书店，1979）作为基础材料，看当时日本在翻译外来词时用过哪些汉字词，然后从中抽出日中同形的汉字词来，与《近现代辞源》的例子做比较，看看哪些词是在日本译出的"和制汉语"。这样细查一遍就会发现"《外来语的语源》对发掘日中同形词有着双重意义。第一，可以发现现代日语中已经不用，但中文里还在用的'滑翔机''电视'等词；第二，可以给《日本国语大辞典》里那些只列有词目却无例句，或例句出现年代偏晚的词（如'菜单''私刑'等）提供更早的例句"。① 这就是说，"滑翔机""电视"这两个词本身是出自日语的，只是日语后来采用了英语外来词，他们放弃的"汉语译语"通过英和辞典等被中国采纳。这类例子找下去，可能还会有很多（诸如"排球""篮球"之类）。②

中日两国语料库的健全和完备，给我们在词源研究方面提供了强有力的支援。但中文语料库中多是按图索骥，只要是同一词形都被算

---

① 宫岛達夫「日中同形語の発掘」国際シンポジウム『近代語の語源研究とその周辺』関西大学、2011 年 3 月。

② 1926 年日本已多用"排球""篮球"，昭和 3 年（1928）《三省堂英和大辞典》里有汉语译词"排球"：Volleyball　排球〔高イ網ノ各側ニキル一団ノ戯手ガ互ニ地ニ落サナイヤウニ球ヲ飛ベシ合フ遊戯〕。其后日语开始用片假名的音译词バレーボール，汉语译词反倒被忘却，为中文所利用。

作一例，这就需要我们花力气做去伪存真的工作。比如用《四库全书》的语料库来检索，出现三四十条的例子几乎都不以为证，只有到了上百条才比较有把握地验证出该词的存在和使用。强调这一点是因为有些人爱拿文献中出现的个别例子来当作一个既有的概念，确定该词的使用年限，而不去管它在当时是否已经成为一个固定的组合（成词与否）。

五　中日语言交流的历史分界

辨明日语中的"汉语词"出自何处，多是应最近兴起的概念史研究的需求。当近代欧美概念传入东亚时，日中两国是怎样对应的，相互之间有过哪些交流，特别是日本翻译的"汉语词"是通过什么渠道传入中国的，这始终是中日语言交流史研究中的重要问题，必然要追溯到语词的最早出处。同时，这一课题既然是中日语言交流史的一环，就要涉及中文影响日文的时代下限以及日文进入中文的时代上限。沈国威曾把中国"新汉语词"的形成分为5期：（1）准备期（1807～1840）；（2）发展期（1840～1860）；（3）官方翻译期（1860～1880）；（4）停滞期（1880～1895）；（5）日语导入期（1895～1919）。①

从中日语言交流史来看，前三期是日语借自中文的时期；而日语导入期可以看作日语进入中文的时期；停滞期则两种可能都有。也就是说，中文影响日文的时代下限可以定在1880年前后，这一点我们在日本人翻刻的中文西学文献以及购买江南制造局出版的书籍调查中得到了印证（参见本书第六章）；② 但日文进入中文的时间上限是否

---

① 沈国威「新漢語研究に関する思考」『文林』32号、1998。
② 陳力衛「明治初期における漢訳洋書の受容」『東方學』99辑、2000年1月。中译文见《江南制造局的出版物在日本的传播和利用》，复旦大学历史系、出版博物馆编《历史上的中国出版与东亚文化交流》，百家出版社，2009。

也可定为 1880 年，还有待进一步论证，一般都是以甲午战争后的 1895 年作为日语开始影响中文的时间点。

　　为了适应概念史研究的需要，我们有必要就各个语词进行详尽的描述，也就是该词是如何经由日文转到中文里的。语言史上的研究积累可见李汉燮的《近代汉语研究文献目录》（东京堂，2010），至今为止有哪些词别人已经研究过，有过多少研究都一目了然。而且，进入 21 世纪以后，华语学界也开始关注近代语词及近代概念的形成和中日之间的相互影响，陆续出版了以下几种专著：

　　　　香港中国语文学会编著《近现代汉语新词词源词典》，汉语大词典出版社，2001

　　　　冯天瑜：《新词探源——中西日文化互动与近代汉字术语生成》，中华书局，2004

　　　　周振鹤：《逸言殊语》（增订版），上海人民出版社，2008

　　　　金观涛、刘青峰：《观念史研究——中国现代重要政治术语的形成》，香港中文大学当代中国文化研究中心，2008

　　　　沈国威：《近代中日词汇交流研究：汉字新词的创制、受容与共享》，中华书局，2010

　　　　庄钦永、周清海：《基督教传教士与近代汉语新词》，新加坡青年书局，2010

　　　　黄河清：《近现代辞源》，上海辞书出版社，2010

　　这其中有很多是利用中国近代传教士相关的资料来阐述和论证"汉语词"的词源的，参照这些成果，我们需要重新修正日本近代"汉语词"的一些词源，也可以利用这些材料来建构具体词史。只有充分利用中日两国现有的丰富资料，才能对近代"新汉语"到底有多少，其词源的依据在何处这类问题做出一个基本的判断，或者说建立一个基本框架，并给出做判断时所需的手续和测验点，这样我们才不会趋于主观，过于依赖自己手中的材料来下结论。当然，如果仅仅致力于抽出日本人独自创造的"和制汉语"的话，我们可以先拿出一本反映词史的字典作为这一研究的开端。

第二章 马礼逊《华英·英华字典》
与日本的洋学

一 马礼逊与其《华英·英华字典》

日本的近代史，特别是明治维新的成功之处，一直是海内外学者研究的热门。在论及其原因时，人们往往会谈起日本"洋学"的发展在其中所起的作用。所谓"洋学"，是相对"国学"而言的，是日本知识阶层学习、接受并研究外国（特别是西洋）新生事物及观念的总称。在这里，我们注重的则是以下的事实：日本人在学习、吸收"洋学"方面的知识时，汉文书籍及英华字典是其主要的媒介。也就是说，不用直接接触"洋"文，在汉文方面训练有素的日本知识阶层，也能通过阅读从中国传来的各种书籍来了解西洋，汲取新知。这种文化上的影响导致了另一个问题的产生，即大量的汉语新词也伴随着新的概念源源不断地涌入日本，并成为近代以来中日同形同义词剧增的一个重要原因。

前面提到过，日本人接受"洋学"是通过汉文，虽然也有人兼学兰学，但懂得英语的人几乎没有。而中国早在1822年就有了第一本英华字典（华英字典更早些）。鸦片战争以后，中国的门户被打开，大批传教士涌入中国，又留下了不少著作，这就使西洋方面的知识得以在中国较快地传播。相比之下，1853 年美国佩里舰队驶入静冈的下田（所谓"黑船袭来"）后，日本幕府才痛感英语的亟需。这时候临时抱佛脚，可用的只有英华字典了。直到 1862 年第一本英和辞典《英和对译袖珍辞书》问世之前，英华字典实际上一直在起着最重要的桥梁作用。不仅如此，明治维新以后，和刻本英华字典的出版依然延续不断，对后来英和辞典的编纂影响很大。

从上述例子可知，19 世纪的英华字典不仅是中国吸收外来文化的窗口，也是对外发挥影响的一个重要组成部分。除日本外，韩国早期的英韩字典也受其影响。但是，对英华字典本身的研究，以及对它们之间继承关系的探讨基本上还是一个空白。所以在这一章里，我们专门来看看第一本英华字典的特点以及它对其他辞典的影响。

有关作者马礼逊（Robert Morrison，1782 – 1834）的生平，已见诸许多论文、著作。顾长声的《从马礼逊到司徒雷登》的第一篇传记写的就是他。马礼逊 1782 年生于英国，1807 年作为伦敦会的传教士被派往广东。1809 年在东印度公司谋得翻译一职，居住广东，后任英国全权贸易监督官翻译，1834 年因劳累过度死于广东，葬在澳门。马礼逊作为基督教新教的中国开拓者，在中国传教史上留下了不朽之名。尽管他在三十余年的传教中体现了殉道般的献身精神，但因在内地传教困难重重，其成果并不显著，25 年中只皈依了 10 名教徒。就其成就而论，更多是体现在其所致力的以文传道上。从 1814 年到 1817 年，他先后译出《新约》和《旧约》，并开始刊行工程浩大的《华英·英华字典》。

《华英·英华字典》为我们开创了中西方文化交流和对话的先河，其英汉对译的形式也反映出两种文化冲突中的种种差异以及西方对中国的基本认识。在 19 世纪初，它的影响并非限于中国，也波及日本，从某种意义上来说是促进日本走向近代化的一个重要媒介，也是中日之间通过英语辞典相互借用译词的一个先例。我们在这里所讨论的就是该词典在日本是如何被传播和利用的，特别是其在早期的语言学习中所起的作用。

三部六卷的《华英·英华字典》从 1815 年开始出版，一直到
1823 年全部出毕。即：

> Part Ⅰ：Vol. 1，Macao：East India Company's Press，1815
> 　　　　　Vol. 2，London：Kingsbury，Parbury，and Allen，1822
> 　　　　　Vol. 3，London：Kingsbury，Parbury，and Allen，1823
> Part Ⅱ：Vol. 1，Macao：East India Company's Press，1819
> 　　　　　Vol. 2，Macao：East India Company's Press，1820
> Part Ⅲ：London：Black，Parbury，and Allen，1822

　　第一部的中文名曰《字典》，由三卷构成，依据《康熙字典》，
收有约 4 万个汉字，用英语加以阐释，按汉字笔画分成 214 个字根部
首排列。第二部第一卷前附有《献辞》《序》《凡例》等。第二部中
文名曰《五车韵府》，其两卷内扉页均标有"五车韵府"字样。第二
部第一卷与第一部同为华英字典，但附有汉字拼音的音节检索，且按
英文字母排序；第二卷主要收录汉字的各种书写体，但无词义诠释。
这前两部均为汉英字典，但第二部的《五车韵府》在日本享有盛名。
第三部没有中文名，只是一卷本的英华字典。

　　第三部字典正文仅有 480 页，就其整个六卷本来说，仅占了十分
之一左右，从这一点上来看，似乎马礼逊在这部字典上下的功夫较少。但
其实不然，在这之前，中国还没有一本英华字典，所以他的工作是从头
做起，当然极为不易。前两部都有中文字典，如《康熙字典》等做底本，
只要努力将之译成英语即可。而这一部英华字典，从来没有什么现成的
辞书可用来参考，我们至今也没有找到它的底本。根据马礼逊的传记，
他来华之前曾借出亚洲文会（Royal Asiatic Society）收藏的《拉丁英语辞
典》（可能是 *Thesaurus Linguae Latinae Compendiarius*）抄写并翻译之，可
是当我们在英语辞典里找出这本辞典来对照时，发现出入很大，至少词
头的选定未必依据于此。这个姑且不论，仅是汉译部分就够困难的了。

马礼逊在本部序言里的第一句话就是："为收集本辞典的词汇花费了十三年的岁月。"也就是说，从来华伊始，他就开始准备这部辞典的编纂了。当然，这一方面也是由于来华前夕，伦敦会就给马礼逊下达了有关的"指示"："你可以编一本汉语字典，或更有幸地能翻译《圣经》。"① 显然，他是把此项工作当成自己的使命之一来进行的。所以细看他的英华字典，会发现很多特征。

第一个特点是百科性很强。例如在 music 一条里：

> MUSIC 乐，音乐；Music with drums 鼓乐，Loud music 大乐，Soft music 细乐。Music proceeds from poetry 乐出乎诗也。In the《律吕正义》, the European Ui, Ri, Mi, Fa, Sol, La, are made by 乌、勒、鸣、乏、朔、拉。The four parts of European music are called 最高声 or treble；高声 or alto；中声 or tenor；下声 or bass。There have been five emperors and kings who understood music, Heuen-tsung of the Tang dynasty. &c. 帝王知音者五人，唐玄宗……

他举了各种例子，拿欧洲的说法和中文比较。这个词条到此还没完，后面又附上了中国古代音阶和欧洲的比照表，先列五线谱，然后是对应的角、羽、徵半、商、徵、宫、商半，再下面的是合、士、乙、上、尺、工、凡、五、六、仕，最后才是 D、E、F、G，A、B、C、D、E、F。再举一例，"porcelain 瓷器"一条，他先举官窑名和产地名，然后洋洋洒洒花了三页篇幅详细说明了烧制瓷器的 20 道工序。这样下来，一个词条的诠释所占篇幅就不免过大，其结果是 480 页的大开本，收录词条数尚不足一万。

第二个特点是汉译部分尚未成词，有些是用句子来译，有些干脆拿出与之稍有关联的书籍来说明。例如：

---

① 顾长声：《从马礼逊到司徒雷登》，上海人民出版社，1985，第 7 页。

ENCROACHMENT，gradual，to guard against it，防微杜渐

这个词我们现在译成"侵蚀"，也就是"微""渐"之义，马礼逊干脆用个成语来说明，但又没能说清楚。再有 Mineralogy 一词，现在译成"矿物学"，可当时他译不出来，只好举出个"本草纲目"，然后在其下面列出"Ⅰ、水部，Ⅱ、火部，Ⅲ、土部，Ⅳ、金石部"，在金石部下面又分金、玉、石、卤石。还有表示"百科全书"之意的 Encyclopedia，他用当时的百科性图书《三才图会》之名来对译；表示"几何学"的 Geometry，他也直接用书名《几何原本》四字来说明之。

　　第三个特点是许多例句先有中文，然后加以英译。本来英华字典应该是先有英文，然后根据英文再译成中文，但这本字典里，中文多是地地道道的、有出典的，而英文则是后加的释义。这样一来，出现的错误往往不是中文，而是英文。例如 dance 一词里有这样的例句：

> If you follow the three nuns，you will learn to dance to the gods.
> If you follow good men，you will learn to be a good man.
> 跟起三姑学跳神，跟起好人学好人。

"三姑"本来是序称，不是复数，这里他却译成了 three nuns。还有，在 better 一词里，他举的一例是：

> One word from Wei-ching（an eminent statesman of the Tang dynasty）was better than a hundred thousand masters.
> 魏徵一言胜十万之师。

可见他把"师"译成"教师"之意，而没有译成"军队"。甚至，尊其为师的麦都思也在自己字典里同样的词条下援引了此例，并将英文译文的 masters 改为更直接的 teachers。我们这里当然不是给这些字

典挑毛病，而是想说明它的编纂方式及收引例句的来由。

　　第四个特点体现在其引用书上。夏燮的《中西纪事》说马礼逊购中国书万卷，所以这里的大多数例句出自中国的"十三经"等经典，也有引用《红楼梦》《水浒传》等明清小说的句子和语词。剩下的则出自前面提到过的西学著作，例如《几何原本》《对数阐微》《天下地舆全图》《数理精蕴》等。因为这一原因，马礼逊的这部字典反而是天文、地理、算学方面的汉译成词比例高，例如："天体""地球""天文""地理""对数""乘方""平方""勾股弦"等；再有一些基本概念也已对译完毕，如序章里所举的 apostle 使徒、black lead pencil 铅笔、Christ 基利斯督、digest 消化、exchange 交换、judge 审判、law 法律、level 水准、medicine 医学、natural 自然的、necessarily 必要、news 新闻、novel a small tale 小说书、organ 风琴、practice 演习、radius 半径线、spirit 精神、unit 单位、men 人类、life 生命、plaintiff 原告、materials 材料、arithmetic 数学、method 方法、conduct 行为、language 言语；等等。

　　总的来说，马礼逊的英华字典为中国汉外字典之嚆矢，有很多地方尚不完备。从词条的解释方式看，是先用英语做一说明，然后才加上有关的汉语，说不上是双解字典，倒有点儿像是为了偏于说明中国的事物而作的小百科。这种写法恐怕与其编写目的不无关系。1809 年 12 月 4 日，马礼逊在写给伦敦会的一份报告中说，自从其加入东印度公司后，"在翻译官方文件的同时，我可以编纂字典。我希望这部字典会给以后来华的传教士提供极为重要的帮助"。① 可见他编这部字典的初衷，是为以后到中国活动的传教士提供方便。② 也许正因如此，这本字典才兼有向外界介绍中国的百科全书式的特征。

---

① 参见 Memoirs of the Life and Labors of Robert Morrison, Vol. 1, compiled by widow, London, 1839, p. 70。

② 顾长生：《从马礼逊到司徒雷登》，第 8 页。

尽管这样，作为近代第一本英华字典，该字典对后世的影响极大。卫三畏在其《英华韵府历阶》（1844）的序言及参考书目中均言及马礼逊字典；麦都思的 *English and Chinese Dictionary*（1847）更是全面地继承和发展了这本字典。而日本在学习英语的过程中，对这套字典更是倍加重视；日本人的笔记中亦有使用它的记载。这里我们只想再谈谈日本方面对马礼逊字典的反应。

二　日本人如何利用马礼逊的《华英·英华字典》

日本人对西方的关注始于 1720 年江户幕府的"禁书令缓和"，随着书籍引进的放宽，人们逐步开始学习外语。在当时的锁国政策下，日本唯一能接触西方的窗口便是长崎的荷兰商馆，所以学习荷兰语是日本接受西方知识的一个重要途径，同时幕府也在制度上确立了荷兰语翻译官的地位。1774 年译自荷兰语的《解体新书》不仅在日本翻译史上具有划时代的意义，而且在与近代西方概念的接轨上，其对译的汉字译词也开创了榜样。除荷兰语外，通词（翻译）们 1808 年 2 月开始学习法语，翌年 2 月又开始学习俄语和英语。据记载，1810 年跟荷兰商馆的 J. C. Blomhoff 学习英语且坚持下来的仅有四人，而本木正荣于 1811 年编成的《谙厄利亚兴学小筌》与 1814 年的《谙厄利亚语林大成》，则可以说是日本人编著的最早的英语工具书。

在日本，最早开始关注马礼逊《华英·英华字典》的是吉雄权之助（1758~1831），他极富语言天分，是著名的荷兰语通词，也学习过英语和法语。《马礼逊回忆录》中记有一事，说长崎荷兰商馆的 Heinrich Burger 于 1828 年 11 月 18 日路过澳门，拜访了马礼逊，并告诉他日本长崎的翻译们正在将他的字典翻译成日文，并劝马礼逊给译者吉雄权之助写一书简。于是马礼逊便托 Burger 预订其字典的日文版译本。朱凤摘录了其中的英语原文：

Nov. 18. I dined to-day at D-'s, in order to meet a surgeon from Japan, whose name is Burgher, in the service of the Dutch. He told me a piece of news which I can not help communicating to you-it is this. The Japanese translators are rendering Morrison's Dictionary into Japanese Language! This is a curious and interesting fact and confirms my doctrine of employing the press in these parts of the world. I hope the Bible will soon reach the Japanese, ...

Nov. 28. Mr. Burger called and told me a great deal about Japan and the neighbouring island. ···He says the Japanese write on their fans, at Nagasaki, extracts from Morrison's Dictionary, arranged according to the Alphabet, as an ornament, and present them to each other. The Alphabetic arrangement is new to them. Majoribanks was much struck with the circumstance of the Japanese getting a new Chinese Dictionary through the English language.

Nov. 29. I have sent to Japanese an order for a copy of my Dictionary, to be given to the translator Gonoski Kokizas. Mr. Burgher suggests that I should write a kind letter to him, and he will forward it. I have give Burger also an order for a copy of the Dictionary, and thirty-two dollar's worth of Chinese books and prints. ①

由此可以得到以下信息：第一，日本早在 1828 年 11 月以前就已经获得马礼逊的英华字典，并计划翻译之；第二，在马礼逊的字典中，按英文字母排序的、用汉字拼音音节检索的《五车韵府》在日本很受欢迎。第三，马礼逊接到日本人的订单，于 1828 年 11 月将自己的字典送给一个叫 Gonoski Kokizas 的日本人，并有可能

① 朱鳳「馬礼遜的漢訳西書對日本的影響—以『英国文語凡例傳』為例」『アジア文化交流研究』3 号、2008。

通过荷兰人 Burger 与该日本人通信。最后，Burger 也订购了一套
马礼逊的英华字典及中文书。

那么，这个名叫 Gonoski Kokizas 的日本人究竟是谁？一般都认为
是吉雄权之助，按罗马字拼法的话，他的名字应该为 Gonoske Yosio。
我们可以看到现存的两张吉雄权之助的罗马字签名，只是遗憾的是均
为缩写，且顺序为 J.G（见图 2 - 1）。根据关诗佩教授最近向笔者提
供的马礼逊写给儿子的信件，其中提到翻译他字典的日本学者的原姓
名，好像也有笔误，他将日本人名字拼为 Gonoske Rokizeru（见图
2 - 2 的下半部）。前半部分名字"权之助"较《马礼逊回忆录》中
的 Gonoski① 更为准确，后半部分姓"吉雄"，本应该读作 Josio 的，
至于第一个字母，应该为 J 或 Y 才对，但马礼逊遇见的荷兰人 Burger
把"吉"字读作形容词的定语修饰形态，即将よし读作よき，固有
Roki 之谓，最后一个汉字"雄"应训读为 o，但他好像想将其音读为
zeru，故有上述表记。不管怎么说，至少比《马礼逊回忆录》中的
Kokizas 要进了一步。②

图 2 - 1　吉雄权之助签名

① *Memoirs of the Life and Labors of Robert Morrison*, Vol. 1, p. 413.
② 原信出处为 Wellcome Trust Library, MS 5829, Letter 22 "Robert Morrison to John
　Robert Morrison"（31st Jan, 1828）。

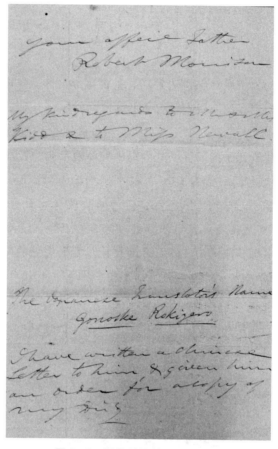

图 2-2　马礼逊写给儿子的信件

三　马礼逊《英华字典》和华英字典《五车韵府》

据《日本洋学编年史》1829 年 9 月条载，马礼逊的《英国文语凡例传》（*Grammar of the English Language* , 1823）原为 1823 年来日的西博尔特（Philipp Franz von Siebold）所持有，他当时任长崎商馆医师，1828 年回国时，将此书留给日本同行。而其最得力的助手便是荷兰语通词吉雄权之助，他恰巧手头有《英吉利文话之凡例》二册。据收藏者伊藤圭介（1803～1901）的识语云："此英吉利文话之凡例，贰册，为长崎荷兰大通词吉雄权之助如渊翁自笔，其所译和兰语，亦为翁所附也。"杉本つとむ和井田好治均对此做过介绍，后者还拿《五车韵府》的译词与该语法书中的例词相比较，认为两者相同处甚多。在其后来的研究中，井田以为吉雄权之助的《英吉利文话之凡例》正是以马礼逊的《英国文语凡例传》为底本翻译的，只不过是在英语例词后又加注了荷兰语的对译而已。①　关于此书对日本的影响，樱井豪人认为箕作阮甫编撰的《改正增补蛮语笺》（1848）和柳河春三编的《洋学指针英学部》（1867）明显参照过吉雄权之助的手泽本《英吉利文话之凡例》。②

　　该《日本洋学编年史》1830 年的部分里还载有 "英人モリソン译汉文书下赠天文台译局" 条，其译员青地林宗就此有如下记载：

　　　　我方人解泰西文，创自安永中，既过五纪，其书行于世亦多。但见汉土人有斯业鲜矣。尝闻英主黎人模利菳巳来于妈港，以英语译支那文，既成巨册。思其举也，东西文脉贯通，后续必熙。今兹庚寅初夏，官得其书数篇，下诸吾学社。余辈得始见之，云云。

这里也是说日本学习外语始于安永年间（1772～1775），这当然指的是荷兰语，60 年后其书已多见于世。而传闻已久的模利菳巳

① 参见杉本つとむ『江戸時代蘭語学の成立とその展開—長崎通詞による蘭語の学習とその研究』早稲田大学出版部、1976；井田好治「吉雄権之助『蘭英漢三国語対訳辞典』の發見とその考証」『横浜国立大学人文紀要 第二類語学・文学』24 輯、1977 年 11 月；井田好治「吉雄権之助手寫本『英吉利文話之凡例』の原本發現　第 34 回日本英学史学会大会発表要旨」『英学史研究』31 号、1998。
② 桜井豪人「『英吉利文話之凡例』の受容 —アルファベット表の音訳漢字に着目して」（研究ノート）『英学史研究』34 号、2001 年 10 月。

（马礼逊）字典今日终于得以亲睹，且"官得其书数篇"，可见该
辞书在 1830 年的日本已得到官方的重视并开始供译员们参考使
用了。

　　日本江户时代的思想家、军事家佐久间象山（1811~1864）在
其《增订荷兰语汇题言》（1849~1850）中也说：

> 汉字注以英语，洋语释以汉字者，始于英人莫栗宋。荷兰通
> 词吉雄永保，取莫氏之本书，抉英以荷，以纂一书。今语下往往
> 存汉语者，多从吉雄氏本。

这里说的莫栗宋即马礼逊，而吉雄永保当指吉雄权之助。也就是说吉
雄权之助利用马礼逊的英华字典来编荷兰语辞典，即把英语部分换为
荷兰语，这样可以省去不少译词部分的劳力。而佐久间象山自己增订
的荷兰语汇中的汉语译词也多来自该辞典。

　　日本近代西学的开拓者之一中村敬宇（1832~1891）在其文集
里留有一篇《穆理宋韵府钞叙》（1855），曰：

> 英国人穆理宋者，学于汉邦有年矣。能通汉邦典籍，尝取韵
> 府一书，一一以其邦语对译汉字，盖为习汉语者谋也，其意可谓
> 勤矣。荷兰人又以其邦语副之，三语对照，语言瞭然。在我邦读
> 洋书者，其为益盖非浅鲜焉。

这也是说，在马礼逊的字典基础上，又加以荷兰语，三语对译。这一
做法对日本的学者来说其益匪浅。

　　那么，荷兰语通词吉雄权之助编辑的辞典究竟是哪一本呢？
据井田好治的研究，实际上就是内题有"汉译和兰字典五车韵
府"的《兰英汉三国语对译辞典》，原为旧高锅藩明伦堂藏（一
册，330 张，手抄），但遗憾的是此书原本下落不明，现仅留有复

写本。①

但经调查，收藏在日本佐仓藩（现千叶县佐仓高等学校）的题为《模理损字书》（26cm×18.3cm）的另一手抄本实际上也是兰英汉三国语对译的形式，与上述本子属同一系统。其本原为一册，现经修复后分为上中下三册。

还有一种本子是1995年才在佐久间象山的藩主所在地松代（长野县）发现的，题为《五车韵府》（26.8cm×18.5cm），八册，这正是佐久间象山为出版《增订荷兰语汇》而参考的"吉雄氏本"。经大桥敦夫的调查，当为佐久间象山手泽本，现收藏在长野市真田宝物馆。② 东京大学图书馆在关东大地震（1923）前曾收藏有同样的手抄本《五车韵府》（川本幸民手抄本，八册），当属同一系统。

上述三种本子，实际上出一辙，虽名曰《五车韵府》，而实际上是吉雄权之助根据马礼逊字典第三部《英华字典》，在英语前加上荷兰语编辑而成的兰英汉三国语对译辞典。当时（文政十二年，1829）在长崎游学的大槻磐溪（1801～1878）亦留下以下记录：

> 英吉利人摸礼荪者，通商广东港，淹留数年，起志汉学，习熟之久，遂能把韵府字典之文，翻为缠绵郭索之字，以编出一书，往荷兰人舶斋其书，今见在象胥吉雄某许，仆尝得一寓目，深服英人研精覃思之勤。

这就是说大槻在吉雄家里见过马礼逊的字典，而吉雄据此加上荷

① 井田好治「吉雄権之助『蘭英漢三国語対訳辞典』の発見とその考証」『横浜国立大学人文紀要 第二類語学・文学』24 輯、1977 年 11 月。
② 大橋敦夫「千葉県立佐倉高等学校蔵『模理損字書』訪書記：真田宝物館蔵『五車韻府』との書誌比較」『上田女子短期大学紀要』27 号、2004。

兰语集为一册完全是可能的。关于这本三语对译辞典编撰的目的，近年有松田清提出其选词多有偏颇，取宗教神祇为多，故认为或是受命为之。① 该辞典虽未正式出版，但对当时的辞典编纂影响很大，因为日本第一部英和辞典《英和对译袖珍辞书》也正是以一本英荷双语对译辞典为蓝本，并将荷兰语部分转译成日语而成的。

其次，我们再看马礼逊第二部《五车韵府》在日本的利用方式。日本早期的英语学习和翻译一般由荷兰语通词所承担，而唐通事则被指定学习满语。但是，到了19世纪中叶，1853年佩里舰队武力叩关后，英语的重要性愈发显出。安政二年（1855）长崎奉行劝告唐通事停止兼学满语而改学英语，并要求从中国购买马礼逊的《五车韵府》。在对外贸易第一线活跃的唐通事也开始利用语言之便，直接使用英华字典，他们具体提到要购买这本书，说明在当时的长崎这本字典已广为人知。据古贺十二郎所记，1857年长崎西役所内开设了洋学传习所，当时转学英语的唐通事的"索书单"中，也有"《五车韵府》取寄"的要求。② 这从《五车韵府》在其后尚有1865、1879、1907年的三次再版和其在日本的所藏数量中也可窥见一斑。从藏书印可知，马礼逊的字典在日本当时的"蕃书调所"即洋书翻译所里备有数部。东京大学图书馆在关东大地震前也曾藏有八册《五车韵府》的手抄本。也就是说，汉英字典的《五车韵府》在那个时代里似乎更受青睐一些。这可能与当时的对外交流方式有关，即对当时的唐通事来说，更关心的是如何将汉字概念转换为英语，而不是将英文原文翻译为日文。这个倾向到了明治时期就反过来了，唐通事开始关注如何把英文翻译成母语的问题。明治以后，郑永宁、何礼之等唐通

---

① 松田清「吉雄権之助訳蘭英漢対訳辞典の編集法について」内田慶市編『周縁アプローチによる東西言語文化接触の研究とアーカイヴスの構築』関西大学東西学術研究所、2017。

② 古賀十二郎『徳川時代に於ける長崎の英語研究』九州書房、1947、64頁。

事出身的翻译亦承担起"洋学"的一翼，编辑出版了各种英日汉对话教材和译著（如《万法精理》《民法论纲》等），其英语的底子当是通过英华字典这类工具书打好的。这种由唐通事展开的英语学习和他们在西学方面的贡献是我们今后的研究课题之一。再比如，中村正直在《西学一斑》（1874）中说，英语里有 liberty 一词，日本和中国都没有相应的词来对译，马礼逊译为"自主之理"，罗存德译之为"任意行之权"。可见这时日本学者主要看的是英华字典，并开始考虑翻译西洋的东西了。还有一个值得注意的现象是，凡是出了和刻本的，都是英华字典，且均在明治以后，而汉英字典之类则未见提及。

本章后附的马礼逊《华英·英华字典》的各种版本在日本的收藏情况，基本依照飞田良文和宫田和子的《19 世纪的英华·华英辞典目录》所列，以展示日本对该字典的重视程度。① 但随着网络的普及，我们还可在日本找出更多的本子，比如仅就《五车韵府》而言，1819～1820 年的两卷本见于下列图书馆：

东北大学图书馆 part 2，v. 1 01830503821

part 2，v. 2 01830503839

京都大学人文研究所 part 2，v. 1／part 2，v. 2

823 ‖ M－286 90061862

1865 年的两册本还见于长崎大学医学部（编号 823 ‖ 65 2129226）和京都的国际日本文化研究中心（尚未编目）。

马礼逊的《华英·英华字典》在日本的普及和运用反映了日本知识分子积极汲取外来文化的尚学精神，与此相比，中国国内的图书馆中所藏的数量则非常有限。有人欲借此证明中国知识分子对吸收外来文化的消极态度，对此笔者认为应当持慎重态度加以调查和分析。

----

① 飛田良文・宮田和子「十九世紀の英華・華英辞典目録」『国語論究 6 近代語の研究』明治書院、1997。

因为十几年前笔者曾在北京海淀的中国书店里买到 1865 年上、下两册的小型本《五车韵府》，且加盖有留学德国，归国后任铁道工程师的关葆麟①的藏书钢印。通过详尽的藏书调查后，我们也许会发现当时的中国知识分子对马礼逊字典也并非毫不关注。

四 马礼逊研究的方方面面

日本对马礼逊的研究实际上是分为三部分的：一是对历史事件的研究。如 1837 年美国商船（马礼逊号）为遣返日本漂流民和通商来到日本的浦贺海岸，但遭到江户幕府的炮击，当时的兰学家渡边华山（1793～1841）和高野长英（1804～1850）误以为是幕府把来访的马礼逊赶走了，所以大骂幕府，批评其锁国政策，以致遭牢图之罪。当事人渡边华山的《慎机论》（1839 年未定稿）里也记载过 Burger 在澳门与马礼逊相见一事，即当时的日本兰学家对马礼逊的功绩已经所知甚多。二是马礼逊的《圣经》翻译研究，因为在日本的《圣经》翻译过程中，汉译的成分很多，许多基本概念均是来自汉译，所以对马礼逊的汉译《圣经》，日本近年还重新翻印之以进行研究。第三才是语言方面的研究。

笔者在本章后面附有日本对马礼逊《华英·英华字典》以及相关方面的研究和该字典的翻印情况，但对上述炮击"马礼逊"号事件的研究则忍痛割爱。对汉译《圣经》所涉及的个别词史的研究也没有收录，而主要集中在有关马礼逊字典和专著的研究上。论文部分也包括了有关马礼逊的字典条目的研究和学会上的口头发言，由此能够看出日本利用该字典所展开的新的研究动向，并对今后促进各国学者间的交流提供一点线索和参考。

---

① 1904 年译有《西亚谈奇》，著名数学家关肇直之父。

附一　日本马礼逊研究文献目录

专著

岩崎克己『柴田昌吉傳』一誠堂書店、1935。

豊田実『日本英学史の研究』岩波書店、1939。

佐伯好郎『支那基督教の研究』春秋社、1940。

岩井大慧監修・沼田頼雄等解説『支那叢報解説 巻1－巻15』東京丸善、1942～1944。

小沢三郎『幕末明治耶蘇教史研究』亜細亜書房、1944。

古賀十二郎『徳川時代に於ける長崎の英語研究』九州書房、1947。

大阪女子大学附属図書館編『大阪女子大学蔵　日本英学資料解題』、1962。

海老沢有道『日本の聖書』日本基督教団出版局、1964；講談社学術文庫、1989。

古賀十二郎『長崎洋学史（上・下・続）』長崎文献社、1973～1974。

都田恒太郎『ロバート・モリソンとその周辺：中国語聖書翻訳史』東京教文館、1974。

杉本つとむ『江戸時代蘭語学の成立とその展開—長崎通詞による蘭語の学習とその研究』早稲田大学出版部、1976。

町田俊昭『三代の辞書：英和・和英辞書百年小史』三省堂、1981。

杉本つとむ『日本英語文化史の研究』八坂書房、1985。

森岡健二『改訂近代語の成立・語彙編』明治書院、1991。

沈国威『近代日中語彙交渉史』笠間書院、1994。

大槻如電原著・佐藤栄七増訂『日本洋学編年史』鳳文書館、1995。

永嶋大典『蘭和・英和辞書発達史（新版）』ゆまに書房、1996。

荒川清秀『近代日中学術用語の形成と傳播』白帝社、1997。

吉田寅『中国プロテスタント傳道史研究』汲古書院、1997。

何群雄『中国語文法学事始：「馬氏文通」に至るまでの在華宣教師の著書を中心に』三元社、2000。

陳力衛『和製漢語の形成とその展開』汲古書院、2001。

柳父章『「ゴッド」は神か上帝か』岩波書店、2001。

内田慶市『近代における東西言語文化接觸の研究』関西大学出版部、2001。

鈴木範久『聖書の日本語―翻訳の歴史』岩波書店、2006。

朱鳳『モリソンの「華英・英華字典」と東西文化交流』白帝社、2009。

宮田和子『英華辞典の総合的研究』白帝社、2010。

孫建軍『近代日本語の起源：幕末明治初期につくられた新漢語』早稲田大学出版部、2015。

论文

松田清「吉雄権之助訳蘭英漢対訳辞典の編集法について」内田慶市編『周縁アプローチによる東西言語文化接触の研究とアーカイヴスの構築』関西大学東西学術研究所、2017。

朱鳳「馬礼遜的漢訳西書對日本的影響―以『英国文語凡例傳』為例」『アジア文化交流研究』3号、2008。

内田慶市「近代ヨーロッパ人中国語研究の價値とその可能性」内田慶市・沈国威編『19世紀中国語の諸相』雄松堂出版、2007。

陳力衛執筆「モリソン（馬礼遜）英華字典」『日本語学研究事典』明治書院、2007年1月。

小出敦「ロバート・モリソン『中国語辞典』の音系 ― 18世紀初頭の官話」日本中国語学会第55回全国大会口頭発表、2005。

伊伏啓子「R.モリソンの『通用漢言之法』(1815)」日本中国語学会第55回全国大会口頭発表、2005。

塩山正純「西洋基督教宣教師による初期漢訳聖書（その語彙と文体）の系譜に関する基礎的研究」『科学研究補助金研究報告（若手研究B)』、2005。

朱鳳「初期中国語文法用語の成立」『或問』10号、2005。

朱鳳「モリソンの『華英字典』にみる19世紀西洋人の中国語学習事情」『京都ノートルダム女子大学研究紀要』35号、2005。

朱鳳「モリソンの『華英字典』に関する一研究：その百科全書的な特徴およびヨーロッパ漢学史における位置づけについて」京都大学博士論文、

2004。

　　朱鳳「モリソンの『華英字典』にみえる『科挙』について」『歴史文化社会論講座紀要』1 号、2004 年 1 月。

　　大橋敦夫「千葉県立佐倉高等学校蔵『模理損字書』訪書記：真田宝物館蔵『五車韵府』との書誌比較」『上田女子短期大学紀要』27 号、2004。

　　大沢眞澄・岩瀬忠男「佐倉高校鹿山文庫と『模理損字書』」『日蘭学会通信』1 号、2003 年 4 月。

　　塩山正純「R. モリソン『神天聖書』欄外注について－－その概容と索引」『文明 21』9 号、2002。

　　桜井豪人「『英吉利文話之凡例』の受容―アルファベット表の音訳漢字に着目して―」（研究ノート）『英学史研究』34 号、2001 年 10 月。

　　松原真沙子「19 世紀初期の中国におけるプロテスタント宣教師：ロバート・モリソンの役割」『アジア太平洋研究』巻 3、財団法人学会誌刊行センター、2001。

　　大沢眞澄「蘭英漢『モリソン辞書』について『文化史学会第五回大会発表要旨』」『昭和女子大学文化史研究』5 号、2001。

　　荒川清秀「ロプシャイト英華字典の訳語の来源をめぐって―地理学用語を中心に―」『文明 21』1 号、1998。

　　井田好治「吉雄権之助手寫本『英吉利文話之凡例』の原本發現『第 34 回日本英学史学会大会発表要旨』」『英学史研究』31 号、1998。

　　村山吉広「ロバート・モリソン展墓の記－－鶏蛋花の咲く下で」『中国古典研究』42 号、1997 年 12 月。

　　何群雄「実用文法，科学文法，普遍唯理主義文法：R・モリソン，J・エディキィンズ，馬建忠の文法思想について」『中国研究月報』51 巻 9 号、1997。

　　飛田良文・宮田和子「十九世紀の英華・華英辞典目録」『国語論究 6 近代語の研究』明治書院、1997。

　　宮田和子「W. H. Medhurst『華英辞典』に現れた康熙字典の用例―R. Morrison『字典』との比較」『英学史研究』30 号、1997。

　　宮田和子「R. Morrison 著 A Dictionary of the Chinese Language について」『印刷史研究』5 号、1997。

遠藤智夫「『英和対訳袖珍辞書』とメドハースト『英漢字典』—抽象語の訳語比較— A～H」『英学史研究』29 号、1996。

矢沢利彦執筆「ロバート・モリソン」高田時雄編『東洋学の系譜』大修館書店、1996。

内藤正子「R・モリソンとJ・マ－シュマンの中国文法書」『日本中国学会報』47 号、1995。

飛田良文・宮田和子「ロバート・モリソンの華英・英華字典 A DICTIONARY OF THE CHINESE LANGUAGE 第 2 部『五車韻府』の諸版について」近代語研究会編『日本近代語研究 2』ひつじ書房、1995。

陈力卫:《从英华字典看汉语中的日语借词》,《原学》第 3 辑, 中国广播电视出版社, 1995。

陳力衛「日本近代語と漢訳洋書と英華字典」『女子教育』18 号、1995 年 3 月。

陈力卫:《早期的英华字典与日本的洋学》,《原学》第 1 辑, 中国广播电视出版社, 1994。

飛田良文・宮田和子「ロバート・モリソンの華英・英華字典 A DICTIONARY OF THE CHINESE LANGUAGEについて」『日本近代語研究 1』ひつじ書房、1991。

茂住實男「中国語を媒介にした英学研究」『大倉山論集』27 輯、大倉精神文化研究所、1990。

吉田寅「入華キリスト教宣教師の著作活動—ロバート＝モリソンの中国文著作について」『中国を中心とした東アジアにおける異文化接触の基礎的研究　昭 63 年度科学研究補助金（研究 A）研究成果報告書』、1989 年 1 月。

吉田寅「プロテスタント宣教師メドハーストとギュツラフの中国文著作について」『歴史人類』13 号、1985 年 3 月。

村山吉広「イギリスの東洋学 – 2 – モリソン雑記」『中国古典研究』23 号、1978 年 6 月。

井田好治「吉雄権之助『蘭英漢三国語対訳辞典』の發見とその考証」『横浜国立大学人文紀要 第二類語学・文学』24 輯、1977 年 11 月。

村上嘉英「モリソンの中国語文法研究」『中文研究』14 号、1973 年

12 月。

香坂順一「広東語の研究－－モリソンから趙元任へ」『人文研究』3 巻 13 号、1952 年 3 月。

附二　马礼逊辞书及相关著作在日本的收藏

A Dictionary of the Chinese Language

Part Ⅰ , Vol. 1, Macao：East India Company's Press, 1815

　　　　Vol. 2, London：Kingsbury, Parbury, and Allen, 1822

　　　　Vol. 3, London：Kingsbury, Parbury, and Allen, 1823

Part Ⅱ , Vol. 1, Macao：East India Company's Press, 1819

　　　　Vol. 2, Macao：East India Company's Press, 1820

Part Ⅲ , London：Black, Parbury, and Allen, 1822

国立国会图书馆　　①495. 132/M881d　全 6 册

　　　　　　　　②495. 1/M881d　　5 册（缺 Part Ⅰ , Vol. 2）

国立国会图书馆支部东洋文库①Ⅲ－12－D－a＝62 全 6 册

　　　　　　　　②Ⅲ－12－D－b＝68　1 册（Part Ⅲ）

静冈县立中央图书馆　　AO11，AO12　　全 6 册

东京学艺大学附属图书馆　823/Mo78　　全 6 册

横滨市立大学图书馆　823/4/1～6　　全 6 册

立教大学图书馆　　495. 3－M87（6382）2 册（Part Ⅱ）

早稻田大学图书馆　①P2217/1～6　　全 6 册

　　　　　　　　②文库 8/C784　　1 册（Part Ⅲ）

爱知大学丰桥图书馆　823－Mo78－（1）～（3）全 6 册（装订为 7 册）

京都外国语大学图书馆　495. 132－Mo78/1－1，2－1，3－1，2－1，2－

　　　　　　　　2，3　全 6 册

同志社大学图书馆　①892. 3/M　全 6 册（装订为 4 册）

　　　　　　　　②B823/D　　2 册（Part Ⅱ）

　　　　　　　　③B823/D　　全 6 册

天理大学附属图书馆　823－夕10　　全 6 册

长崎大学附属图书馆经济学部分馆　　706 – 271　5 册（缺 Part Ⅱ，Vol. 2）
佐野摩美藏　　　　　　　　　　　　全 6 册

『五車韻府』（1865）

国立国会图书馆	495. 1/M881d	1 册
国立国语研究所	413 = 951 = 2/D72/2	2 册
国立国会图书馆支部东洋文库	Ⅲ – 12 – D – a – 30	2 册
长崎县立图书馆	823 – Mo/65 – 1 ~ 2	2 册
东京大学综合图书馆	D100 – 128	2 册
京都大学图书馆	4 – 87 小别（169309）	4 册
京都大学文学部图书室	中文/洋/823/M11（177802）	2 册
九州大学文学部图书室	伦理 G/269	2 册
早稻田大学图书馆	文库 8/C794/1 ~ 4	4 册
爱知大学丰桥图书馆	823 – Mo78 – 1 ~ 4	4 册
天理大学附属图书馆	823 – 10	2 册

『五車韻府』（1907）

| 东京外国语附属大学图书馆 | 诸冈文库Ⅰ – 62 – 1 ~ 4 | 4 册 |

『五車韻府　華文訳英文字典』（1879）

国立国会图书馆支部东洋文库	Ⅲ – 12 – D – a – 28	1 册
国立公文书馆内阁文库	E1854	1 册
	E1855	1 册
	E1856	1 册
东北大学附属图书馆	狩 4/27898/1	1 册
东京大学综合图书馆	D100 – 588	1 册
一桥大学附属图书馆	Ab12 – 2	1 册
大阪女子大学附属图书馆	英 300	1 册
早稻田大学图书馆	P/1047	1 册

『広東省土話字彙』（*Vocabulary of the Canton Dialect*，1828）

国立国会图书馆	107 – 216	1 册
国立国会图书馆支部东洋文库	Ⅲ – 12 – G – 68	1 册
大阪外国语大学附属图书馆	380/334	1 册

A Dictionary of the Chinese Langauge（ゆまに書房 1996 年影印本）

第一部『字典』3 卷

第二部『五車韻府』2 卷

第三部 无汉字书名 1 卷

『幕末邦訳聖書集成 旧遺詔書』全 12 卷（ゆまに書房、1999）

旧遺詔書	1	創世歴代傳/ロバート・モリソン
旧遺詔書	2	出以至比多地傳/ロバート・モリソン
旧遺詔書	3	利末テ古傳/ロバート・モリソン
旧遺詔書	4	復講法律傳/ロバート・モリソン
旧遺詔書	5	若書亜傳　他/ロバート・モリソン
旧遺詔書	6	路得氏傳　他/ロバート・モリソン
旧遺詔書	7	歴代史紀　上卷/ロバート・モリソン
旧遺詔書	8	歴代史紀　下卷/ロバート・モリソン
旧遺詔書	9	以賽亜書傳/ロバート・モリソン
旧遺詔書	10	耶利米亜傳　他/ロバート・モリソン
旧遺詔書	11	依西其理書傳/ロバート・モリソン
旧遺詔書	12	但依理書傳　他/ロバート・モリソン

『幕末邦訳聖書集成　新遺詔書』全 4 卷

新遺詔書	1	馬寶書	他/ロバート・モリソン
新遺詔書	2	路加書	他/ロバート・モリソン
新遺詔書	3	使徒行書	他/ロバート・モリソン
新遺詔書	4	厄拉氏亜葷書	他/ロバート・モリソン

第三章　对译概念的形成：19世纪英华字典
　　　　提供的丰富译词

引　言

　　研究近代中日两国间的新词新语问题，必然回避不开汉译洋书和英华字典。我们在上一章中简单地介绍了马礼逊的第一本英华字典，那么在这一章里，我们主要想说明两个问题：一是在马礼逊以后，特别是19世纪英华字典的发展情况；二是新词新语是怎么随着英华字典被借到日本，又是怎么被大量采录到英和辞典中去，20世纪后再传回中国的，当然这一点本书的第二编还会设专章讨论。

　　为什么要这么重视英华字典？因为自古以来中国的大量古籍源源不断地流入日本，同时也带去了很多语词；近代的汉文书籍及新的语词进入日本，本来可以算作这一过程的延续。但不同的是，本章所指的这些新输入的汉语新词，大多含有新的概念、新的思想，也就是说，其词义与西洋的概念、思想相一致的居多数。换言之，这些和英语对译的汉语词本身是一种翻译概念，即（西洋的）概念先行，然后附之以辞。到这一步本来也没有什么问题，可是后来无论是在中国

还是日本，当谈起中国所用的"日本借词"时，却出现了一个值得
注意的情况，即人们开始把其范围逐步扩大，以至于中国近现代以来
所使用的大量有关西洋观念的语词，都被视为是从日本移植的，并且
一一找到了些"证据"。但最大的问题是，这种"证据"并没有上溯
到 19 世纪的英华字典里去。所以，深入研究 19 世纪的英华字典，能
帮助我们重新认识所谓"日语借词"的概念。其中，我们最关心的
是下面的问题：日本人是怎样吸收这些词汇的？这个过程是怎样形成
的？理解了这一影响，许多问题就会迎刃而解。

一　19 世纪英华字典的内在联系

据统计，收藏在日本的 19 世纪英华字典约有 50 余种，[①] 其中六
种在日本利用得较多，不仅直接影响到日本近代新词的构成，而且
为日本接受西方的新生事物做出了很大贡献。这里，我们按字典的
出版时间顺序又可以分为前后两期，前期多是为日本的兰学所利
用；而后期则是通过直接翻印这些字典，对日语吸收新的译词产生
影响。

19 世纪在中国（包括香港和澳门地区）出版的，由传教士编写
的英华字典有以下五种：

（1）马礼逊：*A Dictionary of Chinese Languages*，Part III，1822。

（2）卫三畏：*An English and Chinese Vocabulary in Court Dialect*，
1844。

（3）麦都思：*English and Chinese Dictionary*，1847 ~ 1848。

（4）罗存德：*English and Chinese Dictionary*，*with the Punti and
Mandarin in Pronunciation*，1866 ~ 1869。

---

① 那須雅之「G. C. Stent とその著書について」『中国語学』240 号、1993；飛田良
文・宮田和子「十九世紀の英華・華英辞典目録」『国語論究 6　近代語の研究』
明治書院、1997。

（5）卢公明：*Vocabulary and Handbook of the Chinese Language*，1872。

这些英华字典都是中文译词流向日语的一个直接而且重要的渠道。从历史背景及译语间的相互影响关系来看，可以将（1）（2）（3）划为前半期，（4）（5）划为后半期。前半期的三本字典所反映的都是天主教传教士著作中的语词，即第一期西学新书中的语词；而后半期的两本字典则反映出第二期西学新书所用的语词，其中第五本英华字典里也多少反映出第三期西学新书中出现的许多新词。

以上五本字典，除了（1）（3）外，均有和刻本。这一点将在下面详述。另外还有一本中国人编的英华字典和词汇表，即（6）邝其照的《字典集成》（1875）和（7）《英华通语》，后者被福泽谕吉译成日语，一版再版，流传甚广。

马礼逊的第一部英华字典 *A Dictionary of Chinese Languages*（1815～1823），我们在上一章里详细叙述过。这里再把后面几本英华字典的内容和特点做一介绍，并将和刻本的情况简述一下。

（一）卫三畏《英华韵府历阶》（1844）

卫三畏的《英华韵府历阶》（*An English and Chinese Vocabulary in the Court Dialect*，Macao，1844），道光癸卯年刻印，香山书院发行。全书分为四个部分，除去前言、绪论和索引外，正文有 335 页。该书有很长的说明和介绍汉语的前言，其中参考书栏把 1844 年以前出版的有关中国及汉语的主要论文、著作和辞典等收录在一起，十分方便。这本辞典可以说是一个英汉单词对译表，少有句子般的释义，收 13400 余词条，超出马礼逊字典近 4000 条。较此前的马礼逊字典，译词更为简短明白。所以原文用的不是 *Dictionary*，而是 *Vocabulary*。

卫三畏 1812 年生于纽约，1833 年被派往广东负责印刷事务。

他除通汉语外还兼通日语，曾作为翻译官随佩里舰队到过日本，后任美国驻华公使馆员，1884年去世。虽然在他抵广州后不到一年，马礼逊就去世了，但这期间两人应该是见过面的。① 在他的辞典里，无论是前言还是参考书目都言及马礼逊，可见曾经受到过后者的影响。②

在卫三畏的字典里，与马礼逊字典记述相同或相似的例子比比皆是。有些词条，如 numerals，其字典中从一至十的三种书写排列与马礼逊的一模一样，只是在汉字标音上，马礼逊近似广东音，而卫三畏则努力靠近官话而已。再如，flower 的词条下，两者都是将所有花草名列出，马礼逊举出148种，卫三畏竟列举了366种。③ 这种体例仅限于初期的这两本字典，较为特殊。

前文提到过马礼逊字典的词条诠释趋于百科性，多用例句来表现释义，直接对译被释词词义的少，故每一词条所占的篇幅多。与之相比，卫三畏的字典基本上是一词一行，多采用语词直接对译的方式。如 novel（小说）一词：

马礼逊：NOVEL, new, 新有的。Novel, extraordinary and

---

① 麦沾恩的《中华最早的布道者梁发》（《近代史资料》第39号）里记载了卫三畏抵广州后曾与梁发相见，而当时梁发是马礼逊的得力助手，故而卫三畏与马礼逊极可能相见。又据顾长声的《传教士与近代中国》（第2版，增补本，上海人民出版社，1991，第37页）载，卫三畏参加编辑工作和负责印刷发行的《中国丛报》是由马礼逊倡议，裨治文（E. C. Bridgmen，1804－1861）负责编辑的，因此卫三畏和马礼逊二人应该是有过交往的。

② 在卫三畏字典的参考书目里，列有五本马礼逊的著作和字典：
Dictionary of the Chinese Language, Macao, 1822;
Vocabulary of the Canton Dialect, Macao, 1828;
Dialogues on the Chinese Language, Macao, 1816;
Chinese Grammar, Serampore, 1815;
View of China for Philological Purposes, Macao, 1817。

③ 这当然与他的博学不无关系，他一度想当植物学的教师。另据他的中国助手罗森的《日本日记》载，卫三畏素谙鸟兽草木之名。

pleasing discussions 新奇可喜之论。A small tale 小说书。Hearing
of a few romances and novels forthwith think that they are true 听些野
史小说便信真了。

　　卫三畏：NOVEL，新奇　NOVEL，a 小说。

这样看来，卫三畏字典的释词要比马礼逊简洁得多。马礼逊将表示
"矿物学"的 Mineralogy 译成"本草纲目"，将表示"几何学"的
Geometry 译成"几何原本"，而在卫三畏的字典里，前者译成"石
论"，后者译成"孤角法"。这虽与现今的叫法尚有差距，不过，这
一阶段正是近代译词的萌芽期，从中可以看出译词的改进。类似的例
子还有：

Meteorology　　　气奇象论（后来译成"气象学"）

Midwifery　　　　保生篇（后来译成"助产术"）

Zoology　　　　　生物总论（后来译成"动物学"）

Torrid Zone　　　热道（后来译成"热带"）

Perate Zone　　　温道（后来译成"温带"）

Frigid Zone　　　寒道（后来译成"寒带"）①

Barometer　　　　风雨针（后来译成"睛雨表"）

Newspaper　　　　新闻纸（后来译成"报纸"）

Map　　　　　　　地理图（后来译成"地图"）

　　其中有的表示学科及近代事物的译词至今还在使用（除去与马
礼逊重复的词）：

Agriculture　农业　　　　　　Mathematics　数学

① 荒川清秀「訳語"熱带"の起源をめぐって」『日本語学』6 卷 2 号、1987。该文
详细阐述了"热带"一词在中国的产生过程。

Astronomy	天文	Medicine	医学
Grammar	文法，文法小引	Museum	博物院
Beer	啤酒	Compare	比、比较、对数
Bread	面包	Coffee	咖啡
Spirits	精神	Ham	腿、火腿

还有一些词，汉语的字面意思与现代相差无几，但当时所对译的英语概念与今不同。例如：

Commerce	生理、贸易、生意	Consider	思想、心想
Deduce	推引、推论	Observe	知觉
Possessions	产业	Professor	博士
Vote for him	选举他	Study	课程
Disprove	辩证	Circulate	运动

这种近代译词比马礼逊字典更进了一步，但总体看来仍是第一期汉译洋书的词汇居多数，如数学方面的"对数""余弦""圆径""余切线"等。总之，译词的简洁精练是该字典的最大长处。

日本在明治二年（1869）由柳泽信大择其正文部分，省去序文、解说和汉字部首索引等内容，加之以训点（多少改变了一些字句，但基本上忠于原文），将之翻印为《英华字汇》（1869）出版，柳泽信大在序文中说（原文为汉文）：

　　余尝欲编述英汉倭对译之字书，起稿而未成焉。子达森川君凤有字汇一册，英士斯维尔士维廉士所著也，顷将刷行公诸世，就余而谋焉。余喜其所见之符也，怂恿赞成，不敢自揣，加之训点，且弁一言，以为其喝道云尔。

由此可见当时日本知识阶层为普及英语所做的努力。

（二）麦都思《英华字典》（1847～1848）

麦都思也是早期来华的传教士，他本人生于伦敦，由印刷学徒进入伦敦传教会，1817 年被派往马六甲，其后二十多年以巴达维亚为中心布教，鸦片战争后移居上海从事《圣经》的翻译工作。1856 年回国，翌年一月去世。他不仅精通马来语和汉语（特别是华侨多用的闽南语），还学会了日语。日本的第一本英和·和英辞典就出自他手，即 *An English and Japanese, and Japanese and English Vocabulary*（Batavia, 1830）。这基本上是一部对译手册，安政四年被日本人翻刻成《英语笺》（村上英俊，1857）出版，而村上又正是《三语便览》（1854）的编者，他也是以此为制成法语、英语、荷兰语的对译手册而提供汉语译词。

另外，他也和马礼逊一样，都是在编纂华英辞典（1842～1843，上、下两卷）的基础上再编写英华字典的。*English and Chinese Dictionary* 两卷，1847～1848 年在上海墨海书馆出版，32 开本，1436 页。在 19 世纪前半叶，这套字典是规模最大、收词量最多的一部。

麦都思与马礼逊同属伦敦传道会，并处处尊马礼逊为师，在马六甲时两人曾共事过一段时间。所以麦都思的英华字典深受马礼逊的影响，几乎将马礼逊的译词全部采纳，然后再加以补充。我们曾举过他沿袭马礼逊字典错误的例子，比如以下几个例子。

关于 lane 的诠释是：

（马礼逊）LANE 巷 hang；街巷 keae hang, in Peking called hutong 衚衕 hooting.

（卫三畏）LANE 巷 háng；衚衕 hú tung.

（麦都思）LANE 坊 fâng，巷 hĕăng，衢 keu，衕 tung，衕 t'hung，衕 hang；a bye-lane，僻巷 pe hĕăng；a lane without a thoroughfare，穷巷 keûng hëáng；a lane in Peking is called，衚衕 hootung。

后面的"衚衕"一词连同英语说明，似乎处处可见马礼逊字典影响的痕迹。再比如：

马礼逊	卫三畏	麦都思
SENTENCE 一句话，To Sentence or give a decisive sentence between two，批判，To pass sentence 定拟，判断，定下罪名	SENTENCE，a 一句话 SENTENCE，to 定拟，判断	SENTENCE，句，一句话，言，词，佳句，片言，句首，句中，句末，笼，罩，读，书判，批判，判语，断语，句决，断死罪，拟斩，定拟，判断，定下罪名，政案，反案，意思，意见，想头

我们可以从中看出马礼逊字典对后两本的影响。卫三畏的译词几乎完全出自马礼逊；而麦都思则更是将马礼逊的译词全盘照收。但是很明显，麦都思的字典收词更全面，同一条词目下，尽量收尽汉语中各种不同的说法，除标准语外，尚有方言和古语。比如下面 level 一词，马礼逊释为"平的，坦夷之路，水平，水准，水槽"，卫三畏释为"平，削平，水准，坦夷之路"，而麦都思却释成：

LEVEL 平，平齐，四面平平，平地，平坦，平壤，打坪，杆，汀，庙，庙，敞，夷，原，高敞地，垓，墩，坮垓，平路，平道，康壮，坦夷之路，水平，水槽，水准。

这些汉语词汇可能源自《康熙字典》，他的英华字典的前言里说到该字典是主要参考书。这种收词态度给人一种包罗万象的感觉，新词新译相比之下难以反映出来。麦都思的译词只是尽量网罗各种说法，但基本上没有被人接受。换言之，他似乎一点儿都没参考过卫三畏的字典。他在前言里提到的参考书也只是马礼逊等其他人的字典。

但是，如果从头到尾找一遍的话，也会发现一些前两本字典里没有的新词，如：

Diameter	直径	Knowledge	知识	Manage	干事
Matter	物质	Essence	本质	Machine	机器
Platina	白金				

日本虽然没有对该字典加以翻印，且具体利用麦都思字典的记载不多，但据当时日本著名的洋学家中村正直的传记记载，他曾于庆应元年（1865）从胜安芳处借得这本英华字典回来抄写，从 8 月 26 日一直抄到 11 月末才完，其抄本现藏于早稻田大学，① 樱井豪人对之有过详细介绍。② 正因为如此，中村的译词里有麦都思字典的痕迹。如他在《西学一斑》（明治 7 年）里说：

> 西语有 LIBERTY 一词，我邦与支那均无该当语词，马礼逊译作"自主之理"，罗布德（本书通作罗存德——引者注）译作"任意行之权"，此乃人民随己之好应得之权力。

他这么说是因为他自己于明治五年已将密尔（J. S. Mill, 1806 – 1873）的 *On liberty* 译成《自由之理》出版，但在麦都思的字典里，虽然没有直接将 liberty 译成"自由之理"，但在与 liberty 相关的两个

---

① 见网络版 http://www.wul.waseda.ac.jp/kotenseki/html/bunko08/bunko08_ c1021/index.html。

② 桜井豪人「中村敬宇ゆかりの二つの英華字典の所在—後篇：勝海舟旧蔵 W. H. Medhurst 英華字典」『日本英学史学会報』111 巻 5 ~ 6 号、2007。

词 franchise 和 privilege 的译法上，都用的是"自由之理"。这三个词在当时意思相通，很难说中村在翻译时没有参照。当然此一例说服力不足，只有对他的另一本译著《西国立志编》（明治四年，1871）调查之后，才能更为具体地提出麦都思字典的影响情况。

据远藤智夫的研究，日本第一本英和辞典《英和对译袖珍辞书》显然是参照过麦都思的英华字典的，因为两者之间在抽象词语方面有着较高的一致率。[①]

从 19 世纪前期的三本英华字典中可以看出两个倾向：一是作为先驱者，马礼逊字典的影响很大；二是新词新译并不很多，主要都是从第一期汉译西书，即利玛窦以来的天主教传教士们留下的译著中采录语词。真正由新教传教士们所译的新语新词多反映在 19 世纪后期的英华字典里，而对日本更有直接影响的也正是这些后期字典。关于这一点，我们将在本章第二节里结合日本英和辞典的发展过程来考察其特色。

（三）罗存德《英华字典》（1866～1869）

罗存德的《英华字典》（*English and Chinese Dictionary*, *with the Punti and Mandarin Pronunciation*, Hong kong, 1866～1869）规模极大，分四册本装订，两千余页，印工精美，为近代汉语译词之宝库，是自马礼逊以来英华字典的又一集大成者，对日本的影响也最为深刻。日本人先是在明治 12 年（1879）由中村正直校正，津田仙、大井镰吉翻译，改题为《英华和译字典》两册，翻刻发行。后来又有井上哲次郎的《订增英华字典》，添加了麦都思字典以及《英华萃林

---

① 遠藤智夫「『英和対譯袖珍辞書』とメドハースト『英漢字典』—抽象語の譯詞比較—A～H」『英学史研究』29 号。作者认为《英和对译袖珍辞书》与卫三畏《英华韵府历阶》的一致率为 2%，与马礼逊《华英·英华字典》的一致率为 3.5%，而与麦都思《英华字典》的一致率为 9.8%。具体例为"意思""解明""謹慎""極微""事故""事情""信任""崇拜""必要""比喩"。

韵府》的一些译词，于明治 16~17 年（1883~1884）再次发行。这个版本流布很广，版次很多。前者尽量用日文来加以对译；后者则将原文的中文读音和方言字去掉，并对汉字译词进行了一定程度的取舍和增补。①

其后一直到 20 世纪初期，这本《订增英华字典》多次再版，而且在 1903 年的再版本中标出的竟是光绪二十九年这一中国年号，并由上海作新社发行。明治 39 年（1906）第三版也同样采用中国年号，可见其在中国的销路也很广，以致 19 世纪末 20 世纪初来日留学的中国人都以为这是井上哲次郎编的字典，并将其中很多译词都视为日本所创。商务印书馆 20 世纪初出版的最早的英华字典也是依此编成的。

在日本早期的西学著作中，都有利用该字典的痕迹，如中村正直翻译的《西国立志编》和《自由之理》以及著名的洋学家西周所著的《利学》（1878）等。在英和辞典里更是得到广泛应用，柴田昌吉和子安峻编的《附音插图英和字汇》（1873）采纳了该字典的"偶然""内阁""领事""园艺""反射""同情""默示"等词，尺振八编《明治英和字典》（1884）也从中汲取了不少新词。②

（四）卢公明《英华萃林韵府》（1872）

卢公明的《英华萃林韵府》（*A Vocabulary and Hand-book of the Chinese Language, Romanized in the Mandarin Dialect*）是由两册三部组成的，1872 年在福州刊行。

---

① 宫田和子『英華辞典の総合的研究』白帝社、2010。作者调查了井上初版 7 分册本中的译词（汉语词），发现专业术语（主要是科学用语）多采自卫三畏的《英华韵府历阶》（1844）和卢公明的《英华萃林韵府》第 3 部（1872），其他则主要取自之前流行的英华字典。

② 明治 17 年（1884）尺振八编《明治英和字典》，将英语 judgment 对译为"裁判"，然后又加上来自英华字典的"审判"。而且"democracy 共和政治，民政"中的"民政"也是取自罗存德字典。

此书第一册为第一部分；第二册为第二、三部分。第一部收有 6.6 万种英语表达；第二册前一半为第二部，将第一部的英汉对译的成语及特殊用法按英文字母顺序排列；后一半为第三部，是由各国传教士及领事馆职员、税关职员和其他居留中国的外国人协助编辑的一种分类词汇集。编者在前言里也强调这一部分重要而且有意义。这一部分按学科领域共分为 85 部门，从机械、化学、物理、地理、天文历算到佛教、道教及日常用语，还包括许多科技和医学方面的新译词，收集了当时很多专业新词，是近代新词的一个总成，相当于一部词汇手册。

卢公明 1824 年生于英国，1850 年由美国公理会派往中国，一直以福州为中心从事传教及教育活动。在他的字典参考书目中，列举了马礼逊、麦都思和卫三畏等人的字典，第三部分的执笔者多是当时活跃在各个行业的专职人员和著名的传教士，如伟烈亚力（A. Wylie）、麦嘉湖（J. Macgowan）和卫三畏等。

该书按专业所做的分类如机械、数学、地理、天文、物理、博物等，都是当时西洋科技的重要组成部分，这部分译词的确定为中国科技术语打下了基础。例如：

地理学：地气　沿海　罗盘　闪电　午线　平行线　顺风　逆风
数学及星学：代数曲线　正交点　摄力　函数　分母　微分学
机械学：电气　磁电　电池　光线　物理　动力　光学　抛物线
人文：理论　会议　国会　纳税　大学　民主之国　轮船　合众国

这些术语的翻译不仅需要有专业知识，而且要用汉语语词准确地对应其英文概念。在此字典以前，几乎没有收录这些近代科技词汇的辞典。19 世纪前半期的英华字典多偏重于收录第一期汉译洋书的词汇，而这一本无疑是倾向于收录第二期乃至第三期前半段的西学新书词汇。

这一字典的重要性，也早为日本所重视。日本人矢田堀鸿翻印的正是这第三部分的分类词汇集，主要抽出"地理学之语""数学及星学之语""机关学之语""金石学及地质学之语""船舶及船具运用之语""理学之语""商法之语""人伦之语"等对明治初期的日本至关重要的 8 个部分、3200 条词，原书中有关中国的星座、干支、地方等均从略，只收近代科技、人文类新词。① 编者还将译词施以读音，然后插入解释，于明治 13 年（1880）以《英华学艺词林》为题出版，翌年又改版为《英华学艺辞书》，明治 17 年再改为《英华学术辞书》出版。虽三次改版，但内容上并无多大改动。

经过上述三次翻印后，其译词对以后出版的《英和字汇》（第 2 版，1882）影响很大，宫田和子的研究认为井上哲次郎《订增英华字典》的订增部分亦多源自于此。② 至今，如 telegraph 电报，galvanic battery 电池，light 光线，numerator 分子，geology 地质论，properties of matter 物理，momentum 动力，optics 光学，area 面积，constant 常数，differential calculus 微分学，logarithm 对数，custom house 税关，parliament congress 国会，United States 美国，合众国，联合之邦，national university 国学，大学等数学、物理和政治方面的语词仍在日本使用，但其他领域的译词则荒废甚多。

（五）邝其照《字典集成》（1868）

邝其照编的《字典集成》（*English and Chinese Dictionary*）是中国人编撰的第一本英华字典，受麦都思字典的影响不小。1868 年初版，1875 年再版，1880 年以后又多次重版。

日本在明治 14 年（1881）由永峰秀树将其训译为《华英字典》，在东京的竹云书屋出版发行，这是根据邝其照字典的第二版（1875）翻印的。其序言为：

---

① 这部分主要参照了杉木つとむ・吴美慧『英華学芸詞林の研究』（早稻田大学出版部、1989）中吴美慧的论文。

② 参见宫田和子『英華辞典の総合的研究』。

　　　　本斋初见英国墨黑士（麦都思的日本音名——引者注）先
生三十五年前所著华英字典一册而爱之，继思查阅之书必应仿
袖珍式样，方便舟车携带。爰拟照成缩本以公诸世。继而又见
粤东邝容阶（邝氏字——引者注）先生已为重印，内并稍添他
人字典，版较明晰，因即取付手民，用照相石印之法缩成一小
本……

由这段话中可见当时麦都思的字典颇受青睐，且袖珍式样便于携带。
但因邝其照字典近出，内容又有新增，且版面清晰，故最终翻刻的是
邝本。从内容上看，永峰秀树的《华英字典》虽有参照麦都思字典
的种种迹象，但选词要简洁得多。

　　另外，邝其照还在纽约出版有《英文成语字典》（*A Dictionary of
English Phrases, with Illustrative Sentences*, 1881），该书也对日本的英
语学习产生过很大影响。明治 32 年（1899）日本英学新志社将之大
幅改编为新的熟语辞书《英和双解熟语大字汇》出版；两年后又由
国民英学会翻印出版了原文的小型本。[①] 至 20 世纪初叶，两者均数
次重版。中文版由伍光建参照日文版改编为《英汉双解英文成语辞
典》（商务印书馆，1917）。

　　同样，在日本广为人知的还有国人子卿原著的《华英通语》（何
紫庭序，1855），该书后来由福泽谕吉在旧金山购得，施之以日文读
音和译解，以《增订华英通语》（1860）之名翻印出版。在明治维新
以前，该书可以说是一本学习英语的简明手册，也为当时日本吸收汉语
译词别开蹊径。

　　19 世纪后半期的英华字典对日本明治前期的英和辞典的影响是
显而易见的，这种影响在明治 15 年（1883）以后逐渐减弱，特别是
专业术语上的影响减少了。进入 20 世纪以后，日本开始大量地制造

---

　　① 参见高田时雄「清末の英語学—鄺其照とその著作」『東方學』117 輯、2009。

和翻译新词汇，独自完善英和辞典的释词，中日间的影响关系就颠倒过来了。

二　日本的英和辞典对英华字典的吸收

日本的"洋学"，其早期是围绕与荷兰有关的语言文化而展开的翻译和解说，故也称为"兰学"。最早的翻译书《解体新书》（1774）就是翻译的荷兰语的外科医书，该书中的一些外科和人体方面的新词，如"解剖""盲腸"等，一直沿用至今。还有一些像"細胞""繃带"等词也见诸其他兰学资料。当然，这并不是说兰学方面的译词都是新词，里面也有许多第一期西学新书的词。如"北极""南极""经度""纬度""传染""消化""水准""蒸气"等，因此可以说兰学里面既有日本人独自创造的译词，也有西学新书中已有的词。这种情况一直持续到日本人自己编的第一本英和辞典面世为止。

上述英华字典的汉语译词多为明治时期的英和辞书所吸收，本来日本已于1862年出版了一本英和辞典《英和对译袖珍辞书》，但因为它是把《英兰·兰英辞典》的荷兰语部分用《和兰字汇》（1858）加以翻译的，故译注过多，尚未形成固定的译词，作为辞典来说不够成熟。而当时的英华字典要先进得多，所以深受欢迎。吉田贤辅的《英和字典》（1872），柴田昌吉、子安峻的《附音插图英和字汇》等明治初年编纂的辞典多受其影响，特别是一词对译的译法自此而得以确立下来。从森冈健二的研究中，我们可以知道明治时期英和辞书中汉语译词的增多，实际上与英华字典的翻印出版有着密不可分的联系。[1] 如第一章的图1-3所示，日本最早的第一本英和辞书《英和

---

[1]　森岡健二「訳語の方法」『言語生活 特集・明治初期の言語生活』、1959 年 12 月。

对译袖珍辞书》里还是以短句对译的形式为多，汉语译词所占的比例最小；进入明治时代后汉语译词才逐渐增多，且呈不断上升趋势，最终成为英和辞典中译词的主流。带来这一变化的原因之一便是英华字典的直接翻印引进，当然其他汉译西书的译词也多有反映（见图 1－3）。

这些汉语译词被英和辞典吸收后，在日语里得到了更为广泛的使用，且作为西方近代概念的对译更为牢固地确定下来，加之日本明治、大正时期知识分子独自创造的汉语译词也开始增多，用传统的、古典既存的汉语词来对译英语的做法更为普遍，这样便使得英和辞典中的汉语译词愈发充实扩大起来。

第一本《英和对译袖珍辞书》是由当时的官方机构"洋书调所"出版的。这个机构由来已久，早在 1811 年，江户幕府就在天文方内设蛮书和解御用局，专门翻译外国文书，后于 1855 年独立成洋学所，翌年改称为蕃书调所，内容也主要变成洋学教育。1862 年 5 月洋学所改称洋书调所，次年三月又改称开成所。故该辞典也俗称"开成所辞典"。说是"袖珍"，是因为该辞典是根据 *A New Pocket Dictionary of the English and Dutch Languages*（初版 1843，再版 1857）编成的，"袖珍"一词是这本书书名中 pocket 的对译，而实际上，该辞典用和纸印刷，厚达 10 厘米，故日文版后来又称之为"枕头辞典"。

因为该辞典的底本是英兰辞典，日本人主要是将荷兰语部分译成日语，便成了英和辞典。所以这本辞典中的日语译词与《和兰字汇》中的译法相似，口语性很强，很少受英华字典的影响。

该辞典的出版意味着日本的"洋学"开始由兰学转向英学。大槻如电的《洋学年表》在"开成所设立"一栏说："此时兰学渐衰，英法德日趋兴盛。"明治维新以后，福泽谕吉的《西洋事情》（1866）和中村正直的《西国立志编》都发行了几十万册，明治 6 年（1873）森有礼、西周、中村正直等又办起了明六社，发行《明六杂志》，为输入西洋文化开辟了道路。

这个时期的英和辞典要数《附音插图英和字汇》最具代表性。它采用洋式装订（24cm×18cm），共1556页，收录5.5万余词，插图500余幅，两位编者柴田昌吉和子安峻都是当时活跃在第一线的洋学家。更为重要的是，这本辞典的译词与上述第一本英和辞典不同，多采用汉语译词。这是日本英和辞典在译词方面的一个转折，我们可以从中看出英华字典的译词是怎样进入英和辞典里的。

19世纪后半期对日本影响最大的英华字典是罗存德的《英华字典》。它无论在收词量，还是诠释方面都是当时最大、最为完善的字典，它的出版不仅是英华字典趋向成熟的一个标志，而且也是近代新词源源流入日本的一个重要渠道。比较一下罗存德《英华字典》和日本的《附音插图英和字汇》，我们会发现两者许多相同之处：

表 3 - 1　罗存德《英华字典》和日本《附音插图英和字汇》例词比较

	《英华字典》	《附音插图英和字汇》
Abide	…afflictions abide me 艰难 将临我 to abide（to bear）the consequence 当受关系	afflictions abide me 艰难将临我 to abide the consequences 当受关系
Accede	…to abolish this and establish that 废此立彼	to abolish this and establish that 废此立彼
Accomodate	…to accommodate differences 劝和, 劝息, 劝解, 撤解	to accommodate differences 劝和
Advance	…to advance the price 起价	to advance the price 起价
Amount	…What does it amount to 共计几多, 计理几多	What does it amount to 共计几多

资料来源：永嶋大典『蘭和・英和辞典発達史』講談社、1970、83 頁。

在新词方面，这一特征表现得更为突出。沈国威的研究证明，第一本《英和对译袖珍辞书》里只有以下14个词与汉语（如英华字典

类）相同：①

　　副官　使徒　交際　麦酒　批評　金剛石　消化　水準　自由　必要

　　風琴　白金　記号　精神

有趣的是，这 14 个词都是 19 世纪前半期三本英华字典里已出的词，特别是麦都思的字典几乎全部收录上述词（"白金"一词未收，但出现在卫三畏字典里），由此也可见日本第一本英和辞典或多或少地参照了它之前的三本英华字典。但是，第二本《附音插图英和字汇》与罗存德编的《英华字典》的相同词则增至 37 个，除以上 14 个词外，还有如下 23 个词：

　　偶然　蛋白　内閣　加非　領事　白旗　園藝　想像　保険　知識

　　文学　元帥　物質　特権　反射　默示　同情　寒帯　熱帯　吨

　　単位　作者　碼

这里面有 1/3 已经出现在前面的几本英华字典里，但很明显的是，日本的《英和字汇》参照了比它早四年出版的《英华字典》，关于这方面的详细论证，除沈国威外，还有森冈健二的开拓性研究。②

　　前面提到过罗存德的《英华字典》先后两次被翻刻成日文版，特别是后一次，井上哲次郎的翻刻本影响很大，一直到 20 世纪初还出再版本。提起井上哲次郎，我们不应忘记他的《哲学字汇》，这是日本人在明治前期翻译西洋哲学术语的一个典范，它如实地反映了抽象词汇是如何被翻译出来的。例如有许多词都注出了来源：

　　　　A priori 先天 按《易·乾》：先天而天弗违，后天而奉天时，

---

① 沈国威『近代日中語彙交流史』笠間書院、1994。

② 森岡健二『近代語の成立　明治期語彙編』明治書院、1969。

天且弗违。

这种译法后来成为明治时期日本人创造新词的方法之一。而且像
"抽象""形而上""分析""二律背反""认识""概念""演绎"
"归纳"都成了沿用至今的词汇。

《哲学字汇》里的新词义大部分被英和辞典所吸收，柴田昌吉和
子安峻的《英和字汇》几乎将《哲学字汇》的译词及术语全面采用。
而井上哲次郎也在其《订增英华字典》里加入《哲学字汇》的译词。
这样一来，英和辞典在补充和吸收抽象词方面实际上走在了英华字典
的前面。

三　提供新词的渠道

19 世纪的英华字典孕育了一批近代新词，这些词随着英华字典
被引进到日本，又经过英和辞典的一番过滤，得到补充和完善后又传
回中国。在这一过程中，有几个问题值得注意。一是要对西学新书进
行整理和调查，以明确 19 世纪汉语中新词的出现情况，其中早期的
报刊也应作为调查的对象，如《教会新报》之类的调查，可能会给
我们带来意想不到的结果。二是对英和辞典的整理，特别是 19 世纪
末期有代表性、发行量大的几本。通过这一步工作，既可以找出英华
字典的影响痕迹，又可以发现日本新造词的使用情况，对这些英华字
典在 20 世纪的影响，也可以有一个大概的认识。三是我们所说的日
语借词，对其中有汉籍出典的古词和新用之词，值得进一步研究其翻
译过程和方法。

现在的研究多以《汉语外来词词典》为依据，以致得出许多错
误的结论。通过对英华字典的研究，我们可以找到近代中日同形同义
词形成的一个重要原因，同时对 20 世纪以来真正的"日语借词"有
更清楚的认识，进而还可以对当时中日文化交流的一个侧面进行比较

细致的观察。

谈起近代译词，有一个基本问题应该澄清一下。刘正埮等的《汉语外来词词典》里面举出了 800 多个源自日本的词，这些词如果拿上面说过的西学著作和英华字典来检验一遍，我们会发现有许多词其实早已见诸上述材料，例如：

> 基督　jīdū　基督教的救世主，特指耶稣基督。（源）日
> 基督　Kirisuto［基利斯都（Kirisuto）之略……］

该词典说是源自日语，而且是"基利斯都"的略语。真是如此么？让我们看看英华字典吧：

> （1）马礼逊：CHRIST The characters used to form this sacred name are usually 基利斯都。Christian, the Roman Cathulicssometimesmy 基利斯当。
> （2）卫三畏：CHRIST　基利斯都，基督。
> 　　　　　　　 CHRISTIANS 基督徒，耶稣门徒。
> （3）麦都思：CHRIST　基督，基利士都，被抹油者。
> （4）罗存德：CHRIST　基督，基利士都。

除了第一本没有"基督"这个略语外，其他三本都是两者并列；而且，自麦都思以后，以"基督"为主的说法已经固定下来。我们很难说上述字典也是参照日本的译法。因为虽然日本也早就有传教士活动，但多是罗马天主教徒。他们将 Christian 译成"贵理志丹""喜利志祖""剂利支丹""吉利死丹""鬼理志端""切支丹""切死丹"；等等，连马礼逊的"基利斯当"也见不着。

如果我们再把其他字典查一下，同样还会发现更多的这类所谓的"日语借词"。随手查翻麦都思的字典，就有诸如"Diameter 直径"

"Knowledge 知识"之类可见。那么我们就不得不考虑这样的问题：一是编这部《汉语外来词词典》的人是否完全忽略了这批材料；二是他们究竟是依据什么材料或尺度来判定一个词是否是日语借词。出现前一个问题的可能性不能说没有。前面提到过，当时英华字典多为外国传教士所用，中国人很难看到。据裨治文写在《中国丛报》上的一份报告说："钦差大臣林则徐还向我索取地图、地理书和别种外国书，特别要了一本马礼逊编的字典的完整本。"① 可见一般的中国人很难看见传教士编的英华字典。但是 19 世纪后半期的英华字典多寄赠于国内的教会学校，说完全看不到是有些说不过去的。那么剩下的另一个可能性，就是根本忽视了这批材料的价值，以至于仅从近代日本找证据，这样找来找去，还是看不清这些英华字典的影响。

---

① 顾长声：《传教士与近代中国》（第 2 版，增补本），第 70~71 页。

第四章　近代知识的宝库：《博物新编》
在日本的影响

一　所谓"汉译洋书"

近代由中国传入日本的书刊中，凡是反映和介绍西洋事物的，日本人笼统称之为"汉译洋书"，中文一般称之为西学新书。其实这其中许多并不是译书，而是当时的中国知识分子学习总结西洋知识的结晶，但因为其内容是有关西洋的，所以也被划归到了这一名下。当然，这里面传教士留下的著作所占比重最大，这也是本章的研究重点所在。在这些书里，传教士多是根据某本西方原著来进行编译的，所以新的观念必须要有新的汉语词汇来对应，西方的概念和中文的表达才能得到统一。于是，大量有关西洋事物及观念的汉语新词就在他们手中产生出来并被移植到日本。

我们在序章第二节中把这类书的出版分成三期。

如果从语言上看第一期的特点的话，那么很明显，天文、地理、数学方面的新的专业语词已经基本形成，并直接被日语吸收。而另一些领域，如医学方面（特别是外科）的用语，日本人则是通过翻译荷兰语的《解体新书》创造了不少新的名称、名词，并反过来影响到中国。所以说，中日间语词的相互借用是各有特点的，根据学科的不同，这种影响关系有可能颠倒过来。

第二期有 1100 多种著作问世，其主要内容偏重于宗教方面，但"科学"领域也要比第一期宽得多，也就是说按专业划分得更细。医学方面的书也开始多起来，与日本相比，这一时期的"汉译洋书"在译词上亦自有特色。这个时期的最大特点，是英华字典的诞生和发展。

第三期出版了 300 多种书。与前两期有所不同的是，它是洋务运动的一环。而且这一时期的书籍所涉及的都是当时最亟待了解、开发的领域，从政治、经济到各种产业技术的应用，再加上数学、化学、力学等基础科学，宛如一整套基础学科的教科书。这批书亦有一部分流入日本，我们在本书第六章会专门介绍。

汉译洋书在日本的流传按时代可以分为前后两期。前期主要指第一期天主教传教士用中文出版的一批著作，该部分西书随着日本禁书令的解除，于 1720 年以后开始陆续进入日本，其在兰学的翻译过程中起到的作用当是不容忽视的。

后期多指第二期基督教新教的传教士留下的西学新书，其中亦含有中国人自己写的有关西洋的著作。当然也包括第三期。

我们在说以上三期书对日本的影响时，当然不能忽视两个问题：一是日本进口了哪些书，哪些书出了和刻本（这也意味着这些书的重要性），印了多少版；二是从时间上来说，何时是中国语词和概念向日本单方面输入的时期，从何时起日文译本又开始反向进入中国。

对第一个问题的研究，日本已有许多成果。比如早些年的研究著作中主要是罗列进入日本的书籍的名称。近年则重点是调查上述三批书籍在日本各大图书馆的收藏情况，并兼顾和刻本的发行数量及版次。对于我们来说，如果能在此调查的基础上，将在日本流传、翻刻的书籍按各个专业进行分类，并编出词汇索引来，看看哪些译词被用在日语里，一共占了多大比例，那么就有望以此来证实这一时期的

"汉译洋书"对日本的影响及其与日本洋学的关系。

第二个问题比较复杂。上述三批书里，第一期没什么问题，可以说是中国单方面向日本输出。第二期的后半部分因与第三期有所重叠，所以问题较多，在 1875 年以前出版的书，还可以说是单方面由中国输向日本的；但如果像有些人主张的那样，把这种单向输入的年限放宽至 19 世纪末，问题就来了，因为这期间已明显有日本人的译著被译成汉语的实例。当然，对于不同的情况，我们可以在专业领域里加以区别说明，但考虑到可能有我们看不到的书，所以持谨慎态度的话，仍应以 1875 年作为中国书籍单向输入日本的下限，因为我们说的第三批书被日本人购去的年限至迟于此。之后当然还有零散的书籍被日本引进，这就要分门别类，具体区分了。进入 20 世纪后，就更难辨别哪些词是从日本进来的，哪些是早年我们输出过去的了。

二 《博物新编》的作者及其内容

英国传教士合信（Benjamin Hobson，1816 – 1873）的《博物新编》，是一本普及西方近代科学的书，在 19 世纪后半期广为流传，成为人们了解西方科学知识的一个窗口。日本也在元治元年（1864）对之进行加点翻刻，顷刻便成为幕末、明治时期最为流行的畅销书。随后，为全面吸收和消化该书的内容，日本又分别以"译解""英训""演义""补遗""字解"等形式出版了各种各样的译本、注解本、辞典等。本文在梳理了日本各种文本的传播过程及其特点后，着重分析和验证汉文本《博物新编》在转换到日文本的过程中，汉语文本中的新词、新概念在日本是如何被吸收和对应的，特别是日本最初的加点本是用荷兰语来对译主要概念的，而明治初期的本子又改用英语来对译之。在这种概念转换的过程中，自 18 世纪后发展起来的日本兰学所起的作用如何，中日之间在近代科学词汇交流史上又有哪些不同？通过对《博物新编》这一文本在日本传播过程的分析，我们可以看到具体的文化交流史的一面：不仅是其语词在日本扎根使用，随着日本理科教科书的普及，连其插图也都得到了充分利用。

合信生于英国 Welford，由伦敦大学医科（M. B）毕业后，加入伦敦传道会（London Missionary Society），作为医疗传教士在中国留下了他的足迹。他先后在澳门、香港、广州、上海四个地方行医传道。在华二十余年间，其活动可以分为三个时期：澳门、香港时期（1839 年 12 月至 1845 年 7 月）；再度来华后的广州时期（1848 年 2 月至 1857 年 2 月，他在这里主持了广州惠爱医馆）；上海时期（1857 年 2 月至 1859 年）。合信在华期间，用汉语写成了 18 种著作。除去基督教方面的著作外，他在广州写有《全体新论》（1851）和《博物新编》（1855），① 赴上海后接连出版了《西医略论》（1857）、《妇婴新说》（1858）、《内科新说》（1858）等西学医书。后因健康问题于 1859 年返回英国。1873 年 2 月 16 日在伦敦附近去世。

上述五书亦被总称为"合信五种"或"西医五种"，是西医在中国最早传播的文献之一。其中只有《博物新编》的内容与医学无甚关系，翻开目录可见第一集是"地气论""热论""水质论""光论""电气论"等物理学方面的内容；第二集则主要是"天文略论""地球论"等天文学、地理学的内容，而实际上这集是以作者 1849 年写就的《天文略论》为基础的。第三集的"鸟兽略论"当然是以动物学为中心展开的，这三集介绍的均是近代科学所不可缺少的基础知识，是"内容相当丰富的科学读物。所述很多具体知识，在近代西

---

① 据八耳俊文目录，在咸丰五年（1855）上海墨海书馆本之前一年，已出版有"甲寅年新镌羊城西关惠爱医馆藏板"的《博物新编三集》，现收藏在大英博物馆和日本高知县立牧野植物园牧野文库。参见八耳俊文「清末期西人著訳科学関係中国書および和刻本所在目録」『化学史研究』22 巻 4 号、1995。另外卫尔康医学图书馆（Wellcome Library for the History and Understanding of Medicine）亦藏有该书。参见八耳俊文「ウェルカム図書館蔵ホブソン文書を用いたベンジャミン・ホブソン（合信）伝」『青山学院女子短期大学総合文化研究所年報』11 号、2003。另外，几年前在中国书店拍卖市场上亦发现此版，以高价成交。

学东渐史上都是第一"。① 因此,作为一部代表西方近代科学知识概念的西学新书,此书对当时的中国知识分子影响甚深。中国近代科学家徐寿曾按照《博物新编》中所述方法,进行摩擦生电实验。② 华蘅芳与徐寿还根据《博物新编》中提供的蒸汽机和船用汽机方面的知识,试制了一个船用汽机模型并获得了成功。③

　　有关合信在中国的评价,当时的知名文人王韬曾写有《英医合信氏传》④ 一文,称其"明于医理,于十三科咸所精究,而尤能以新意变通"。且开设医馆后,"至者甚众,无不应手奏效,而去求医者几于其门如市,户限为穿,于是合信氏之名遂遍粤东人士之口"。可见其医术高明,深得信赖。就《博物新编》而言,王韬亦称赞为"词简意尽,明白晓畅,讲格致之学者,必当由此入门,奉为圭臬"。

三　在日本流通的《博物新编》的几个版本

　　幕府末期至明治初期,日本引进了一批西学新书和英华字典,用以了解和吸收西方知识。在中国出版的这些书或被加上训点重新翻刻,或译成日文出版。这不仅对日本的近代化进程颇有贡献,而且在学科术语及新词普及方面留下了诸多痕迹。《博物新编》正是近代科学领域最为普及的西学新书之一。明治维新前的日本对用汉文写成的这些西学医书极为重视,"合信五种"均在日本加注训点翻刻出版过:

　　　《全体新论》(1851)→越智藏版 (1857)
　　　《博物新编》(1855)→老皂馆万屋兵四郎版 (1864)

① 熊月之:《西学东渐与晚清社会》,上海人民出版社,1994,第157页。
② 熊月之:《西学东渐与晚清社会》,第157页。
③ 白广美、杨根:《徐寿与"黄鹄"号轮船》,《自然科学史研究》1984年第3期,转引自邹振环《西方传教士与晚清西史东渐——以1815至1900年西方历史译著的传播与影响为中心》,上海古籍出版社,2007,第177页脚注。
④ 王韬:《弢园文录外编》,上海书店出版社,2001,第279页。

《西医略论》（1857）→桃树园三宅氏藏版（1858）

《妇婴新说》（1858）→天香堂藏版（1859）

《内科新说》（1858）→桃树园三宅氏藏版（1859）

比较中文原著的出版年和进入日本后的和刻本刊年就会发现，前两册与后三册在出版间隔上有很大差别。后三册都是在原书出版一年后立刻在日本翻刻出版了。想想当年的交通状况，这种传播速度可谓神速之极了。反之，前两册的原著与和刻版的时间间隔，倒可归结于时代的因素。因为当时的德川幕府对基督教严查禁止，合信的《全体新论》虽说是参照了西方的各种医书，对照骨骼模型、纸制人体模型写成的一本生理学书，但在论述人身穷理时多次言及造化主、灵魂之存在等基督教思想，所以，日本在出版和刻版时有意略去"造化论"之说，便是出于这种考虑。《博物新编》亦如此，天体论等部分涉及造化问题颇多，① 亦是其缓出的原因之一。因为早在安政六年（1859）该书就传入日本，箕作秋坪在该年 1 月 25 日致武谷椋亭的书简中就有"博物新编地理全志等著述，一一由英人所出版"的记述，而正式的出版要到文久四年（1864）才有老皂馆万屋兵四郎的和刻本出现。其版数最多，以各种形式翻刻流传。最早的日文译本是 1870 年大森秀三译的《博物新编译解》。继承这两种系统下来的本子，到 1877 年为止还有五种。另外还有两种便于解读该书的字典《博物新编字引》（分别为 1874 和 1875），还有一种完全同名但内容不同的《博物新编补遗》（1869）。

　　对《博物新编》的版本流传，可以举出杉井六郎对上海墨海书馆本在日本翻刻的研究，以及吉田寅和八耳俊文有关和刻本的调查研

---

① 在二集里可见以下有关宗教的描述："所谓功名花上露，富贵草头霜，争甚么豪强智力，逞甚么骄傲凶顽。总宜及早回头洗心涤虑，崇造化之真宰，获福无穷；扫偶像之邪神，莫迷诱惑，则生行真道，死享水麻，岂不美哉。"（《万国人民论》）"天道之大，曷其有极，视上帝之妙造神能，诚有不可思拟者焉？"（《经星位远论》）

究。这里我们依照八耳俊文的调查，[①] 可以将本章所使用的 11 种材料的相互关系制成图 4 - 1：

A = 和刻本『博物新編』3 集、江户老皀馆万屋兵四郎、元治元年（1864）

B = 大森秀三訳『博物新編訳解』3 集、庆应四年（1868）序、明治三年（1870）刊

C = 小幡篤次郎訳『博物新編補遺』3 卷、明治二年（1869）

D = 市冈正一编『博物新編字引』1 册、旭堂、明治 7 年（1874）

E = 成瀬悌三郎『博物新編字引』1 册、大阪大野木市兵衛、明治 8 年（1875）

F = 福田敬業英訓『増補博物新編』4 卷、福田氏蔵梓、明治 8 年（1875）

G = 堀野良平訳『博物新編演義』2 卷、明治 8 年至 9 年（1875～1876）

H = 小室誠一頭書『鼇頭博物新編』3 集、柳絮書屋蔵板、明治 9 年（1876）

I = （清国）容兆倫『博物新編』二编、全 2 册、大角氏蔵梓、明治 9 年（1876）

J = 安代良輔註『標註博物新編』3 集、三府書楼發兑、明治 10 年（1877）

K = 近藤圭造述『博物新編講義』4 卷、明治 10 年序（1877）

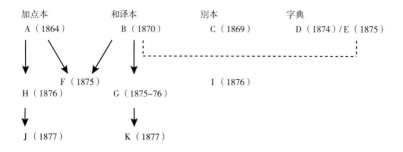

图 4 -1　日本 11 种《博物新编》流传关系图

①　八耳俊文「清末期西人著訳科学関係中国書および和刻本所在目録」『化学史研究』22 卷 4 号、1995。

从出版年上可以看出，日本版《博物新编》的出版多集中在从幕末到明治前期的 13 年间，八耳俊文亦将其前后的 20 年称作"《博物新编》的时代"，可见其在日本的深远影响。① 从横列上看，可以有"加点本""和译本""别本""字典"等不同形式的吸收方法。"加点本"是原封不动地将中文翻刻后加上日本人读汉文的"旁点"和注释，比如提示动词要读在宾语的后面等；"和译本"是指翻译成日文的版本；"别本"指与中文版内容无关的本子；"字典"即字典或辞典。也就是说一部《博物新编》，在日本的吸收情况是多层次，且逐步深入的。

从纵列来看，我们知道基本上可以分为 A、B 二个系统。A 本是由中文原本直接翻刻，由当时日本的官方机构开成所②来加点施训，并对重要语词和概念附以片假名标注的荷兰语来对译，以取得概念上的一致。由于有"官板"这一招牌，这个版本后来还有再刻、三刻，是印刷版数最多的一种，其影响之大，以至于连鹿儿岛藩自己都出有地方版。③ 明治维新后，虽然还有 H 和 J 两个本子，各自均加了些注释和解说，但仍使用 A 作为底版，由此可见其影响之广。

B 本是完全翻译成日文的本子，毕竟光靠加点本，读者仅局限于熟悉汉文的圈子，所以翻译本必然会拥有更多的读者。况且在翻译过程中，译者还加注了不少内容。F 本是吸收了 A、B 两本的长处，采用的是加点本的形式，节约了篇幅；但又将 B 的日文译本中的语词解释充分地利用在施训上，较之 A 本要易读得多。而且，将 A 本的荷兰语

---

① 八耳俊文「幕末明治初期に渡来した自然神学的自然観―ホブソン『博物新編』を中心に―」『青山学院女子短期大学総合文化研究所年報』4 号、1996。

② 据杉井六郎的研究，准确地说应当是其前身"番书调所"。参见杉井六郎「江蘇上海墨海書館蔵版《博物新編》とその翻刻」『社会科学』47 号、1991。

③ 据笠井助治『近世藩校における出版書の研究』（吉川弘文館、1962、47 頁），自安永二年（1773）造士館成立至明治四年（1871）废藩为止，开版印刷的科学书除《博物新编》外，尚有《远西奇器述》《万国舆地全图》《气海观澜广义》《智环启蒙》等。

对译也一律改为英语的片假名，显示出日本由兰学向英学转换的新时代特征。不过，从插图和版式规格来看，F 本承 B 本的形式较多一些。G 本则完全摆脱了 B 本那种逐字翻译的做法，采用汉和对译的形式并加以解释、说明，类似教学参考书一般。K 本也是同一类型的解说书，其用词完全脱离了汉文训读体的格式，使用日常日语进行翻译解说。

另一方面，C 本则与合信《博物新编》全无关系，只是借用其名而已。《博物新编补遗》的凡例说："该原书为英国人士 Chambers Ephraim 所著的 *Introduction to the Sciences*（1836）。"小幡笃次郎只是将其翻译成日文，该书的著者与内容均与合信《博物新编》相异。所谓"补遗"只是想乘《博物新编》的东风罢了。I 本也是打着《博物新编》的名义，而且是用中文写就，看上去完全是合信的续本或一种补充本，形式上亦称《博物新编四集》《博物新编五集》，内容上也的确至当时尚未被介绍过的物理学、化学、人体等方面的知识。值得注意的是，该书的著者是中国人容兆伦，当时住在日本且对近代科学有如此深厚的理解。想想同时代的京师同文馆竟不知道中国已经有这方面的人才，还在为延请理科教习发愁，这真是一件憾事。[1]

字典系统实际上就是当时流行的《～字解》的变体，比如 D 就是按旧有的《玉篇》等字书体裁编排，全无新意，只是停留在对单字字训的解释上。E 本则是按《博物新编》内容来对译单词和语句。特别是该书凡例中所说的，其对译多援用了 B 本翻译时出现的日语，也就是反映了两者之间的密切关系。[2] 此外，还有一本《新撰博物字

---

[1]　据该书序［清国南屏氏绍（疑为绍氏——引者注）云］曰："余是岁之秋游于东京，闻吾乡人容兆伦先生，博闻多览，余踵访之，他日先生携其《博物新编》数千言，而辱示于余。阅其文，穷尽事理，无微不精，无远不极，所谓穷道理于目前，视万物于掌上。余喟然而叹，先生之多才多艺，非博学之士，其能如是耶？至若前刊《博物新编》，虽无所不备，而其事理之穷尽，究不如是编，将以传诸于世，无使其湮没，不亦宜乎？"

[2]　成濑悌三郎《博物新编字引》序云："此抄摘出的译字熟语，多据《玉篇》《字汇》等施音义，而各国及物产名称，且新制译字者，大率从大森氏的译解本。"

类》（阪本源平纂辑，东京须原屋茂兵卫，1875），已完全与《博物新编》无关了。

通过以上概观后，我们再就几个重要本子的语言现象做些详细的介绍。

首先，我们看一下日本最初翻刻的 A 本，其加点情况是：全三册只施加了"返读点""一二三点""上中下点"等简单的符号，没有"送假名"，偶尔在汉字的四角上标注○以示其声点。如标有平声（左下）点的有"朝""应""行""鲜""夫"等字；上声（左上）点有"長""上"；去声（右上）点有"称""易"；入声（右下）点有"厭""内"等字。汉语中有两读的汉字亦按其意分别标注。如"疾风横行"的动词"行"字没标声点，而表店铺意思的名词"行"则示以平声点。另外，入声的二字"厭""内"作为动词，要求读作 yà，nà。

连词符是日本人在阅读汉文时，判断双音词的一个标志，多用"－"表示，它在 A 本里多标在上下汉字之间的左侧，"抽出""推窮""把握""雲遊""参看""熟考""保護""放入""挿入""割去""牽引""具有""貯蓄""精通""熟考""減少""運動""升浮""精取""揚托"等既成动词较多，副词只有一个"比如"。名词显然是用另一种方式来确定其是否为一词的，这点我们会在下节里来看通过对译达到概念一致的做法。例如：

地氣论　タムフキリングスリュクト
大地體圓如˪橙、其外有˪氣以環遶之如蛋白之包裹其黄也、自˪地而上、高約一百五十里、人物皆處其中、若魚類之在水、魚頼˪水以長、人藉˪氣以生、魚不˪能離˪水、人不˪能離˪氣、其理相同。

在小标题"地气论"右边标注片假名タムフキリングスリュクト（荷

兰语的同义词)以求得概念的统一,在文章中施以简单的返读点レ表示动词后移,在"上""長"二字上加注声点以示其为动词。

B本的大森秀三译《博物新编译解》是日文译本,其凡例说:"译意不更改原文,为使之通顺,间或增减一二字以发明其旨趣。"又说"译词不嫌鄙俚,多用意解,平易者亦施训读,以便童蒙采览"。不仅如此,该译本还随处可见"解谷按"这一形式的译者注释解说。比如在"海水论"中有"登方"一词,他解释说:"登方当作平方。"即拿日语的"平方"来说明中文的概念。也正因如此,该本流传广泛,后来还被文部省指定为理科教科书。我们看其与A本同一处的翻译是:

> 地氣論
> 夫レ大地の體タルヤ、圓クシテ橙ノ實ノ如ク、其外ニ氣アリテ以テ之ヲ環遶ル、譬ヘハ蛋ノ白ノ其黄ヲ包ムカ如クナリ、地ヨリシテ上ルコト、高サ大約百五十里、人物皆其中ニ處ル、魚類ノ水中ニ在ルカ若シ、魚水ニ頼テ以テ長チ、人氣ニ藉テ以テ生ル、魚水ヲ離ルヽコト能ハス、人氣ヲ離ルヽコト能ハス、其理相同シ。

基本上是A本的训读译法,并夹杂了汉字和片假名。加下画线处可见译者的苦心,努力想使译文更通顺。因为加上了丰富的日语来解释意思,所以篇幅变得较长。这些日语读法对后续的同类书产生了巨大的影响,这一点只要看看下面的F本和H本就能知道。而且前面也已提到,该本的日语释义对《博物新编》字典的和训读法也有所贡献。

在此基础上才有明治8年的福田敬业称之为"增补"的F本,并应时代的需求在封面上加上了"英训"二字,即用英文的读法和概念来对译汉文里的概念。当然还有一个理由是B本太厚不宜携带。

F 本虽为四册本，但均以汉文为主，在施训和加点上又多依存于 B 本。比如同一处地方：

> 地氣论　ニューマテキックス
> 大－地ノ體圓ニヌ如ク橙ノ、其ノ外有テ氣以テ環＿遶之、如ニ蛋白之包－裹其ノ＿黄＿也、自ニ地而〆＿上、高サ約ネ一－百五－十－里、人－物皆處ニ其ノ＿中、若ニ魚類＿之在レ水、魚〈頼レ水以テ長シ、人〈藉レ氣以テ生、魚〈不レ能離レ水、人〈不レ能離レ氣、其ノ＿理相ヒ＿同シ。

小标题"地气论"的片假名已改为英语的读法ニューマテキックス，其他几乎是将 B 本的译法再次还原到加点本的形式中去。只是在右侧加上送假名和助词，左侧标注日语的意思。比如"橙"标タイダイノミ之义，"蛋白"标タマゴノシロミ之义。A 本上标注声点的"上""長"二字在这里作为动词译作"上ル、ソダチ"。通过对比可以知道，这些语词诠释全部是继承了 B 本的翻译。唯一不同的是连词符有两种：作一个词来认定时，如"大地""人物"一般，置于汉字与汉字之正中间；而临时性结合的词，如"其中""相同"等则置于左侧。F 本的崭新之处在于"英训"，有关这点我们在下节详述。

与 A 同属一个系统的 H 完全继承了 A 的版式，同一页内的字数行数与 A 丝毫不差，而是以"鳌头"的形式加以头注而已。当然，它既消去了 A 本的荷兰语标音，也没有继承 F 本英语的标音，而是明显大量吸收了 B 本的日语标注。其特征当然主要反映在书名的"鳌头"注释上。除了对汉字异体字意义的解释外，还补充了不少当时的最新知识。比如"寒暑鍼"的头注是："有摄修氏、列爻木氏、华联系多氏三式，各异零点，而今多用华氏式矣。"说明温度测试有三种，而多用华氏。"水质论"的一节里有"西人穷理之术日益精，而今既至验出六十四元质，后来犹可想焉"，报告了化学元素当时发现的数字并预告"后来犹可想焉"。最为引人夺目的是其精细的插图，不光超出中文原版，在其他几种版本中也是最为精致的。

四　重要概念由荷兰语对译转为英语对译

《博物新编》是以中文写成的，日本在翻刻过程中，是如何理解对应新概念的，这是新概念传播过程中的一个重要问题。在《博物新编》进入日本以前，日本已经开始学习荷兰的近代科学，并在医学、化学和物理学等方面取得一些成绩，翻译和著述了一些书籍，代表性的有《解体新书》、《气海观澜》（1825）、《舆地志略》（1828）、《植学启原》（1834）、《舍密开宗》（1837）；等等，在对应《博物新编》的新概念时，必然要用既有的概念和知识来理解。从这个意义上来说，A 本老皀馆本一集值得我们重视的理由有二：一是杉井六郎已指出过该本的重要概念均标以荷兰语来对译，且多集中于第一集里，主要是标注在"道具、机器之名称、专用术语"上，而且这一工作正是由当时幕府的洋学中心"开成所"承担的，有一种界定新词的意思。① 的确，《博物新编》第二集以后出现的荷兰语注释仅有可数的几个词。二是只刊行了两册的 G 本，其内容量刚好相当于第一集，所以我们可以通过对比看看译词的替换过程。

下面列出一览（见表 4 - 1）。A 是老皀馆本；F 是福田敬业英训本；E 是成濑悌三郎《博物新编字引》。近代译词基本取自下列二册辞书：

《工学字汇》（初版 1886，第 3 版 1894）

Vocabulary of Physical Terms in the Four Languages（1888）

---

① 杉井六郎「江蘇上海墨海書館藏版『博物新編』とその翻刻」『社会科学』47号、1991。

表 4 - 1　　《博物新编》A、F、E 三个版本的译词对比

词语	A	F	E	近代译词
地気論	タムフキリングスリュクト	ニューマテ㐄ックス		
生気	リュクト	エヤア	物ヲソダテルキ、地 - 大 - 空 - 空気	
養気	レイヘンスリュクト	ヲキシージン	四気ノ一种	
淡気	スチッキリュクト	ナイードロジン	養気ヲ加減スル空気	
濕気	ワーハストフリュクト/ワートルタムプ	ステ㐄ム　ヲフウヲルト	軽 - 水、母 - ト同	
炭気	コールストフリュクト	カアホン	烟煤・気、又クチヨリハクイキ	
米筒		ビートロヅツ		
玻璃		ギヤマン		
水銀	クㅋッキ			
風雨鍼	バルモメートル	バロメートル	アメカゼヲ知ルトケイ	晴雨計
風鎗	ウィニドロール			
軽気球	リュクトボル	バルーン	風セン	風船
気機桶	リュクトポムプ	エヤアパンプ	カゼヲヌク器	
水桶	ワートルポムプ	ウヲルトパンプ		
風論		ウィンド		
罩	コロック			
寒暑鍼	テルモメートル	セルモメートル	H 亦同	寒暖計
軽気	ワートルストッヘレイキリュクト	ハイドロジン		
磺強水	スワーフルシュール	アシッドヲフサルファル		
鹽強水	ソウトシュール	ハイドロークロリック/ツワイシュー		
花石	マルムルステイン	マアブルストーン		
炭軽二気	コールワートルストフガス	カルボンハイドロジンガス/コールガス		

词语	A	F	E	近代译词
花旗	アメリカ	アメリカ		
煤炭	ステインコール	コール		
硝強水	サルペートルシュール	ナイトクアジッド		
時辰錶	ユールウェルキ	トケイ	トケイ	
千里鏡	フルレケイケル	チテレスコープ	トホメガネ	
琪連	ゲレン	イギリスノ人		
霊		サーク		
物質物性論	エイゲンシカッベンテルリハーソン	プロパルテイヲフマタ		
牽合	アーントレッキング	アットラクション	ヒキアウ	引力
推拒	アフストーチング	レジスタンス	オシフセグ	抵抗
顕鏡	アルゴロートガラス	マイクロスコープ		
熱論	ワルテム	ヒート		熱学
尖樞	ブラントピエント			
蒸気論	ストーム 右/ワートルダムプ	ステイム		
火輪車	ストームワーゲン	ロコモテキブ		
火輪船	ストームボート	ステイムボート		
電霤	テレガラーフ	テレグラフ/デンシンキ	霤	
汽機	ストームマシネ	ステイムエンジン		
高機	ホーゲドリュッキング	ハイブレッシュルエンジン		
低機	ラーゲドリュッキング	ロウブレッシュルエンジン		
水甑	ワーテル	ステキムボイラル		
小戸	マンガット	メンホール		
孔罨	スボイカラーン	ビローコック	アナノフタ	
汽桶	ダムプボイス	ステキムパイプ		
管	ペイルカラーン	ポオーフコグ		

词语	A	F	E	近代译词
活厭	ヘーリヘケレップ	セエフテヰブルブモ	オサヘフタ	
平板	ドレイヘル			
添水笛	フーヂングスボイス	フイドパイプ		
汽櫃	ストームカス	ステイムルーム		
橫幹	ヘフボーム	ビーム		
鐵鍵	ソイゲル	ピストン		
冷水櫃	コンデンソール	コンデンサル		
火爐	ヒュールハールド	ダムパル		
鐵門	テムペルハンスコールステーン	フアヤアルーム		
脂輮	オーリーペック	ヲイルボックス	アブラッギ	
輪撥	エクセントリーキシケー		ワノバチ	
水質論		ハイドロロヂー		
筒鍵	ソイゲル	ピストン		
泳気鐘	ドイケラールスコロック	ダイビングベル		泳気鐘、潜水器
膠汁	ゴムエラスチカ	エラステイックガス		
光論		ライト		
顯微鏡	ミコラスコーブ	マイクロスコープ	ムシメガネ	
目鏡	ソーネガラス	サングラス		
夜鏡	ナイトケーケル	ナイトグラス		
眼鏡	ブリル	アイグラス		
撮景鏡	ドンクルカーメル	ヲブジエクドグラス	シャシンキヤウ	對物鏡
映畫鏡	ダキューロレテーピー	スラトグラプー	ウッシエカバミ	
空橋	オールラリフトヲールラホレーリース	ノキスルライト	ソラノハシ	

续表

词语	A	F	E	近代译词
虹霓	レイゲンボール	レーンボヲ		虹
光射之速		ウエロシテイ、ヲフ、ライーカ		
瞥昵	ミニュート	ミニュート		
光射斜直		レフラクション、ヲフライト		
鹹汐光	ゼーソートルスリグト	シーウヲドルライト		
燐光	ドワールリグト	フラスホラスライト		
電気論	エレキテリシティー	エレクトリテイ		
孤陰	ネガチーフ	ネガテヰブ	マジリナキイムキ	負
独陽	ポシチーフ	ホジテヰブ	一味ノヤウキ	正
紫梗	ラック		ラッコセキ	
白鉛	チン			
其一	メタールエレキテル			
两端	エレキテリセリターミコラスコープ			
又法	ウレークエレキテリンティト			
大引	コンチュクール	コンタクトル		傳導
輪	ミケーフ	リング		
玻璃瓶	レイードセカレス			
電機器	エレキテリセールマシネ	エレクトリッケマシイン		
電気	テレガラーヘン	テレグラフ		電信機
樹津	ギュッタペルカ	ガタペルカ	キノヤニ	
機器	ウェイズテレガラーフ	ウエザルテーグラフ		
又法	ドリュックテレガラーフ	ドリッキングテレグラフ		

词语	A	F	E	近代译词
鹼	ローグソウテン	シヤボン/ソヲプ	シヤボン	
字畫銅板	ゲルハニブラスイーキ	カルブアニスムヲ	アカガネノハン	
黑鉛	ドッキソート	ブラックレット		
彎鋼	アーツエイズル	フークテキル	マガリタルテツ	
避雷之法	プリッキセムアフレイデル	ライトニングロット	ライヨケ	
電気魚	シッテルアール	エレクトリックイル	ウヲノ名	

　　首先，表 4 - 1 所列举的 98 个汉字词中，A 本就其中 90 个词加以荷兰语对译；F 本在此基础上又增加了 8 个词（米筒、玻璃、風論、霊、水質论、光論、光射之速、光射斜直），对之施以英语对译，显然可以看出其意图是欲将这些词作为当时的新词来解释。前面说过，A 本就一般名词并不施以连词符，只对这些专门术语加以荷兰语对译，是想就同一概念做一界定。所以在语词旁所加的均是该词的读音"比如たとへば""磅ポンド""精錡シンキ"和国名"葡萄牙ポルトガル""佛兰西フランス""英吉利エゲレス""日耳曼ゲルマニア/ドイッ""埃及エギプト"等。而在右侧加注的片假名的荷兰语，虽然十分醒目，却不是作为一个独立的外来词被日语吸收，只是与当时荷兰语概念的一种对照而已。上述汉语词虽说在明治年间曾被使用过一段时间，但今天留下来的也并不多，只能举出"水銀""湿気""物質""物性""蒸気""水質""顕微鏡""眼鏡""映画鏡""電気""電機""黑鉛""機器""避雷"之类。

　　如前所述，对于这些语词，由 A 本的荷兰语改成 F 本的英语是一个划时代的标志，具有象征性的意义。也就是说到了明治 8 年，随着英语势力的抬头，学术概念的对译也依此而行。当然，这并不是说荷兰语就销声匿迹了，其在医学领域还有很强的影响力。比如，明治

7 年刊行的《药物学》和《原病学通论》仍是翻译荷兰教师的讲义而成的。但由上述可知，荷兰语的片假名已不用于现代日语，倒是英语的片假名成了主流。如：

リュクト（荷）	エヤア（英）
ベルモメイトル（荷）	バロメートル（英）
テレガラーヘン（荷）	テレグラフ（英）
ミケーフ（荷）	リング（英）
ネガチーフ（荷）	ネガテヰブ（英）
ポシチーフ（荷）	ホジテヰブ（英）

　　对汉语词施以英语注释在中国人写的 I 本中也得到继承。该书也只是简单地加点，并在各项目的小标题旁加以英语注释。这种做法可以看作是受 F 本的影响。比如"雨論レイン""雲霧論クロードブオグ""海洋論オーシン""河論リボル""湖論レーキ""平原論プレイン""高原論テーブルランド""地震火山論エルクイッキポルカノー""輪軸論ホイール""滑車論ベルレー""螺絲論スクリウ""尖劈論ウエジ"等片假名部分均是其新加的英文对译。

五　新概念的不同表述——中日术语的差异

　　针对《博物新编》传过来的新词，日语既有原模原样接受的部分，也有在概念界定过程中改用独自术语的部分。前者如早有学者指出过的"電気""汽車"之类。① 我们这里主要想看看后者那种中日之间的差异部分。

　　《博物新编》里没有使用过"空气"一词，多用"生气"或

---

① 参见古田東朔「訳語雑見」『国語研究室』2 号、1963；八耳俊文「漢訳西学書『博物通書』と"電気"の定着」『青山学院短期大学紀要』46 輯、1992。

"地气"来表述。据中山（1992），"空气"最早出现在吉雄权之助的《玄真新书》（1823～1828）里。嘉永二年（1849）的《炮术语选》（上田仲敏编，山田重春校，伊藤清民序，菊三屋藏板）里也收有此词，将"空气"和其他元素名并列一起。

　　リュグト　　　　　空気　又作濛気
　　諸元素名附此
　　ワルムテストフ　　温素
　　シュールストフ　　酸素
　　リグトストフ　　　光素
　　スチッキストフ　　窒素
　　ワートルストフ　　水素
　　コールストフ　　　炭素
　　ストームボート　蒸気船　則漢人所称火輪船

　　而且，其荷兰语的片假名写法与《博物新编》的标注是有相通之处的。如：

　　生気　リュクト　　　　　　　　　　　　　　　空気
　　淡気　スチッキリュクト　　　　　　　　　　　窒素
　　濕気　ワーハストフリュクト/ワートルタムプ　水素
　　炭気　コールストフリュクト　　　　　　　　　炭素

　　另外，此时已经开始有中日对译的问题，比如针对日语的"蒸气船"，指出"汉人所称火轮船"之类。这种对译更多地反映在 G 本堀野良平译《博物新编演义》的开头部分，该书先列出"称呼异同标"，揭示中日两国在术语上的不同。如：

　　《博物新编》　　　《博物新编演义》

地气	空气、又大气
大地	地球
生气	大气　酸素一分窒素二分抱合シテ成ル者
养气	酸素　或云清气
清气	酸素ト温素ト合テ成ル
淡气	窒素
炭气	炭素
轻气	水素　又燃气
燃气	水素ト温素ト合テ成ル
汽	水蒸气
湿气	水素瓦斯　又蒸発气
轻炭二气	炭化水素瓦斯
风雨针	験气管
寒暑针	寒暖計
磺强水	緑礬精　又硫酸
硝强水	硝酸　又猛水
盐强水	海鹽精　又塩酸
牵合之性	引力
推拒之性	張力　或膨張力

也就是说，通过对《博物新编》的吸收，日本知识分子在明治8年（1875）左右就已经意识到上述术语中的中日差异，继而在该书中还列有"空气大统之图（空気大統之図）"的说明，这里用的几乎都是日语术语：

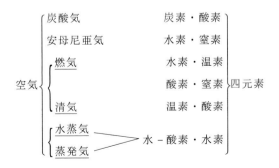

有关荷兰语译词的形成，森冈健二曾指出："荷兰学者们采用的是将汉语词分解为汉字再施加和训的手法，即先将荷兰语分解为词素，如：stof = 素、zuur = 酸、water = 水、kool = 炭，这样先对应上汉字后再将之组合成一词。"[1] 所以，日文中如"元素"等词，用"～素"构成的译词为多，这一点又正好和中文不同，中文是以"～气"构成的较多。

合信的《博物新编》里的确是将空气这一概念用作"生气"的，但他自己编辑的对译辞典 *A Medical Vocabulary in English and Chinese*（《医学英华字释》，Shanghae Mission Press，1858）里却是"空气"和"生气"两者并用。如：

> Sound is produced by vibration of the air　空气摇动而为声
> From supporting life, it is called vital air　生物倚赖故称生气

英文都是对应的 air，该辞典里还将 atmosphere 译成"地球周围之气"，而该词在麦都思的 *English and Chinese Dictionary*（1847）里则被译作"天空之气"。江南制造局的汉译西书《地学浅释》也用"天空气"来表述：

> 又在地中深处，不见天空气。（卷一）

而日本反倒有一段时间将之译作"雾围气"，明治初期始译成"大气"。《工学字汇》里也是将之译成"大気""気圧"。

再有，中文里的"风雨针""寒暑针"，日文里改译为"験気

---

[1]　森岡健二「開化期翻訳書の語彙」『近代の語彙　講座日本語の語彙6』、78～79頁。

管""寒暖計"。就"寒暖計"一词，梶原滉太郎有过专门的描述，[①] 至明治20年左右日本一般也是采用"寒暖計"的，后来改译为"温度計"。

《博物新编》里尚未出现"化学"一词，但对"養气"（酸素）、"淡气"（窒素）、"軽气"（水素）、"炭气"（炭素）的制法和性质都有详细的论述。而且就无机酸的制法和性质也有描述，"盐强水""硝强水""磺强水"的命名法始于这里。[②] 其后，19世纪70年代江南制造局的化学书的翻译也都采用这一译法。对盐酸、硝酸、硫酸等矿酸的严密区分是后来的事，所以中文以"强水"衍生出的"盐强水""硝强水""磺强水"等词均未被日语采纳；反之，在日本通行的"塩酸""硝酸""硫酸"等后来反倒被中文采用。

日本人宇田川榕菴（1798~1846）的《舍密开宗》里已经有了"塩酸""硝酸""亜硝酸""硫酸""亜硫酸"等词。《舍密开宗》第101章里，强水指的是稀硝酸。《博物新编》里没有硝酸之类的记载，只有"硝强水"。日语中的"硝酸"初出自宇田川榕菴的《植学启原》（1834），不过写作"消酸"。"硝酸"的正式登场要等到《改正增补和英英和语林集成》（1886）的出版。

现在我们用的"引力"这个概念，在《博物新编》里被称作"牽合"，其反义词为"推拒"，在说明这一概念时还用了"牽引之

① 梶原滉太郎「『温度計』の語—近代漢語（Aタイプ）の変遷と定着」『国立国語究所報告105　研究報告集14』、1993。

② "镪水"的词源是拉丁语的 aqua fortis（aqua＝水、fortis＝强），中文里徐光启（1562~1633）的"造强水法"，当可视为该词最早的出处（《徐光启手迹》）。另外，赵学敏《本草纲目拾遗》（1765）水部里亦有"强水"一词，曰："西洋人所造，性最猛烈，能蚀五金……惟玻璃可盛……其渍处铜自烂……"方以智（1611~1671）《物理小识》（1643）卷7金石类里有"礞水"一词："有礞水，剪银块投之，则旋而为水……此礞水取强水也，特古今异名耳。"即以"礞水"指"强水"。按照这些描述，镪水现在指"硝酸"较为自然，但也有一点可能性是指"硫酸"。

力"的说法。日本则是在明治 6 年西周的《生性发蕴》（1873）里用
"引力アッタラキシゥン"一词，可见中日之差异显见。

接尾词"～性"的发达也是出现在日文的文本里，本来在中文
版《博物新编》里有"物质物性论"一节，亦举出"牵合之性"
"推拒之性"的说法，但没有构成"～性"的名词。反之，日本在明
治五年（1872）片山淳吉编译的教科书《物理阶梯》里，在第二课
和第三课中已开始使用"通有性"和"偏有性"，并分别列出下列三
音节的名词：

通有性：填充性　定形性　礙竄性　無尽性　習慣性　分解性　気孔性
受圧性　膨脹性　運動性　引力性
偏有性：凝聚性　粘著性　堅硬性　柔靭性　弾力性　碎脆性　受展性
応抽性

这一构词法的确立，为动词的名词化开辟了一条新路。

六　《博物新编》在近代日本科学史上的地位

在明治初年，《博物新编》就与另一本汉译西书的日文译本《格
物入门和解》同被采用为高级理科书。文部省制定的"小学教则"
里列举的高级小学的"理学轮讲"（后改作"究理学轮讲""物理学
轮讲"）的教科书就选用有《博物新编》《博物新编补遗》《格物入
门和解》《气海观澜广义》等书，同时作为"博物"方面的教科书只
指定了本书。由此可知，本书被视为当时具有代表性的理科书。[①] 此
后，《博物新编》的表述和插图又被后来的物理书广泛利用，直接为

①　参见海后宗臣编『日本教科書大系・近代編　21 卷・理科（一）』講談社、1965，
　　所附"所收教科书解题"。

日本的近代化做出了贡献。例如，明治五年的教科书《物理阶梯》和明治 8 年的《物理全志》就是直接参照《博物新编》的译词，努力朝着通俗易懂的方向改译的。[①] 而且，插图也大多沿用《博物新编》的式样。再如，"大气论"中的表述"此氣ノ地球ヲ環遶スルヤ、猶卵白ノ卵黄ヲ包裹スルカ如シ（此气环绕地球，犹如蛋白包裹蛋黄）"，只是将前面第二节所举的《博物新编》开头部分稍加修改而已。此外，百科大辞典的表述和博物馆中展示的"哺乳类""水生类"等动物整体构图也深受《博物新编》的影响。

《博物新编》使用的语词和术语，在日语里沿用至今的似乎不是很多，在物理和化学等领域，日语独自翻译的术语占了主流。尽管如此，我们还是可以在现代日语里找出许多来自《博物新编》的新词和新概念：

气压	风雨鍼	外気	差異	体重	赤道	流動	陸地	貿易風	牽引
汽車	电气	効能	顕微鏡	蒸気	機器	軌道	光速	湿気	幻影
点線	定例	将来	平方	水質	水性	水族	水面	貨物	生命
純白	形状	彗星	材料	品物	電機	平均	宇宙	応用	呼吸
航海	直線	直径	直射	源泉	隧道	橋梁	工程	西暦	身長
光点	沙漠	所在	地球	太陽	極地	中央			

其中，有些词尚要经过个别考察才能更准确地定性，但仅看上述词

① 《物理阶梯》凡例有"譯字ヲ総ヘテ博物新論、格物入門、氣海観瀾等先哲撰用ノモノニ従フト雖モ或ハ其創見ニ係リ譯例ニ乏シキカ如キ若シ原語ヲ存シ注釋ヲ加フルトキハ幼童ノ為メ亦誦讀ニ便ナラサルヲ覚ユ因リテ姑ク之ヲ填スルニ原意ト相類似スル字ヲ以テシ其欠ヲ補フ（译文虽然基本上依据《博物新论》《格物入门》《气海观澜》等先哲所纂，但或有些译词缺乏创见，若存其原词加以注释时，则为幼童朗读不便，于是只好姑且拿与原意相类似之词填之，以补其缺）"。《物理全志》凡例亦有"譯語ノ字面ハ多ク博物新編格物入門等ニ拠リ物性ノ称謂ハ物理階梯ニ従フトト雖トモ間又新ニ譯字ヲ填ル者アリ（译词多依《博物新编》《格物入门》等，物性的称谓虽从物理阶梯，但其中有不少新的译词）"。

语，就可知道《博物新编》一书带给日本的近代新词和新概念，对
其实现近代化所起的作用。

　　日本在明治 8～9 年（1875～1876）还出版了《具氏博物学》，
这是由文部省出版的译本，由须川贤久译，田中芳男校阅。原著是
Pictorial Natural History Embracing a View of the Mineral，*Vegetable and
Animal Kingdoms*，*for the Use of Schools*（1844），作者是美国人 Samuel
Griswold Goodrich（Pseudonym-Peter Parley）。此书的记载上至天文，
下至地质、矿物、植物、动物各科，形式上似乎与《博物新编》类
似，但内容上完全不同，主要是矿物、植物和动物三部分。日译本全
书共十卷，分为四编，第一编"有形界"仅为第一卷的1/4，讲天
文；第二编"矿物界"占第一卷的 3/4 和第二卷的一半；第三编
"植物界"；从第二卷的中间到第三卷结束；从第四卷一直到第十卷
都是"动物界"。可以说，日本小学教科书的博物学内容局限于矿、
植、动三科，当始于此时；我们现在所说的狭义的博物学概念，也应
源于此时。

第五章 由汉译《万国公法》到日译《国际法》

一 《万国公法》的流传

日本自中国鸦片战争战败后深感危机，特别是 1854 年被美国佩里舰队打开门户以后，更是将视线转移到西方，开始多方面地收集西方各国的情报。但以往的兰学不足以应付英美传播的新知识，而中国则已出版有各种西学新书，日本的知识分子凭借着他们深厚的汉文功底，通过直接阅读汉文的西学新书来汲取西洋文明，这一时期前后有 30 年左右，一直持续到明治 10 年代(1877～1886)，从中国引进翻刻的书籍有百十种，涉及天文、地理、医学和政治体制等各个领域。当时锦溪老人（柳川春三）的《横浜繁昌记》中亦说："西洋书籍……非洋学先生则不能得而读也。近今英、米二国务脩汉学，在香港、上海等处所刊汉字著书颇多，亦足知全世界之繁昌矣。"

《万国公法》正是属于这类后期汉译西书，是继合信西书五种后在日本最为广泛流传的著作，亦被誉为汉译西书的白眉。其作用不仅限于法学，而且对明治维新后的日本政体的定位及其立宪思想贡献巨大。甚至有人云，当时的政要几乎人手一册，提起《万国公法》似乎无人不晓。

《万国公法》是美国人惠顿（Henry Wheaton）的代表作 *Elements of International Law* 的汉译版。由 1850 年来华的美国传教士丁韪良（W. A. P. Martin，1827 - 1916）译为中文。该书 1864 年在华出版后，迅速传遍亚洲各国，日本、朝鲜、越南、蒙古均有译本，其传播意义不仅是促进了历代中国王朝构筑的朝贡册封体制，即华夷秩序向近代西方条约体制转变，而且对各国国内的政治改革和外交产生了深远的影响。特别是日本在汉译版问世的翌年就出版了和刻加点版，对幕末明治维新及新政府的成立产生了重要的影响。故此，在外交史、思想史领域，有关《万国公法》的受容和其在本国的适用等问题已有很多研究，岩波书店的近代日本思想大系两次取之为基本资料，亦可证明其影响之深远。① 更不用说中国自身的洋务、变法运动，正处于所谓"万国公法的时代"。

本章从近代概念的形成来看《万国公法》在构筑东亚近代知识的共识上所起的决定性作用。因为日本近代的一部分译词正是受这些经由中国传来的汉译西书的影响而形成的。直接借用近代中国的语词，如"銀行""保険""電気""化学""権利""空想"等都是我们说的通过汉译西书或英华字典而进入日本的近代新词。在日本有种倾向，即过于强调由日本向中国输出新词，如"哲学""科学""人格"等，直到最近才有日本史学家原田敬一指出这一问题，并对这一现象开始有所反省：看看《万国公法》的语词还用在现代日语里，就应该认识到文明和文化的交流是呈"双方向性"的。②

二　各种译本的刊行

日本在汉译《万国公法》出版的翌年（1865）就由当时负责翻

---

① 田中彰编『日本近代思想大系 1 開国』岩波書店、1991；加藤周一・丸山真男編『日本近代思想大系 15 翻訳の思想』岩波書店、1991。
② 原田敬一『シリーズ日本近現代史 3 日清・日露戦争』、iv 頁。

译的权威机构"开成所"标点翻刻之，使其成为幕末明治时期的重要读物之一，广泛应用于明治维新后的国家建设和外交事务之中。随后，各种译本相继涌出，其流传之广、影响之深，只要看看当时出版的种类之多就可知一斑：

Elements of International Law（1855）⇒汉译版《万国公法》（1864）⇒日本（1865）[①]

A. 据汉译版《万国公法》翻译的系列

開成所『万国公法』全 6 册、老皂館、1865

吳碩三郎・鄭右十郎共訳・平井義十郎校閲『和解万国公法』、1868

堤殼士志訳『万国公法譯義』全 4 册、御書物製本所、1868

重野安繹（鹿児島藩）訳註『和訳万国公法』全 3 册、1870

高谷龍州註釋・中村正直批閲及序文『万国公法蠡管』全 8 册、濟美黌、1876

B. 直接翻译惠顿原著系统

H. 惠頓著・瓜生三寅訳『交道起源 一名万国公法全書』京都竹苞楼、1868

H. 惠頓著・大築拙蔵訳『惠頓氏萬国公法』司法省、1882

C. 非惠顿原著系统的译本

フィッセリング口述・西周訳『和蘭畢洒林氏万国公法』官版書籍製本所、1868

セオドア・D・ウールジー著・箕作麟祥訳『国際法 一名

---

① 英文初版是 1836 年，一般认为汉译本的底本可能取自第 6 版（1855）。

万国公法』全 5 册、弘文堂、1873～1875

ジェームズ・ケント著・蕃地事務局訳・大音龍太郎校正『堅土氏万国公法』全 1 册、蕃地事務局、1876

ヘンリー・ウェイガー・ハレック著・秋吉省吾訳『波氏万国公法』全 6 巻、有麟堂、1876

オーガスト・ウィルヘルム・ヘフター著・荒川邦蔵・木下周一共訳『海氏万国公法』全 1 册、司法省、1877

亜麼士（アモス）著・海軍兵学校訳『万国公法』海軍兵学校、1879

D. 其他相关译本

鳩山和夫述『万国公法』東京専門学校、1896（東京専門学校法律科第 3 年級第 6 回講義録）

須原鉄二等『万国公法』巻 2「始戦論」（明法寮蔵版）東京、1875

中村孟著・沼崎甚三記『万国公法問答』海軍兵学校、1887

藤田隆三郎編『万国公法』岡島宝玉堂、1895（初版 1891年）

这四种系列看似不同，时间跨度约 30 年，实际上都是沿袭了汉译版《万国公法》的基本概念和用语，如"权利""自主""自治""民主"等，为日本近代政治、思想及法律概念的形成奠定了基础。

比如，松井利彦对汉译《万国公法》和直接译自英文的《惠顿氏万国公法》（大築拙藏译本）加以比较，[1] 发现两者通用的汉语词有 1100 条，其中又与译自其他著作的西周、津田真道的用词

---

① 松井利彦「漢訳万国公法の熟字と近代日本漢語（近代語の研究）」『国語と国文学』62 巻 5 号、1985。

相通者有 240 条。特别是津田用的"私権""主権""君権""自主自治の権""自立自主の国権""制法の権""行政の権""司法の権"等，均见于汉译《万国公法》，而且诸如以下之类：

管理	償還	詳細	全権	統轄	条款	法院	甘服	屈害	国債	合邦
自主	戦利	特権	特准	物権	平時	民主	明禁	盟邦	野蛮

这些有关国际法方面的法律词语也都是出自汉译《万国公法》。

佐藤亨认为用于汉译《万国公法》中的主要二字汉语词约 550 条，其中与西周译法一致的有 130 余条，占西周二字汉语译词（520）的 1/4。[①] 而且与津田真道庆应四年刊《泰西国法论》相一致的词，即三种资料相同的词，可以举出以下各例：

貨物	管轄	関係	慣行	管理	居住	議論	刑罰	経理	権利	交際
交通	公法	国政	国法	裁決	事件	自主	従事	遵守	情願	制度
西洋	全権	戦時	戦争	総括	損害

佐藤还说下列语词已出现在日本的幕末明治时期的文章里：

遺産	解説	関渉	軍費	権利	公庫	交戦	告白	国権	商会
臣民	専管	多寡	逃避	論外交	内務	継続	携帯	財源	離婚
自治	司法	重税	除去	聖書	代理	抽籤	裨益	被害	明言
慣行	管制	限定	誤解	固辞	大局	法院	野蛮	例外	过大
実権	責任	奪回	被告人	撃退	上告	増強	奪還	投降	黙認

并认为自《万国公法》始创的新词是：

① 佐藤亨「『万国公法』の語彙」『幕末・明治初期語彙の研究』桜楓社、1986。

一昼夜　海峡　海面　黑人　五大州　自主　半球　砲台　公約　直通
特使　　卖価　分立

　　在具体的日文应用中，松井亦指出：津田真道翻译的《泰西国
法论》和福泽谕吉的《文明论之概略》（1875）都将汉译《万国公
法》里的"平时"用作"战时"的反义词；而西周译自荷兰语的
《和兰毕洒林氏万国公法》将"平行"用作"对等""平等"之
意，也是汉译《万国公法》里的用法。① 其他如加藤弘之的《真政
大意》（1870）将"折断"用作"判定""判断"之意以及《改
正增补和英英和语林集成》将 full power or authority,
plenipotentiary, sole right 译作"专权"等，都是出自汉译《万国公
法》。再比如，中江兆民的《民约论译解》（1874）中所用政治
类的新名词如"国家""民主国""议政之权""自由之权""分
权""人民""公意""法制""议院""公权""私权"等亦出于
《万国公法》。由此我们可以看出《万国公法》中的基本术语和概
念实际上均为日本所接受，并沿用至今。
　　如上所述，前人的研究多是努力整理出汉译《万国公法》的词
语是如何为日语所吸收的，而本文在前人研究的基础之上，主要关注
日本人在吸收和接受汉译《万国公法》时，做了哪些方面的改造，
这些改造又对近代概念的形成产生了哪些影响？

三　汉译系统日文译本的特征

　　汉译系统的日文译本是不参照英文原著，直接从汉译《万国
公法》转译成日文的，因此，亦可作为了解汉语词汇如何被日语

---

　　① 松井利彦「漢訳万国公法の熟字と近代日本漢語（近代語の研究）」『国語と国文
　　　　学』62 巻 5 号、1985。

吸收的初期过程的一个例子。比如，堤殻士志译《万国公法译义》是略去汉文原文直接译成日文，而重野安绎译注的《和译万国公法》（1870）则是在每段汉文之后附上日译的，二者译文均是用汉字掺加片假名的文体，且不是全译。堤殻士志译到第二卷第二章十三节；重野安绎仅译到第一卷第二章。高谷龙州注释、中村正直批阅的《万国公法蠡管》（全8册）是唯一的全本，但说不上是日译，仅是一种用汉文加以注释的本子，当然其汉文部分施有日式训点。

（一）重野安绎译本

首先，我们来看重野安绎译注的《和译万国公法》的特征，它采取汉文原文和日文译文对照的形式。汉文施有训点，且较开成所和刻本更为细腻，除音读符和音合符外，还标示出副词、动词和助词的读音，汉文训读中的再读字等也标记清楚。译文不单停留在汉文解读式的硬译上，还时常加入作者自己的理解，改变汉文的表达形式，形成流畅的日文文体。我们以第一卷第二章为主[①]来详细看一下其对译词的改动情况：

1. 用日语来注释汉语词以加深理解

交際トリアヒ	限制トリキメ	基業アトシキ	継 aサウゾク
関係ヒキアヒ	法制キマリ	分裂サキトル	完全ソナハル
儼然キットシタル	海港ミナト	捕拿カラメトル	接待アシロウ
告示フレガキ	交戦カッセン	分断ワケ	亀鑑テホン
依然ソノママ	征服セメカチ	割拠シメトリ	偶然タマニ
疑案ウタガワシキスヂ	限制クギリ	錯誤マチガヒ	平常イツモ
限制キマリ			

---

① 加藤周一、丸山真男编《日本近代思想大系15 翻译的思想》（岩波书店，1991）将这部分制成日、中、英对译的文本，便于利用。

这种做法当然是对中文的新词施以日文注释，且直接读作日文，待其概念固定后，绝大部分都原样融入日语中去，用汉字音来读。明治时期的汉语字典多以此和训作为一般词义解释，如：同一"枉屈"后，既有名词ムジツ的对应，又有动词ヲシツケル的解释；同一"限制"也有キマリ和クギリ两种说明。而和训キマリ还用来解释汉语"法制""章程""限制"。在这一意义上，"交际"对译为トリアヒ，与明治初期汉语字典中的まじわり或つきあい的解释略有不同。

2. 原模原样导入日语者

一派	夷蛮	往来	大旨	改革	公法	会盟	外国	外敌	各国
伪主	疆界	局外	曲直	居住	君国	君上	君身	君民	君命
君约	权	权利	公议	公仪	交际	公师	公使	公私	交战
公地	公用	讲和	国权	国会	国君	国债	国政	国势	国体
国土	国法	国约	护送	在位	产业	三国	私权	自主	自立
主权	主宰	主公	省部	城内	商会	上权	城外	情愿	小国
章程	常行	商人	新君	身家	新国	新主	审断	臣民	人民
新立	数种	数分	正义	制限	征服	战争	前君	全权	全国
全然	前朝	存亡	通商	通用	敌人	天下	天地	土地	内公法
内事	内变	半主	叛民	纷争	法外	傍观	法国	邦国	法院
保护	本源	民间	民产	民主	民人	盟约	理直	和亲	和约

汉译《万国公法》中有些词概念上很难理解，只有根据上下文意才能读懂。而将其原封不动地运用到日语中去，说明该词可以通过上下文来理解，这种直接吸收是明治时期汉语词增加的重要来源之一。比如"民间"一词在明治 12 年（1879）《必携熟字集》里释为シモジモ，而到了明治 37 年《新编汉语辞林》里则明确的标示为"对政府而言的民间"，即"政府—民间"二元对立的意思已经成立。当然，

这一用法早见于明治 19 年的政治小说《雪中梅》中。①

　　将以上两者加起来，我们知道，在据汉译版《万国公法》翻译的系列中，日文本援引中文原词的部分约占 50% 以上，也就是说从汉译《万国公法》中直接汲取的二字汉语词过半，其他则多为改译了。

3. 将汉语的一字词改为二字词

值→価値　　意→主意　　过→通行　　会→商会　　外→内外
害→傷害　　官→官吏　　许→認許　　常→平常　　情→事情
信→信実　　正→中正　　征→征服　　责→責任　　发→発明
叛→謀叛　　　　　　　主→君主・主宰　　　易→容易・革易
改→変革・改易　　　　货→財貨・貨財　　　疆→疆内・地界
事→国事・事理　　　　产→財産・産業　　　助→援助・助力
理→義理・道理　　　　敌→怨敵・敵人　　　変→変革・変改・内変
存→存立・現存・存留　民→人民・民人・国民議→謀議・議論・吟味
约→約束・盟約・条約　国→一国・国々・自国・本国・当国
君→君主・君家・国君・真君

　　从汉译《万国公法》的一字词转换为和译的二字词是日语中过去改写文体时常用的手法之一。比如，最初译成汉文的《解体新书》改版为《重订解体新书》（1798）时，在文体上是由汉文转为日文，所以其改译也多出现诸如 "咽→咽頭""养→栄養""円→円球""血→血液""髄→骨髄""脂→脂肪""消→消化""心→心臓""分→分散" 等一字改为二字的现象。② 同样，由汉文《气海观澜》改到

---

① "今日各地方とも府県会の無勢力なのは畢竟民間に政事思想の乏しく議会に向つて刺衝を与ふることのないから起つたことゝ思はれます（我想如今各地方的府县会均显势力薄弱，恐怕是因为民间毕竟缺乏政治思想，没有向议会冲刺的缘故）。"出自《雪中梅》下篇第二回，参见本书第八章。

② 佐藤武義『概説現代日本のことば・総説』朝倉書店、2005。

和文《气海观澜广义》（1852）时也是如此。从这点来看，由汉文《万国公法》译成的重野《和译万国公法》是采用了同样的手法。这种改动当然加快了二字汉语词的使用，也更适用于和文文体的变化。其二字汉语词大多已出现在汉籍里了，而且多包含其中的一字词，当然也有"统→支配""限→際限"这种改为和制汉语的例子。

4. 将汉译本中的二字词改作更为通用的二字词（箭头前为汉译《万国公法》里的用词）

或人→他人　应允→承允　管辖→支配　禁物→禁制　君令→君命

坚守→堅固　公地→公領　国法→政法　国会→政府　国债→借財

互交→相互　逋逃→逃亡　户物→公業　迩来→近来　自治→国内

主权→国主　主脑→主意　償還→返弁　章程→法程　真主→本主

审断→審断　政收→收納　关涉→関係　世襲→世禄　前已→已前

全灭→銷減　俗称→世俗　直通→交通　土地→国土　民产→產業

内在→在内　何国→何方　二国→両国　賠償→返納　文面→具文

律法→法律　平行→同等・平等　原主→本主・旧主

盗贼→海陸・盗賊　邦国→国国・諸国・天下

　　二字汉语的改译是用旧汉语词来对译新汉语词，这是了解同时代汉语层次的绝好材料，这种做法早见于江户时代的唐话对译中。① 这里一方面我们可以看到这种改动后的用词更趋于通用，或更接近现代的意思；如"允许→免許"　"俸禄→扶持米"　"费用→用度"

---

① 陳力衛「近世漢語の重層性について―対訳資料『唐音和解』（1716）を中心に」（『国語語彙史の研究』24 集、2005）曾就唐话新词进入日语时的情况做过介绍，即也是拿旧词（右）来对译新词（左），如"皇帝 - 禁中""国王 - 大名""仕官 - 武士""農夫 - 百姓""平常 - 平生""主意 - 料簡""風説 - 沙汰""評論 - 評定""浮浪 - 放埒""温良 - 柔和""寛大 - 緩怠""仔細 - 叮嚀""未詳 - 不審""失敬 - 慮外""自失 - 不覚　怜悧 - 利発""性急 - 短気""傲慢 - 自慢""只管 - 折角""对话 - 挨拶""毒舌 - 讒言""感激 - 頂戴""容色 - 機嫌""究竟 - 兎角""許多 - 沢山"等。

"管辖→支配""关涉→关係""平行→同等·平等""史鉴→歷史""律法→法律"等；而另一方面，"国会→政府""主权→国主""自治→国内"等改动显然是在尚未厘清原文之义时的产物。①

（二）堤穀士志译本的特征

堤穀译本较重野译本早三年出版，凡例云："该译本以通世俗为要，往往夹杂间阎通用之语，颇欠雅驯。"即以俗语、日常语来翻译，从这一意义上讲，它并不拘泥于汉译词汇，常常拿独自的译词来对应。如"戰争""貨物""約定""属国""攻伐""帰服""同等""交親""条約""国事""征伐""国界""会約""評議"等。还有一个特征是为加深概念理解，采用注释的形式来加以解说。这不仅有利于新知识的普及，而且对概念内容的确定是必不可少的一步。以下我们抽出几条堤穀译加注的主要条目，看看当时日本人对哪些概念更为关注。比如，对"民主"的三处解释和对"国法""君"等的解释，以及对摩纳哥、埃及、苏格兰等国体的解释都很到位。

表5-1 堤穀士志《万国公法译义》译注举例

卷数·页码	用语	例句
一上·6	明許	オモテムキ許スヲイフ
一上·6	黙許	知ラヌフリニテ、サシヲクヲ云
一上·8	戰時局外	内国ニ非ザル事務官ナリ
一上·9	教中	教トハ耶蘇教ノ類ヲ云
一上·14	名分権利	一ツハ万国ト庶人トヲ指ス。一ツハ名分ト権利トヲ指ス

① 孙建军亦认为"国会"一词进入日本要晚于"议会""议院"五六年，最早出现在福泽谕吉《西洋事情初编》里，1868年5月的《中外新闻》上神田孝平的文章里也有出现，1873年创办的《明六杂志》中也仅出现4次。故这里还是拿"政府"来代译之。参见孙建军『近代日本語の起源—幕末明治期につくられた新漢語』早稻田大学出版部、2015；《近代日语对汉译西书新词的吸收和发展》，《中日文化交流史论集——户川芳郎先生古稀纪念》，中华书局，2002。

続表

卷数·页码	用语	例句
一上·15	内ノ公法	各国自治ノ内法
一下·13	君ハ国ナリ	若シ国ノ権、人民及ビ他国ノ手ニアラバ、是レ君ノ権ハ限リアリテ通用セズ、我国ニテ我物ナラズバ、同体トハ言ヒ難シ
一下·14	万国ノ認	認ムルトハ、他国ヨリ吾レヲ自立自主ノ国ト見トメテクルナリ。明許スルニ非ザレド、交親往来ハ互ヒニスルナリ。又吾法律モ兼テ認メオキテ犯サズ
一下·19	民主ノ国	人民法ヲ立テヽ相ヒ守護スルナリ（人民立法相互守护）
一下·32	摩納哥	帝国ニ非ズ。其国ノ位公候ニテ、大名ノ位也
一下·45	無上ノ法	無上トハ各国ノ法ナラデ各国ノ権ヲ一ツニヨセタル。上ヘ無キ法ナリ
一下·49	民主ノ法	民主トハ人君ナクテ、人民自ラ守護スルノ法也（民主即无人君，人民自守）
一下·52	民主ノ権	民主ノ権トハ、人民守護ノ権ナリ（民主之权即守护人民之权）
二上·8	欧羅巴州ノ法	是レ均勢ノ法ニテ、弱ヲ助ケ強ヲオサヘ。国勢ヲカタヅミナク。平均ニスルナリ
二上·16	国法	国法ハ国ノ律法ニ非ズ。君位ヲ定メ君権ヲ限ルナドノ規則ヲサス。前后ニ総テ国法トイフハ皆然リ。詳ニ初篇ニ出ヅ
二上·36	生レシ国ノ法律ニ服スルハ	若シ故障アリ、其一件吾本国ヲ立チ退クマデニカヽハルコトナレバ、当時他国ニ住居ストモ、ヤハリ本国ノ法ニテサバクナリ
二上·37	私條	各国ソレゾレ吾国ニ利益アルユエ私ニ立ツル个條ナリ
二上·43	事ヲ行ナヘバ	事トハ人民産業植物动物遺嘱契拠ナドヲ指ス
二下·3	印度商社	当時英国ヨリ商社ヲ立テ結ブ
二下·6	虧空	虧空ノ本人、其貨物ヲ分抄セラルヲ早クモ知リテ貨物ノ他国ニアル分ハ、他人ニ潜カニ付託シテ我貨物ニ非ザルヤウニコシラヘ置ナリ
二下·6	分抄	是ハ虧空者ヨリ論ヲ立ルナリ。タトヒ他国ノ貨物全ク本国ニ集マラズトモ、公ハ集マリシ分ニテサバキテ釈放スルナリ。サスレバ釈放ノ上ハヨシ他国ニ余物アリトモ、一旦事スレシコトユエ、債主ハ此物ヲ此人ノ物ト見テ、分抄スルコトナラヌ理ナリ

卷数·页码	用语	例句
二下·11	蘇格蘭	蘇格蘭ハ英領ナレドモ、国法ソレゾレ異ナリ
二下·37	奴僕販売	本文カクアレド、当時ハ奴僕販売ヲ諸国厳禁シ、公法ヲ犯ス犯サヌノ差別ナク、奴僕ヲ販売スル船トアレバ、盗賊ト見ナス

以上注释分为两种：词的注释和句子的注释，内容上关心"国权"及"民主"等建国形态。注释的语词亦采用日本的和制汉语"法度""故障"等。中文的"住居""均平"被改成"居住""平均"；"水师"改成"海軍"。用"帝国"一词来说明国家形态，可见其意义已经接近现代的概念。而且，译文中对"上房""下房"分别施以和训ウワヤクショ、シタヤクショ，或将"虧空"施以ブンサン①之义来解释。注释中虽也用"清国"二字，但后半部书中很明显地将"中国"均改译成"支那"。

四　《万国公法》在日语中的概念替换

汉译《万国公法》在受容过程中，除上述直接译自汉译本的 A 系统外，日本同时还有与之无关、直接译自其他文献的 C 系统。这里仅看译自荷兰语的西周译本和后来译自英语原著的箕作麟祥译本，在其各自的日译里反映出日语本身译词的哪些特征。另一 B 系统的大築拙藏译本出版时间既然晚于上述两种系统，那么也就当然不能忽视来自 A、C 两方面的影响了。所以，本节中先讨论西周译本和箕作译本的基本特征，然后根据其影响程度再看看 B 系统大築译的译词替换情况。

---

① 江户时代债务者申请的自我破产，汉字可写作"分散"。参见《大辞林》第 3 版。

（一）西周译本和箕作麟祥译本的特征

西周的译词基本沿袭汉译《万国公法》，其在《和兰毕洒林氏万国公法》凡例中将汉译《万国公法》称为"并非为初学者所纂，而是为学有所成者选编的"，将自己的译著定位于基础入门书。他说："初学之辈当先以此书为楷模、为阶梯，逐条牢记打下基础。"在比较两者后，他认为自己的书"更得先后顺序，易入门"。凡例中还说：

> 句中格栏所挟之语，或详释正文，或标记术语。所谓术语，在此指公法家言，或重要事项。欧罗巴一般用拉丁语或法语，通用于欧州，今填之以汉语，省去原语。

即注中所标注的术语相当于"公法家言"，欧洲多用拉丁语表示，而这里则用汉语词充之。如第一卷第一章第十三节"万国私權通法"的注中：

> 所謂万国公法ノ科外ニ又万国私権通法〔丁韙良氏ノ汉译万国公法ニ公法私條トイフ者是ナリ〕ト云フ学アリ、是ヲ講スルハ近時ニ創レリ。〔所谓万国公法之外，尚有万国私权通法（丁韙良的汉译《万国公法》中公法私条者是也）之学，近年才创建开讲的。〕

把自己创制的"万国私権通法"与丁韙良汉译《万国公法》的"公法私条"来对应，还有一些译词的对照如下：

> 假有ノ権（丁氏"偶有ノ持権"ト訳ス）（卷三第二章第一节）
> 報復ノ策（丁氏"報施ノ术"ト訳ス）（卷三第一章第九节）
> 身属地属（丁氏"動物植物"ト訳ス）（卷三第四章第一节）

　　息兵停兵ノ約（丁氏"全停兵特停兵"ト訳ス）（卷三第六章第四节）

　　中立又局外(惠頓氏"全局外"ト訳ス)（卷三第九章第一节）

　　我カ助ル国ノ敵国（惠頓氏"半局外"ト訳ス）（卷三第九章第二节）

也就是说，相对汉译《万国公法》而言，西周自己的改译虽然不少，但流传至今的并不多。上面的例子中，只有把"全局外"译成"中立"是一个成功的例子。

箕作麟祥译的另一译本《国际法》（一名《万国公法》，1873~1875）已经将"国际法"作为书名，其原因见于该书例言：

　　此学科之书，曩时米人丁韪良氏用汉文始译同国人惠顿氏之书，以《万国公法》命名之，其后我国西周氏将和兰人毕洒林氏口授成稿上梓时，亦题为《万国公法》。故其名广为流传于世，恰如此书一般称谓。然细考原名，觉"国际法"之字更近允当，故今改名为《国际法》。

通观全书，可见"国際法""国際上""国際ノ""国際私法""国際公法"比比皆是。紧接着该书出版的大音龙太郎校正的《坚土氏万国公法》（1876）在目录上已经一直在用"国际法"了。但如穗积陈重《法窗夜话》所指出的那样，在"国际法"尚未普及之前，一般是拿"万国公法"这一术语来表示其概念的。①

箕作麟祥译本的目录里已出现"権利義務""国際法例""平

---

① 参见孙建军「新漢語『国際』の成立について」『日本語教育学の視点：国際基督教大学大学院教授飛田良文博士退任記念』東京堂出版、2004。

和""中立国"等词：

> 上编　国ノ要権及ヒ平和ノ時ノ権利義務
> 下编　戦時ノ国際法例
> 交戦国ト局外中立国トノ交際

正文中还有"植民""中世ノ封建""帰化""民法""蒸気船""国憲""歴史""人権""物権""司法""特許""警察""後見人"等新词出现，其中有同一意思用"会社""社会"两种形态的例子：

> 国ハ各人及ヒ会社ト同シク己レニ属財産ヲ保有シ。(卷一)
> 畢竟是レ亦人間社中ノ一人タレハ互ニ其社会ヲ結合スル不朽一般ノ律法ハ之ヲ循守セサル可カラス。(卷四)

也有近代"革命"的登场：

> 革命ノ朝ヲ認メサル能ハス。(卷四)

这些都已接近现代概念，且很多新词还附有外文原词的读法以补充说明。如"路票（パスポート）""私産（プアザルイ）""政治上ノ犯人（ポリチカル・ヲッ・ヘンドル）""家資分散（パンクラプシー）"①等，现在的新词"政治犯"在此已具雏形，而过去西周等译本使用过的来自汉译本的"法院"在此则一律改换为"裁判所"。

　　综上所述，我们可以看出箕作译本要比西周译本更为接近"现代"。其原因当然包括箕作所用的英语原著 *Introduction to the Study of International Law*（1860）内容比较新颖，但最重要的是，翻译该书

---

① 江户以来一直用"分散"，"破产"一词尚未出现在箕作译本中。

的明治五年至明治 8 年之间，正是日本人文、社会及法学词汇逐步走
向完善的时期。

（二）B 系统大築拙藏译《惠顿氏万国公法》的特征

大築拙藏译本是根据惠顿原著的全译本，在明治 9 年就已经译
完，该稿本收藏在早稻田大学图书馆，一直到明治 15 年才由司法省
印刷出版。虽说该书是直接从英语原书译出，但正如松井利彦所指出
的那样，在语词上与汉译《万国公法》的类似程度很高。[①] 不过，明
治 9 年已经是《明六杂志》刊行之后，学术、人文用语在某种程度
上开始固定的时代，所以该译本独自以日语改译的成分相当多。至少
A 系统从未用过的"義務""共和政治""社会""帝国"在这里已
粉墨登场了。我们举几组例子：

权利·义务 很多人认为这组词是《万国公法》中首创并沿用
至今的。实际上《万国公法》里只出现了"权利"，并没有出现"义
务"，这二者的对立关系是在日语语境中成立的。"权利"一词的确
多见于《万国公法》，而在后来的大築拙藏译《惠顿氏万国公法》
中，出现了"权利""义务"并用以表示类义概念的用法，然后才呈
现出我们今天的二者对立的用法。这里的"义务"是日语独自产生
的新词，[②] 它逐步取代了汉译《万国公法》中的"责任"一词。松
井指出汉译《万国公法》中使用的"责任"本来是对应英语的两个
概念，[③] 例如：

　　盖依诸国之通例、契据、式样、解说、责任、变异等情，如

---

① 松井利彦「漢訳万国公法の熟字と近代日本漢語（近代語の研究）」『国語と国文
学』62 巻 5 号、1985。
② 孫建軍「『義務』の成立」『日本近代語研究 4』ひつじ書房、2005。該文对该词
的成立有详细的分析。
③ 松井利彦「漢訳語の日本語への受容—漢訳『万国公法』の"責任"の場合」
『文林』36 号、2002。

于他国并其人民之权利无所妨害。（卷二、27 页）

　　然若能真知灼见，实系默许之事，则其责任无或轻也。（卷
二、30 页）

这两例分别是对译英文 obligation 和 obligatory 的，但在大築拙藏译
《惠顿氏万国公法》里，将这里的"责任"全部改成了"義務"。罗
存德《英华字典》是将 obligation 译成"本分、职分"；尽管在 duty
的译词里举出了"责任"，但其意义的一部分明显被"义务"所顶替
了。只有下面这一例：

　　虽曾易君主、变国法，其责任理无旁贷也。（卷一、25 页）

这里对译的英语 responsible，即表示"责任"的新义"承担某事的结
果"而保留下来。罗存德《英华字典》里有"I am responsible 责任
在余"的对译，其后日本明治 6 年（1873）的《附音插图英和字汇》
也有"responsibility 责任"的对译，明治 8 年以降的法律书基本都采
用了这一对译。也就是说，"责任"在《万国公法》有两种意思：一
是中国传统的"本分""职分"之义，二是上述新义。而前者为日语
的"義務"所代替，后者则作为新汉语词带着新意在日语里保留下来。
当时在日留学生编的《新尔雅》（1903）将之作为日本由来的新名词向
国人介绍，是没有看到"责任"的新义是发生在近代中国这一事实。
　　民主·共和　　"民主"一词首先出现在汉译《万国公法》中，
它的概念演变必然要和另一个类义词"共和"相互磨合，才能逐步
演变为现在的意义。比如汉译本的"民主之国"对应的英文是 a
democratic republic，大築拙藏译《惠顿氏万国公法》则以"共和政
治"对译之：

　　一千七百九十七年皇朝寛政九年和蘭七州内変アリテ王家仏

軍ノ為メニ七州ヨリ駆逐セラレ和蘭ノ旧政一変シテ共和政治ト
ナル。

也就是说，对于同一英文概念，日本和中国分别采用不同语词来对
译。像这样的日中对译，即新词一旦进入对方的国家之后，便会与已
有的词形成一种类义概念，随后又逐渐出现了意义上的分化。除了这
种对应概念的成立之外，概念的再诠释也是一个主要的方向。我们在
本书第十四章专门讨论这两个词的演变过程。

　　社会　箕作麟祥译《国际法》中呈现出"会社·社会"两种并
用的形态，但到了大築拙藏译本中就只有"社会"这一种形态了。
本书第十六章将专设一节，来看该词的用法。

　　上房·下房　汉译《万国公法》用"上房""下房"来表示西
方议会，重野译本原封不动；堤殻译本仅在原汉字词上加了日语解
释；西周译本直接采用"上房"：

　　　　瑞士ニテ総会上房ノ官員（卷四第七章第十六節）

到了大築译本终于改用"上議院·下議院"并使用至今。但值得注
意的是在其之前出版的箕作译本里：

　　　　其人ハ唯枢密会議ノ員及ヒ上下両院ノ議員ニ選任セラルヽ
　　ノ権ヲ得ル能ハス。
　　　　国会ノ上下院
　　　　大統領ノ国会両院ニ致セシ報告

这里已经有"上下两院""上下院""国会两院"的表达，而这种表达
再追溯上去，实际上是出自《六合丛谈》。也就是说，《六合丛谈》的译
法没有被汉译《万国公法》所继承，最后反通过日本再传回中国。

大筑译本多用既成的译词，对新概念也会在汉字词上再标上片假名的外文读音来加深概念理解。当然这一手法也是从箕作译本中学来的。比如给"国民"标上"ネーシャン"、给"君主"标上"ソヘレーン"、给"主权"标上"ソヘレーンチ"等，将汉译《万国公法》中的汉语与外来概念相比照以加深理解，同时对自己创造的新词也同样如此："群会"（コルボレーシャン）、"約定権"（トリーチメーキングボーアエル）等，可见其创新的努力。

随着人们对惠顿《万国公法》的认识加深，知道其所框定的范围仅限于基督教国家，便有人将其译为《交道起源》（一名《万国公法全书》，瓜生三寅译，京都竹苞楼，1868），后来将国际法之类的书改译作《列国交际法》，明治 14 年（1881）东京大学在学科改定时正式使用了"国际法"一词。当然其用法最早见于箕作麟祥的译著《国际法》（一名《万国公法》，弘文堂，1873～1875）。日文本的《国际法》方面的著作，经过对汉译《万国公法》中的语词概念的吸收和改造，特别是其中双音节词的增多和用法的固定，是其显见特色之一。

五　现代汉语的概念回归

汉译《万国公法》在说明各国国内法之时，多有言及君主制、共和制等政治体制之处，故使得当时只知道君主制的中国和日本了解到世界上尚有各种不同的政治体制存在。而由于《万国公法》在教育领域被作为教科书采用，更使得其汉语词不仅为知识阶层接受，也加快了向一般民众普及的速度。其代表性的译词，比如"权利"（rights）、"主权"（sovereign rights）、"民主"（republic）等至今在中国和日本通用。但是，正如"万国公法"的说法本身已逐渐被日本制造的"国际法"所代替一般，经过日本的大幅度改译，在国际法方面，来自日语的"義務""国際公法""国際私法""自然法""治外法权""自衛权"等也开始进入到现代汉语里来。①

这些新造词并非马上就在中文里扎下根来，大多是在《万国公法》传入日本后先在日本使用，随着甲午战争后中国掀起的留学热潮，由留日学生首先接受了这些新概念。比如 1901 年的梦花卢氏本《和文汉读法》中对"国际法"等概念颇感生疏，其对译如下：

　　国際法＝交渉法　　　共和政體＝民主　　　立憲政體＝君民共議国政

左侧是在日本创制的译词。对此，1900 年以前的中国留学生先是尽量用右侧的本国语来对译，然后加以理解，并不是直接引进的。

20 世纪以后，当时的中国留学生多学习法政，日本出版的国际法书籍再经留日学生翻译成中文后，加上日本新译的概念，看上去已经与原来的《万国公法》的语词相去甚远了。但这一去粗取精的结果，是呈现出一种更为洗练的文本，它构成了近代东亚国际法基本概念的共识。其规模可以从以下清末翻译的日本译著中窥见一斑：②

　　　　冈本监辅：《万国通典辑要》，光绪二十八年（1902）四明玫愧轩

　　　　铁佳敦：《支那国际论》，光绪二十八年东京作新社

　　　　渡边千春：《现今中俄大势论》，梁武公译，光绪二十九年上海益新译社

　　　　高田早苗：《英国外交政略》，胡克猷译，光绪二十九年汉口文明编译局

　　　　蔡锷芋编译《国际公法志》，光绪二十九年上海广智书局

　　　　北条元笃、熊谷直太：《国际公法》，范迪吉译，光绪二十

---

① 鲁纳（Rune Svarverud）：《晚清国际法翻译的机构和语言》，复旦大学历史系、出版博物馆编《历史上的中国出版与东亚文化交流》，上海百家出版社，2009。
② 据丘宏达《中国国际法问题论集》（台北商务印书馆，1968）补充制成。

九年会文学舍

　　林榮编译《国际法精义》，光绪二十九年闽学会

　　吴振麟译《中立国法则》，光绪三十年东京并木活版所

　　织田一：《支那外交表》，蒋簋方译，光绪三十年广智书局

　　中村进午：《平时国际公法》，华开琼译，光绪三十一年湖北法政编集社

　　高桥作卫：《万国公法提要》（《平時国際公法》と《戦時国際公法》），光绪三十一年泰东同文局

　　沼崎甚三：《万国公法要略》，袁飞译，光绪三十二年译书汇编社

　　海开路：《欧洲各国比较财政》，光绪三十二年译书汇编社；《国际法上之蒙洛主义》，不著译者名，光绪三十二年译书汇编社

　　吴振麟译《局外中立国法则》，光绪三十二年战时公法调局

　　《十九世纪外交通观》，不著译者名，光绪三十二年译书汇编社

　　太阳报辑《最新万国政鉴》，光绪三十三年国民丛书社

　　杨廷栋编译《公法论纲》，光绪三十三年开明书局

　　中村进午：《新译国际公法》、《新译国际私法》，袁希濂译，光绪三十三年上海中国图书公司

　　文溥编译《平时国际公法》，光绪三十三年

　　有贺长雄：《战时国际公法》，严献章译，光绪三十四年

　　山国三良：《国际私法》，李倬译，宣统三年商务印书馆

　　中村进午：《战时国际公法》，陈时夏译，宣统三年商务印书馆

　　程树德编辑《平时国际公法》，光绪三十二年上海普及书局

以上举的是国人翻译的，当然还可能有日本人直接译成中文的，比如
《增版东西学书目》（1902）里列有《国际公法总论》（角谷大三郎
译，东亚社），王勇编《中国馆藏华刻本目录》（2004）里收有《国
际公法》（平岗定太郎撰）、《国际私法七章》（郭斌编辑，1905，系
山田博士"法政丛编"第 12 种），如果再加上后来改编的就更多了。
在这类翻译作品中，我们都可以看到新词的回归，甚至连原田潜译、
杨廷栋重译的《民约论》（1902）中新名词也增加得很多，如：

立法　国政　公益　权利　自由　义务　国家　自由权　契约　社会
自主　平等　政权　社会革命　议会　代议士　政党（具体有：保守党
民主党　社会党　反对党　革命党）　专制　革命　政界　宣战　公敌
世界　公理　民法　进步　人民　人权　物权

我们可以看到这种翻译所带来的新词回归，既有原先《万国公法》
中的译词，也包含了经日文改造后出现的新词（加下画线者）。结果
是更加扩大了国际法概念在近代东亚的传播。

第六章　传入日本的江南制造局西学新书

一　日本吸收和引进的近代西学新书

西学东渐与亚洲近代化的进程有着不可分割的关系，以汉语写成的西学新书作为新知识、新文化传播的一个渠道，流通于整个亚洲，是推动亚洲近代化的重要媒介之一。从日本这一角度来看，这类西学新书正是帮助其了解西方的一个窗口，并为其走向近代国家提供了丰富的知识。

以往的研究着重于19世纪以前的西学新书，本章研究的对象则是1862年以后由清朝设立的同文馆及江南制造局翻译馆等外文翻译机构出版的西学新书。因为这是在朝廷主导下的一项有计划、系统的翻译事业，所出版的书籍作为近代科学启蒙教科书，不仅对中国的近代化贡献巨大，而且也影响到日本。理工科方面的翻译书籍，如有关地学、数学、化学等近代科学的亟需书，多集中由江南制造局出版。所以，我们这里关心的便是明治初期的日本外交官购买这批书籍的意图和背景，以及日本人是如何吸收消化这批书籍的。当然，作为其结果，我们也想看看有哪些语词概念随之进入了日本。

有关日本外交官来上海江南制造局购书一事，首先出现在中国翻译家的传记里，但谁也不知道究竟是谁在何时从何处购买了哪些书籍，日方对此至今也没有言及。笔者首先调查了当时从事理工方面启蒙书翻译的徐寿的传记，其中有如下记述：

> 徐寿，无锡人，究心格致。既入沪上翻译馆，与金匮华衡芳译述多种。日本闻之，派柳原前光等来访，购取译本，归国仿行。①

在有关他的其他传记中又说：

> 在局翻译汽机化学等书，成数百卷。日本闻之，派柳原前光等赴局考访，购载寿译本以归。今日本所译化学名词大率仍袭寿本者为多，人以此服其精审。②

意指徐寿在翻译馆译出的"汽机""化学"等书被日本政府派来的柳原前光一并买走了。

笔者曾经指出过该事实的重要性。因为这里包含着几个重要问题，即被日本外交官买走的这些书籍之后是被怎样利用的，它们对近代日本以及日语产生了什么样的作用，其中有哪些具体词汇被吸收到日语中去了；等等。③ 意大利人马西尼（Federico Masini）的著书中特地为两个人物罗森和柳原前光设一节文字，介绍了1870年柳原作为特使初访中国与清朝打交道的情况。其中提到：在中国期间，柳原前光参观了上海制造局翻译馆，购买了一批该局翻译的早期西方科学著作。这对汉语科学术语在日本的传播起了很大的促进作

---

① 《上海县续志·徐寿传》
② 闵尔昌辑《碑传集补》卷43，《清代碑传全集》，上海古籍出版社1997年影印本。
③ 陈力卫：《初期的英华辞典与日本的洋学》，《原学》第1辑，中国广播电视出版社，1994；「日本近代語と漢訳洋書と英華字典」『女子教育』18号、1995。

用。不过，这只是在上文引用的传记内容基础上做了些补充而已。①

问题是，当时购买的这一批书共有多少册，日本人买去之后又如何加以利用，这些情况都不甚清楚。而且中方文献所说的"今日本所译化学名词，大率仍袭寿本者为多"也有可疑之处。那么这里就有必要论证一下，日本使用的化学名词来自徐寿译本的究竟有多少？②

首先要从事实调查入手，弄清日本购入书籍的内容，然后详细调查其用状况，以探明其被利用的真实情况。这一批被日本人买走的书籍，不仅可看作明治初期中日交流史的重要一环，而且借助它们还能让我们弄清楚中日近代语言交流的具体个案。也就是说，如果这种交流是事实，那么到目前为止，认为明治以后日本不再吸收和利用汉籍的观点就必须加以订正，更何况日本政府官员购入的图书与通过商人进口的不同，它们通常会被充分而直接地利用起来。

二　柳原前光与中国

日本《国史大辞典》记载说：

柳原前光（1850～1894）为幕府末期的公卿，明治前期的外交官、宫内官。其父为柳原光爱，妹妹柳原爱子是大正天皇的生母。他庆应三年（1867）十二月开始参与国事，明治二年十月，入外务省，三年七月，作为外务权大丞派往清国，为缔结两

---

① Federico Masini, "The Formation of Modern Chinese Lexicon and its Evolution toward a National Language: The Period from 1840 to 1898," *Journal of Chinese Linguistics*, Monograph Series 1, 1993. 中译本见《现代汉语词汇的形成——十九世纪汉语外来词研究》（汉语大词典出版社，1997）。该书提到柳原前光"在华期间"购书一事，但没有具体指出究竟是哪次访华期间，且没有弄清其购书过程。

② 沈国威也在《译语"化学"的诞生》（『関西大学中国文学会紀要』20 号、2000年 3 月）一文里对此说持疑问态度。

国条约，说服清国重臣，取得一定成果回国。翌年七月，作为外务大丞，随全权大臣大藏卿伊达宗城再次渡清，同年七月，成功缔结《日清修好条规》。之后，明治五年二月，又为交涉修改同条规渡清，但这次遭到清国全权李鸿章的反对，未果。明治6年二月，随全权大使外务卿副岛种臣赴清，参加该条规的批准及台湾蕃地主权问题的交涉，7年二月，被任命为驻清国特命全权公使，协助全权大臣大久保利通从事台湾出兵问题的平和交涉。明治8年七月任元老院议官，尔后，历任要职，明治27年九月二日死去时年仅四十五岁。葬在东京都目黑区中目黑五丁目的祐天寺内。

由此可知，柳原前光在明治三年到明治7年之间，几乎每年都去一次中国。他可称得上是明治政府成立初期为《日清修好条规》签订尽心尽力的功劳人物。他五次访华的日程如下：[1]

第一次：1870年（明治三年）8月9日~10月25日；

第二次：1871年（明治四年）5月17日~9月19日；

第三次：1872年（明治五年）3月16日~6月16日；

第四次：1873年（明治6年）2月27日~7月25日；

第五次：1874年（明治7年）5月28日~12月19日。

通过调查柳原前光访华的相关资料，可以得知他的购书经过以及所购图书的详情。《大日本外交文书》卷5的事项4提到"清國卜ノ修好条规通商章程締結ニ關スル件"，原文如下：

一月二十四日（1872年3月3日）任命柳原外务大丞兼任少办务使。

二月十日　　　给柳原少办务使、郑外务少记、颖川外务大录

---

[1]　根据柳原前光日记《辄志》及《使清日记》，确定其抵达中国和回到日本的日期。

下达命令状。

通报：派遣柳原少办务使及驻上海品川代领事

三月十八日　出差清国柳原少办务使等自上海致外务大丞函报告到达上海等事。

由此可知他"在当地时间十六日平安抵达上海"，"并准备在当地滞留六七天"。后面的事项 117 记录了他所购书籍的大致情况：

三月二十二日（4 月 29 日）出差清国柳原少办务使等自上海致外务大丞函。

已将副岛外务卿等致南洋通商大臣之照会拜托上海道台转交。……当地制造局设广方言馆，雇西人五名，专门翻译格致之学，其译书现今新刻出版，书名如下：

运规约指	制火药法	汽机发轫
开煤要法	化学分原	航海简法
地学浅说	化学鉴原	算学启蒙
御风要术	金石识别	勾股六术

这些多为轮船制造所需而译，似为有用之书，前光已购阅之。其文字颇艰涩，但有益于自然开化之一端，于本外务省内或不为要用，但诸君中或许有欲读者，如有所需，请告品川神代。顺告今后由当地发船日程。谨报。

壬申三月廿二日

外务少记　郑　永宁

外务大丞兼少办务使　柳原前光

壬申年即同治十一年（1872），也即日本的明治五年，当时为柳原前光的第三次访华。文献中的日期使用的是阴历，若改成阳历则为 4 月 29 日。有关其后的活动情况，从《大日本外交文书》卷 5 中也能了解大略。

根据上文的报告，可知这批书被购入后存放在上海，然后"已定于明廿三日登邮轮，廿四日晓启航开往天津"。在天津柳原前光与李鸿章就修改条约进行谈判，谈判无果后回到日本。又有：

> 六月十六日（7月21日） 出差清国柳原少办务使等由长崎致副岛外务卿函，已抵长崎，以及天津谈判成否的简报。

根据这条记载，柳原于六月四日离开天津，"九日抵上海办理公务，十四日将郑氏留在上海，前光、颖川大录、品川代领事等乘船，今十六日安抵长崎"。后又在答复报告中写到："七月三日发长崎，八日抵横滨。"[1]

通过上述对日本外交官柳原前光的访华行程的记载，我们发现了他当时购书的经过和所购书目，即数学、化学、地学、矿学、机械和航海方面的12种书。

三 所购书籍的细目和内容

那么柳原前光为何要购买这批图书，而且是按照什么标准来选书的？我们先来看一看中方有关资料的介绍。

由清廷主持的西书翻译，最早始自1862年创立的京师同文馆，后来在上海也设立了翻译馆，并从1867年冬开始翻译西书。起初的翻译只在上海租界内进行，次年夏移至江南制造局内。1871年有《运规指约》《开煤要法》两书刊行。有关当时的准备过程以及最初一册图书的发行过程，可参见傅兰雅的回忆，他是直接参与了该翻译工作的外国人。[2]

---

[1] 外務省調查部編纂《大日本外交文書》卷5、日本國際協會發行、1939、280頁。

[2] 傅兰雅：《江南制造总局翻译西书事略》，张静庐辑注《中国近代出版史料初编》，上杂出版社，1953。

1872 年柳原前光购入的书籍基本上都是由江南制造局出版的。类别有数学、化学、地质、地学、航海和机械等，都是近代化所不可缺少的知识内容。其 12 种书籍，总共 31 册、102 卷。有关这些书籍的刊行年份、译者、发行者、册数、价格以及重要程度，梁启超的《西学书目表》中有详细说明：

表 6 - 1　梁启超《西学书目表》载柳原前光所购之书的具体信息

书名	著译时间	圈识	著译人	出版者	册数	价格	识语
运规约指	同治十年	○○	傅兰雅、徐建寅	江南制造局	1	一百二十	
制火药法	同治十年	○	傅兰雅、丁树棠	江南制造局	1	一百五十	
汽机发轫	同治十年	○○	伟烈亚力、徐寿	江南制造局	4	六百四十	言汽之理颇详
开煤要法	同治十年	○	傅兰雅、王德均	江南制造局	2	二百四十	
化学分原	同治十年	○○	傅兰雅、徐建寅	江南制造局	1	三百	
航海简法	同治十年	○	金楷理、王德均	江南制造局	1	三百	
地学浅释	同治十年	○○○	玛高温、华衡芳	江南制造局	8	一千二百	精善完备
化学鉴原	同治十年	○○○	傅兰雅、徐寿	江南制造局	4	五百六十	
御风要术	同治十年	○○	金楷理、华衡芳	江南制造局	2	二百四十	
金石识别	同治十年	○○○	玛高温、华衡芳	江南制造局	6	九百	

注："○"的个数表示梁启超评价的重要程度。

同治十年（1871）即日本的明治四年，也就是说，柳原前光一举购买了当时已经翻译出来的几乎所有译书。其中没有列举《算学启蒙》和《勾股六术》，恐怕是因为该两书均出自中国人之手，而且前者是元版的再版，后者讲的也无非是中国的传统算学而已。由表 6 - 1 可见，标有三重圈的有三本，被评为"精善完备"的只有一本（另，柳原前光的购书单上有《地学浅说》一书，恐是错记）。

梁氏《西学书目表》的后半部分还有《读西学书法》一文，文中对上述书籍做了高度评价。比如说：

　　《金石识别》为化分极有用之书。

　　《化学鉴原》与续编、补编合为一书，《化学考质》《化学求
数》合为一书，译出之化学书最有条理也。《谈天》《地学浅释》
二书，不可不急读。二书原本固为博大精深之作，即译笔之雅
洁，亦群书中所罕见也。

　　《汽机发轫》《汽机必以》《汽机新制》诸书，译本皆甚善。
《发轫》详于理，下二书详于法。

　　上述翻译书给当时的中国知识分子很大刺激，在他们当中掀起了
"读西学书"的高潮。其原因之一是这些书在当时的欧美也属新书，
成为推动近代化发展的重要力量。而在中国，它们后来还以丛书的形
式再版，比如《西学大成》［12 册，卢云鹏、王凤棋编，光绪十四年
（1888）出版，本书参考的是光绪二十一年上海醉元堂书房石印本］
和《西学富强丛书》［40 册，张荫桓编，光绪二十七年（1901）鸿
文书局石印］。

　　柳原前光的书信中说买到了"其译书现今新刻出版之数"，由此
可知他造访江南制造局时已经购买了全部已出版的西学新书。而从他
给上司的报告中一一记入书名来看，这批书当属于公款购入。不过，
像《器象显真》（1871）、《行军测绘》（1871）等未见于其购书单
上。是因为脱销，还是他当时认为不需要而未购买呢？这一点我们无
从得知。不过后来有人将它们买到日本则是事实。

四　日本的收藏情况

　　柳原作为外务省官员访华时购回的这批书籍去向如何，有必要查
清。调查结果发现，内阁文库、东京大学图书馆、国会图书馆内分别
有比较完整的保存，但尚不能断定哪些是柳原买回的书籍。

　　上述 12 种书在日本内阁文库内都能见到。尤其令人惊异的是其

中还有编号如下的藏书群：

御風要術 312/53   金石識別 312/54   制火藥法 312/43
運規約指 312/13   開煤要法 312/86   汽機发軔 312/55
汽機必以 312/59   化学分原 312/42   航海簡報 312/43
勾股六術 305/232   化学鑑原 312/44

从这些书名来看，它们应该全部是江南制造局出版的，而且每一册封面上都印有"献纳本"字样，扉页上用毛笔写有"壬申七月纳书籍馆十一种之一～十一　兵库县令神田孝平"。[①]　由此可知，"壬申七月"（明治五年七月）这一批书已经被送到"书籍馆"了。并且这些书无一遗漏地盖有"书籍馆印""浅草文库""日本政府图书""文部省印"四种朱印。日本政府于明治五年在东京汤岛设立了"书籍馆"，其中大部分书籍是昌平坂学问所以及和学讲谈所的旧藏书。同年七月，这批藏书被转移到浅草的旧米仓，次年十一月开设了官立公共图书馆"博物馆所属浅草文库"。小野则秋的《日本文库史研究》中对此有详述。该文库于明治五年六月作为文部省的外围机构，公示了书籍馆设立主旨，向社会广招各类书籍：

> 天下之大也，著书亦渐多，今此馆所备固不免有所遗漏。有志之辈，无论何书，若愿献纳补其缺、并希永世不朽者，东京居住者直接向当局申报，其他各地则向各管辖的地方官厅申报。

---

① 神田孝平，幕末、明治前期的洋学者，启蒙思想家。文久二年（1862）任蕃书调所教授出役，历任开成所宿头取、同教授并。主要教授算术、代数等初等数学。其内容反映在明治初年刊行的《数学教授本》中。译有《经济小学》，介绍西洋经济学。维新后出任新政府官职，任集议院判官、外务省出仕、权大内史等，明治四年十一月任兵库县令。

估计是兵库县令神田孝平响应号召捐献了上面这些书。

但是，这批书到底是不是柳原购回的？这一点还不甚明了。从时间上看，柳原于六月十六日抵达长崎，然后从海路回京，半途中绕道兵库访问县令，并把那些书托付给西洋学者神田孝平，这种可能性并非没有。更何况神田孝平在就任县令之前在外务省与柳原前光是有过接触的。事实上，有记录表明明治 7 年柳原自中国回来途经神户时，也见了神田。①

但问题是这些书与柳原前光购入的 12 种稍有差别，首先其献纳单上没有《算学启蒙》和《地学浅释》，而多出的是《汽机必以》。前面已经讲到，《算学启蒙》是中国人著述的，并非翻译书。估计当时被认为参考价值不高而被归入他类去了。而《汽机必以》与《汽机发轫》同属机械方面的书籍，或者在购买时柳原把两者看成是同书的异本，于是没有特地记下书名也未可知。不过还有一个尚未弄清的问题是，《地学浅释》在内阁文库的藏书中被标记为 293/25・26・27・33 四个版本，在神田孝平的献纳书目中却不见踪迹。

综合考虑外交文书中关于柳原前光于明治五年三月购回 12 种书籍的记录和同年七月神田孝平捐赠上述 11 种图书的事实，至少可以肯定这些书当时已在日本了。两批书如果是同一码事，那么问题就简单了。但正如前文所述，两者之间其实存在着不同。所以这里还必须考察一下神田孝平所捐图书的来路。

从现阶段的调查结果来看，根据书籍到达日本的时间，至少可以对它们在中国的发行年月做若干订正。比如若以明治五年（同治十一年）三月二十二日为下限（以柳原前光归国前夕的六月十四日，或者以神田孝平记入的七月也可），那么至少在此之前上述书籍都已经在中国刊行了。梁启超的《西学书目表》对上述书籍的出版年月

---

① 据柳原前光日记《轺志》，有"明治七年十二月十九日抵长崎"，"廿二日晴，兵库县令神田考平来贺"等记录。

均记为同治十年（1871），这与傅兰雅的回忆一致。然而魏允恭编的《江南制造局记》（1905）则把 11 种书中的《御风要术》《地学浅释》看成同治十二年（1873）的出版物，而后来不少研究者都遵循此说。[①] 这显然与上述事实不合，应当加以订正。

其次，在日本国会图书馆通过检索书名全称，也可以查到神田孝平所献的 11 种书目，但问题的关键是《地学浅释》不在其中。查看其中所收的《制火药法》和《运规约指》，发现上面都盖有"东京书籍馆明治五年文部省创立""文部省图书印""东京府书籍馆藏书印""明治八年文部省交付"的图章。此处的东京书籍馆与前面提到的书籍馆不是同一组织，它是明治 8 年由东京府书籍馆改称而来的。藏书印中标明"文部省创立"，也是为了区别于内务省管辖的浅草文库。收藏机构的变迁过程也不同于"书籍馆→浅草文库→太政官文库→内阁文库"，而是"东京书籍馆→东京府书籍馆→东京图书馆→帝国图书馆→国会图书馆支部上野图书馆"。

此外，最显著的不同是书刊的大小尺寸。内阁文库藏的神田孝平献本 11 种，大小均一，都为 15.7cm×29.4cm，而国会图书馆藏本则大小不尽相同。上述二本的尺寸为 17.2cm×24.8cm，但有的书的纵长不同，有 26cm、28cm 和 30cm 三种。如果明治五年神田孝平捐赠的图书属于统一购买的话，那么这些大小不同的藏本只能被认为是不同时期收集起来的。

最后，在东京大学综合图书馆的馆藏目录上也可见到上述图书。它们被一册不漏地收录在最早的和汉书籍目录《东京大学法学部理学部文学部图书馆和汉书目录》（明治 11 年，1878）中，其后再收录于明治 24 年的《帝国大学图书馆和汉书籍目录》中，这一收录的意义尤为重大。其内容如下：

---

① 例如，熊月之《西学东渐与晚清社会》（第 510 页）及八耳俊文的文献调查都将《地学浅释》视为 1873 年出版。

　　《运规约指》　英国白起德撰　英国傅兰雅口译　清徐建寅笔述　3卷　1本　唐本

　　《制火药法》　英国利稼孙等撰　英国傅兰雅口译　清丁树棠笔述　3卷　1本　唐本

　　《汽机发轫》英国美以纳等撰　英国伟烈口译　清徐寿笔述　9卷　4本　唐本

　　《汽机必以》英国蒲而捺撰　英国傅兰雅口译　清徐建寅笔述　13卷　2本　唐本

　　《开煤要法》英国士密德撰　英国傅兰雅口译　清王德均笔述　12卷　1本　唐本

　　《化学分原》英国蒲陆山撰　英国傅兰雅口译　清徐建寅笔述　8卷　1本　唐本

　　《航海简法》英国那丽撰　美国金楷理口译　清王德均笔述　4卷　2本　唐本

　　《地学浅释》英国雷侠儿撰　美国玛高温口译　清华衡芳笔述　38卷　8本　唐本

　　《化学鉴原》英国韦而司撰　英国傅兰雅口译　清徐寿笔述　6卷　2本　唐本

　　《御风要术》英国白尔特撰　日耳曼金楷理口译　清华衡芳笔述　3卷　2本　唐本

　　《金石识别》美国代那撰　美国玛高温口译　清华衡芳笔述　12卷　6本　唐本

　　《勾股六术》清项名达撰　1卷　1本　唐本

　　《算学启蒙》元朱世杰撰　3卷　2本　唐本

　　引人注目的是，柳原前光购回的书籍（外加神田孝平捐赠本《汽机必以》）都在其中。

　　我们在确认馆藏的实物后发现，《化学鉴原》《金石识别》等书上盖有"第一大学区开成学校图书"章，根据《学制百年史》，明治五年的学制发布之后，南校成为第一大学区的第一中学，明治 6 年 4 月改制为专门学校"开成学校"。由此看来，这些书当是明治 6 年以后才有的。

不过，现藏书籍中，只有被称作"烧残本"的书籍上盖有"第一大学区开成学校图书"章，尺寸与内阁文库本相同。其余书本上都只有"南葵文库"的印章，这是在关东大地震之后被捐赠到东京大学的，和前述诸书来源显然不是一个系统。只能说"南葵文库"中也藏有相同的书籍。

这样，把考察范围集中到内阁文库与东京大学两处便可了解到，从时间上看，内阁文库本最确实可靠，是 11 种书统一进入收藏的。但要解释它与柳原前光所购书目之间的出入则是难点。与此相对的是，东大本的目录齐全，但是各种本子的来历不甚清楚。如果内阁文库本的来历可做其他考虑的话，那么柳原前光的购书进入东京大学的可能性便很大了。这当然还跟东京大学的校史有关。幕府末期的洋学机构"蕃书调所"（1856）后改称为"洋书调所"（1862），次年又改为"开成所"。明治维新以后，新政府对此进行改革，开成所经历了开成学校·大学南校的时期后，成为东京大学。

五　在日本的利用状况

明治初期的汉译西学新书当然不仅止于上面提到的十几种。在上述书籍购入的次年（1873）三月，柳原前光作为副岛的副使第四次访华。他的日记《轺志》上记载说：

> 三月十七日　月霁。午后一字与井田让、林有造、神代延长、田中好彝乘舟，陈福勋诱引到制造器械总局，见局长冯浚

光。浚光饷酒馔，诱见各局。

这里特地提到了造访江南制造局总办冯浚光一事。此后他们又相互招待应酬，柳原三月二十三日的日记中有"冯浚光赠书如左"内容，并原样抄录了冯氏的来信。其中有言："谊重先施，愧无以起。谨将本局译出西书廿二种敬陈"，提到制造局新馈赠翻译书刊 22 种。遗憾的是此信没有记录具体书名，不过这 22 种西书恐怕与前一年的购买书目有较多重复。简单比较一下制造局的出版目录与日本的收藏情况便可知，一年间出版 22 种新译书是不可能的。

江南制造局出版的书籍后来被不断地购回日本。在内阁文库中，像《金石识别》《运规约指》《地学浅释》《代数术》《行军测绘》《绘地法原》等上面均盖有"明治九年购求""日本政府图书""内务省图书记"三种朱印。再有，从《测地绘图》上盖有"明治十年购求""日本政府图书""大日本图书印"印章来看，至少明治 10 年之前日本政府以官方身份购买了这些书籍。

柳原购回的书籍，不论是藏于内阁文库还是东京大学，可以肯定的是当时是被收藏在便于人们利用的机构中了。这批书籍在日本是如何被利用的呢？从形式上来看，可以分为写本、训点本、翻译·抄译本以及参照本等不同类别，如：

『運規約指』狩野文庫七·31552 – 1、寫本、明治 17 年（1884）大山重华寫

『化学鑑原』8 册、宮崎柳条纂訳『百工制作新書』初篇三卷首一卷、清風閣藏板、二書房、明治 10 年（1878）

『地学浅釈』乙骨太郎乙·保田久成訓點、明治 12 年（1879）版権免许、十四年印、洋装本

以上三种便是被改成写本、抄译本、训点本的具体例子，而《化学

鉴原》的抄译实际上是被日本吸收的具体例子，其他大量参照利用的情况更为普遍。比如，明治 15 年 1 月田中矢德《代数教科书》的序言里就写道：

> 訳語ハ、宋楊輝算法、算學啓蒙、数學啓蒙、代数術、数學會社雑誌、及ビ皇朝算學諸書ヲ参考シテ之ヲ定ムト雖モ、訳例ナキ者ハ私意ヲ以テ之ヲ命ズ。（译语是参考了宋杨辉《算法》《算学启蒙》《数学启蒙》《代数术》数学会社杂志及皇朝算学诸书而定的，但若无译例者则自己命名之。）

除《算学启蒙》外，这批书中的《运规约指》里尚有下面这类词为日语所吸收：

垂线	半圆	斜线	平行线	直线	比例	三边形	底线
三等边形		二等边三边形	正方形	对角线	长方形	椭圆形	
曲线	铅笔	直角	切线	锐角	钝角	面积	分母
圆周	内容						

由于当时的物理、医学、性理、经济等领域多有书译出，而"金石学"是一块未开垦的处女地，所以这批书中最受重视的当是地质矿物学方面的两本书《地学浅释》和《金石识别》。日本明治 11 年出版的《金石学》（和田维四郎译，田中芳男阅校，农商务省博物局藏板，有隣堂发兑，明治 15 年 12 月重印）中有博物局长町田久成所作的序，上面说：

> 邦人译西籍者，不外物理、医术、性理、经济等书，而未有讲金石学者。化学一科，虽说金石之事，亦以说明化学的理耳，未道及金石要领，岂不一大缺点哉。和田维四郎年才二十余岁，

深有慨于此，就德国博士某讲金石学数年，寻思推求，遂能译述
此书。

意思是说，当时有关物理、医学、性理、经济的很多书都被译介过
来，但遗憾的是有关"金石学"的书却未被翻译。在化学书籍中虽
有提及，但不得要领，未免不足。只是看其凡例上说：

此书虽然依据德国博物博士ヨハンネース、ロイニース氏所
著1870年出版的博物书，但也参考ナウマン氏所著之金石学、
シルリング氏所著之博物学以及其他金石博物等书。又依据旧开
成校矿山教师カール・シェンク氏之口授等对原书进行了大幅度
增减，仅为简要叙述事实而已。

原书是德国1870年版，与上述底本相异。不过，其整体结构与《金
石识别》相同。并且凡例对译名部分做有如下说明：

金石中本邦不产者为数不少，且其名称并不一定，故或用汉
名，或用和名。又依据近来汉译之书定下新名，或意译洋名，或
音译洋名。

声明翻译过程中不免"依汉译之书定下新名"。结合和田维四郎
曾在开成学校教过金石学课程和《金石识别》于明治6年藏于该
校的事实考虑，当时他们的确是接触到"汉译之书"的。在同书
的附录《金石对名表》（明治12年2月）中就列举有32个"汉
译名"。

此外，明治11年3月出版的《金石学必携》（何礼之阅，杉邨
次郎抄译）的例言中也说：

　　此书为美国耶鲁大学地质兼矿山大博士ジエームス、ダナ氏所著之《マニエル，ヲフ，ミネラスジー》，即译作《金石学必携》，今以此书为基础译出，又从同氏著《金石全论》、ブラッシュ氏之《金石识别》等其他诸书摘要撮粹以作增补。在论及结晶及理化学性等时，依据汉译《金石识别》斟酌补译者甚多。

同样提到了参照《金石识别》译名而斟酌补译译名。

　　实际上比较《金石学必携》与《金石识别》可知，两者的关系不仅仅只是参照，将近九成的内容可称翻译。如下文所示：

　　或问何物为金类，曰："难言也。除生物以外，皆可归金类。"曰："土石非生物，可谓之金类乎？"曰："土石中每有金，则金与土石恒相丽也。如任取一块土，以化学之法分之，其内皆有金，或一种，或数种相连，石亦如之。故金石家之专门，能识别土石之种类。"

　　或問ニ何物ヲ鉱物トナス、曰ク生物ヲ除クノ外ヲ以テ皆鉱物ニ歸スヘシ、曰ク土石ハ非生物ナリ之ヲ鉱物ト謂フヘキカ、曰ク土石ヲ結合スル細粒ハ皆鉱物ニアラサルナシ、一塊ノ土ヲ取リ化學ノ法ヲ以テ之ヲ分ルカ如キハ皆其鉱質ヲ知ルヘシ、或ハ少種或ハ多種相連ル、石モ亦此ノ如シ、故ニ金石家ノ専門ハ能ク土石ノ種類ヲ識別シテ。

除了原文中的"金类"被改成"矿物"之外，其余基本上是照搬了汉字译文。

　　如此，仅调查两书卷一的语汇，除去类似"或问二何物"的日语形式用语，即能从日语翻译文章中抽出不少搬用汉译原文的例子。列举部分如下：

流质	冷度	压力	位置	外面	化学	学者	火山石
火山灰	気候	気味	行列	曲折	极细	形质	洪水
时代	砂石	斜度	重力	种类	硝酸	所在	深海
推移	推测	水底	水流	成长	生物	石膏	相反
炭酸	淡水	地学	地球	地质	潮流	直角	地理
天空气	天文家	热气	半径	必须	物质	平行	平地
平面	变迁	包括	方向	养気	陆地	硫酸	流质
流动	界限						

当然也有几处被试着进行了改译。如下例（→前为汉译，→后为日译）：

颜色→顔料　器用→器具　　药饵→藥材　　金类→鑛物
结成→結晶　火轮船→汽船　火轮车→汽車　科子→石英
白铅→亜铅　花旗→米国

其他像汉语中只做了音译处理的外来语，日语中则意译之。如：

别斯末斯→蒼铅（ピスミユス）　贝而以每→重土（バレータ）
斯底哀得爱脱→凍石（スチータイト）·萤石（フリュールス
パール）·滑石（タルク）·石墨（グラフイト）

此外，只见于日语记述的词汇还有"性质""区分""零下"
"分界""餘地""记臆"；等等。

通过这样的对比，我们可以看到日本独自的译词既已出现，
因此就有必要将词汇的借用关系分层考察。而在探求近代科学用
语定型的过程中，各个领域译词间的影响关系便会凸现在我们眼
前了。

由此可见，这类书籍的传入，成为支撑日本近代化事业的重要支柱，日本将之翻译为教科书加以利用，并据此改编为层次不等的课本。而中国的留日学生在 20 世纪初竟然又将其课本冠以《地质学概论》的名称重新译回中文，着实上演了一场中日语词往返的好戏。当然，这是后话了。

第二编
东学激起千层浪

第七章 "同文同种"的幻影：梁启超《和文汉读法》与日本辞书《言海》

一 《和文汉读法》的意义何在

我们时常自叹弗如，作为 20 世纪 80 年代来日留学的一代，不管在翻译介绍日本的学术著作上，还是推动两国文化交流上，较之 20 世纪初期的那一辈留学生，都相差甚远。更让人汗颜的是，站在图书馆里的书架前，我们这一辈的局限性和专业的偏颇性暴露无遗。我们知道 20 世纪初期有一个翻译出版日文书籍的高潮，谭汝谦先生有文为证：在中日翻译史上，甲午以前二百余年的萌芽期中（1660~1895），仅有 12 种译自日文的书，且 9 种为日人所译。而在甲午战后第一过渡期（1896~1911）的 15 年间，中译日书便骤增至 958 种。① 这一剧变当然是以甲午战争为转折点的时代所需，而在行之有效的翻译方法上，梁启超的《和文汉读法》不能不说起到了重要作用。其中提到的"实字必在上，虚字必在下，颠倒读之"，则"数日小成，数月大成"之说，对急欲阅读或翻译日文的留学生而言，正是一服

---

① 参见实藤惠秀《中日之间译书事业的过去、现在与未来》，实藤惠秀监修，谭汝谦主编，小川博编辑《中国译日本书综合目录》，香港中文大学出版社，1980。

兴奋剂，吸引着人们纷纷解囊购买，以至该书几度再版，成了 20 世纪初中国人最熟悉的日语速成入门书。实藤惠秀在《中国人日本留学史》中也说："中国人明治时代翻译日文时多利用《和文汉读法》一书。"① 在此引导下，有人可以拿支红笔勾勾画画将词序颠倒一下，就完成了翻译工作，以至于年译百本竟成可能。"直到 1934 年周作人写作以此书名为题的随笔时，还对这本出版于三十多年前的语言读物念念不忘，称'其影响极大，一方面鼓励人学日文，一方面也要使人误会，把日本语看得太容易'。"② 从这一描述亦可窥见该书在当时的盛行之象，事实上周作人自己赴日留学时也携有此书。③

作为梁启超研究的一环，夏晓虹早就关注此书的意义，她发表的《和文汉读法》一文为研究该书提供了种种思路。在其引导下，近年来关于《和文汉读法》的研究急速增多。尤其是在日本，自京都大学文学研究科图书馆的藏本得到确认后，不少研究者从东洋史、中国思想史以及日语教育史等各方面展开了对该书的研究，主要方向可归纳为以下三种。

第一是从文化史角度的研究。在中日文化"同文同种"的幻想下，该书似乎被当作印证这一话语的重要材料。其初版的跋文就说"深感东西同文之谊"。因为自奈良时代以来日本一直是用汉文训读法（颠倒动词与宾语的位置等）来解读汉文的，而该书采取的正好是与之相反的解读方法，即将日语动词与宾语的位置再颠倒回来，便可反转为中文。这一做法之所以行得通，正是得益于中日两国文化的密切关联和文体上的贯通性。当然客观条件之一便是明治时代的日语文体，特别是政论学术文章多偏于汉文训读式的翻译体。④ 最近就有

---

① 实藤惠秀『中国人日本留学史 増補版』くろしお出版社、1970、338 頁。

② 夏晓虹：《和文汉读法》，『清末小説から』53 号、1999。收入夏晓虹《阅读梁启超》，三联书店，2006。

③ 据周作人 1902 年 3 月 17 日日记云：大哥自浙江来，喜极。带来书甚多，目列予第左。……《日本新政考》二本带去。《和文汉读法》一本预自带去。

④ 吉沢誠一郎「漢文訓読と和文漢読」『日本語学』23 巻 5 号、2004。

学者认为："该书是反映汉文训读特征的绝好素材，分析之自然可以勾画出汉文训读的基本特征。"[①] 也就是说利用这种文体反转的可能性必然可以导致翻译上的速成，所以《和文汉读法》可以拿来证明中日两国文化上的相似相通。

第二，在思想史方面，将日本作为梁启超思想形成乃至中国近代的"思想资源"，来重新研究的动向愈加显著。自从京都大学的共同研究论文集《梁启超：西洋近代思想的吸收和明治日本》（みすず書房，1999；中译本《梁启超·明治日本·西方》，社会科学文献出版社，2001）刊行以来，梁启超研究中的这一趋向似成定式，不少学者在论及梁启超和明治时期日本的关系时都屡屡提到《和文汉读法》。比如，上述论文集中，村尾进指出：梁启超亡命日本后，凭借《和文汉读法》阅读大量日本书籍，接受欧洲式的"学理"（《万木森森——〈时务报〉时期的梁启超及其周围的情况》）；黄克武在研究梁启超移入新概念和翻译时也持有这种问题意识；[②] 而潘光哲提出的近代知识仓库中的日本资源等问题，[③] 都是这一思路下的尝试和验证。换言之，在梁启超的思想形成上，日本究竟发挥了什么样的作用，这一点有必要厘清。正如关诗佩所指出的："梁氏是纯'吸收'还是'转化'，还得有待更深入的研究。譬如当时的'欧文の直訳語脈（欧文直译语法）'与他的'和文汉读法'有否相关？他脍炙人口的口号'故曰小说为文学之最上乘也'是不是就是明治文坛上的'小說は、最も上品なるもの'的中译？而矢野龙溪提出的'汉文、

---

① 古田島洋介「梁啓超『和文漢読法』をめぐって」，"21 世纪东北亚日本研究"国际学术研讨会，2007 年 10 月。本章初稿在北京大学发表后又读到其长文《梁启超〈和文汉读法〉（卢本）简注》（『明星大学研究紀要「日本文化学部·言語文化学科」』16 号、2008），全面介绍和评价了卢本的内容及意义。

② 黄克武：《梁启超与康德》，《中央研究院近代史研究所集刊》第 30 期，1998，第 101 ~ 145 页。

③ 潘光哲：《追索晚清阅读史的一些想法："知识仓库""思想资源"与"概念变迁"》，（台湾）《新史学》2005 年第 3 期。

和文、欧文直译及俗语俚语'四体兼用的新文体对梁氏的影响又有
多少？诸如此类的种种课题，都应由娴熟日本语及汉语古今嬗变的研
究者进一步研究。"① 也就是说，在研究梁启超的思想资源时，不仅
要考虑到《和文汉读法》对其解读日语的速成效应，还要重新检讨
一下在这种"简便"的译法下产生的一些副作用，即在思想文化吸
收过程中的负面因素。

此外，在日语教育史方面，《和文汉读法》被视为"日语学习速
成法"教材的鼻祖，亦是最先关注中日两国语言之异同的课本。比
如石云艳《梁启超与日本》（天津人民出版社，2005）一书中特设
"梁启超与《和文汉读法》"一章，下分三节展开论述："学习日语的
意义与《和文汉读法》的由来""《和文汉读法》的内容""对《和
文汉读法》的评价"。不过该书言及具体内容时，则多为夏晓虹之说
的铺叙，比如对该书重要的第 38 节"和汉异义字"，仅指出"此表
为单词表，列举了约 3000 单词"（第 67 页），这其实是连对单词的
词条和其对译词都不加区分所得出的数字（如下文所述，实际收录
单词数为 1705 个）。②

在上述先行研究的基础上，本章试图从语言史的角度重新考察
《和文汉读法》。迄今为止，人们多议论的是该书的前半部分，即属
于语法层面的部分，而对于占全书 2/3 篇幅的语词部分"和汉异义
字"则注目不多，这也正是当时中国人最容易"望文生义"的部分。
对于其译词是如何挑选出来的，对译的中文是如何决定的等问题，缺
乏从语言学角度的分析，以致引发出各种臆想和误解。

本章前半部分通过对至今尚未被研究者关注的该书 1900 年励志

---

① 关诗佩：《多角度"共同研究梁启超"——从〈日本在中国接受西方近代思想中
的作用——以梁启超为例〉说起》，《二十一世纪》第 56 期，2006。

② 该书其他地方（第 70 页）对此有同样的表述："该书的主体部分第三十八节，是
照《康熙字典》'分门别类'编录的，收集'和汉异义字'3000 左右，就此一
项，其工作量就很大。当然借助现成单词已经排列好的日文词典，也许可以做到。
但其初稿完成于 1899 年，估计当时不会有这种现成的日语词典可供其参考。"

会版的考察,厘清该书改版的经纬,指出其变异部分基本集中在第38节的"和汉异义字"上面。并试图通过分析复原该书初版的原始状态,阐明版本演变的源流。本章后半部分将重点考察"和汉异义字"的增补方法,通过检讨其与日本近代国语辞典《言海》(1889)的关系,阐明后者在词汇增补和释义上的影响及由来。在此基础上,进一步观察在"同文同种"的意识下,中国人对"和汉异义字"的理解,特别是对日语新词新概念的认识。通过这些具体考察和分析,我们才能了解日本明治时期使用的一些译自西方的新词是如何随着《和文汉读法》的运用大量进入汉语的。这当然也关系到汉语吸收外来词的问题,但更为重要的是,如果按照《和文汉读法》的释义来理解这些新词,将会导致怎样的误解。毫无疑问,这一点是关涉到中日学术交流过程中思想是否被准确传播的大问题。

二 《和文汉读法》的版本变迁

(一) 关于《和文汉读法》

1898 年戊戌变法失败后,被迫流亡日本的梁启超为了尽快从日文书刊中汲取最新的学术知识,与他万木草堂时代的同学罗孝高想出了一套不用花长时间就能读懂日文的"速成法",这就是所谓的"和文汉读法"。利用此方法,他将大量的新概念、新思想积极而迅速地介绍到自己编辑的中文杂志《清议报》《新民丛刊》《新小说》上去。

翻检丁文江、赵丰田编的《梁启超年谱长编》,梁启超初到东京就开始学日语,"当时大隈(重信)左右如犬养毅、高田早苗、柏原文太郎时有来往,并力为讲解日本文法"。[①] 该年谱的 1899 年开头还

---

① 丁文江、赵丰田编《梁启超年谱长编》第 1 册,上海人民出版社,1983,第 169 页。

引用了罗孝高的《任公轶事》中的一段，提到梁与会日语的罗普（即罗孝高）一起编辑《和文汉读法》一事：

> 时任公欲读日本书，而患不谙假名，以孝高本深通中国文法者，而今又已能日文，当可融会两者求得捷径，因相研索，订有若干通例，使初习日文径以中国文法颠倒读之，十可通其八九，因著有《和文汉读法》行世。虽未美备，然学者得此，亦可粗读日本书，其收效颇大。①

另外，在《清议报》第 10 册（光绪二十五年二月，1899）中，梁启超亲自撰写的《论学日本文之益》也说："余辑有《和文汉读法》一书，学者读之，直不费俄顷之脑力，而所得已无量矣。"② 由此可见，该书应是梁、罗合作的产物。

夏晓虹在追索《和文汉读法》的来历时，主要将 1901 年上海出版的"辛丑八月无锡丁氏畴隐庐重印本"和京都大学藏"梦花卢氏增刊本"加以对比，搞清楚了该书是按照"梁启超《和文汉读法》（1900）→忧亚子增广《再版和文汉读法》→丁福保重印《（增订第三版）和文汉读法》（1901）→京大藏梦花卢氏增刊本《和文汉读法》"的轨迹不断改版重印的。但关于 1900 年初版的情况只是根据《清议报》第 64 册（光绪二十六年十月初一日，1900）刊登的《和文汉读法》广告的推断而已，尚未发现实际原本。

目前最容易看到的京大藏"梦花卢氏增刊本"《和文汉读法》一共有 109 页，分为 42 节，无前言和目录，出版年、出版地均不详。

---

① 丁文江、赵丰田编《梁启超年谱长编》第 2 册，第 175 页。
② 原文是："余之所言者，学日本文以读日本书也。日本文汉学居十之七八，其专用假名不用汉字者，惟脉络词及语助词等耳。其文法常以实字在句首，虚字在句末。通其例而颠倒读之，将其脉络词、语助词之通行者标而出之，习视之而熟记之，则已可读书而无窒阂矣。余辑有《和文汉读法》一书，学者读之，直不费俄顷之脑力，而所得已无量矣。"

全书基本上由两部分组成。第一部分从第 1 节到第 37 节共 20 页，介绍日语语法。第 1 节首先说明日语应该怎么读，原文曰："凡学日本文之法，其最浅而最要之第一着，当知其文法与中国相颠倒，实字必在上，虚字必在下。"从第 2 节到第 15 节则依据当时的日语语法书逐个分析了名词、动词、副词和助动词等。第 16 节以后论及动词的活用，认为"我辈于其变化之法，皆可置之不理。但熟认之知其为此字足矣"，竟大刀阔斧地将活用词尾裁减掉了。[①] 也就是说，梁启超认为日语动词的活用用法不妨忽略，只要理解了词语的词干以及句子的整体结构便足矣。

第二部分为日中语词对译，由第 38 节第 6 表"和汉异义字"对照表、第 39 节第 7 表"和汉同训异义"及其使用注意点（第 40 节）、第 41 节"和文汉字假名混合语"、第 42 节"日本国字"等部分组成，约 89 页。其体裁与 1901 年上海广方言馆出版，印有"辛丑八月无锡丁氏畴隐庐重印本"字样的北京图书馆（现为中国国家图书馆）藏本《和文汉读法》相同。据夏晓虹的研究，京都大学藏"梦花卢氏本"在出版年月上要迟于丁氏本，两者均为 109 页。

实际上，围绕《和文汉读法》的讨论几乎都是根据京大藏"梦花卢氏本"展开的，于是便产生了各种误读和误解。比如有人认为，如此规模的日语学习教材，对于渡日不久的梁启超来说，仅凭他自己的力量恐怕难以完成，于是出现了非梁所著的说法。[②] 也有人认为，书中收录了如此之多的词汇（1705 条及其对译），而且都按照《康熙字典》的部首顺序排列，根本不可能是"一夜作成"的。也有论者从内容的误译以及某些日语解释不伦不类的情况来看，断定梁的日语

[①] 这一点在其语词释义中已有所反映，例如日语"不速ニ"在辞典《言海》里解释为"無骨ニ。才能足ラズ"，意为"没本事"。而在《和文汉读法》里却只取其汉字而无视词尾变化，将表示否定的"ラズ"去掉，被译为"才能足"，意思正好相反了。

[②] 盧守助「梁啓超の日本観：新漢語と新文体を中心に」『現代社会文化研究』35 巻、2006。

水平不过尔尔等。这些问题其实都出在第 38 节的"和汉异义字"上，因此，本章也准备主要就这部分展开讨论。

（二）1900 年 7 月的励志会本

在追索《和文汉读法》的早期版本过程中，笔者在友人的帮助下，首先关注到日本无穷会①收藏的《和文汉读法　附译书汇编叙例》一书。该书由东京秀英舍于明治 33 年（1900）出版，是一册 55 页的单行本，内容为上述丁氏本和京大本的一半，编者为沈翔云②。德国海德堡大学汉学系图书馆亦存有其复制本。从年代来看，这是当时（2008 年初）发现的最早的本子，而且据夏晓虹推测，它有可能是初版。通过对它的分析，至少能够澄清几个至今不甚明朗的问题。

该书为 22.2cm × 14.8cm 的直排活版印刷，封面上除了标题"和文汉读法"外，还用小字标有"附译书汇编叙例"。此外还有疑是当初收藏者的署名手迹 Nyi Kyiuh Suin，以及两处图书编号 11693（纵 1693）。

第一页如下文所示是一篇"励志会叙"，加盖有"无穷会神习文库"以及井上赖国的藏书印。其叙文曰：

---

① 大正四年（1915）春，平沼骐一郎男爵将个人购进的日本神道、国学领域大家井上赖国博士死后遗留的全部藏书 3.5 万余册，加上自己迄今所有的藏书一并捐出，成立无穷会。井上赖国生于 1839 年，青年时代学习汉学和日本古医道。后为设立皇典讲究所而尽力，担任《古事类苑》编纂顾问，并主持私塾神习舍，为培养担负国家未来的青年倾尽心血。

② 沈翔云（1888 ~ 1913），字虬斋，浙江乌程人。早年肄业于武昌自强学堂，1899 年官费赴日留学，与孙中山、梁启超等有交往。庚子参加自立军起义，事败仅以身免。回日本后，作长文驳斥张之洞的劝诫留学生书，主张革命，发起励志会，创办《国民报》，谋组国民会，提倡民族主义。复南游新加坡，谒侨商邱菽园，劝其抛弃保皇，皈依革命（参见张磊主编《孙中山词典》"沈翔云"条，广东人民出版社，1994，第 423 ~ 424 页）。1911 年 11 月上海都督府成立，出任参谋。南北和议告成后回乡。"二次革命"失败后迁居上海。1913 年在袁世凯令上海护军使杨善德大兴党狱时被杀害。参见冯自由《沈翔云事略》，《革命逸史》初集，商务印书馆，1945，第 123 页。

> 沈君既印《和文汉读法》，以为内地读东文者助意良厚也。
> 第沈君所印数百本，不足应来者之求。同人因谋更印多本，广其
> 流传。以原印第六表所列和汉异义字，尚多漏略，搜辑增补者二
> 百余条，始于和文中常见之异义字十得八九，亦读者之一便也。
> 庚子六月励志会叙。

仅从此励志会叙文来看，可知本书已并非初版，而是在第6表上新增
了二百多词条的增补版。再来看编者沈翔云的序文：

> 读日本书之益人知之矣。戊戌之秋，吾郡创设学堂之议已
> 寝，乃集同志私立东文学社，不三月而解散。然而社中人士欲学
> 东文之愿未尝衰也。翔云乃往湖北学武备，今夏四月东渡来游，
> 而留学之士已纠合同志开会译书。……《和文汉读法》一册，
> 字不过三千言，而指示读和文之法简要明晰，苟通东文字母者，
> 一读是册，未有不能读东籍者。第辗转传抄，不著作者姓氏，书
> 中有印粤语者，意其粤人欤。翔云亦志读东籍，而未通东文之人
> 也。既得是册，因念吾郡同志之憾，更推念他郡他省同志之憾，
> 急付排印以代手写，将以贻我内地之同志焉。译书汇编叙例及简
> 明章程附后。凡我同志或不弃欤。光绪二十六年五月乌程沈
> 翔云。

从该序文中也可以知道：一是沈翔云说的初版《和文汉读法》"字不
过三千言"，那么这对于文章练达的梁启超来说在"一夜之内写完"
完全是可能的。二是沈翔云仅为编辑兼发行人，正如他自己所说，
"辗转传抄，不著作者姓氏，书中有印粤语者①，意其粤人欤。翔云
亦志读东籍，而未通东文之人也"，这其中正暗示着真正的作者是广

---

① 例如第6表里的"程卜（地位也）犹粤语'咁样'之意，实亦毫无意义也"。

东出身的梁启超,① 即不敢掠人之美的一种含蓄说法。据此，我们基本上可以推断《和文汉读法》确为梁启超所作。

序文之后，另起一页进入正文至 51 页，"和文汉读法"的标题之下便是第一节。内容大致上和后出的增补本相同，唯一不同的是第 38 节。在最初的三行说明之后，京大藏"梦花卢氏本"接下来应该是"兹和汉异义字，照《康熙字典》例分门别类，以便学者易于检查"，但在该书中却不存在，后面紧随的是第 6 表。

因此，其后所附的"语汇一览"不像京大藏"梦花卢氏本"那样"照《康熙字典》例分门别类"，而是无序地按一页 12 个词（一词一行）的格式排列，共列出 294 个词。这个数字与京大藏"梦花卢氏本"的 1705 个词相比，刚够后者的 1/6。

正文之后第 52 页还有日本人坂崎紫澜②撰写的跋文：

> 今沈君东航来学，活印《和文汉读法》一书以便同人。使余校雠之，亦从粗入精之阶梯矣。夫汉文和读与和文汉读，其法虽异，古今一揆。余于是方深感东西同文之谊焉。日本南海紫澜渔长跋。

其后接着第 53～55 页是《译书汇编叙例》③ 以及《简明章程》，最后

---

① 据罗孝高《任公轶事》，梁启超亡命日本时，"辄改取一日本姓名，以避内地耳目。任公因读吉田松阴之书，慕其为人，因自署吉田晋，其与内地知交通函多用此"。（丁文江、赵丰田编《梁启超年谱长编》第 2 册，第 177 页。）

② 坂崎紫澜（1853～1913），小说家、新闻记者。本名斌。出身藩主侍医之子，作为《译书汇编》的编辑兼发行者一直支持着沈翔云的出版事业。其住处与沈翔云处仅一街之隔。

③ 该《译书汇编叙例》意味着译书汇编社活动的开始，沈翔云序文中"今夏四月东渡来游，而留学之士已纠合同志开会译书"正指其事。现在有关译书汇编社的研究多将 1900 年末《译书汇编》的发行视为其活动开始，但至少从沈翔云的《和文汉读法》的印行始，其已经开始进行公开活动。另外其《译书汇编叙例》的宗旨说明部分，似乎与矢野龙溪的《译书读法》也不无关系。

是译书汇编发行所的地址和"同人公启"的落款：

> 一 各处来函请径寄日本东京本乡区东片町一百四十五番地译书汇编发行所不误。
>
> 光绪二十六年五月 同人公启

最后封底为：

> 明治三十三年七月廿四日印刷
> 明治三十三年七月廿七日发行
> 编辑兼印行者 沈翔云
> 印刷所 株式会社 秀英舍
> 发行所 励志会译书处①

由此明确可知此书发行地点是日本东京，尔后发行所又换过几处地址。

对以上标记的日期不妨再做一次整理。沈翔云的序文中提到"今夏四月东渡来游"，而序文日期标为光绪二十六年五月（1900年6月），那么可知沈翔云是在其赴日后不足一月就刊行了这本《和文

---

① 由此可知励志会的早期活动着重于翻译新书，其宗旨亦可见于《译书汇编叙例》。现在一般对其解释为：光绪二十六年（1900）春，由部分留日的中国学生组织的第一个爱国团体励志会在日成立。会员40余人，由戢冀翚、沈翔云等任干事；主要骨干有曹汝霖、章宗祥、吴禄贞、傅慈祥、秦力山、杨廷栋等。该会初建时，"尚无革命与不革命之分"。曾订立会章五条，"不外以联络感情，策励志节为宗旨，对国家别无政见"。该会成员初期倾向维新，但又与孙中山革命党有所接触。自立会谋划起义时，许多会员回国参与自立军活动，傅慈祥等会员死于起义。起义失败后，戢冀翚、沈翔云等返回日本，开始远康、梁，而近孙中山，并创立《译书汇编》和《国民报》等刊物，革命色彩逐渐浓厚。到光绪二十七年初，励志会进入最兴盛期。是年六月，清廷推行新政，有"酌用东西洋各国留学毕业生"之议，励志会遂发生分化，激进派戢冀翚、沈翔云、秦力山等走向革命，而章宗祥、曹汝霖等投靠清廷，励志会旋解体。

汉读法》。此后，他曾一度返回国内参加独立军起义，再次来到日本
是在八月以后了。① 同时，如果相信该书的日期标注是事实的话，
"今夏四月东渡"则与其履历中记载的 1899 年留学日本一事是相矛
盾的。而仅仅一个月之后的阴历六月，励志会同人就对其初版进行了
增补再版，并于明治 33 年（1900）7 月 24 日付印。② 夏晓虹《和文
汉读法》一文引用的《清议报》第 64 册（光绪二十六年十月初一
日）上的一则广告《和文汉读法告白》称：

　　　　此书指示读日本文之法，简要明白，学者不费数日之功，便
　　可读日本文之书籍。寓东人士深知其益，故特印行公世。兹由本
　　馆代售，每册定实价银两毫，不折不扣。外埠邮费照加。上海寄
　　售：抛球场扫叶山房书坊。③

这里所说的"指示读日本文之法，简要明白，学者不费数日之功，
便可读日本文之书籍"。与沈翔云序文中的"指示读和文之法简要明
晰，苟通东文字母者，一读是册，未有不能读东籍者"如出一辙。
而且该广告此后也一直刊登在《清议报》上（第 65 ~ 67 册以及光绪
二十七年十月初一日发行的第 98 册），在"本馆发售及代售各书报

---

① 庚子自立军失败后，逃回日本的沈翔云等人成立励志会，连续开会演说，皆欲继
　承唐才常的遗志。事为张之洞侦知，致电驻日公使李盛铎和留学生监督钱恂，要
　求查办。（《致东京李钦差》《致东京钱念劬》，中国史学会主编《戊戌变法》第 2
　册，神州国光社，1953，第 626 ~ 627 页。关于励志会，参见桑兵《清末新知识界
　的社团与活动》，三联书店，1995，第 148 ~ 155 页。）11 月 14 日，李盛铎复电称：
　"励志会始自去秋，专为研究学问及译书而设，月聚一次，演说皆系学问，未及国
　事。惟本年六月有由鄂来东学生沈翔云赴该会演说，语多悖谬，刊入《清议
　报》。"（关晓红：《陶模与清末新政》，《历史研究》2003 年第 6 期。）
② 明治 33 年 7 月 24 日当为阴历六月三十日。故与沈本励志会叙所标记的庚子六月
　是相一致的。
③ 夏晓虹：《和文汉读法》，『清末小説から』53 号、1999，收入夏晓虹《阅读梁启
　超》。

价目"也能看到有"和文汉读法，全一册，二毫"的广告。① 而《清议报》到第100册（光绪二十七年十一月十一日）时，便出现了夏晓虹所言的两本同在的情形：

> 有趣的是，在《清议报》第100册的《译书汇编》广告上，竟然同时出现了《和文汉读法》的两个版本，列于第一种的应该是梁作的初版本，与"忧亚子"的增广本相比，亦为"全一册"，不过"定价大洋二角"。更为奇妙的，当属此《和文汉读法》的著作者署"本社同人编辑"。看来，译书汇编社成员中不乏梁启超任东京高等大同学校校长时的学生，故《清议报》与之关系非同一般。

由此我们知道，该《译书汇编》广告中出现的由"本社同人编辑"的《和文汉读法》正如上文所记，既不是梁启超执笔的初版本（此活字版不存在），也不是指沈翔云编印的最初的活字版，而是指我们上面描述的励志会增补本。而且，同时刊登的忧亚子增广的《再版和文汉读法》②，估计也已经出版了。

这么看来，正如梁启超自己在《清议报》第10册（光绪二十五年二月）上发表的《论学日本文之益》里面所说，己亥（1899）春他的手稿已成，并开始供不少人抄阅了。到次年，当他正在海外时，该书的活字本便由沈翔云编印问世。我们可以将其版本变迁归纳如下：①梁启超手抄本（1899年3～4月）→②沈翔云编印《和文汉读法》（1900年6月）→③励志会增补《和文汉读法》（1900年7月）→

---

① 笔者试图查清励志会增补本《和文汉读法》的价格以证实两者的关系，但实际查看无穷会原版，竟无一处标价，只好存疑。

② 至于忧亚子为何人，众说纷纭，尚无法确定。参见夏晓虹《和文汉读法》，『清末小说から』53 号、1999，收入夏晓虹《阅读梁启超》；寇振鋒「清末の漢訳政治小説『累卵東洋』について—明治政治小説『累卵の東洋』との比較を通して」『多元文化』6 号、2006。

④忧亚子增广《再版和文汉读法》（1901 年 11 月中旬以前）→⑤丁福保重印《（增订第三版）和文汉读法》（1901 年 9～10 月）→⑥京大藏梦花卢氏增刊本《和文汉读法》（1901 年 12 月～1902?）。忧亚子的"增广"可能是受了励志会"增补"的启发，而且从其增补幅度之大来看，恐怕需要将近一年的时间吧。

从②到⑥，在不足两年的时间内，又是增补又是改版，至少有五种版本问世，这当然是顺应了时势的需求。而且在日本增补印刷之后，又在上海重印发行，这使得该书的传播及影响扩展到了全国。

（三）《和文汉读法》的早期形态

笔者 2008 年 3 月写就本章初稿并在北京大学口头报告时，能够看到的最早刊本是 1900 年 7 月 27 日在日本发行的励志会增补本《和文汉读法》。而由沈翔云独自编印的版本尚未发现。那么，我们是否还能够追索到梁启超手稿《和文汉读法》的雏形，抑或沈翔云的初版编印本呢？这里，有几种办法可以让我们推测出初版《和文汉读法》的基本状况。

1. 南京图书馆藏写本《和文汉读法》

李小兰的硕士论文《清末日语教材之研究》介绍了南京图书馆所藏的《和文汉读法》手抄本情况：

> 梁启超、罗孝高合著。原书已查而不得而未见，南京图书馆有名为《和文汉读法》的抄本，疑即此书。该书出版年代不明，存 27 页，全书分 41 节，以中文说明为主，说明日语的品词：名词、动词、助动词、副词、形容词、助词及句子的排列等，很少实例。附八表（缺二表），分别列动词词尾、代词、及部分副词。①

---

① http：//www.ch.zju.edu.cn/rwxy/rbs/shuoshilunwenjilxl.htm，访问日期：2007 年 10 月 12 日。

据此看来，该本为手写本，由 27 页 41 节构成，附表八种内缺两种。结合其写本的形式和第 41 节的内容考虑，我们本希望该本或许能比较接近梁启超的早期手写本。但经过友人协助，笔者得到该本的 4 页影印本，并对其内容进行分析后，得出了相反的结论。

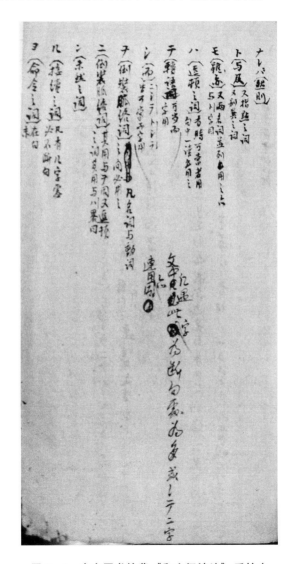

图 7 - 1　南京图书馆藏《和文汉读法》手抄本

　　李小兰抄录的写本第 14 节以及笔者收集到的第 18～21 节的照片
内容，与前面介绍的励志会增补《和文汉读法》完全相同，而且表 1
至表 5 的内容也相同。写本上注明着"逸去第三十八节"，所以最重
要的第 38 节第 6 表缺失，接下来的第 39 节第 7 表也缺失。也就是
说，励志会增补本的第 40 节被上调当作第 39 节，其结果变成全书共
有 41 节了。只是，最后的第 41 节第 8 表与励志会增补本的第 42 节
第 8 表内容完全相同，最后都以"榊　神木之名"一词收尾。

　　由此可以推断的是，该手写本转抄的并非是最早的《和文汉读
法》，而很有可能是励志会的增补本。略去第 38 节第 6 表和第 39 节
第 7 表的理由可能是因为两表仅排列了许多词语，让抄写者感到烦琐
有余而重要性不足吧。而认为该本迟于励志会增补本成立的理由，首
先如图 7－1 所示，第 5 表的"テ""シ"的说明下稍置间隔之后又
附加了如下说明：

　　　　　　文中凡遇此字為断句處為多、或シテ二字連用亦同。

这句说明文字在迄今发现的其他本子里面都不存在，为该写本所独
有。如果该写本在前，那么这句说明必然会反映到后出的其他版本
上。而实际上，在其后的京大藏"梦花卢氏增刊本"《和文汉读法》
中，同样第 5 表的"シ"后也添加了编者的按语：

　　　　　　案　シ不能作而字解、有為字意、シテ為某々而某々也、并
　　　　非仅一而字。

可见在后续的本子里，就这一解释因编者的不同，内容亦有异。另外
一点是，励志会增补本《和文汉读法》的第 1 表内有一处印刷错误，
即"ダケ（而已、仅）此字有时写作文ケ"中的"文ケ"当为"丈
ケ"之误，而该写本也同样将此处误抄为"文ケ"，而后面的本子都

改正了这一点。总之，该写本在抄写人、抄写年份不明，加之作为版本判断依据的第38节第6表缺失的情况下，很难证明其为励志会增补本之前的写本。这一判断也可以从下文中得到印证。

2. 从同时代的材料《和文释例》中取证

《和文汉读法》既然在当时那么有名，传播又广，同时代的人又是怎么来介绍它的呢？为解开这个疑问，我们在查阅当时的相关资料时发现了一本名为《和文释例》（都立中央图书馆实藤文库藏）的日语教材。

该书的扉页上用毛笔写有"和文释例 二簏堂老人题"字样，其后为邢之襄撰写于光绪二十七年十二月（1902年1~2月）的序文，作者自序也作于同一年，署为光绪辛丑冬十二月。次年的壬寅（1902）秋七月重定刊行。再看其封底，上书：

光绪二十八年九月十五日印刷　　定价大洋二圆
同　　　　年十月十五日发行　　寄售照章九折
著者兼发行者　　吴启孙①
发行所　　　　　华北译书局　　文明译书局
印刷者　　　　　东京市牛込区市谷加贺町一町目十二番地
　　　　　　　　户上义章
印刷所　　　　　同地　株式会社　秀英舍②

该书从日本出版的作文书信指导书中取材，将日文转译成汉文，是一册实践运用《和文汉读法》的辅助教材。序文之后列有"假名五十音图"，包括浊音、半浊音、拨音在内，并一一配上了中文汉字的发

---

① 吴启孙（1877~1950），讳闿生，字辟疆，号北江，世人尊称北江先生。吴汝纶之子，"桐城派"末代代表人物，近现代著名国学大师、古文学家、著作家、诗人、教育家。当时留学东京，有《万国通史》《支那国际法论》《世界地理学》等译著。
② 与励志会增补本《和文汉读法》为同一印刷所。丁福保《广和文汉读法》亦由该社出版，在近代出版史上，该社与留学生的关系值得细考。

音。接下来便是"和文汉读法所解假名虚字"，另起一行后加注小字
说明：

> 解释和文之书，中国故所未有。惟近岁日本留学生刻《和
> 文汉读法》一编，虽甚简略，然颇为明晰。兹将其解假名虚字
> 录右，以备参考。

紧跟在后面的是《和文汉读法》的第 1 表到第 8 表的内容（除第 7
表）。与励志会增补的《和文汉读法》相比较，第 1 表只缺少以下
两词：

> ベカラ〔可〕　ベキ　ベク　ベケン　ベシ。
> ダケ〔而已、僅〕此字有時寫作文ケ。

第 2～5 表都相同，第 7 表被删除，或许是因为都是汉字表记的词汇，
如"所處""有在""已止""至到""因從"等等，从而不被认为是
属"假名虚字"的吧。相反，第 41 节中，汉字、假名相杂的"例ヘ
ハ""拘ハラズ""言マデナク"等都抄录出来，除了励志会增补
《和文汉读法》最后的两项"去レトモ　解釋第六表"和"左レバ
解釋第六表去字行下"之外，其余全部收录了。第 8 表也仅仅抄出
前半部分的"抔""扨""俉""軆""筈""开""迠"等字，而未
收后半部分的"拤""揣""扱""込""辻""榊"等字。

　　从上述情况来看，该书未收的部分均可见于励志会增补本，作为
一种可能性来考虑，该书很可能是参照了早于励志会增补本的文本。

　　再来看最为重要的第 6 表，相对于励志会增补本《和文汉读法》
收录的 294 词，《和文释例》中仅列举了 35 个词。将其全部列出如
下（中文译词部分省略）：

去リ　左レ　乍ラ　併シ　乍併　丈ケ　許リ　兼子　最モ　折　　折柄
折節　訳居　程ド　方夕　位　詰リ　筋　　噂　　流石　矢張　兎角
最早　左迄　折角　逎　　訳無　成丈　勝手　油断　都合　餘程
思ハズ　其代リ

这当中，只有"噂"字在励志会增补本中被移到第 8 表的国字中，其他从头到"詰リ"为止的 19 个词语都与励志会增补本的排列顺序相同。不过，"訳"和"居"之间又增加了"儘""通リ"二词。此外，到"折角"一词为止的顺序也基本相同，间或有新词增补。"逎"以后励志会增补本则开始按照新增汉字的部首重新排列了位置。

看词义解释，也会发现《和文释例》比较简略，励志会增补本〔〕内比较详细。例如：

詰リ　结局也毕竟也　　　　〔結局也畢竟也詰責也〕
思ハズ　不图也　　　　　　〔不图不虞之意〕

还有释义相异之处，如《和文释例》中的"都合　合式也"在励志会增补本中则改译为"妥当也"，而这一释义为后续各本所沿用。

总之，《和文释例》虽然没有第 1 节到第 42 节的说明文字，但仅从所引用的表 1、表 6 和表 8 的异同来看，最初的《和文汉读法》内容应该是相当简略的，其分量正如沈翔云所言"字不过三千言"，因此对梁启超来说，在一夜之间是完全可以写成的。

实际上，2011 年在日本发现了沈翔云编印的《和文汉读法》初版，① 据作者介绍，该版与励志会增补本的不同之处仅在第 38 节第 6 表上（还有跋文上的差异），从该作者寄赠给笔者的第 38 节（第 22～31

---

① 李海「東洋の学藝 船津輸助蔵『和文漢読法』と梁啓超」『東洋文化』107 号、2011、57～69 頁。

页）内容来看，沈翔云编印的初版里"和汉异义字"一共收有 87 个词。而且励志会增补的"二百余条"是紧接着这 87 个词后面的，那么从现存于励志会增补本第 6 表的 294 词当中除去沈翔云编印的初版所举的 87 词的话，便可知实际追加增补的共有 207 词，这与序文中所说的"以原印第六表所列和汉异义字尚多漏略，搜辑增补者二百余条"相吻合。后出诸版也是在此基础上不断增补新词，但是由于至今尚未发现忧亚子增广的《再版和文汉读法》，具体增补情况未详，不过按《康熙字典》排序增补到 1705 词恐怕是从该版开始。我们现在能见到的丁福保在上海重印的《（增订第三版）和文汉读法》和京大藏"梦花卢氏增刊本"《和文汉读法》当属于同一体裁，同样收录 1705 个"和汉异义字"。换言之，"和汉异义字"的增补速度之快令人诧异，沈翔云的初版还只收有 87 个词，一个月后的励志会增补本就达到了 294 词，再经一年后的忧亚子增广《再版和文汉读法》和今天能够看到的丁氏本、京大本，都是同为 1705 词。

如此迅速的增补究竟是怎么做到的呢？有人说当时尚没有现成的日语辞典可供参考，这一说法是否可靠？下一节我们将论证这一问题。

三 "和汉异义字"的增补——日本辞书《言海》的妙用

（一）当时的日语学习环境

在前面提到的《和文释例》序文中，邢之襄写道："所谓和文者，不过数十字为脉络斡旋之词，其大体与汉文固无异也。惟吾国之学者无书以导其源故，欲问而无从耳。"诚然，在梁启超等人流亡日本的 1898 年前后，不要说日中辞典，就是日语辞典，除了自中世以来一直使用的节用集之类的汉字汉语辞典外，也只能举出一些江户时代的国语辞典，如《雅言集览》《和训栞》《俚言集览》等。但是，这些辞书的

流传并不广,直到明治以后才出现了几种具有重要意义的日语辞书:

> 1889 『「和漢雅俗」いろは辞典』(高橋五郎)
>
> 　　　 『言海』(大槻文彦,第一分册刊,～1891)
>
> 1892 『日本大辞書』(山田美妙,～1893)
>
> 1894 『日本大辞林』(物集高見)
>
> 1896 『日本大辞典』(大和田建樹)
>
> 1897 『日本新辞林』(林甕臣・棚橋一郎)
>
> 　　　 『日本小辞典』(大和田建樹)
>
> 1898 『ことばの泉』(落合直文)①

这其中,《言海》最为著名,并多次再版。1898 年前后其缩印本已经再版到第 41 版。价格也由最初的 6 日元降到 3 日元,从而大大地促进了其普及程度。②

当时也有中国人对日本的辞书做过介绍。《(增订第三版)和文汉读法》的作者丁福保在《东文杂记》(1902)一文中列举了以下日语学习参考书:③

> 落合直文『大文典』(一元六角,表及动字佳)
>
> 落合直文『中等文典』(五角,论东文文法书、源流甚详备)
>
> 落合直文『広文典』(四角,说助动词、助词甚详)
>
> 三土忠造『中等国文典』(六角,已有译本,名《日本文典》,译释共有三编)
>
> 『言之泉字典』(六元,有汉字和解者可查)

---

① 参见『日本辞書辞典』(沖森卓也・倉島節尚編、おうふう、1996)的辞书年表。

② 这一情况是《言海》研究专家境田稔信氏告知笔者的。

③ 李小兰:《清末日语教材之研究》、《丁福保与日语教科书》,《日本思想文化研究》第 7 期,2006。

『言海字典』（三元、解说多用汉字，易看）

作为辞书特别列举出来的是《言之泉字典》（落合直文）和《言海》（大槻文彦）。这两部都是按照五十音顺序排列检索的辞书，从价格上讲《言海》要便宜一半，而且还有缩印版，便于携带。加之《言海》的"解说多用汉字、易看"，仅这一点就十分便于中国留学生的使用。

关于《言海》，笔者曾对其基本特征做过如下说明：

> 具有近代国语辞典之称的《言海》把所有汉字词分为"和的通用字""和汉通用字""汉的通用字"三种，并用不同符号分别表示之。所谓正统的自古以来使用的汉语词称作"和汉通用字"；近世以来传入日语的汉文表达或同时代的汉语词则称为"汉的通用字"；而已经完全融入日语的日常汉语词，如"料理""立身"（意思已经日本化），还有从训读发展成音读的词，如"支障""仕样""心配"等，再有明治以来日本新造的汉语词，如"流体""零点""绝对"等，都算作"和的通用字"。这种分法显然是因为意识到了汉语词义在日本的变化和层次，并且也考虑到和制汉语和近代新汉语词的存在，可以说它有意要确立一种近代日本的"独自的汉语"意识。同时代出现的山田美妙的《日本大辞书》则更是旗帜鲜明地打出"汉语"和"字音语"的区别，把纯正汉语词用"汉语"来表示，明治时代产生的新汉语词，如"社会""宗教""神经""世纪""广告""自治""商标"等则用"字音语"来加以区别。①

对《言海》的抽样调查也表明："和汉通用字"与"和的通用字"作为词头基本上呈五比三的比例；而"汉的通用字"则多出现

---

① 陳力衛『和製漢語の形成とその展開』第 4 章第 4 節、汲古書院、2001。

在"和的通用字"的释义中。也就是说，对于"和的通用字"而言，"汉的通用字"是其意义的另一种表达或解释，亦可视为对"和的通用字"的一种中文对译。例如，对"楽""料理""用意"这三个"和的通用字"，则分别配以<u>容易</u>""<u>調理</u>、<u>割烹</u>""<u>準備</u>"这些加双下画线的"汉的通用字"来对译。二者多为类义词关系，从时代差异来看后者更接近纯正的"中文（汉语）"表达。所以我们可以说"和的通用字"里所标注的"汉的通用字"实际上已具备了某种日中对译辞典的特性。

正是由于这种将日语固有的词配上近似中文的"汉的通用字"的做法，使《言海》实际上起到了一种"日中辞典的作用"，对于明治后期来到日本的中国人来说，这简直可以看作是一本专门为自己编撰的辞书。《和文汉读法》中"和汉异义字"的增补和对译正是活用了《言海》的这一特征。

（二）"和汉异义字"的分类及词数

《和文汉读法》中的"和汉异义字"1705 词可以按其来源分为四种：纯粹的日本固有的"和语词"、依照汉语读音的"汉语词"、来自欧美的"外来词"以及上述三种相混的"混合词"。表7-1是其词数和种类划分后的分布。/前面的数字表示无穷会藏"励志会增补本"的情况，/后面的数字则表示京大藏"梦花卢氏增刊本"的情况。

表7-1　"励志会增补本"和"梦花卢氏增刊本"《和文汉读法》中的词源情况

单位：个，%

总词数	和语词	汉语词	外来词	混种词
294/1705	214/1200	62/379	0/7	18/119
100.00/100.00	72.79/70.38	21.09/22.23	0/0.004	6.12/6.98

此表所反映的特征之一是总词数由励志会增补本的294个剧增到梦花卢氏本的1705个。两种版本中都是日本固有的和语词占多数

（七成以上），汉语词只占约二成。励志会增补本中外来词为零，而京大藏"梦花卢氏本"中则有"加特力教""俱楽部""天麩羅""流麻質斯""瓦斯""独逸""硝子壜"等7个外来词。① 另外，混合词除了本来就有的"見本""気持""立場"之类的"音·训混读"词外，京大本又新增了"炭酸瓦斯""酸素瓦斯""料理屋""精進物""立ち会い裁判"等新的复合词。下面我们先对几个典型的和语词加以分析，然后再着重分析一下汉语词的问题。

1. 和语词

在"和汉异义字"中，由"手（テ）－"组成的复合词多为和语词，励志会增补本收录了以下25个词。〔〕内为中文释义，其中带有双下画线的（13个）译词都属于《言海》中的"汉的通用字"。

手厚	〔<u>鄭重</u>也〕	手當	〔給資也、又遭遇也〕
手痛	〔<u>激烈</u>也〕	手入	〔<u>修補</u>也〕
手落	〔<u>遺失</u>也〕	手重	〔<u>鄭重</u>也〕
手後	〔<u>失期</u>也〕	手柄	〔<u>功名</u>也〕
手形	〔票也〕	手紙	〔信箋也〕
手込	〔強制也〕	手頃	〔適當也〕
手先	〔手尖〕	手先ノモノ	〔部下〕
手術	〔手段 <u>方法</u>〕②	手品	〔原名手使魔也、呑剣客〕
手傳	〔幫助也〕	手詰	〔厳訓也〕
手習	〔<u>習字</u>也〕	手廻ツ	〔豫備也〕
手酷	〔苛刻〕	手本	〔<u>式様</u> <u>龜鑑</u> <u>模範</u>〕
手分	〔分担也〕	手数料	〔酬金也〕
手仕事	〔<u>手工</u>也〕		

① 为方便起见，这里把"加特力教""硝子壜"这类混种词亦视为外来词。但这7个词中唯有"加特力教"出现于中文近代书籍里，并非日本的写法。如："西国崇奉天教，教有新旧，旧教加特力教，新教波罗特。"参见蒋敦复《英志自序》，《啸古堂文集》卷7。
② 京大藏"梦花卢氏增刊本"将"手段テジツ"译为"方段、方法"。

我们以"手本"一词为例，翻看《言海》该条下的义项：

（1）手習ノ標準トスル文字ヲ書ケル帖。<u>字帖</u>
（2）倣ヒテ作ルベキ基トナルモノ。<u>様式</u>
（3）倣ヒテ行フベキ事。タメシ。先例。<u>龜鑑</u>　<u>模範</u>

对译第一义项的"字帖"没被采用，对译第二义项的"様式"则按照中文习惯倒置为"式様"。对译第三义项中的最后二例"汉的通用字"照搬为译词。由此可见，在1900年的无穷会藏"励志会增补本"中，已经开始从《言海》的"汉的通用字"中选择译词，这亦表明该辞书已是当时留学生在做日中对译工作时的重要参考书。由此可进一步推测，梁启超自己的草稿或者沈翔云初版的内容，也许参照《言海》的地方并不多，而一个月后完成增补的励志会同人中肯定有人熟稔日语，因而巧妙地利用了《言海》的这一特征。这种做法当然被后人所继承，从京大藏"梦花卢氏增刊本"增收的50个"手（テ）～"的复合词的中文对译中，我们可以发现这种活用已成一种固定的方式。如：

手延　<u>失期</u>	手切　<u>絶交</u>	手酌　<u>獨酌</u>	手短　<u>簡略</u>
手廻リ　<u>座右</u>　<u>親兵</u>	手並　<u>伎倆</u>	手平　<u>掌</u>	手者　<u>部下</u>
手桶　<u>提桶</u>	手蔓　<u>夤縁</u>	手軽　<u>簡易</u>　<u>軽便</u>	手軽シ　<u>簡易</u>
手控ヘ　<u>手冊</u>	手帳　手向フ　<u>抗敵</u>	手内　掌　<u>伎倆</u>	手間賃　<u>工錢</u>

即以上18个带下画线的词也都是直接套用《言海》里的"汉的通用字"作为译词的。

当然，在对日语词的释义中，如果没有附加"汉的通用字"时，只好从其释义中挑出汉字部分权作解释。例如夏晓虹《和文汉读法》一文举过的"淋滲"一词的释义，丁福保本上印有"鳥初生毛"，容易让人误解为具有四个义项，而参看《言海》便会明白其释义原来是把日语"鳥ノ羽ノ初生ノモノ"中的片假名部分除去而已，而且最后的"モノ"中的"モ"还被误认作了"毛"字。再比如"見切"一词的释义出现在"閲畢"之后，紧跟着是"見捨減價出賣"，这也是从《言海》的释义中随手挑了几个汉字（下列加下画线者）连起来组成的义项说明而已。即：

（一）見テ終ハル。（二）再ビ見マジト定ム。ミカギル。
<u>見捨</u>ツ。（三）商家ノ語ニ、<u>價</u>ヲ甚シク<u>減</u>ジテ<u>賣</u>ル。

如果实在没有一点线索可寻的话，只好直接照抄日语原文意思，如：

手張ル　仕事分ニ過グ。
手持不沙汰　無聊。空手ニテ間ノワロキコト。

因此，我们可以看出《和文汉读法》中的"和汉异义字"的汉语对译跟《言海》的关系有以下三种类型。第一，借用《言海》中"汉的通用字"；第二，从《言海》释义中挑选适当的汉字；第三，完全照抄《言海》的日文解释。

还有一些光标明词性，但不加释义的词。例如：副词有"折節""晴ニ""取敢不（とりあえず）""取取ニ""取不直（とりもなおさず）"之类；名词有"小間物""書留""立賣""横手"；等等。这些可看作是无穷会藏励志会本以后的增补痕迹。也就是说，在励志会增补本上，比如"折節"原本跟在"折り"的说明后面，所以不见其释义，而仅注明"同上"就行了。其后的增补本是按照《康熙字典》部首重新排列词序的，在两者之间插入了其他语词，便导致出这种只注词性不见释义的结果。还有一些是先举出词条后以待今后改定的，结果后人来不及加改而导致义项缺失的也有不少。如"自堕落"一词，丁本不见释义，而卢本则补加了中文释义"懒惰"，没有采用《言海》"汉的通用字"释词"<u>放縱</u>"。再者，丁本没有做释义的"言合"一词，在卢本的补注中释为"議論"，同样也没采用《言海》中"汉的通用字""<u>争論</u>"。

参看夏晓虹《和文汉读法》对"无锡丁氏畴隐庐重印本"和"梦花卢氏增刊本"的校对，也能根据《言海》来恢复其本来的面目。比如"寐腐ル"一词，丁本误抄为"程于過シチクシク寝ヌ"。这是对《言海》原文"程ヲ過シテ久シク寝ヌ"的误记，把"于"改为"ヲ"、"チ"改为"テ"、"ク"改为"久"后，便能再现最初的原形了。卢本解释为"程ニ過ギテヨク寝ヌ"，显然是参照了其他辞书的解释。再如对"明"的解释，丁本注释中举了"燈""燭""證據過了""送""隙間暇空"五个义项，卢本则删去了后面两个义项。而《言海》中的有关"明"的解释情况如下：

> あかり<u>明</u>　（一）光ヨリ發シテ物ヲ明ニ見スル象。「日ノ
> 　　　　　　　一」「燈ノ一」
> 　　　　　　（二）證據。アカシ「一ガ立ツ」。
> あき<u>明</u>　（一）明キタル處。ヒマ。スキマ。<u>隙</u>
> 　　　　　　（二）明キタル時。イトマ。ヒマ。「工事ノ一」
> 　　　　　　<u>間暇</u>
> 　　　　　　（三）空ナルコト。人ノ住マヌコト。「一屋」「一
> 　　　　　　店」<u>空</u>。

不难发现丁本的这五个义项分别是取自《言海》所收录的两个同一汉字的词义（从前者取了"燈""證據"，后者则取了加双下画线词），并将其混淆在一起了。

丁本还把"間宿"解释成"站"，把"間無シ"解释成"無分别、不隔"，即分别依照《言海》的"站"和"隔ナシ、分别ナシ"

的释义，而卢本则将它们订正成"小町村"和"無間隙"。由此看来，卢本在进行增补订正时基本上没有参照《言海》。而且，通过上述比较也可知道，卢本是依靠编写者自己的知识加以改译的，可以断定其编写者具有一定的日语水平。

2. 汉语词

本来反复强调"同文"的《和文汉读法》，按理不应该把"汉语词"放在"和汉异义字"中来处理。但实际上，"汉语词"里也有相当部分与中文相异，从下列一览表（将京大藏"梦花卢氏增刊本"所收的379个"汉语词"按五十音顺排列）中可以看出，其中的确收录了各式各样异化了的"汉语词"。语词后的数字表示该词在"梦花卢氏本"中作为词条被收录的次数。加下画线的词出自无穷会藏"励志会增补本"，共62个，仅占一览表的约1/6。其余都是后来屡次增补的结果。

ア. 哀願（顧） 挨拶 愛着 悪霊 阿片 <u>案内</u> <u>案外</u> 安排

イ. 違警罪 <u>異存</u> 意地 一番 一向 <u>一緒</u> 一杯 一昨日 一週間 音呼

ウ. 有為 有為転変 有漏 運上 運動

エ. 縁家 袁玄道 縁談 縁辺 燕尾 燕尾服 縁由 遠慮

オ. 押柄・<u>横柄</u> 臆病

カ. 概念 回漕 家財 学位 学年 火車 花車 火定 合点 勘気 看護婦 観察点 灌所 願書 <u>勘定</u> 寒暑計 元祖 簡単 勘当 観念 看版 <u>勘弁2</u> 肝要

キ. <u>機嫌2</u> 汽船 <u>氣転</u> 寄付金 客観的 糺明 糺問 給料 饗応 仰天 <u>仰山</u> 競漕 共和政体 奇麗 近在 金札 金融論 金融逼迫

ク. 空想 具体的 工夫 軍用金

ケ. 稽古 経済 下宿 <u>血縁</u> 結構 月謝 月旦 外道 玄関 健全学 見物

コ. 後架 号外 後見人 <u>降参</u> 香典 籠頭 甲板 互角・互格2・

牛角　国際法　後家　御座　故障　御承知　個人　個人権　懇意　懇親　昆布

サ. 在勤　最後　在在　在所　采配　在留　左官　沙汰　昨今　左様　残金　散散　残念

シ. 思案　時儀・辞儀　持参金　自水　時節　地代　支障　仕度・支度　自堕落　実家　執達吏　実地家　失墜　悉曇　執拗　支配　持病　辞柄2　仕法　若干　砂礫　周章　充分　主観的　授業料　出世　出席　出役　受領書　仕様　上衆　障子　精進　精進料理　上手　上段　承知　消費　商標　丈夫　消防夫　食気　所持人　初心　所詮　所帯　所有権　所労　人格　真鍮　心中　心配　辛抱

ス. 随分　相撲

セ. 晴雨計　請（願）権　世辞　世態学　贅沢　成文　石炭　折角　摂関　節季　積極　石鹼　絶対的　雪隠　刹那　利利2　摂籙　是非　世話　世話料　詮議

ソ. 草案　雑巾　雑言　相続　相談　雙方　僧侶　組織　測候所　粗末　存　存外　損料

タ. 大工職　大根　大序　大切　台帳　大分　大膨張　大名　大籙　沢山　達者　団体　段通　旦那　談判　断末魔

チ. 知覚　仲裁　抽象　抽象的　注文・註文　丁度　調度

ツ. 通貨　都合

テ. 丁寧　泥犂　天守　天長節

ト. 当意即妙（佳）　道具　当座帳　動産　当方　道楽　当惑　兎角　得意　徳利　時計　頓才　頓知

ナ. 軟貨　難所　納戸　難破・難場

ニ. 二階　年配・年輩

ハ. 配慮　馬鹿　白墨　破産2　発明　反動的

ヒ. 飛脚　否決　比対的　披露　尾籠

フ. 風来　不運　不遠慮　不機嫌　不器用　不器量　副署　不景気　無骨　不経済　不細工　無沙汰　無作法　不精　不勝　不成文　敷設　不断　扶持　不調法　不都合　払底　不動産　不人気　不慮　風呂

分見　分銅

ヘ．平臥　閉口　変化　辯護　辯護士　返事　変造

ホ．方案　法外　方針　放任主意　放埒　本位

マ．満足

ミ．未済試驗　妙案　冥加　明後日

ム．無機体　無造作　無足　無代　<u>無念</u>　無筆　<u>無用</u>　無料教

メ．名所　滅金　滅相　滅多　滅法　免状　面倒

モ．門番

ヤ．役者　役介

ユ．惟物論者　有機体　遊金　<u>油断</u>

ヨ．羊羹　妖怪学　用脚　用事　要用　予算

ラ．落城　羅紗　欄外　卵塔·蘭塔　蘭若

リ．理学　利学　理屈　利潤　理想　<u>律儀</u>　立憲政体　<u>立派</u>　利分
流儀　料理　旅券

ル．留守

レ．歷歷　蓮根　連中

ロ．労働者

　　首先我们看加下画线的无穷会藏励志会增补本的 62 个语词，可
知它们同样是利用《言海》"汉的通用字"来释义的。比如：

一緒〔<u>合一</u>也〕　氣轉〔<u>機智</u>也〕　不都合〔<u>不便</u>　不妥〕
仲裁〔居間<u>調停</u>也〕　存〔<u>思維</u>也〕　存外　オモヒノホカニ⇒<u>意外</u>

最后的"存外"一词被解释成"意外"，这并不是直接采用了与该词
对应的"汉的通用字"，而是按照其日文释义オモヒノホカニ再次按
图索骥对译的结果。励志会增补本所收的近代汉语译词只有两个：

抽象〔哲學訳語想其理由之義〕。

積極〔哲學訳語陽極也〕。

此外所收的传统汉语词比较多。相比之下，京大藏"梦花卢氏增刊本"则增补了大量的新词，如：

運動 燕尾服 概念 学位 学年 看護婦 観察点 寒暑計 観念
汽船 客観的 共和政体 金融論 金融逼迫 空想 具体的 軍用金
経済 健全学 号外 後見人 国際法 個人 個人権 主観的 商標
消防夫 所有権 人格 請（願）権 世態学 積極 絶対的 測候所
団体 知覚 抽象 抽象的 発明 反動的 否決 比対的 不景気
不経済 不成文 不動産 辨護士 方案 方針 放任主意 本位
無機体 惟物論者 有機体 妖怪学 理学 利学 利潤 理想
立憲政体 旅券 労働者

不过，如果是传统的日语词，基本上可以参照《言海》收录的词条及其解释（包括"汉的通用字"）加以对译，可是以上这些新词在《言海》中收录得很少（加框的类似理学一类的 6 个词可见于《言海》），① 这使得很多新词的中文释义失去了赖以参照的依据，只好凭空想象。这样，"梦花卢氏本"中便多了一些比较奇怪的解释。② 例如：

主観的＝内理应如是（25 頁）　国際法＝交涉法（38 頁）
客観的＝外形应如是（42 頁）　團體＝凡众聚之称（33 頁）
不経済＝不能打算（23 頁）　不成文＝法律未著为令者（23 頁）

---

① 《言海》所收的汉语词少。在总词数 39103 中，汉语词为 13546，约占 35%。且新词的收录较少。
② 引自盧守助「梁啓超の日本観：新漢語と新文体を中心に」（『現代社会文化研究』35 巻、2006）中举的例子，并稍加修改。

空想＝豫想后來（41 頁）　　　　理想＝就現在想（73 頁）

概念＝大概想念（64 頁）　　　　観念＝观而想念（90 頁）

这些日语新词让 20 世纪初的中国留学生感到非常棘手，因为在当时，他们似乎还不能充分理解这些概念，只好望文生义地将"概念"解释成"大概想念"，将"观念"视为"观而想念"了。不过，也有一些早期的西洋概念已基本完成了对译：

共和政體＝民主　　　　　　　　立憲政體＝君民共议国政

人格＝民有自由权谓之人格、若奴隶无人格者也

世態学＝社会学即群学

妖怪学＝质学之讲妖怪从脑出者　　健全學＝卫身学

惟物論者＝质学中重形骸轻魂灵者　個人＝匹夫

個人權＝各人自立权　　　　　　具体的＝实象

學年＝学问之年，学一年称一年学　學位＝学问成功之地位

关于"人格"一词，英华字典内只有"personality 人品"的对译，《哲学字汇》也同样译作"人品"。具体的例子早在 1895 年的《太阳》杂志上已经使用过多次，由中国留学生编撰的新词集《新尔雅》中也收录了此词。而《和文汉读法》的对译和解释可以看作是中文里"人格"概念的最早形成。

"社會学"一词本来就是日语新名词，早在梁启超《论学日本文之益》（《清议报》第 10 册，光绪二十五年二月）中就有"群学（日本谓之社会学）"的对译注解，而两年后居然拿该词作为中文译词来对译"世態学（《哲学字汇》凡例中将之作为专业术语的分类之一）"了。反过来"群学"则成了配角，这种对译法的逆转同时也意味着中文原创译词"群学"的退潮。

另外，在考察概念史的演变过程中，"共和政体＝民主"的对译无疑是个重要的例子。有关这一点，本书第十四章会专门讨论。

四　《和文汉读法》的影响及其后

随着《和文汉读法》的流行，社会上掀起了学习日语的热潮，所谓的"速成教育"也成为一种现象。比如，教育家蔡元培在上海南洋公学就曾推行过这种方法，并称之为"不习日语而强读日文书之不彻底法"。① 正因为此，中日两国的出版界也源源不断地推出各类日语教科书以及《和文奇字解》之类的小册子。

1902 年，林文潜根据自己的留学经验，编成《寄学速成法》出版，这是一本日语学习的基本入门教材。作者在自序里说："速成之法者何？盖遇文中之汉字，仍以中国音读之，而专求其行间之假名，识其意义，辨其作用也。"② 其基本态度是完全无视中日文汉字之间的差异。

此外，日本东京都立中央图书馆的实藤文库还收藏有一册《广和文汉读法（普通东文速成法）》〔畴隐主人著，光绪二十八年（1902）刊〕，著者正是印行了"无锡丁氏畴隐庐重印本"《（增订第三版）和文汉读法》的丁福保，因此光看书名，还以为是《和文汉读法》的又一增补版，但实际并非如此。它只不过是承袭了《和文汉读法》的书名和体裁，主要以文法解说为主，抽去了"和汉异义字"部分。仅是书名模仿了《和文汉读法》，实际内容已相差甚远。不过，令人感到二者之间有密切关系的是，该序文直接引用了梁启超刊登在《清议报》第 10 册上的《论学日本文之益》。显然其目的也是为了强调"和文汉读法"的优越之处。

随着这种"和文汉读法"式日语学习的推广，"和汉异义字"部分也越来越被视为日语的典型特色而大加渲染。前面已经提到，《清议报》第 100 册的广告上出现了两个不同版本的《和文汉读法》（励志会增补本

---

① 《记三十六年以前之南洋公学特班》（1936），高平叔编《蔡元培全集》第 7 卷，中华书局，1989，第 67 页。
② 引自关晓红《陶模与清末新政》，《历史研究》2003 年第 6 期。

和忧亚子增广本），不仅如此，在同一页面上还有一则"本社同人编辑《和文奇字解》全一册，定价大洋五角"的广告。1902 年 2 月 10 日出版的这本《和文奇字解》由陶珉编辑，译书汇编社发行，分 12 集收录了日语中的汉字词，并附有中文释义，可以说是"和汉异义字"的集大成之作。① 但实际上，这本书在词条选定和释义上都与《和文汉读法》中的"和汉异义字"不尽相同，有些新概念，如"人格""共和""社会"等已广泛流传，该书已不把它们算作"奇字"了。

　　这类《和文奇字解》被后来的各种资料、辞典继承下来。明治 40 年（1907）的《汉译日语大辞典》（东亚语学研究会编）可以说是全面利用了《言海》的汉字释义和译词编成的一本当时规模最大的日中辞典，它对以后的日中辞典产生了不可估量的影响。彭文祖在《盲人瞎马之新名词》（1914）中，一方面指出了光看汉字"望文生义"的危险性，同时又在"若ク八""又八"等项中多次提到："请试看《汉译日本辞典》。"

　　不光是近代中国的新词集、日中辞典之类，其他各种汉语辞书中也将"和汉异义字"作为日语外来词加以收载。比如，1915 年出版的近代中国的国语辞典《辞源》② 以及 1930 年商务印书馆出版的《王云五大辞典》中都有收录"和汉异义字"。所谓来自日语的借用词，其实是更加注重它的外形，看起来比较像日语罢了（参见本书第十一章）。

　　直到今日，从中日汉字文化的差异角度来看，人们对"和汉异义字"依然抱有极大的兴趣。不少日语学习书刊都着眼于日常生活里日汉意思相异的汉字词语，为的是让读者在日本旅游或短期逗留中能及时做出正确的解读。比如台北出版的《用力猜汉字——网络资讯编》（覃玉华，擎松出版，2004）就可以说是"和汉异义字"的现代版。

---

① 沈国威「『和文奇字解』類の資料について」（2008 北京大学国际研讨会"西学东渐与东亚近代新词新概念"论文集，2008）就这类材料做了大概介绍，以示当时的中国人日语认识之一斑。

② 沈国威「『辞源』與現代漢語新詞」『或問』12 号、2006。

代结语：欲速则不达

　　日本自古以来行之有效的汉文训读法，是一种用日语来解读汉语文言文的方法，它延续至今，使得日本的知识阶层一般都精通汉文，实际上能作汉诗、写汉文的日本人也不在少数。近代以来，中日两国之间逐渐盛行"同文同种"的说法。人们似乎认识到"汉字"是可以作为超越语言差异的一种文化传播工具，光凭笔谈等文字语言便能达成交流。尤其在书面语言上，明治时期的日语主流文体本身受汉文训读体的影响很深，形成一种通用的"普通文"体，在政令、报刊社论和政论文中普遍运用。这一条件使得中国人的和文汉读法成为可能。为沈翔云《和文汉读法》作跋的坂崎紫澜所说的"夫汉文和读与和文汉读，其法虽异，古今一揆。余于是方深感东西同文之谊焉"，便代表了当时日本知识分子的基本认识。但随着日本汉文教育的衰退以及日语本身的文体开始逐步走向言文一致，假名和汉字表记的比例发生了极大变化。对于这种文体变化，鲁迅在 20 世纪 30 年代和瞿秋白讨论翻译时就说："远的例子，如日本，他们的文章里，欧化的语法是极平常的了，和梁启超做《和文汉读法》时代，大不相同。"① 而周作人指出的更为全面。② 也就是对中国人来说，日语的文体变化之快已经愈发不适于和文汉读法的运用了。

---

① 《关于翻译的通信》，《二心集》，《鲁迅全集》第 4 卷，人民文学出版社，1973，第 376 页。
② "本来和文中有好些不同的文体，其中有汉文调一种，好像是将八大家古文直译为日文的样子，在明治初期作者不少，如《佳人之奇遇》的作者柴东海散史、《国民之友》的编者德富苏峰，都写这类的文章，那样的钩而读之的确可以懂了，所以《和文汉读法》不能说是全错。不过这不能应用于别种的文体，而那种汉文调的和文近来却是渐将绝迹了。现在的日本文大约法律方面最易读，社会与自然科学次之，文艺最难，虽然不至于有专用假名的文章，却总说的是市井细民闾巷妇女的事情，所以也非从口语入手便难以了解。"参见周作人《和文汉读法》，《苦竹杂记》，上海良友图书印刷公司，1936。

　　通过考察《和文汉读法》这本小册子的增补和流传过程，我们能够在一定程度上了解到，梁启超等近代中国知识分子当时是怎样在"同文同种"的意识下看待中日之间的语言差异的。至此，我们也不难想象他们基本上是依赖着中日间的"同文"特征学习日语，凭借自身的汉文能力，试图最大限度地理解日语，并希望尽快从日文中汲取大量的新知识、新概念转介到汉语中来，结果却难免产生一些消化不良的、一知半解的接受和认识，这也是那个时代的必然产物。甚至连鲁迅在翻译夏目漱石的小品时也难免犯"望文生义"的错误，[①] 这毋宁说是当时的一种普遍现象。通过对这些对译资料的追踪，尤其需要我们今天认真考虑的是，像"共和""民主"这些在近代国体转变过程中出现的概念，究竟在多大程度上被正确地引导到中国的思想资源中？从这一意义上来讲，我们还有必要用更开阔的视野上来再次讨论日本近代国语辞典《言海》在中日语言之间所起的桥梁作用。当时的人们拿日语辞典《言海》的汉字解释，为我们"人为地"制造出了一些"莫名其妙"的"新词"，使得本不成文的释义成了一种白纸黑字的凭依，这些摇身一变转成的"汉语词"，在当时的语境中是否得到认同，其错误的解释是否被以后的辞典所继承，以及这种照搬援用会引起什么样的问题，都需要我们从语言学上重新审视，以助于推进相关的概念史研究。这些且留作今后的课题。

　　附记：本章在写作过程中，得到许多朋友及老师的帮助，在此特别感谢他们提供的下列材料：

　　（1）无穷会藏沈翔云编印（励志会增补）《和文汉读法》（明治33年），陈捷提供；

---

① 陳力衛「日中両国語における漢字の意味的相違について」『日本語教育学の視点』。

（2）德国海德堡大学汉学系图书馆藏无穷会藏沈翔云编印（励志会增补）《和文汉读法》（复制本），乔志航提供；

（3）丁福保重印《（增订第三版）和文汉读法》，夏晓虹提供；

（4）京大藏梦花卢氏增刊本《和文汉读法》，川尻文彦提供；

（5）南京图书馆藏写本《和文汉读法》，孙江、陈蕴茜提供。

另外，本章的初稿在"2008 北京大学国际研讨会：西学东渐与东亚近代新词新概念"（3 月 22 日）上发表时，听取了与会者的许多意见和建议，此次定稿做了大幅度的增补和修改。

第八章　政治小说《雪中梅》的汉译与新词传播

一　政治小说的兴起

"政治小说"这一说法源自英国，原指由 19 世纪英国政治家所创作的小说。近代日本的"政治小说"，作为日本明治文学史的一环，最早是以翻译小说的形式出现的，1878 年风靡一时的《欧洲奇事花柳春话》便是译自曾任英国国会议员的布韦尔·李顿（Bulwer-Lytton，1803 – 1873）的作品，再后来的《政党余谈春莺啭》《三英双美政界之情波》等则是译自曾两度出任过英国首相的本杰明·迪斯雷利（Benjamin Disraeli，1804 – 1881）的作品，此外也有反映法国大革命的《西洋血潮小暴风》（1883 年）等。这些译作成为当时最畅销的作品，广为阅读。于是，日本的部分政治家及新闻界人士受此影响，也开始创作政治小说。如户田钦堂的《民权演义情海波澜》（1880）、矢野文雄的《经国美谈》（1883~1884）和柴四郎的《佳人之奇遇》（1885）等均是这一时期的代表作。一般认为政治小说"初期以自由民权思想启蒙为主，后期则嬗变为提倡对外扩张的国权小说"。[①] 从这一意义上来说，明治 19 年（1886）刊行的政治小说

---

① 柳田泉『政治小説研究　卷中』松柏館書店・春秋社、1935~1939。

《雪中梅》（末广铁肠著，博文堂刊行）当属于前期作品，其主旨仍在于政治思想的启蒙，特别是伴随着以开设国会为目标的自由民权运动，著者打出了政党政治论的旗号，这在当时的日本引起了强烈的反响。《雪中梅》初版自发行以来，畅销数达 3 万册，甚至出现了"剽窃本""假冒本"等。① 明治 23 年 5 月又由大阪的嵩山堂出版了《订正增补雪中梅》，且一版再版，经久不衰。

当然，《雪中梅》在日本畅销的原因不单单是因为它的政治主张符合时局，还在于它带有人情色彩，文章通俗易懂。故事是以倒叙形式展开的，从 150 年后的明治 173 年的开国纪念日说起，因挖出记有功劳者国野基事迹的古碑，才在图书馆发现《雪中梅》和《花间莺》两书是描写其传记的小说。该书内容主要是讲主人公青年政治家国野基（日语含意为国家之根基）与其热心的支持者富永春，克服种种困难，最终结为良缘的过程。从登场人物的名字中（男主人公国野基的本名为"深谷梅次郎"，女主人公为"阿春"）亦可看出作者的本义，仿佛历经严冬的梅花迎来春天而绽放，苦难的日子终于结束一般。把政治寓意与言情恋爱结合在一起，是这部作品的特色之一。

由于小说的内容新颖、思想进步，加之其文章语言也大量采用了讲演体风格，交织着不少当时流行的"俗语"，以显示出不同于以往的政治小说的语言特色。由是，坪内逍遥称赞它说："文章结构出人意料，语言流畅且灵活，为近时作品中所未见。"②

著者末广铁肠（1849~1896）是日本近代政治家、记者。出生于伊予国（现四国爱媛县），曾就读于藩校明伦馆。上京后，明治 8 年 4 月担任东京《曙新闻》的编辑长，同年 10 月成为《朝野新闻》社论编辑主任，因言论不当被一再罚款、入狱服刑而闻名。明治 14

---

① 西田谷洋「イペルテクスト性とテクスト生成—末広政憲と末広鉄腸の政治小説」『近代文学研究』19 号、2002。

② 坪内逍遥「雪中梅の批評」『学芸雑誌』、1886 年 10 月。

年，末广铁肠加入自由党，并担任自由新闻社的社论专员，但后来因
批判党魁而离党。其间因病疗养，写下《雪中梅》、《花间莺》
(1887) 等小说，获得了极高的评价。末广铁肠于明治 23 年当选第
一届众议员，明治 28 年被推举为全院委员长，翌年因病去世。其他
的作品尚有《二十三年未来记》《南洋大波澜》《哑之旅行》等。

二 政治小说在中国的译介背景

中国的近代思想家梁启超曾主张把新小说当作唤醒民众的武器。
早在 1898 年，在他流亡日本横滨时办的《清议报》创刊号上，就登
载有东海散士柴四郎的《佳人之奇遇》的译文，[①] 并特意为此撰写了
《译印政治小说序》一文，强调小说作为启蒙工具的有效性：

> 在昔欧洲各国变革之始，其魁儒硕学、仁人志士往往以其身
> 之所经历，及胸中所怀政治之议论，一寄之于小说。于是彼中辍
> 学之子，簧塾之暇，手之口之，下而兵丁，而市侩，而农氓，而
> 工匠，而车夫马卒，而妇女，而童孺，靡不手之口之，往往每一
> 书出，而全国之议论为之一变。彼美、英、德、法、奥、意、日
> 本各国政界之日进，则政治小说为功最高焉。英名士某君曰：小
> 说为国民之魂。岂不然哉！岂不然哉！今特采外国名儒所撰述，
> 而有关切于今日中国时局者，次第译之，附于报末，爱国之士或
> 庶览焉。

此外，他还模仿日本的文艺杂志《新小说》﹝飨场篁村、须藤南

---

① 参见吕顺長「著述の虚偽と真実政治小説『佳人奇遇』の「梁啓超訳」説をめぐ
って」『アジア遊学　衝突と融合の東アジア文化史』勉誠出版、2016。该小说并
不像传说的那样，是梁启超在日本军舰上几个晚上就翻译出来的，而是在日本为
《清议报》提供翻译稿件的人的译作。

翠等编，春阳堂发行，明治二年（1869）创刊]，于光绪二十八年
（1902）创办了中国最早的小说专门杂志《新小说》。并在第一期的
卷首语里明言："欲新一国之民，先必新一国之小说。"阐明其宗旨
是"专在借小说家言，以发起国民政治思想，激励其爱国精神。一
切淫猥鄙野之言，有伤道德者，在所必摈"。由此揭开了小说界革命
的帷幕。对其中的政治小说，他解释说："政治小说者，著者欲借以
吐露其所怀抱之政治思想也。"这些观点在其《论小说与群治的关
系》一文中得到了系统完整的表述。①

　　如同呼应梁氏的主张一般，中国国内兴起了一股政治小说的翻译
热，并很快传遍了全国。据陈应年介绍，20世纪初期被翻译成中文
的政治小说大致有以下作品：②

　　　　柴四郎：《佳人奇遇》，光绪二十七年（1901）广智书局
　　　　柴四郎：《东洋佳人》，译者、出版时间不详
　　　　大桥乙羽：《累卵东洋》，忧亚子译，东京，1901
　　　　长田偶得：《日本维新英雄儿女奇遇记》，逸人后裔译，光
　　绪二十七年广智书局
　　　　矢野文雄：《经国美谈》，周逵译，光绪二十八年广智书局
　　　　矢野文雄：《极乐世界》，披雪洞主译，光绪二十八年广智
　　书局
　　　　东洋奇人：《未来战国志》，马仰禹编译，光绪二十八年广
　　智书局
　　　　佐佐木龙：《政波海澜》，赖子译，光绪二十九年作新社
　　　　《游侠风云录》，独立苍茫子译，光绪二十九年民权社

　①　齋藤希史「近代文学観念形成期における梁啓超」狭間直樹編『共同研究梁啓
　　超：西洋近代思想受容と明治日本』みすず書房、1999、304頁。
　②　陈应年：《梁启超与日本政治小说在中国的传播及评价》，《中日文化与交流》第1
　　辑，中国展望出版社，1984。

押川春浪：《千年后之世界》，包天笑译，光绪三十年群
学社

押川春浪：《新舞台》，徐念慈译，光绪三十一年小说林农
文馆

押川春浪：《旅顺双杰传》，汤红绂译，宣统元年世界社

末广铁肠：《雪中梅》，熊垓译，光绪二十九年江西尊业
书馆

末广铁肠：《花间莺》，译者不详，光绪二十九年上海

末广铁肠：《哑旅行》，黄摩西译，光绪三十二年上海小说
林社

此外还有遗漏可拾，比如珊宅彦弥的《珊瑚美人》（译者未详，
1905）、《美国独立记演义》（译者未详，1903）等。①

《雪中梅》一书的书名早见于康有为的《日本书目志》（1898），
但我们现在知道该书目只是依据当时日本发行的图书对其重新编辑的
结果，② 并不能说明其在中国的利用状况。确凿可知的中译本有光绪
二十九年（1903）江西尊业书馆发行的上、下两册。该译本的问世
比日文初版晚 17 年，比增补本也要晚 13 年，这一点跟上述译著与原
著的时代相隔是一致的。

斋藤希史也撰文说："梁启超提倡的文学改革的契机是在戊戌变
法后亡命日本期间，对他影响颇深的是日本的明治文学。就其影响关
系，一般人多论及《佳人之奇遇》和《经国美谈》等政治小说的翻
译，以及《新中国未来记》的创作。而实际上，同时还有一种论调
认为，梁启超亡命时的政治小说，在日本已经过时，故他只是接受了
点明治文学的唾余而已。或者认为他只是将之用于尚处于落后阶段的

---

① 郭延礼：《西方文化与近代小说的变革》，《阴山学刊》1999 年第 3～4 期。
② 王宝平「康有為『日本書目志』出典考」『汲古』57 号、2010。

中国而已。"① 为什么会有这种看法呢？这当然与中国社会当时的情状是分不开的。戊戌变法失败后的中国，士大夫对国家失望，紧接着义和团被镇压，清廷卖国，政治腐败，使人们认为走日本的民主政治之路，是一种新的可行性。而步日本之后尘，实行君主立宪，提倡改良主义，舍小异，存大同，达到中日民族团结，正是时代的走向。在这种形势下，符合时代特征的政治小说自然而然地被大量介绍到中国来了。

对于日本政治小说的中译本，当时中国的媒体也纷纷提及，企图借此来唤起民众对国家独立兴亡的关心。比如，针对《雪中梅》的中译本，有评论说"非独欲人知日本之事而已也，欲借之为中国社会间添政治之思想力耳"，表明译介的主要目的与其说是为了介绍日本，还不如说是为了给中国政治、社会施加思想上的压力。杂志《月月小说》（1906）的书评栏里还特别提到英雄楼上演说的场面，并评议说："国野基于少年英雄楼演说'社会如行旅'一段，议论纵横，滔滔汨汨，诚足鼓动人之政治思想。吾预备立宪国民尤堪借鉴。"

当然，如果从语言的角度来整理明治时期的政治小说，其中的表述方式和大量使用的汉语词汇也是我们不可忽视的要素之一。一般认为，"明治时期，尤其是明治二十年之前的日语，不愧称为'词汇混沌的二十年'，其用词表达方面十分零乱不一，五花八门。尤其是汉语词汇的表达使用，进入明治之后一度出现过'汉语流行的滥用时期'，但到了明治二十年左右，'统一实行的五年学制初见成效，新闻报刊已相当普及，翻译小说、政治小说等较为引人注目。明治初期那种汉语泛滥流行的热潮也开始沉静安定下来'"。② 也就是说，日本

---

① 齋藤希史「近代文学観念形成期における梁啓超」狭間直樹編『共同研究梁啓超：西洋近代思想受容と明治日本』、296 頁。

② 池上禎造「漢語流行の一時期—明治前期資料の処理について」『国語・国文』26 巻 2 号、1957；『漢語研究の構想』岩波書店、1984、55～56 頁。

文学中用汉文训读体翻译的先驱就是明治 11 年的《花柳春话》，然后才出现《经国美谈》《佳人之奇遇》《雪中梅》等大量使用汉语词汇的政治小说，其背景正是因为在当时的日语里，汉文训读方式的文体已经风靡一时。这类小说获得如此赞誉的一个重要原因，是其大量使用了汉语词汇。于是，在政治小说的翻译中，大量使用汉语词的意义就值得我们探讨。有学者认为，"之所以要使用汉语词，是为了摆脱日语的方言特征或地方性，或者为了标榜某种知识、权威或公共性"。有人则认为"无论从实用性还是伦理感觉的角度，当时的人们都抱有一种非用汉语词不足以表达的那种紧张感。于是在引进吸收欧美文化、建立新型知识制度的时候，很多情况下汉语词都起到了载体的作用"。[①] 在这种意义上，汉语词或者说汉语式表达，恐怕是最适合政治小说用来描写那些在时代前沿、在自由民权运动中大声疾呼改革的明治志士的了。

这一多用汉语词的文体正好与中国留学生的需要相吻合，对留日学生阅读和翻译政治小说来说，都是一个极为便利的支撑。鲁迅也曾翻译过政治小说《斯巴达之魂》。有评论说他"欲借此故事，以鼓舞本民族的尚武精神"，也有人认为鲁迅"欲以斯巴达人坚强不屈的意志来唤醒中国人沉睡的灵魂"。而鲁迅自己则在后来的《集外集》序言（1934 年 12 月）中回忆说：

> 我那时初学日文，文法并未了然，就急于看书，看书并不很懂，就急于翻译，所以那内容也就可疑得很，而且文章又多么古怪，尤其是那一篇《斯巴达之魂》，现在看起来，自己也不免耳朵发热。但这是当时的风气，要激昂慷慨、顿挫抑扬，才能被称为好文章。

---

① 黒住真「漢学—その書写・生成・権威」『近世日本社会と儒教』ぺりかん社、2003、217~220 頁。

由此可知，在当时的中国"激昂慷慨、顿挫抑扬"的文章十分受人欢迎。换言之，日本政治小说多用对仗、四字成语以及古文用典等汉语式的修辞手法，这也是中国读者喜欢这些文章的原因之一。

还有，日本的政治小说里多有演说体的表述，因为在当时的政治活动家和报刊新闻政论家们看来，演说是发表政见最直接、最简便的方式。所以，《佳人之奇遇》和《雪中梅》小说中的演说、辩论式的文体特征，也是比较适合使用汉语词来表达的。《雪中梅》原文的"（初版本）第一回中会话体占91%，叙述体只占9%，而订正增补本则将会话体减至84%，叙述体增到16%强"。① 这种改写实际上是不待所谓的"言文一致"运动的到来，身为新闻记者的末广铁肠就率先采用了这种直接诉诸民众耳目的有效文体。

而这种文体的中文翻译则给我们自己的"言文一致"运动带来了不可忽视的影响。从这个意义上来讲，政治小说的翻译文体与中文新文体及白话文运动的关系值得我们做进一步的探索。

三 中译本《雪中梅》的特征

日文版《雪中梅》有"初版本"和"订正增补本"两种。初版和增补版首先在形式构成上不同。博文堂的初版分上、下两册，订正增补版则将其合二为一了。本书使用的文本为早稻田大学藏订正增补第13版（明治29年7月5日发行），其序文部分依次排列着《第十版雪中梅序》《订正增补雪中梅序》《雪中梅序（尾崎行雄）》《雪中梅序（著者）》，即将原来置于初版下篇的尾崎行雄所写的著名序文，移到了改订增补版中的卷首部分。

---

① 和田繁二郎「『雪中梅』『花间鶯』試論」『東洋文化論叢』264 号、1967、212 頁。

中译本分两册（上、下卷）的结构类似博文堂的初版，但上述四篇序文均略去，上卷封面从右至左横排"政治小说"四字，居中用魏体字竖排"雪中梅"三个大字，再下面有"上卷"两字。紧接着下页是"雪中梅编目"，标明"日本广末铁肠著／高安梦飞子熊垓译"，上编目录由发端开始到第七回，下编无序，从第八回开始，至第十五回结束。封底标有"光绪二十九年八月初一日印刷／光绪二十九年九月二十日发行"，印刷及发行均为"江西尊业书馆"。从这点来看，中文译本的底本使用改订增补版的可能性比较大。只是，改订增补版到1912年为止至少出过22版，而中文译本究竟使用了其中的哪一个版本就无从推定了。不过中文译本问世的年份为1903年，那么它利用的至少是在此前发行的版本，比如明治二十九年（1896）发行的第13版。

其实，通过比较中译本《雪中梅》与第13版的原文，便可以确认两者的对译关系（中文译文与日文原版同样没有使用标点符号，此处引用时笔者加补了标点）。比如，下篇第二回中有拉门被撞到、四人初相识的场面。初版本上是这样描述的：

> 國：「失策の棒組ですハ、ア此の壮士ハ田村さんの御同郷ですかな」。
> 田：「イーヱ○○縣の島田と云ふ御方で先年自由黨の盛んな時分に東京で交際をしましたが」。

其中的○○到订正增补版时被加入了"福岛"二字，故中译本上也是同样译作"福岛"：

> 国野道："是的。"说着指着那少年道："这位是贵同乡罢？"
> 田村道："不是。他是福岛县人，姓岛田，从前自由党隆盛之时，在东京认得的。"

此外，该订正增补版对下篇第二回的文章内容改动最大，它把初版（博文堂版）原文从第 43 页第 5 行开始的国野的道白，到第 51 页第 5 行的长篇讲演全部删掉了。而接下来的文章马上就是：

人民の政事思想が進歩し議会を刺衝する輿論が強大にならねば何様な法律を設けたとて實際に利益を見ることはできますまい。

再来看中译本的情况，同样是在"最可惜舆论无权，弄得诸事毫无进步，连议会亦渐渐腐败起来"之后，直接衔接的是上段日文的中文对译：

从今以后，如果民间政治思想发达，舆论亦渐有权，以上一切弊端自可逐渐除去。不然那规条法律定得极好，也是枉然的啊。

也就是说，中译本跟初版之间存在着较大的差异，由此可以判断中译本的底本为订正增补本。

中译本基本上采取了中国章回体小说的体裁。原作本身也设置有章回体标题，这一点可能会让我们感到很熟悉。不过光看目录就知道，中译本并没有照搬原作的标题，而是把它改译得更具有中文特色一些：

上　编

发　端　祝炮轰天国会逢百五十回开期→开国会祝炮轰天
　　　　断碑出地父老想十九世纪名士→纪遗文断碑出地
第一回　老母凭枕示遗训→凭病榻老母述孤怀
　　　　小女挥泪告素怀→惨孤星佳人伤薄命

第二回　壮士盛试辩论正义社员→雄辩家登坛演说
　　　　少年初轰名声井生村楼→少年士当代扬名

第三回　鸟儿读书独伤情怀→激壮志午夜陈书
　　　　赤心对客大谈形势→察时机客厅闲话

第四回　数日逼债店主骂书生→恶索债店主无情
　　　　一字误写邮书酿奇祸→暗投金书生奇遇

第五回　书生阅新闻惊志士拘留→好友读新闻惊拘志士
　　　　警官举证佐谕囚徒首服→警官明佐证谕服囚徒

第六回　狱中半日雨暗断肠→心伤狴狱苦雨连旬
　　　　巾上一首歌忽激志→气奋鲛绡浩歌一阕

第七回　小女动名士心十三弦→幸出狱行旅遇知音
　　　　秀才认恩人书卅一字→悔贻书钟情翻惹祸

下　编

第一回　天缘未熟晓窗读告别书→天缘未熟乍读别离书
　　　　人事无常山店逢相识客→人事无常又逢相识客

第二回　醉步倒屏妨邻房弈棋→醉触屏风忽逢旧友
　　　　围坐传杯谈地方形势→闲论议会各逞高谭

第三回　论剧场改革暗陈感慨→论剧馆改良暗陈感慨
　　　　闻新闻评说窃恼心情→听新闻评说窃恼心情

第四回　读稗史少女钦贞妇→读稗史佳人钦烈女
　　　　出遗书老滑强新妇→违遗嘱老滑强成婚

第五回　闲室围棋窃谈诡计→谈诡计闲坐围棋
　　　　小人设阱将陷秀才→巧安排多方设阱

第六回　一纸新闻巧离间佳人才子→一纸新闻巧离间佳人才子
　　　　三杯醇酒将腐乱石心铁肠→三杯醇酒将腐乱石心铁肠

第七回　忠婢谈事实明散疑惑→雏鬟谈事实大散狐疑
　　　　淑女说心情阳约婚姻→淑女诉心情曲谐鸳侣

第八回　凌腊雪冰姿长立寒风→凌腊雪冰姿长立寒松

逐春风金羽将迁乔木→逐春风金羽将迁乔木

除了下编第六回，其他各回标题都进行了或多或少的改动。在单词层面上，根据中文的语感意思，有"告别→别离""劇場→剧馆""改革→改良""少女→佳人""遺書→遗嘱""贞妇→烈女"之类的改动。《唐土奇谈》（1790）中说："'芝居'一词在唐土或称演场，或称戏场，或称剧场。"可见早先的中文里也使用"剧场"一词，但到了近代则更普遍地称为"剧馆"了。此外，每一回的开头必有"话说""且说""却说""不表"等套话，结尾时又必称"欲知后事如何，且听下回分解"，以勾起读者对情节展开的兴趣。最典型的是每回末都用对句来结尾，比如下编中有"知己有怀陈远志，征途无奈送将归"（第三回）、"危局已惊羊遇虎，伤心争免凤随鸦"（第四回）、"人情幻似千重雾，意海惊翻万迭波"（第五回）、"机关待攫渔翁利，杯酒终成鬼蜮谋"（第六回）、"天上鸳鸯同命鸟，人间骐骥不凡材"（第八回），这五回都是译者自己创作了对句，以符合中国传统章回小说的固定格式。

　　不仅如此，原作以"体现作者政治理想的书生出身的青年政治家国野基，与暗地支持他的才色兼备女教师阿春之间的关系为主轴"所展开的内容，也是承袭了中国历来的才子佳人小说的题材。也就是说，译者如果把它当成才子佳人小说来翻译，便不愁没有读者。事实上，猪野谦二已经尖锐地批判了这一点，他说："这种恋爱描写没能脱出人情小说的旧套和看风使舵的不自然处，尽管想让阿春作为对政治有所理解的新女性登场，但却未能脱俗。"①

　　不过，中译本似乎倾向于把阿春塑造成一个"新女性"。比如，下篇第四回中阿春听到叔父劝说婚嫁时，就说了如下一番话：

---

　　①　猪野謙二『明治文学史上』講談社、1985、220頁。

　　叔叔说的人就怎么好，我也不敢依从。像西洋各国的婚姻，都是由男女自主，两下合意，然后定为夫妇。我今日大胆在叔叔面前说句不知好歹的话，这件事是我的终身大事，望叔叔不必干预，由我自主罢。

该处译文中所见有关婚姻自由的"男女自主""由我自主"等词语，在后来的新文化运动中演化成"婚姻自主""男女平等""自由恋爱"等女性解放的口号，打动了一代青年人的心。由此也足以了解该小说被称为"新小说"的理由了。再比如，中译本还介绍了日本女性的留学情况，并把此事称赞为"新事""庆事"。文中写道：

　　今の若い婦人には随分学者があるから馬鹿にはなりませんと云ふを聞き国野は姑し忘れし意中のひとのことを思ひだし。（现在年轻的女人里头很有有学问的，<u>并且从前听得人家说，有几十个女子往欧洲去留学的。像这样的事一天一天的多起来，也是可为国家预贺的了。</u>国野听他这样说，忽然想起一件事来。）

中文加下画线部分恐怕是译者自身的感想，在日文原文中并不存在。这种加译可能与译者丰富的日本知识有关。①

　　译者熊垓（1882～?），字畅九，本籍江西省高安县。他 1899 年赴日，曾留学东京法学院（即后来的法政大学），并在 1907 年的宪政编查馆编制局中任副科员（外务部候补主事），后出任民国政府（1912）外交部第一任条约课课长，自 1919 年 8 月担任外交部秘书职

————————————

① 这里当指日本女子教育的先驱津田梅子等女留学生。

务。有记录表明他在上任秘书的同年就被指派处理学生的反日运动,① 日本"亚洲历史资料中心"网站也提供了三条信息,说明他至 1934 年时仍在外交部任职,为"和约研究会"的成员之一。从其履历来看,译者的日语水平应该说是无可怀疑的,比如译文中有时会把日本的长度单位"里"（一里 = 四公里）一丝不苟地换算成中国的"里",如:

　　　一里半餘りと聞て居ります。（大约有九里多路。）

　　但是,中译本中还是有不顾中日文之间的意思差异,而直接搬用日文同形词语的例子。比如"脚色"一词,在日文小说中往往表示故事情节的安排。像前文所举逍遥的文章以及下面《雪中梅》里的例子,都标有しくみ的读法,这与中文一般所指的"分配角色"意思大不一样。例如:

　　　作者には相応に学問があつて事理を弁じ古今に通じて居るから脚色（しくみ）が巧妙にして能く時勢を穿ち俳優も教育を受け上等社会に交際し、自然に気品が高く、中々婦人の玩弄物になる様なものではない。

在这里,"脚色"与"俳優"处于对照并列的关系。那么中译本又是

① 据尚小明《留日学生与清末新政》（第 2 版,江西教育出版社,2003）所收的"北京政府外交部职官年表（1912～1928）"。又据中国社会科学院近代史研究所编《五四爱国运动档案资料》（中国社会科学出版社,1980）,日本公使两度要求中方说明学生反日运动时,熊垓均在场:
　　　日本小幡公使会晤问答,（1919 年）十二月十七日,深泽参赞、德川、熊垓在座。小幡公使云:日本小学堂学生,屡被学生等殴打事,前闻熊秘书告知,贵国已致函警厅,亦已派便衣巡警梭巡保护,感甚。惟自十二日以来,又有若干起,兹特列表奉闻。言毕,面交儿童被害表一纸。……日本小幡公使会晤问答,（1920 年）九年二月二日,深泽参赞、熊垓在座……

怎么处理的呢？

> 那些脚色是要有学问，通达事理知古今，都受过教育，与上
> 等社会的人来往，<u>不像我国和支那的剧子一样</u>。所以他的气品也
> 就很高，不是妇人女子所可玩弄的。

很显然中译本的"脚色"分明是指俳优本身，画线部分是译者补充
的内容，无端把"支那"也捎带上了。由此可以看出"脚色"被当
作人物来理解了。还有其他类似的例子，像下面这句话中"脚色"
"演员"相连紧跟着出现，这可能很是让译者为难了一阵，结果只好
采取了省略不译的方法。

> 一日も早く脚色や役者の風儀を改良せねば見物人に満足を
> 與へ。

从这一意味上讲，直接使用日文独特词汇的例子也有不少。比如
"後見人"本来是日文里特有的"和制汉语"，在中文环境里意思就
很难理解。尽管如此，译文却直接搬用了这个词，如：

> 貴殿後見人トナリ一家ノ財産御管理可被下候。（请足下为
> 后见人，一家所有财产均请代为管理。）

再如"机"字也一样。该字在古代汉语里的确有表示"桌子"
的意思，然而像：

> 正值国野也无事，一人闷坐机边。

这句话，尽管日文原文中都没有使用"机"字来表示桌子，译文里

却出现了。当然，有的地方也使用了现代汉语式的"桌子"。如：

　　（春儿）一日坐在自己房内，凭着卓子看西洋小说。

这里的原文是描写女主人公躺着看西洋小说，可作为"新时代女性"来翻译的中译本不能照原文来译，特意改成"凭着桌子"，以维护其形象。如此看来，译者或许是为了突显阿春的"新女性"而时不时故意做这种表达上的处理吧。

四　新语词、新概念在中国的传播

　　进入 20 世纪后，尤其是在 1902 年以后，在"广译日书"的号召下，中国留学生翻译日本书刊的活动蔚然成风。《雪中梅》的中译本正是于留日学生译述活动巅峰期的 1903 年问世的。[①] 这里当然也包含着一种通过日本学习西方政治思想的动机，而翻译书刊本身也被看作是一种救国行为。不仅一般的书刊读物，甚至中国国内编写的英华字典也反过来把英和辞典当成主要参考书来利用。由此，大量的日本新汉语进入到中文里面了。这也是中日两国的近代语言中同形语词骤然增多的原因之一。

　　新小说的翻译在引进日语汉字词上起到了重要作用。事实上，光从《雪中梅》的中译本（下篇）中就可找出下列有关政治、政党的用词，如：

| 社会 | 大议论 | 因循（守旧） | 自由党 | 新闻 | 议案 | 议员 |
| 议会 | 同志组织 | 干涉 | 行政官 | 选举人 | 地方官 | |

①　朱京伟《读［德］李博著〈汉语中的马克思主义术语的起源与作用〉中译本》（『或问』8 号、2004）里也介绍了将 1903 年作为"社会主义"相关概念译词的分水岭的观点。

土木费	县民	改选议员	制度	代议士	权利
地方自治	舆论	人民	规则	地方税	精神
国民的感情自由政治		运动	特权	权力	效力
国家	国会	裁制	学者	政党	政事家
政治改革	政治思想	（政事）政党政治		政党组织论	
团结	性质	上等社会	下等人民		辞表
法规	裁判所	机关报	电报	民间	目礼
旅费	感觉	奴隶	风潮	学者	英文书
虎列刺	革命	新世界			

这些都属于中译本直接搬用的日文汉字词。它们与其他的近代概念一起大量传入中国，作为一般的汉语词在社会上普及开来。诚然，上述语词如按一般分类的话，既有像"文学""小说""精神""艺术""自由"那样能在古典汉文中找到出典，被拿来对应西方传来的新概念的语词，或者从古典汉语转用过来的"人民""制度""同志""舆论""规则""国家""革命"等语词；也有已经在 19 世纪的英华字典中出现过的语词，比如来自近代汉语的"国会""议员""权利""新闻"等。下面再来看几组具体的例子。

小说　　"小说"一词早见于《汉书·艺文志》，即中国历来的野史、稗说之意，清代禁书《巫梦缘》卷七开头就说：

> 这一首词，现在前景是说入本题，是小说的旧规，原不消十分拘泥。

这当然是传统意义。《东华录》卷二十二中也有"严禁小说淫词"的说法，江苏巡抚丁日昌也发令禁毁"淫词小说"［《江苏省例藩政》，同治七年（1868）四月十五日］。总之，在近代中国，"小说"不是什么好东西，多属于禁毁之类。

通过 19 世纪的英华字典，"小说"开始对译西洋概念：

①马礼逊《英华字典》PART Ⅲ：

Novel a small tale 小说书 　 Hearing of a few romances and novels forthwith think that they are true 听些野史小说便信真了。

②卫三畏《英华韵府历阶》：

　Novel 　小说

③麦都思《英华字典》：

Fiction works of fiction 　小说。

Novel, a romance 小说，romances and novels 野史，小说。

Romance 　小说。

④罗存德《英华字典》：

Novel 小说 to write novels 作小说。

Novelist 作小说者。

如前所述，英华字典的对译当然也传到日本。日本最初的英和辞典《英和对译袖珍辞书》将 fiction 释为"小说モノ・造り事，方便"，其后柴田昌吉、子安峻的《附音插图英和字汇》，将英语 fiction，novel，romance 均译作"小说"，这当然是受罗存德《英华字典》的影响。

"小说"在日本的近代概念，最具代表性的是坪内逍遥的《小说神髓》（1885～1886），而《雪中梅》下编所收的尾崎行雄序（明治 19 年 11 月，1886）也是将"小说"按西洋概念及写法来做具体解释：

　　　小说（在没有找到适当译词时，暂且对译为 Novel），是近代文学的一大发明……名副其实的小说最早产生于十七世纪初，开始注重描写当代的事实和人物。而将理论上的主张寓于小说者则在本世纪初。有政治小说亦有科学小说，欲将网罗万物而不疏漏，不正是当今小说的进步吗？小说是决不可轻视的。

这里首先说在没有找到适当译词时，暂且将"小说"对译为novel，并称虽然可将中国古代传奇视为小说的一种，但认为17世纪以降的英国文学才不愧为真正的近代小说。有政治小说亦有科学小说，由此强调"小说是决不可轻视的"。这种议论当然不见于中国同一时代，我们可以说"小说"这一语词虽然出自中国，却在传到日本后被逐步赋予了近代概念，以下且逐步细分。

20世纪初，中国也迎来小说界革命，发行有《新小说》等30余种小说杂志。阿英《晚清小说史》中说新刊小说有上千种，1/3为创作，2/3是翻译小说。这个数据有商榷的余地，但仅看来自日本的小说种类就知道其影响之深。如1902年《新小说》杂志上有以下种类：

外交小说　探侦小说　哲理小说　历史小说　法律小说　冒险小说
社会小说　写情小说　科学小说　政治小说

之后还有教育小说、复仇小说等。其他像长编小说、中编小说、短编小说以及报告文学这种分类也是来自日本。

运动　"运动"一词按照中国古典"运行转动"的意思，一般作动词使用。作为名词使用的"运动"（为达成某个目的而进行的活动）则较早见于日本的政治小说《经国美谈》。如：

乱民の運動を支配する中心は。（后·四）/掌控暴民运动的中心是。

《雪中梅》下篇第二回中也可见有实际用例：

議会は多数人民の意見に従って運動し。（议会本是听从人民的意见来运转的。）
自分独りで功名を成す様な考えでは多数と共に運動を試む

ることは出来まい。(只想着自己一人独自功成名就，是无法和
大多数人一起共同运动的。)

不过，中译本只反映出前面一例作为动词使用的"运动"，后例的名
词性用法则被省略了，不见译文。

政治　"政事"和"政治"两个词在古代汉语中都有。《雪中
梅》把"政事"和"政治"按对等的比例来区分表示。从《日本国
语大辞典》(第二版)的释义中可知平文的《和英语林集成》初版中
只有"政事"，而改订增补版中则除了"政事"外，也列出了"政
治"，所以说"政治"一词成立在后。中译本《雪中梅》中除了偶尔
几处用"政事"之外，几乎都作"政治"。不过，就其词义来看，当
时的"政治"含义较宽，狄考文编写的 New Terms for New Ideas: A
Study of the Chinese Newspaper 中虽然把"政治家"译作 politician，却
把"政治"解释为 government affairs，包括国家所有的行政、议会和
经济等事务。

新闻　日文中该词最早出现在 1862 年的《官板巴达维亚新闻》，
而作为中文，则在卫三畏的《英华韵府历阶》中可看到"newspaper
新闻纸"的说法。

法规　该词在《雪中梅》里以书刊名称的形式出现。如：

朱檀の唐机の上には類聚法規二三冊あり（下・五）。／朱
檀的唐桌上有两三本《类聚法规》。

山田俊治注解说此处的法规是指"由司法省编撰，自明治 11 年开始
逐年刊行的法令全书"。[①] 照此理解，那么应该可找出比《雪中梅》
更早的使用例子，如《日本国语大辞典》(第二版)中举的是 1877

① 山田俊治・林原純生校注『新日本古典文学大系　政治小説集』岩波書店、2003。

年的例句：

> 法規の存する所、全く之を政府の維持に附せば『米欧回
> 覧実記』。（1877）

在中国较早使用该词的当推梁启超《论资政院之天职》（1910）："各
部院养无量数之冗员，除酒食博弈外，则惟以抄译他国法规为事。"
这里说的"抄译他国法规"也正指的是《雪中梅》译者熊垓所在的
宪政编查馆编制局的工作。

民间　"民间"的字样在古典汉籍中已经存在，《万国公法》里
也用，但表示与政府相对概念的"民间"多出现在明治初年，恐怕
最早出现在《雪中梅》的文章中：

> 民間の政事思想が進步して議会を刺衝する世論が強大にな
> らねば。（改訂版下・二）/从今以后如果民间政治思想发达。

这一"民間"例子在初版原文上作"人民の政事思想"，后来的改订
版上改成了"民間"。中译本则依据改订版翻译，由此也可证实中译
本的底本为改订版。

警察　该词原来也出自中文古典，与监察的意思相近。具有近代
意思的使用例早见于日本的《米欧回览实记》（1877）：

> 夫より「ポリス、コート」に至る。即ち府中警察の裁判
> 所なり。（然后至"治安法庭"，即市里的警察法庭。）

《雪中梅》文章中也有多处使用该词，还出现"警察官""警察署"
等复合词。如：

　　士人の犯罪を取扱ふには経験ある警察官と知られたり。
（上・五）／处理乡绅士人的犯罪据说都是有经验的警官。

　　警察署に拘引して裁判所に告発し。（上・二）／拘留在警
察署内后向法院告发。

中文里使用得比较多的则是"巡查"，"警察"最早出现在黄遵宪的
《日本杂事诗》（1879）里，等于是介绍日本的事物。

　　国事犯　该词完全属于日文造词，在《鬼啾啾》（1884）等作品
中早有使用。如：

　　国事犯を糾問すべき臨時の法廷を開くに決しぬ。（决定召
开临时法庭审查国是犯。）

《雪中梅》里面也几度出现，比如下篇第二回中有：

　　僕の獄へ這入つたのを聞て国事犯でも遣り掛つ様に思つ
て。（听说我进过牢是个国事犯。）

中译本显然照搬了日文原词。

　　改良　该词也是在日文中独自产生形成的。书刊作品中有下列用
法：

　　其制度の弊習を改良せんと企つるも。（『日本開化小史』，
1877～1882）／试图改良其制度上的陋习。

　　大に政治の改良でも、おこなはふといふ志で居りながら。
（『当世書生気質』，1885～1886）／虽然也想大举进行政治改良。

另外当时的辞书中也已经将"改良"作为词条收载了。如：

カイリヤウ　改良（ヨキニアラタメル）（『改正増補和英
英和語林集成』，1886）

在《清议报》中，该词自第19册［光绪二十五年（1899）五月二十
一日］开始出现，以后小说里陆续增多。1908年颜惠庆的《英华大
辞典》中亦大量使用该词，康有为的《大同书》（1919）里有称：
"其时学校所教，时时公议改良，固非今日所能预议。"

中文里本来就有"改革"和"改善"两词，但前者有严酷的意
味，后者又接近"改悔"的用法，所以今天我们使用的意思不妨认
为都来自日语。换言之，这些语词一面传承着中国古典赋予的语义，
一面又经过日语的洗礼，实现了向近代语义的转换。

有关近代新词、新概念的研究最近比较多见，不过通过具体作品
的翻译来进行一番追本溯源的工作也是十分有必要的，由此我们便能
较好把握住其出现的背景，正确理解概念转换过程中的在当时语境下
的人文历史方面的具体接受过程。

五　政治小说在东亚地区的传播和影响

中国的政治小说也是在日译政治小说的影响下开始创作过程的。
不少研究已经指出，梁启超的《新中国未来记》显然受到了《雪中
梅》的影响。[①] 其中对60年后全国维新庆祝大会的描写，可以说正
是从《雪中梅》开头记述明治173年的国会成立150周年庆祝大会
一段中受到启发的。这种以未来前景作为构思内容的写法也影响了中
国的小说创作。如陈天华的《狮子吼》（1905）也是借鉴了《雪中
梅》的写法，以倒叙的手法展开，先叙述中华民族光复后50年的繁

---

① 参见夏晓虹《觉世与传世——梁启超的文学道路》，上海人民出版社，1991；山田
敬三「『新中国未来记』をめぐって一梁啓超における革命と変革の理論」狭間
直樹編『共同研究梁啓超：西洋近代思想受容と明治日本』。

华富强景象，然后再回叙故事始末。这种手法也见于陆士谔的小说《新中国》（一名《立宪四十年后之中国》，1910）和碧荷馆主人的《新纪元》（1908）等。

　　1898 年戊戌变法失败，康有为、梁启超逃亡海外，中国的立宪运动势头减退。而其后通过翻译政治小说等活动，人们的民权意识有所提高，再加之受到日俄战争结果的刺激和影响，清廷终于在1905 年派遣大臣赴国外考察，为立宪做准备。同年由商务印书馆编撰的《最新高等小学用国文教科书》第 1 册的第一至第四课，以《预备立宪》为题全文登载了皇帝的上谕（光绪三十二年七月十三日）。浏览其中使用的新语词，便能发现与《雪中梅》的用词相似甚多。比如：

政治　法制　宪法　公论　权限　宪政　舆论　规制　国民　法律　教育
财政　进化之理　资格　政体　民主立宪　君主立宪　君主专制　人民
议会　党派　政策　议院　议员　地方议会　财产　言论　集会　自由
生命　责任　纳税　义务　幸福　德育　智育　体育

这些反映时代特征的语词给人留下的印象非常深刻。不仅如此，创作于 20 世纪初期的谴责小说和科学小说也从这些翻译小说中吸收了这样或那样的养分。至少可以说翻译小说为推动近代新词的使用和传播，做出了不少贡献，如：

感情　社会　动物　太平洋　演说　文明　团体　政治　言论自由
新闻纸　洋灯　制造　天文　法则　主义　宗教家　义务
中等　上等　留学生

这些词均见于刘鹗的《老残游记》（1906），也说明新词在中文里的普及程度很高。而"科学小说"这一名称本身也是原封不动地取自尾崎行雄为《雪中梅》所作的序言里的用法。

东亚地区在以日本为榜样不断实现近代化的过程中，通过翻译书刊传播新思想、新概念的现象在其他国家也逐渐展开。如前文所述，中国提倡和翻译新小说的鼎盛时期是 20 世纪的最初数年，不久之后，这一潮流也涌到相邻的朝鲜半岛。同样以新小说为名的翻译或创作活动，也对韩国的文艺作品产生了影响。隆熙二年（1908）四月汇东书馆出版了同名作品《政治小说雪中梅》。① 该书的封面设计以及图案与日本的订正增补版完全相同，只是把原著封面右上方的"末广铁肠居士著"、右侧注明的版数以及"嵩山堂藏版"的字样删除，取而代之的是"汇东书馆发行"字样。不过，作为开化期的新小说之一，全书采用的是标准规格直排，除了封面和底页上有汉字记载之外，其余正文共 79 页全部是朝鲜文字表记。像这样纯粹用朝鲜文字的表记可看作是朝鲜"独立协会运动"为唤醒民族自觉意识而采用的一种手段。实际上，1896 年 4 月开始发行的《独立新闻》采用了现代式的朝鲜文字，以期实现言文一致。在该新闻停刊之后，又有纯朝鲜文版的《帝国新闻》发行，鼓吹爱国思想和独立思想。也就是说在韩国，充满了提倡民族独立自主、提倡新教育、打破迷信、提倡男女平等等近代思潮并且带有启蒙意味的新小说，所使用的也是言文一致的朝鲜文文体，脱去了过去以汉文为主的封建外套，积极配合新时代、新气象的到来。②

韩语版《雪中梅》并不是日文版的翻译，而是依据其故事情节将登场人物和地点均换成韩国的背景后重新加以创作的，即所谓的"翻案小说"。③ 在国家主权被逐步侵夺的情况下，译本无法将原作所

---

① 《新小说·翻案小说3》（韩国开化期文学丛书，韩国学文献研究所编，亚细亚文化社，1978）里收有具然学改写的《雪中梅》。

② 梨花女子大学校、韩国文化史编纂委员会编著《韩国文化选书 2　韩国文化史》，成甲书房，1981。

③ 慎根縡『日韓近代小説の比較研究：鉄腸・紅葉・蘆花と翻案小説』明治書院、2006。

主张的自由民权及君主立宪等政治理念加以推广，所以与中文版相比，韩语版《雪中梅》政治宣传与讲演的部分被大量删除，原文中的近代新词也吸收得较少。

　　据朴孝庚转引최경옥《韩国开化期近代外来汉字语的受容研究》（제이엔씨，J & C，2003）表明，[1] 韩语版《雪中梅》共使用汉语词1731 个，其中作为近代汉语新词的可能性较高的有 126 词；再进一步看，不见于开化期以前的韩国资料，而只出现在开化期资料里的新词有以下 59 个：

簡単	感覚	鑑定	开会	建築	掲載	結合	警官	警務（官）
境遇	警察	契約	困難	空氣	公会	広告	欧羅巴	权利記者
内容	能力	団体	満場一致	民权	方針	排布	法規	複雑
生存競争	時計	紳士	俄羅斯	壓製	洋服	洋书	演說	鉛筆
予算	旺盛	郵遞	郵票	人力車	日語	立宪	雑報	財政
裁判所	電報	電信	絶痛	政黨	政治	鉄道	閉会	協会
擴張	確定	会馆	会社	欠節	吸收			

这个词表与上文所举的中文版（下篇）词表相比较，我们可以发现下列词汇并没有出现在韩文版里：

大议论	因循	自由党	议案	议员	同志	组织	干涉	行政官
选举人	地方官	土木费	县民		改选议员	制度	代议士	
地方自治		舆论	规则	地方税	精神	国民的感情		
自由政治	运动	特权	权力	效果	国会	裁制	学者	政事家
政党政治	政党组织论	团结	性质	辞表	机关报	目礼	奴隶	
英文书	虎列刺	革命						

---

[1]　朴孝庚「韓国語版『雪中梅』にあらわれた近代漢語について」『立教大学　日本語研究』14 号、2007。

特别是关于地方政治等敏感词汇不被接受，均遭省略。而其他如
"东洋""文明""社会""西洋""小说""时间""新闻""运动"
"自然""自由""主义""天然"等则多用于同时期其他的新小说之
中。①

　　由此可见，在唤起民族觉醒自立的近代，翻译小说起到的作用不
可忽视。因为它传播的不仅仅是内容和思想，还有新的语词和新的概
念；对于近代化进程中的国家而言，这些都是不可或缺的精神食粮。

---

　　①　朴孝庚「韓国語版『雪中梅』にあらわれた近代漢語について」『立教大学　日
本語研究』14 号、2007。

第九章 让语言更革命：《共产党宣言》的翻译问题

引 言

《共产党宣言》自 1848 年发表以来，不仅是一份政治革命的宣言，而且是其后一个半世纪共产党发展的指导性纲领，更是改变中国的主要文献之一。其思想上与理论上的影响之大是毋庸置疑的，而其语言上的冲击力更是唤起群众、激发革命的一股无穷的、直接的力量。为此，我们尝试从语言学的角度对这一发行量广、阅读量大的重要文献加以分析。

众所周知，最早的中文版《共产党宣言》（1920）是直接由日文版转译过来的，虽然译者陈望道自己对之语焉不详，但只要比较一下两者译文译词的类似程度，就可一目了然。而日文版又是根据英文版翻译的，这样我们可以列出一条《共产党宣言》传播到中国的语言链来：

1848 德文版→1888 英文版→1906 日文版→1920 中文版

仅从这一事实来看，汉语中的社会科学，特别是社会主义方面的语词与日语有着千丝万缕的联系。马克思主义传入中国不单是始自"十月革命的一声炮响"，具体落实到语言文字上，日语反倒是其理论基础的一个重要来源。① 可以认为，从语言上来看，社会主义方面的语词在中国的传播和流通是离不开日语这个媒介的。也就是说，早期的马克思主义新思潮得以在中国传播，是建立在日文文本的基础之上的——至少从语词文字，即新概念的运用上来看，很大程度上都是依赖日文文本的。这种依赖导致了以下几个值得我们关注的问题：

第一，日文版翻译是否准确？如果有译错之处，在此基础上译成的中文版是否会沿袭其错误？

第二，日文语境与中文语境的不同所导致的词义理解的差异，即同形词的照搬是否掩盖了日中词义概念上的某些分歧？

第三，中文版的译词有哪些地方不同于日文版？这种不同是否准确地反映了当时日中语言的状况？

第四，中文版不同时期的版本在译词上的趋向是什么？中文版在后来的改译过程中有没有受到其他日文版的影响？

本章通过调查《共产党宣言》由日文版转译为中文版这一个案，特别是比较日文版和中文版的不同，从微观的角度阐明中日两国对马克思主义理解的微妙差别，着重探讨它丰富了哪些中文的新概念，并从中梳理出语词和概念的形成过程，就近代中日两国的语词交流情况做一概述。

一　由日文版到中文版

日本的石谷斋藏早在 1891 年出版的《社会党琐闻》一书中，就介绍了当时著名的社会主义文献，其中对《共产党宣言》做了较为

---

① 李博《汉语中的马克思主义术语的起源与作用》（赵倩、王草、葛平竹译，中国社会科学出版社，2003）一书专门论及源自日语的社会主义语词。

详细的说明。两年后，深井英五也在《现时的社会主义》一文里介绍过《共产党宣言》。1898 年 10 月，日本社会主义运动的杰出领袖之一幸德秋水与其同志共同创立了社会主义研究会，并分别在 1901年和 1903 年发表了《帝国主义》《社会主义神髓》等文章。他还与堺利彦一起创办了《平民新闻》。1904 年为纪念创刊一周年，该报登载了两人合译的《共产党宣言》（据英文版译，第三章未译），但马上遭到警方查封。《平民新闻》被迫在两个月后停刊，幸德秋水也因此身陷囹圄数月。1906 年两人又创办了杂志《社会主义研究》，并在创刊号上全文刊载了《共产党宣言》的日译本，此译本仍是依据英文版，仅在文字上对 1904 年版进行了部分改译。中文版最早的两个译本均是据此日译本重译的。

　　有关日文版《共产党宣言》的译词研究，宫岛达夫有一篇重要文章就叫《〈共产党宣言〉的译词》。[①] 他用近百页的篇幅比较了日语各版本后，对译词的演变过程做了详尽的分析。他认为通过比较《共产党宣言》的日文译本，可以看出近代日语的变化。出于这一目的，他在论文的附录里将 21 种日文译本按时代顺序排列，以便对照120 多个译词的演变情况。也就是说，我们在做中日文比较的时候，日文方面已给我们提供了一个坚实的基础。比如，就"共产党""共产主义"的概念，日文先是在 1870 年加藤弘之的《真政大意》里出现音译的コミュニスメ，后经过"共同党"（1878）、"贫富平均党"（1879）、"通有党"（1879）和"共产论"（1881），才在 1881 年植木枝盛的文章（《爱国新志》34 号）里出现"共产党"一词，随后在 1882 年城多虎雄《论欧洲社会党》（《朝野新闻》）里同时出现"共产党""共产主义"。

　　下面我们将就幸德秋水、堺利彦的日译本和早期的两个中译本进行一下比较。

---

① 宫島達夫「『共產黨宣言』の訳語」言語学研究会編『言語の研究』むぎ書房、1979。

（一）1908 年民鸣译《共产党宣言》第一章

在《共产党宣言》传入中国之前，已有众多的社会主义文献由日语翻译介绍过来。如《社会主义》（村井知至著，罗大维译，1903）、《社会主义概评》（岛田三郎著，作新社译，1903）、《近世社会主义》（福井准造著，赵必振译，1903）、《社会主义神髓》（幸德秋水著，创生译，1907）等书，还有《帝国主义》（浮田和民著，出洋营生译）、《二十世纪之怪物帝国主义》（幸德秋水著，赵必振译，1902）等。此外也有关于无政府主义方面的介绍和翻译。

当时有代表性的杂志都对社会主义做过介绍。如在东京创刊的中国同盟会的《民报》，成为革命派的一块宣传阵地，由朱执信和宋教仁执笔的一系列文章，在宣传和普及社会主义思想方面颇具贡献，为辛亥革命的爆发起了推动作用。1906 年 1 月《民报》月刊第 2 号登载了朱执信摘译的《德意志社会革命家列传》，介绍了《共产党宣言》的十大纲领。该杂志的编辑张继和章炳麟都与幸德秋水交往甚笃。此外，由何震主笔的杂志《天义》（1907～1909）每月发行两次，为女子复权会的机关刊物。其简章里宣称："以破坏固有的社会、实行人类平等为宗旨，提倡女界革命，并同时提倡种族、政治、经济诸革命。"为了追求新的社会主义革命的哲理，留日青年们在东京组织了"社会主义研究会"。在第一次研究会上（1907年 8 月 31 日）便是请日文版《共产党宣言》的译者之一幸德秋水来讲演。所以，半年以后，即 1908 年 3 月 15 日发行的《天义》第 16～19 合刊号上刊登出民鸣译的《共产党宣言》第一章也就不足为奇了。

民鸣显然是译者的笔名，具体身份及履历不详。所译篇幅只有第一章，是直接从日文版的《共产党宣言》［幸德秋水、堺利彦译，明治 39 年（1906）］译出的。民鸣译本在语言文字上，75% 以上沿袭日译。将之与宫岛达夫的译词表相对照，我们会发现在 110 个词中有

72 词相同，12 词类似，相同、类似度约 76.4%。如果要加上所有汉字词的话，类似的程度会更高：

异物　流行　权力者　俄皇　急进党　侦探　急进　保守　诉　绅士
平民　共产党员　趋向　阶级斗争　压制者　被压制者　秩序
阶级　中世　废灭　新绅士社会　压制　绅士阀　平民
中世　贸易　交换机关　现时工场之组织　中等制造家　当代之绅士
世界市场　第三团级　近世代议国家　国家行政部　诗歌　门阀
交换之价值　掠夺　医师　赁银劳动者　家族间之关系（"覆面"缺）
金钱上之关系　三角塔　国民之移转　生产机关　工业阶级
亵视　掠夺　生产　保守者　国民之产业　文明国人民
（"生产物"缺）交互之关系　各民　偏执　世界之文学
交通　生产方法　半开化诸国民　农作国民　天然之力　交换机关
交换……诸权　财产关系　生产过饶　衣食　工业　掠夺　防遏
兴致　价值　生产之费　近世产业　资本家　族制　手业　劳动之器械
中等阶级　农夫　生产法　发达者　生产之器具　小绅士　产业
低落　商业恐慌　赁金　骚动　一巨大之　权力阶级
革命阶级　绅士之有学者……者　职人　平民　产业之迁变
社会分产力　分配法　上级　社会　一国　小作人

加下画线者为不同译法。可以看出，主要的社会主义概念完全照搬日文原词。如"急进党""急进""保守""共产党员""阶级斗争""生产机关""工业阶级""生产方法""价值""资本家""权力阶级""革命阶级""社会"等，都沿用至今。对"绅士阀"这个基本概念，此译文后面还加有刘师培的一段注释：

　　案绅士阀，英语为 Bourgeoisie，含有资本阶级富豪阶级上流及权力阶级诸意义。绅士英语为 Bourgeois，亦与相同。然此等绅士，系指中级市民之进为资本家者言，与贵族不同，犹中国俗语所谓老爷，不尽指官吏言也。申叔附识。

这段注释里已经用到"资本阶级""权力阶级""资本家"等词。后来的陈望道译本将"绅士""平民"分别译为"有产者""无产者"，可能是受早期河上肇作品翻译的影响，即河上肇著作里出现的"有产者"和"无产者"被原封不动地挪用到了中文里。①

我们再来看看民鸣译本的文体特征。如下面一段的日中比较：

（幸德秋水、堺利彦译，1906）此事實は以て左の二事を知るに足る。

一、共產主義は、既に歐洲の各權力者に依つて、亦是れ一個の勢力なりとして認識せらるゝに至れる事。

二、共產黨員が公然全世界の眼前に立つて、其意見、目的、趣向を明白にし、黨自ら發表せる所の宣言を以て、此の共產主義の怪物に關するお伽噺と對陣すべきの機熟せる事。

（民鸣译，1908）即此事实足知如左之二事。

一、共产主义者，致使欧洲权力各阶级认为有势力之一派。

二、共产党员，克公布其意见目的及趋向，促世界人民之注目。并以党员自为发表之宣言，与关于共产主义各论议互相对峙，今其机已熟。

从文体上看，两者都是文言文。日文的文言文对中国人来说实际上更容易读。民鸣译文基本上是抽出汉字部分加以组合，所以，主要语词均沿用日文。如"共产主义""共产党员""权力""阶级""势力""意见""目的""趋向"等。另外，民鸣译本里的

---

① 石川禎浩「陳望道訳『共產黨宣言』について」『飈風』27 号、1987。收入石川禎浩『中國共產黨成立史　第一章』岩波書店、2001。

"共产主义者" 还不是一个词，"者" 只是对译了日语表示主语的助词は。

（二）1920 年陈望道译《共产党宣言》全本

陈望道，浙江义乌人，早年曾留学日本，因受十月革命影响，开始接触马克思主义新思潮，结识了日本早期的社会主义者河上肇、山川均等人，并阅读了他们翻译的马克思主义著作。陈望道于 1919 年 6 月应五四运动感召回国，在途经杭州时，受聘为浙江第一师范学校语文教员。之后，陈望道回到家乡，翻译了影响 20 世纪中国命运的《共产党宣言》，并于 1920 年 8 月在上海由社会主义研究社出版发行。

我们在此主要通过比较日中两个译本来探讨汉语译词及文体的类似状况。陈译本在语词上沿袭日文版的程度有所下降，名词为多，动词则改动较大。其原因有二：一是日语动词的词义较宽，中文翻译时的回旋余地较大；二是译者努力将动词翻译得更富有煽动力。这一点在他介绍日本早期的社会主义者河上肇时就有所反映。从文体的比较中也可看出，陈望道的译本已经改用口语，明显可以看出白话文的趋向，这一点与当时的新文化运动不无关联。有些研究说陈望道的译本以英文为主，日文为辅，但我们在比较其译词对日语词的沿袭程度后，发现陈译本是依据 1906 年日文版翻译而来的，这是不争的事实：

（陈望道译，1920）由这种事实可以看出两件事：

一、共产主义，已经被全欧洲有势力的人认作一种有权力的东西；

二、共产党员已经有了时机可以公然在全世界底面前，用自己党底宣言发表自己的意见、目的、趋向，并对抗关于共产主义这怪物底无稽之谈。

[百周年纪念本（定译本），1949] 从这一事实中可以得出两个结论：

共产主义已经被欧洲的一切势力公认为一种势力；现在是共产党人向全世界公开说明自己的观点、自己的目的、自己的意图并且拿党自己的宣言来对抗关于共产主义幽灵的神话的时候了。

和民鸣的译文相比，陈望道译本已经相当口语化了，与1949年的定译本也比较接近。其主要名词仍沿袭日文——"共产主义""欧洲""势力""权力""共产党员""全世界""宣言""意见""目的""趋向""怪物"等。拿陈望道1920年的译词与宫岛达夫的译词表相对照的话，可以得出55.7%的一致率。双音词为：

意见	衣食	移民	一国	价值	怪物	官吏	教育	权力	交换	工业
交际	交通	国粹	国民	产业	自觉	实际	主义	集中	商业	将来
上层	人民	趋向	政权	政敌	政党	地方	党派	道理	农业	农夫
徘徊	发达	分配	平民	评论	贸易	目的	懒惰	历史	离散	理想
掠夺										

其中三字词、四字词、五字词的一致程度更为明显：

委员会	科学家	急进党	急进的	旧方式	共产党	强迫的	近世史
财产权	财产制	在野党	产业军	产出费	实业家	实际的	资本家
十字军	自由民	障害物	小册子	小地主	殖民地	新产业	新市场
人道家	生产力	制造家	全人类	全世界	全大陆	组织的	代议制
大部分	中世纪	低水平	统治权	劳动家	劳动者	批评的	封建的
封建党	法律家	保守派	野蛮人	理想家	流行病		
永久真理	阶级斗争	革命阶级	家族关系	共产主义	共产党员		
金钱关系	近世产业	权力阶级	交换价值	交换机关	工业阶级		
工场组织	交通机关	国民银行	国民开放	国家资本	财产关系		

自治团体	私有财产	自由贸易	自由竞争	商业恐慌	将来社会
神圣同盟	新式事物	生产关系	生产机关	生产事业	生产方式
政治权力	政治组织	制造工业	世界市场	专制王权	专制主义
专制政府	中间阶级	中等阶级	特许市民	复古时代	分配方法
文明国民	平均价格	封建领主	封建社会	封建时代	民主主义
两大阶级	社会生产力				

也就是说，较之双音词来说，在日本新组合的合成词更容易为汉语所接受。其原因是新概念、新事物的语言表达在日语里更偏于词的组合所带来的叙述性，而在中文里尚没有能取代之的既有概念，于是原文借用的成分增多。这一点在后来日语新词的借用方面也表现得十分突出。[①]

二　中文版《共产党宣言》的传播演变

陈望道的译本于 1920 年 8 月出版，印刷了 1000 册，仓促之下，竟将书名印作《共党产宣言》。上端从右向左印有"社会主义研究小丛书第一种"字样，署名作者"马格斯安格尔斯合著"。全书用五号字竖排，共 56 页。印刷发行者是"社会主义研究社"，定价大洋一角。此本已不多见，常被作为国家一级文物加以收藏。翌月加印的再版本改正了书名，流传较广，本文所用的文本就是东京大学的藏本。

此后，中文版的《共产党宣言》出现了许多版本，在此我们引用杨金海、胡永钦的《〈共产党宣言〉在中国的翻译、出版和传播》一文对之做一简单的整理和介绍。[②]

---

① 陳力衛「和製漢語の形成」『国文学：解釈と鑑賞』70 卷 1 号、2005。
② 原作发表在中国科学社会主义学会主办的《科学社会主义》1998 年"纪念《共产党宣言》发表一百五十周年"特刊上。

1930 年，上海华兴书局出版了第二个中文全译本，书名为《1847 年国际工人同盟宣言》，1938 年武汉天马书局翻印了这个全译本。同一年，中国书店出版了由成仿吾和徐冰合译的《共产党宣言》。1942 年 10 月，为了配合延安整风运动，大量出版马列原著，中宣部成立翻译校阅委员会。博古当时作为翻译校阅委员会成员，根据俄文版《共产党宣言》对成、徐译本进行了重新校译，并增译了一篇序言，即《共产党宣言》1882 年俄文版序言。1943 年 8 月延安解放社首次出版了博古校译本。是年，中共中央规定高级干部必须学习五本马列原著（《共产党宣言》《社会主义从空想到科学的发展》《共产主义运动中的"左派"幼稚病》《在民主革命中社会民主党的两个策略》《联共（布）党史简明教程》），博古译本成为干部的必读书。博古译本的特点是译法更接近于现代汉语。其出版发行量极大，自 1943 年到 1949 年估计达数百万册，可以说是 1949 年前流传最广、印行最多、影响最大的一个版本。

1948 年，为纪念《共产党宣言》发表一百周年，设在莫斯科的苏联外国文书籍出版局用中文出版了百周年纪念本。该译本由当时在该局工作的几位中国同志根据《共产党宣言》1848 年德文原版译出。可以说，该译本是当时内容最全、翻译质量最高的一个本子。1949 年初该版本运到中国，从 6 月起，人民出版社和一些地方出版社相继重印该版。解放社于 1949 年 11 月在北京出版了《共产党宣言》"北京版"。它是根据苏联外国文书籍出版局《共产党宣言》"百周年纪念本"的中文版翻印的。

根据党中央的决定，中央编译局于 1953 年 1 月成立。同时，人民出版社也承担着马列著作的出版工作。1954 年初，编译局开始翻译马克思和恩格斯的单篇著作。1955 年开始翻译的《马克思恩格斯全集》是根据苏联出版的俄文第二版。1958 年 8 月，收有《共产党宣言》的《马克思恩格斯全集》中文版第四卷由人民出版社出版。这样，《共产党宣言》就又有了一个全新的译本。此外，文字改革出版社于 1958 年 11 月出版了《共产党宣言》的汉语拼音注音本。

1992 年 3 月，人民出版社出版了一本新版的《共产党宣言》，该版的译文在 1972 年出版的《马克思恩格斯选集》中文版第一卷的译文基础上重新进行了校订。该版的译文最初在 1978 年中共中央党校所编的《马列著作毛泽东著作选读》一书中发表。1995 年 6 月由中央编译局重新编辑的《马克思恩格斯选集》中文第二版由人民出版社出版发行，这是《共产党宣言》迄今在中国出版的最新版本。①

这样，中文各版所依据的原文情况基本如下：

陈望道 1920（日文）→上海华兴书局 1930（德文？）→成仿吾、徐冰 1938（日文？）→博古 1943（俄文）→百周年纪念本 1949（德文）→注音本 1958（俄文）→最新版 1995（德文）

除日文和德文外，俄文的影响亦不容忽视。1949 年的百周年纪念本虽说是译自德文，但具体翻译和出版都在当时的苏联，这一因素我们不能不考虑。在这里我们主要抽出以下几个版本来看一下译词的演变情况：

A. 陈望道译本（1920） 本书依照的是东京大学藏 1920 年 9 月再版本，其简体字本收在《陈望道文集》第 4 卷中（复旦大学语言研究室编，上海人民出版社，1990）。

B. 百周年纪念本（1949） 此本是现在一般通用的定译本，发行量最大，传播最广。单行本由中共中央马克思恩格斯列宁斯大林著作编译局发行（人民出版社，1949 年第一版），本书依据的是 1973 年版。

---

① 参见《〈共产党宣言〉在中国的翻译、出版和传播》，http：//www.cctb. net/bygz/zzby/byyj/200502/t20050224_252237. htm，登录时间：2018 年 11 月 20 日。

C. 注音本（1958） 中央编译局依照俄文版进行的改译。本书依据的是文字改革出版社 1958 年出版的单行本。

D. 最新版 1992 年改译并出版 1995 年出了修订本，没有进行大幅修改，只是对个别字句进行了订正。

三 《共产党宣言》的中文译词趋向尖锐化

百周年纪念本《共产党宣言》是由莫斯科苏联外国文书籍出版局用中文出版的本子。鉴于改造社会制度的重要性，它以阶级斗争为纲，在语词的翻译上开始呈现出两极分化，对异己及对立阶级的用词愈发趋向尖锐化。比如我们可以找出一些改译幅度较大的词来看看（第一个译词为日文 1906 年版，箭头后依次为上述 A、B、C 三个本子的译法。见表 9 - 4）：

（转向柔和）异物→怪物→幽灵→怪影/标榜→强调/急进的→进步的

原文的词是 Gespenst/spectre，日文中译为"异物"，因此陈望道采用"怪物"。但是"怪物"太"实"，与开篇的"徘徊/游荡"不配。定译本"幽灵"当然吓人，但增加了飘逸的动感，比后来 1958 年注音本采用的"怪影"要美，而成仿吾的译本译作"魔怪"则显恐惧，更是不为人们所取。

（转向尖锐）一揆骚动→骚动的事→阶级斗争/保守的→反动的/禁止→废止→消灭/评论→批评→批判/处理→处分→处置→打倒/区别→差别→差异→对立/权力→强力→暴力/强制的→强力的→暴力的/压迫策→高压的政策→强压手段→暴力的处置

我们再按词类分别看一下语词的改译程度。

1. 名词：突出"民族·祖国"，抵消"国民·国家"

定译本，即百周年纪念本《共产党宣言》对"国家·国民"一词进行了大规模的改动。如：

> 有人还责备共产党人，说他们要取消祖国（国家），取消民族（国粹）。
>
> 工人没有祖国（国家）。决不能剥夺他们所没有的东西。因为无产阶级首先必须取得政治统治，上升为民族的（国家的）阶级，把自身组织成为民族（国民），所以它本身还是民族的（国民的），虽然完全不是资产阶级所理解的那种意思。
>
> 随着工业生产以及与之相适应的生活条件的趋于一致，各国人民（国民）之间的民族分隔和对立日益消失。
>
> 人对人的剥削一消灭，民族（国民）对民族（国民）的剥削就会随之消灭。
>
> 民族（一国里）内部的阶级对立一消失，民族（国民）之间的敌对关系就会随之消失。

定译本把括号里陈译的"国家"改为"祖国"，把"国民"改为"民族"，一是以突出民族和祖国来确立该宣言在中国的合法性；二是抵消近代"国民·国家"的概念，为建立无产阶级专政下的国家铺平道路。即在共产党人尚未取得政权的时候，不以国民的身份出现，而以"民族·祖国"代替"国民·国家"，在当时是一种权宜的做法。①

---

① 沈松侨「近代諸概念の生成—近代中國的『國民』觀念 1895－1911」鈴木貞美·劉建輝編『近代東亜諸概念的成立　第 26 回国際研究集会』国際日本文化研究センター、2012。

现在的 1949 年定译本，即百周年纪念本对"暴力"一词的突出使用也是极为醒目的。我们在 1906 年的日文译本里找不到"暴力"一词，陈望道的译本里也没有出现该词。如：

> （陈望道译本）**推倒**有产阶级，筑起无产阶级权力的基础。
>
> （百周年纪念本）直到这个战争爆发为公开的革命，无产阶级用**暴力推翻**资产阶级而建立自己的统治。

在早期的译法中，围绕这个词也是采取不同态度的。"一般来说，朱（执信）的译文的语调听起来不像马克思的那么激烈。有趣的是'暴力推翻'中的'暴力'一词，也从堺利彦、幸德秋水在另外有关这节更为准确的译文中略去，几个月后，在宋（教仁）的译文中又出现了。"①

的确，在其后的译本里逐渐开始使用"暴力"这一概念。共产党在要消灭整个阶级这一理论和意识形态的指导下，将暴力合法化，并主张暴力革命。我们再看几个例子：

> 原来意义上的政治权力，是一个阶级用以压迫另一个阶级的有组织的暴力。如果说无产阶级在反对资产阶级的斗争中一定要联合为阶级，如果说它通过革命使自己成为统治阶级，并以统治阶级的资格用**暴力**消灭旧的生产关系，那末它在消灭这种生产关系的同时，也就消灭了阶级对立的存在条件，消灭了阶级本身的存在条件，从而消灭了它自己这个阶级的统治。（用那**权力**去破坏）
>
> 在政治实践中，他们参与对工人阶级采取的一切**暴力**措施。（**强制**）

---

① 伯纳尔：《一九〇七年以前中国的社会主义思潮》，丘权政、符致兴译，福建人民出版社，1985，第 103 页。

　　他们公开宣布：他们的目的只有用**暴力推翻**全部现存的社会制度才能达到。（颠覆→**推倒**→用暴力推翻）

我们注意（　）里陈望道的译本基本上用的是"权力""强制"，后来都改译为"暴力"。最后一句"推翻"前面本来没有"用暴力"这一状语，陈译也只用了"推倒"一词，但在定译本里改作"用暴力推翻"。

2. 动词："消灭"出现频次的递增

　　有关"消灭"一词在《共产党宣言》里的用法，已经有过一些讨论，主要是就德文原文是否应该都译成"消灭"，本来还可以有"扬弃"之类的选择等问题提出不同观点。① 我们在这里将日文的两个版本幸德秋水和堺利彦译本（1906）、早川二郎和大田黑年男译本（1930）与陈望道译本（1920）、定译本（1949）、注音本（1958）做一比较，看看"消灭"一词在中文版《共产党宣言》里出现次数的变化：

表 9-1　《共产党宣言》中"消灭"一词数量的递增

1906 年幸德秋水、堺利彦译本	1930 年早川二郎、大田黑年男译本	1920 年陈望道译本	1949 年百周年纪念本（定译本）	1958 年注音本
除却　9	扬弃　79	免不了　2	消灭　24	消灭　58
绝灭　11	破坏　81	消灭　4	消失　25	消灭　59
打坏　10	破坏　82	崩坏　5	消灭　27	消灭　66
打坏　10	破坏　82	崩坏　5	消灭　27	消灭　66
除去　12	扬弃　83	除去　6	消灭　28	消灭　68
破坏　14	破坏　84	毁坏　8	消灭　30	消灭　72
沉没　18	破坏　91	沉没　12	消灭　34	消灭　86

---

① 李桐：《〈共产党宣言〉中一个原文词 Aufhebung 的解释和翻译管见》，《书屋》2000 年第 9 期；罗伯中：《关于〈共产党宣言〉汉译本若干问题的分析》，《社会科学研究》2002 年第 5 期。

1906 年幸德秋水、堺利彦译本		1930 年早川二郎、大田黑年男译本		1920 年陈望道译本		1949 年百周年纪念本（定译本）		1958 年注音本	
废止	18	废除	92	推翻	13	消灭	35	消灭	87
废止	18			推翻	13	消灭	35	消灭	87
处理	18	处分	92	处置	13	打倒	35	消灭	88
禁止	20	废绝	95	废止	15	消灭	37	消灭	94
禁止	20	扬弃	95	废止	16	消灭	38	消灭	95
禁止	21	废绝	95	废止	16	消灭	38	消灭	95
		废绝	95			消灭	38	消灭	95
禁ず	21	废绝	95	废止	16	消灭	38	消灭	96
破坏	21	废绝	95	破坏	16	消灭	38	消灭	96
破坏	21	废绝	95	破坏	16	消灭	38	消灭	96
禁ず	21	废绝	96	废止	17	消灭	39	消灭	98
禁ず	21	废绝	96	废止	17	消灭	39	消灭	98
扫荡	21	無クス	97	扫荡	17			消灭	98
禁绝	22	废绝	97	消灭	17	消灭	39	消灭	99
禁绝	22	废绝	97	消灭	17	消灭	39	排除	99
禁绝	22	废绝	97	消灭	17	消灭	39	排除	99
消灭	22	無クナル	97	消灭	17	消失	39	消灭	99
消灭	22	無クナル	97	消灭	17	消失	39	消灭	99
废绝	22	废绝	97	废止	17	消灭	39	消灭	100
废绝	22	废绝	97	废止	17	消灭	39	消灭	100
废绝	22	废绝	97	废止	17			消灭	100
灭绝	22	废绝	98	废止	17	消灭	39	消灭	100
丧ヘル	22	失ウ	98	丧失	17	消灭	39	消灭	100
废灭	22	废绝	98	废止	17	消灭	39	消灭	100
灭绝	22	废绝	98	废止	17	消灭	40	消灭	101
消灭	22	废绝	98	消灭	18	消灭	40	消灭	101
消灭	23	废绝	98	消灭	18	消灭	40	消灭	101
禁废	23	废绝	98	废止	18	消灭	40	消灭	101
消失	23	废绝	99	消灭	18	消灭	40	消灭	102
消失	23	废绝	99	消灭	18	消灭	40	消灭	102

1906 年幸德秋水、堺利彦译本		1930 年早川二郎、大田黑年男译本		1920 年陈望道译本		1949 年百周年纪念本（定译本）		1958 年注音本	
消失	23	废绝	99	消灭	18	消灭	40	消灭	102
消灭	23	废绝	99	消灭	18	消灭	40	消灭	102
废止	24	废绝	100	废止	19	消灭	41	消灭	104
绝无	24	無	100	消灭	19	独居	41	独居	104
消灭	24	消失	100	消灭	19	消失	41	消逝	104
消灭	24	消失	100	消灭	19	消失	41	消灭	105
禁止	24	废绝	100	禁止	19	消灭	41	废除	105
代フルニ	24	废シ	100	废去	19	消灭	41	消灭	105
禁绝	25	废绝	101	废止	20	消灭	42	消灭	108
禁绝	25	消灭	101	消灭	20	消失	42	消灭	108
消灭	25	消灭	102	消灭	21	消失	43	消逝	109
消灭	25	消灭	102	消灭	21	消失	43	消逝	109
止ム	25	止ム	102	没有了	21	消灭	43	消灭	109
止ム	25	止ム	102	没有了	21	消灭	43	消灭	109
亡灭	26	消灭	104	消灭	22	消失	44	消逝	112
废ス	27	废ス	105	去掉	23	消灭	45	消灭	115
消失	27	消灭	105	消灭	24	消失	45	消灭	115
ト為リ	27	トナリ	105	占领	24	消灭	46	消灭	116
一扫	27	扬弃	106	破坏	24	消灭	46	消灭	116
一扫	28	扬弃	106	扫除	24	消灭	46	消灭	116
排除	28	扬弃	106	去掉	24	消灭	46	消灭	116
废止	35	废止	117	废止	33	消灭	55	消灭	142
废止	35	废止	117	废止	33	消灭	55	消灭	142
废止	35	废止	117	废止	33	消灭	55	消灭	142
废止	35	废止	118	废止	33	消灭	55	消灭	142
消灭	35	消灭	118	消灭	33	消灭	55	消灭	142
"消灭"一词的总出现次数									
11		6		22		49		56	

注：词后的数字为该词出现在该书中的页码。

如表 9 - 1 所示，"消灭"一词在日文里本是不及物动词，有自然消失之义。日文 1906 年版中只出现 11 次，而陈望道译本倍增至 22 次，定译本在其基础上增加到 49 次，到后来的注音本又增加到 56 次，且多为及物动词。如德文原文之 aufhebung，英译 obolition，1906 年的日译版为"废绝"，1920 年的中译本为"废止"，而 1949 年版则改译为"消灭"。这种译词的选择，显示了译者对修辞语气的把捏；而修辞语言的选择，无非又是社会环境和时代变化使然。我们再看几个具体例子（括号里为陈译）：

> 旧社会的生活条件在无产阶级的生活条件中已经被**消灭**了。
> （已**沉没**在无产阶级的状况中了）
> 无产者只有消灭自己的现存的占有方式，从而消灭全部现存的占有方式，才能取得社会生产力。无产者没有什么自己的东西必须加以保护，他们必须**摧毁**至今保护和保障私有财产的一切。（**推翻**）

其他动词也有趋于尖锐化的倾向，比如"炸毁打倒""决裂"等词在早期的译法中并不激烈：

> 无产阶级，现今社会的最下层，如果不**炸毁**构成官方社会的整个上层，就不能抬起头来，挺起胸来。／～が空中に飛ぶ→
> （若不把……**抛出**九霄云外）
> 每一个国家的无产阶级当然首先应该**打倒**本国的资产阶级。（必须首先**处置**）
> 共产主义革命就是同传统的所有制关系实行**最彻底**的决裂；毫不奇怪，它在自己的发展进程中要同传统的观念实行**最彻底**的决裂。（**急激**的破裂……**急激**的变化）

译词趋向激烈和尖锐化，不光是中译本的问题，实际上在日译本中也存在。如表 9 - 2 里日语的译词按激烈程度排比下来，我们从中也可以看出日文各个译本的用词趋向。

表 9 - 2 日译本《共产党宣言》动词选用的比较（以"消灭"为例）

激烈程度	用词	1906 年幸德秋水、堺利彦译本	1930 年早川二郎、大田黑年男译本	1951 年大内兵卫、向坂逸郎译本
********	废绝	5	32	
******	禁绝	5		
*****	破坏	5	6	5
****	消灭	13	6	9
***	废止	7	4	27
***	废弃			8
**	消失	4	4	
*	扬弃		8	

前面说过，在日语里"消灭"是不及物动词，所以堺利彦、幸德秋水译本的多用并不意味着其语词的强烈，而"废绝"一词才是这组语词里程度最激烈的动词。如此看来，在日文版中，1930 年由俄文版译出的早川二郎、大田黑年男译本用词最为激烈。同样是语词尖锐化的代表，相比之下，1951 年的大内兵卫、向坂逸郎译本就柔和多了。

3. 形容词：变"复古的""保守的"为"反动的"

这也是将语词趋于两极化的一个典型例子。我们看一下中日两国的译词的趋向：

表 9 - 3 中日各译本《共产党宣言》中对形容词的选用
（以"复古的""保守的""反动的"为例）

1906 年幸德秋水、堺利彦译本	1930 年早川二郎、大田黑年男译本	1920 年陈望道译本	1949 年百周年纪念本（定译本）
小绅士阀	小ブルジョア	小资本阶级	小市民的反动性
复古的なり	反动的である	复古的	反动的
复古的にして	反动的であり	复古的	反动的
复古的性质	反动的性质	复古的性质	反动的性质
复古的性质	反动的	复古的性质	反动的
复古的社会主义	反动的社会主义	复古的社会主义	反动的社会主义
复古的保守的社会主义	反动のもしくは保守的社会主义	复古的保守社会主义	反动的进步的或保守的社会主义
复古的利益	反动的利益	复古的利益	反动的利益

续表

1906 年幸德秋水、堺利彦译本	1930 年早川二郎、大田黑年男译本	1920 年陈望道译本	1949 年百周年纪念本（定译本）
复古的の分派	反动的分派	复古一派	反动的宗派
复古时代	复古时代	复古时代	复辟时期
保守党	保守的	保守党	保守的
保守的社会主义	保守的社会主义	保守的社会主义	保守的……社会主义
保守的なり	保守的である	保守的	保守的
保守的政敌	反动的な政敌	保守的政党	自己的反动
保守的人士	反动主义者	保守派	反动派
保守的人士	反动主义者	保守派	反动派
保守阶级	反动诸阶级	保守阶级	反动的阶级
保守党の阴谋	反动的阴谋	保守党阴谋	反动的勾当

通过此表我们可以看出，在 1906 年日文版中"复古的""保守的"两个词分别出现 9 次和 8 次，在陈望道的译文里基本上是原封照搬，没有任何改动。而在 1949 年的定译本里"复古的"除一处改为"复辟"外，其他均作"反动的"；"保守的"有 3 处沿袭，5 处被改为"反动的"。

从上述改译中我们还发现其他日文版对汉语译文的影响，比如早川二郎、大田黑年男 1930 的译法与 1949 年的百周年纪念本（定译本）十分相似。早川二郎、大田黑年男译本是由俄文版（1928 年莫斯科国立出版所《共产主义杂志》附录）译出的，与同在莫斯科翻译的百周年纪念本恐怕有一定的联系。也就是说，马克思和恩格斯在起草《共产党宣言》时用词的严谨性，在以后的各语种译本中被大幅度削弱，而其宣传鼓动成分则得到了强化。1948 年在莫斯科出版的百周年纪念本更是一个重要的转折，它不仅结束了中文版《共产党宣言》从日文、俄文转译的历史，而且开始了中文版用词"尖锐化"的过程，后来的各版都没有扭转这个趋势。

结　语

"到目前为止的一切社会的历史都是阶级斗争的历史。"为了证实《共产党宣言》的这一命题，日本的马克思主义史学家要千方百计地将历史事实都视为被压迫阶级反抗和斗争的历史，以此来证明人民对压迫的勇敢斗争是推动历史进步的动力。①。

　　中文版《共产党宣言》的改译过程也是为这一目的服务。它把阶级分为有产阶级、资产阶级和无产阶级，通过译词的尖锐化来突出阶级矛盾，提高阶级意识，使革命与暴力的选择变得更为合理。

　　1938 年以后，在共产党的根据地延安，语言的阶级色彩更加突出。不要说"地主""资本家"这种被打入另册的词，就是像"自由主义""检讨""批判""人民"等词在不同程度上都被打上了阶级的烙印。在这个历史时期，"破旧立新"应运而生，其后的几场政治运动更是加深了这种语言上的鲜明对照，到了"文化大革命"时期，则演化为一场巨大的语言暴力，构成了一种奇特甚至畸形的现代中国的"红色文化"。

　　《共产党宣言》的翻译及改译过程对汉语文体的影响应该引起我们足够的重视。陈望道的初译本与白话文运动的发展互相呼应，奠定了《共产党宣言》早期传播的基础；但到了 1949 年的百周年纪念本，则超越了个人特征，变为集体意识的反映，即为阶级斗争的需要和现实生活的需求，在语言上突出二元对立的社会结构，增加暴力色彩，以现代为中心去截断历史。我们研究《共产党宣言》的翻译，实际上是想透过中国近代的这一"日本"视点，或者说是中国现代性的语言视点，来梳理汉语文本成立过程的一个重要环节，即语言是如何演变成一种物质力量的。②

---

① 丸山真男：《致一位自由主义者的信》，《现代政治的思想与行动》，陈力卫译，商务印书馆，2018。
② 刘禾《超级符号与观念的生成——鸦片战争中"夷"字之辨的由来》（国际日本文化研究中心第 26 次国际研究集会"近代东亚诸概念的成立"，2005）分析了语词是如何演变为一种物质力量的。

表 9 - 4　《共产党宣言》译词对照表

1906 年幸德秋水、堺利彦译本	1930 年早川二郎、大田黑年男译本	1920 年陈望道译本	1949 年百周年纪念本（定译本）	德语原文	英译
压迫政策	压迫的立法	压迫政策	暴力措施	gewaltmassregeln	coercive measures
移民	移出民	移民	流亡分子	emigranten	emigrants
一揆骚动	一揆暴动	骚动的事	阶级斗争	emeuten	riots
怪物	怪物	怪物	幽灵	gespenst	spectre
学者的绅士	ブルジョ思想家	理想的资本家	资产阶级思想家	bourgeoisideologen	bourgeois ideologists
机关	手段	工具	手段	mittel	means
急进的	急进的	急进的	进步的	fortgeschrittener	advanced
一	强力的、暴力的	一	暴力	gewaltsam	forcible
共产党	共产主义者	共产党	共产党人	kommunisten	communists
共产党员	共产主义者	共产党员	共产党人	kommunisten	communists
禁止、灭绝	扬弃、废绝	废止	消灭	aufhebung	abolition
禁废	扬弃	废止	消灭	aufhebung	abolition
禁绝	废绝	消灭	消灭	aufhebung	abolition
区别	区别	差别	对立	gegensatz	distinction
权力	强力	权力	暴力	gewalt	power
行为	实际	行动	实践	praxis	practice
国粹	国籍	国家的界限	民族的共同利益	nationalitat	nationality
国粹	国民性	国粹	民族	nationalitat	nationality
国民	国民	国民	民族	nation(en)	nation(s)
国民银行	国立银行	国民银行	国家银行	nationalbank	national bank

续表

1906年辛德秋水、界利彦译本	1930年早川二郎、大田黑年男译本	1920年陈望道译本	1949年百周年纪念本（定译本）	德语原文	英译
国民的解放	国民的解放	国民解放	民族解放	nationale befreiung	national emancipation
国民的产业	国民的产业	国民的产业	民族工业	nationale industrien	national industries
国民の移转	民族移住	国民底迁徒	民族大迁移	volkerwanderungen	exoduses of nations
主义	原则	主义	原则	prinzipien	principles
宗义	原则	主义	原则	prinzipien	principles
小地主	小农阶级	小地主	小农等级	kleiner bauernstand	small peasant propriotors
小绅士	小ブルジョア	小富豪	小资产者	kleinburger	petty bourgeoisie
小绅士	小资本家	小资本家	小资产者	kleiner burger	petty bourgeois
小町人	小市民	小资产家	小资产家	kleinburger	petty bourgeois
职人	职人	工匠	手工业者	handwerker	artisan
绅士	ブルジョア	有产者	资产者	bourgeois	bourgeois
绅商	ブルジョア	大绅商	资产者	bourgeois	bourgeois
绅士阀,绅士	ブルジョアジー	有产阶级	资产阶级	bourgeoisie	bourgeoisie
专制主义	专制政治	专制主义	专制制度	absolutismus	absolutism
争阀	对立	对抗	对立	gegensatz	antagonism
探侦	官宪	侦探	警察	polizisten	police spies
秩序	阶级	阶级	等级	stande	orders
中间阶级	小ブルジョア	中间阶级	小资产阶级	kleinburgertum	intermediate classes
中等阶级	中产阶级	中等阶级	中间等级	mittelstande	middle class
天然	自然	自然	自然规律	natur	nature
天然力	自然力	自然力	自然力	naturkrafte	nature's forces

续表

1906年幸德秋水、堺利彦译本	1930年早川二郎、大田黑年男译本	1920年陈望道译本	1949年百周年纪念本（定译本）	德语原文	英译
当代绅士	近代的ブルジョア	近代的有产阶级	现代资产者	moderne bourgeois	modern bourgeois
道理	实践理性	道理	实践理性	praktische vernunft	practical reason
废墟	灭亡	废址	灭亡	untergang	ruins
废绝、废灭	废绝	废除、废止	消灭	aufhebung	abolition
批评的	批评的	批评的	批判的	kritisch	critical
标榜	标榜	掌……作主要问题	强调	hervorheben	bring to the front
评论	批评	评论	批判	kritik	criticism
贫民劳动者	プロレタリア	无产贫民	无产阶级	proletariat	proletariat
复古时代	复古时代	复古时代	复辟时期	restaurationszeit	restoration period
复古的	反动的	复古的	反动的	reaktionar	reactionary
分配	收得、领有	分配	占有	aneignung	appropriation
分配法	所得方法	分配方法	占有方式	aneignungsweise	mode of appropriation
平民	プロレタリア平民	无产者,平民	无产者,平民	proletarier	proletarians
平民	プロレタリアート	无产阶级	无产阶级	(lumpen-) proletariat	proletariat
偏执	偏见	偏见	片面性	einseitigkeit	one-sidedness
保守的	反动的	保守的	自己的反动	reaktionar	reactionary
保守的人士	反动主义者	保守派	反动派	reaktionare	reactionists
门阀的	家长制的	家长的	宗法的	patriarchalisch	patriarchal
理想	理想	理想	思想	ideen	ideas
理想家の	理想的	理想家	意识形态	ideologisch	ideological
掠夺	开发	垄断	开拓	exploitation	exploitation

第十章 汉语欧化过程中的日语因素

一 问题的提出

一般我们提起日语对汉语的影响，多偏重语词方面的因素，即日语借词对汉语的影响。而且现在这方面的研究也越来越多，成果显著，蔚为大观。相比之下，有关日语对汉语语法乃至文体影响的研究明显不足。我们既然承认有那么多的日语借词，为何对日语语法及文体对汉语的影响熟视无睹呢？

目前有关汉语文体的研究，其思路基本只有一条，即首先以王力的《中国语法理论》（1944）作为研究的起点，然后用自胡适以来提倡的白话文加以分析，特别是对其中的英汉转换着墨甚多，也就是所谓的汉语欧化研究。比如近年出版的《现代汉语欧化语法现象研究》①，也是从来华传教士的文体直接跳到新文化运动的胡适那里，好像汉语近代文体的形成就只受到了西语欧化这一种影响似的。但是，这种思路的展开从文化交流史上来说是有问题的，即中日之间的近代交流这一环完全被忽略了，或者说完全被日语借词这一种现象所掩盖了，使得研究者不去关心其他语言现象的相互影

———————————

① 贺阳：《现代汉语欧化语法现象研究》，商务印书馆，2008。

响。这就出现了一个问题：所谓汉语欧化现象有多少是直接来自西语的，还有多少是经过日文传递的，当然还有哪些实际上是直接来自日文的？这三种渠道应该分别阐述才好，特别是后两种，早应引起我们的注意。京都大学教授高田时雄在《西洋近代文明与中华世界》一书语言史部分的引言中就特意指出过：欧洲语言的影响不限于中文，明治以后的日文也同样受其影响，中日语言间文体上的比较研究应予以加强。[1]

二　中日文体改革的同一性

我们回望时代背景时也会发现，日语的文体改革意识早在 19 世纪 60 年代就已经萌发，而其真正起步在 19 世纪 80 年代，并一直持续到 20 世纪 20 年代，前后整整花了 60 多年的时间才算完成。在日本的所谓"言文一致"运动中，和文体、汉文体和欧文翻译体的融合成为重要课题。也就是说，在日语文体走向近代化的过程中，汉文体的改造与翻译体的吸收是不可忽视的两个因素。

日本早期的欧文翻译并非直译，而是用汉文体来意译。"《花柳春话》（1878）出现以后的翻译体的主流是汉文直译体，随之而起的政治小说也大多以汉文直译体为主流。"[2] 由此我们能够理解《佳人之奇遇》之所以可以迅速由日文转译为中文出版，正是因为其文体最为适用于梁启超《和文汉读法》的规则。

日文里真正导入欧文直译体是在明治 20 年（1887）以后，即在汉文体的基础上引入欧文直译体，注重欧文表达的逐字翻译。这种欧文直译体虽然生硬，且有些地方无视日语规范文体中的格的位置，但

---

① 　狭間直樹編『西洋近代文明と中華世界：京都大学人文科学研究所 70 周年記念シンポジウム論集』京都大学学術出版会、2001。

② 　山本正秀『近代文体発生の史的研究 第十五章 翻訳文体の発達』岩波書店、1965。

是采用这种文体的主要原因在于其"严谨精微"。这种文体由森田思轩发展成一种"外形与内容并重的周密文体"后，德富苏峰主办的《国民之友》杂志（1887～1898）便成了展示这一文体的主要阵地。

在这一过程中，特别是在所谓的欧化语言的影响问题上，日语的欧文翻译体的特征实际上与王力《中国语法理论》讨论的问题是一致的。山本正秀举出以下几点主要特征：

（1）译新词，如"社会""理想""自由"等；

（2）接头、接尾词的发达，如"泛太平洋""非合理性""超特急""反战""妥当性""自然主义""近代化"等；

（3）三人称代词的性别区分，如"彼 he""彼女 she"；

（4）添加动词，如"尊敬を払う pay""注目に値する worth...ing""…を見し出したfound""理解をもつhave"；

（5）语法上的欧化主要表现在被动态、进行时、使役态、关系代词、无人称代词、形容词的比较级、主语多用等现象上；

（6）引用自英文的新的表达，如"換言すればin other""ある意味ではin a sense"等；

（7）修辞法中拟人法、倒装句、感叹句的多用；

（8）标点符号的健全。[①]

当时日本在对译英语时，采用的是汉文训读体，这样一来，通过翻译反映在日文中这些特征，实际上在形式上更便于为中文所接受。我们只要看看中文里"值得关注/注意……"这一表述都是出现在民国以后，就会发现上述现象都与汉语中的欧化问题是一脉相通的。

---

① 山本正秀「西洋文学の日本文体に及ぼした影響」『言文一致の歴史論考』桜楓社、1971。

三 白话文和"欧化文"

黎锦熙的《国语运动史纲》是把白话文与欧化文分开表述的，前者说的是"民国六七年间新文学运动初期所谓'白话'，这种白话，是已经有了七八百年的历史的，已经产生了从《水浒传》《西游记》直到《老残游记》这些'活文学'作品，所以当时一声呐喊，全国的学士大夫，自然而然都'不学而能'地写得出从没写过的'白话文'来"，就好像白话文运动在胡适倡导下，经陈独秀《新青年》上的呼应，然后就有鲁迅《狂人日记》的发表，短短几年就算完成了似的。后者则是"新文学运动以后到现在逐渐流行的'欧化的语体文'……如'经济困难'，于古于俗皆无征，完全是二三十年来从日本输入的。……我曾雇一车夫，他常问我的一句话：'回头我没有来接您的必要吧？'这真是'欧化的大众语'了"。他总结说前者的"白话"可写成"文"却不能说，而后者的"欧化的语体文"则有转向说的可能，即为言文一致的途径之一。①

19世纪末至20世纪初的十多年间，可谓中日文化交往最为频繁的时代，有所谓"中日黄金十年"之说。笔者曾指出过这一现象带来的语言问题：

> 日本明治维新以后，大批的中国留学生来到日本。中国近代具有代表性的思想家、文学家以及科学家等都曾在日本留学，汲取知识，并将之介绍到中国来。郭沫若就曾说过："中国文坛大半是日本留学生建筑成的。""中国的新文艺是深受了日本的洗礼的。"从文学上来证实这一点的研究已经有很多了，这里我关心的是语言上的问题。因为我们知道，现代汉语普通话的定义

---

① 黎锦熙：《国语运动史纲》，商务印书馆，1934，第22~23页。

为："以北京语音为标准音，以北方话为基础方言，以典范的现代白话文著作为语法规范。"而所谓"现代白话文著作"的作家们多是那些经历了留日时期的人，他们写的文章中如果大量使用了日本式汉语的话，那么我们也只好当作"规范"予以接受了。①

在这一背景下，语词的借用似乎多引人注意，除了大家议论纷纷的新名词外，比如鲁迅的作品里，量词的用法也几乎是沿袭日语的用法。大原信一曾举过一个"匹"的例子，指出该词在鲁迅的作品里使用范围的扩大，超出了现代汉语的规范用法，如从大动物到小虫蚁都可以使用"匹"作为量词。但在文体上，首先值得我们关注的是梁启超"新民体"的形成与德富苏峰的文体之间的密切关系，② 而德富苏峰的问题又可上溯到"严谨精微"的欧文体。故而中文的近代文体多少是与日文相关的。

日本出版的《明治・大正・昭和翻译文学目录》（国立国会图书馆编，风间书房，1959）收有 4 万种书目，明治时期的就有近 2000 种。因此，《中国译日本书综合目录》的序亦说：

西洋作家如 Jules Verne，Maupassant，Camille Flammarion，Allen Upward，Hermann Sudermann 等，通过梁启超、吴梼、鲁迅、包天笑等幼稚的译笔，从日译本重译过来，清末读者亦受落。③

---

① 陈力卫：《〈汉语大词典〉在处理日语借词上的几个问题》，《日语研究》第 2 辑，商务印书馆，2004。
② 大原信一「梁启超と日本語」『近代中国のことばと文字』東方書店、1994、20～40 頁。
③ 实藤惠秀监修，谭汝谦主编，小川博编辑《中日之间译书事业的过去、现在与未来》，《中国译日本书综合目录》。

这样看来，现在很多专门研究汉语的欧化文体的著作完全跳过这一环节，不去看梁启超，而直接跳到胡适。明明知道中国近代翻译著作的 60% 以上来自日语，却只强调只占 25% 的欧美翻译。[①] 比如，吴梼（1880？~1925）"译自"俄国作家契诃夫作品的《黑衣教士》，实际上是重新译自日本人薄田斩云翻译的《黑衣僧》（《太阳》10 卷 13~14 号，1904 年 10 月 1~11 日）：

　　①随即启行，转向从前的恩人，又是第二个父亲，俗称义父，当时俄国著名园艺家白叔忒斯开所住的处在。（軈て自分の以前の恩人、且つは第二の親たる、當時、露国の園藝家として名を知られて居るペソトスケー氏の處へ出かけた。）
　　②那些生机活泼的花草，被水浇灌了，湿气油然，四面散开浓香。（日は早や没せんとして、生々と、水を灌かれた草花は、湿気ある、人を簇す様な香を発散して居る。）

例①中"处在"前有一个很长的定语，而且定语中还嵌入了一个介绍"恩人"情况的插入语，这种修饰结构在以往的白话中是很难见到的，口语里更是根本不说的。汉语的"被"字句原有两个特点，一是通常只用于不如意的事情，而不太用于如意的事情；二是句子的主语通常都是指人的，而很少是指物的。例②的"被"字句却都说的是如意的事情，且主语还是指物的名词，这样的"被"字句在以往的白话中也是很少见到的。这些都是语法上的"外国语迹象"，也就是欧化的语法现象。

　　笔者将日文附在上述中文例句后加以比较，可以看出作为典型的欧化语法所强调的两点："处在"前所带的很长的定语和"被"字句

---

① 据顾燮光《译书经眼录》统计，1902~1904 年汉译外文书的来源是：译自日本者 60.2%，译自英、美、德、法、俄者为 24.5%。参见张静庐辑注《中国近现代出版史料》第 2 册，上海书店出版社，2003，第 100~101 页。

的特殊用法，都是先反映在日语里加波浪线的部分上，中文等于是日文的直译。也就是说，这种欧化现象完全是通过日文转译过来的。

吴梼还从日文中翻译了很多外国小说，其中有一半选自《太阳》杂志刊登的日译外国小说。比如吴燕的研究便是就其《灯台卒》的翻译，来厘清文本间的相互关系和翻译上的问题。这里仅说明该译本的完成始末：①

1902　田山花袋以英译为底本翻译出《灯台守》，登载于《太阳》杂志

1903　马场孤蝶译《灯台守》，登载于《新小说》（明治36年6月）

　　　浅野凭虚（和三郎）译《灯台守》，登载于《文艺界》（明治36年8月）

1906　吴梼根据田山花袋的译本翻译成白话文《灯台守》，登载于《绣像小说》

1907　马场孤蝶译《灯台守》，收入《泰西名著集》

1908　周作人又据美国人Curtis的英译本，用文言文译成《灯台守》

1909　《灯台守》收入在东京出版的《域外小说集》

也就是说，吴梼的中文译文实际上是译自田山花袋的日文，而田山花袋的日译本则是由英文翻译过来的。这一点与周氏兄弟的《域外小说集》相似，并不是直接译自外文原文，而是经日文转译者为多。本书第九章《共产党宣言》的翻译也一样，陈望道1920年的初译版也是译自日文的，而日文又是从英文转译的。② 从这一例子也可

① 吴燕「『燈臺卒』をめぐって」『清末小説』33号、2010。
② 陈力卫：《〈共产党宣言〉的翻译问题——由版本的变迁看译词的尖锐化》，《二十一世纪》第93期，2006。

以看出，研究汉语近代文体的形成，日文翻译是一个绕不过去的坎
儿。我们查检《中国译日本书综合目录》，其中收入转自日译的欧洲
文学作品就有 76 种，如果加上登载在杂志上的单篇译作，数量远远
不止于此。特别是再考虑到其他社会科学的翻译，这种转译所带来的
文体上的影响就更不容忽视了。所以说，大量的日语文献、小说被译
成中文，加之由日文转译的西方小说，西化的汉语文体必然包含着
"日本"因素，无视这一点，便会得出很多偏颇的见解。

四　"日化文"的影响

实际上，鲁迅强调的直译，是与日本欧文体的周密性主张相一致
的。鲁迅认为："中国的文或话，法子实在太不精密了，作文的秘
诀，是在避去熟字，删掉虚字，就是好文章，讲话的时候，也时时要
辞不达意，这就是话不够用，所以教员讲书，也必须借助于粉笔。这
语法的不精密，就在证明思路的不精密，换一句话，就是脑筋有些胡
涂。倘若永远用着胡涂话，即使读的时候，滔滔而下，但归根结蒂，
所得的还是一个胡涂的影子。"而要医这病，只能是"装进异样的句
法去，古的，外省外府的，外国的，后来便可以据为己有"，即翻译
"不但在输入新的内容，也在输入新的表现法"。[①]这里说的新的表现
法当是由直译而导入的，基于这些因素，我们还可以通过下面几点来
探讨一下日语对汉语欧化文体形成的一些影响，比如英语定语从句中
的关系代词能表述很长的内容，日语翻译后也照样保留这种格式，于
是乎，留日作家的句子里也多出现长定语：[②]

　　　　她不是"苟活到现在的我"的学生，是为了中国而死的中

---

①　《关于翻译的通信》，《二心集》，《鲁迅全集》第 4 卷，第 376 页。
②　赵博源：《汉日比较语法》，江苏教育出版社，1999，第 105～106 页。

国青年。(鲁迅《纪念刘和珍君》)

　　有了四千年吃人履历的我，当初虽不知道，现在明白，难见真的人！(鲁迅《狂人日记》)

　　那时候的我，怕至少只有四岁吧。(郭沫若《我的童年》)

　　连买半斤黄酒的金钱也没有的我的境遇，教我哪里能忍此奢侈。(郁达夫《还乡记》)

　　前面黎锦熙举的"有字句"也是如此，应该是先由英语翻译成日语后再传到汉语里来的。笔者曾写过一篇文章讨论这种"有＋名词＋动词短语"句中名词的特征，认为"有＋名词"表示说话者为实现后面动作动词短语的一种态度（modality），能担负这一名词的，近代新名词较多,[①]　如：

决心　意思　信心　勇气　精神　资格　条件　能力　关系　希望　把握
可能　机会　必要　责任　义务　权利　理由

　　所以，"回头我没有来接您的必要吧"也可说成"回头我没有必要来接您吧"。日语这种句式出现在明治后期的 1894 年前后，而中文的这种表述也多出现在清末民初这一时段，两者之间的影响关系显而易见。

　　同样，"非谓形容词"现象也跟日语有着密切的关联，如：

この工場は国営である	？这家工厂是国营
かれは男性である	？他是男性

上述句子中，日语的"国营""男性"可以作谓语，而中文反倒不能，只能用于定语修饰名词，这类词在中文里增多也与日语新名词的

────────────

① 陳力衛「有＋N＋VP 文のNの性格について」『言語と文化』5 号、1992。

增长同步。比如"～式""～型""～性""～色""～等""～级"
或"单～""双～""多～""有～""无～""不～""非～"的构
词基本上都是这类，再有：

人工	交流	直流	全能	万能	兼職	裸体	立体	木質	専業	常務
刑事	民事	上位	下位	合法	高圧	低圧	中距離	短距離	長距離	
長期	短期	定期	特種	局部	初步	積極	消極	大量	少量	高価
高度	高速	野生	新生	専用	日用	内服	前任	現行	固有	稀有
外在	内在	潜在	特定	特製	直属	直轄	直観	直接	間接	絶対
相対	自発	自動	人造	法定	電動	国営	国産	国立	私立	市営
私営	市立	公立	絶縁	臨床	啓蒙	唯物	唯心	保健	当時	臨時
適時	具体	積極	未満	民主	国際					

我们从中可以看出以下几个特点：

第一，由接头、接尾词所构成的新词为多。特别形成对义、类义
的一组词，都是从日语转借到汉语里的。但从日语的形成中也可看出
西欧语言词汇体系的影响。

第二，以主谓结构和状宾结构构成的词为多。既是句子的凝缩，
也是日语构词的特征之一。

第三，日语中的"具体""積極""未満""民主""国際"亦被
称作"造語専用"，[①] 即只能与其他名词复合构成一词，不能单独使
用，这点与中文里的用法属同一性质。

最后我们再从构词法来看看纯粹来自日语的影响。现代汉语中用
"～盲"的词很多，如"色盲""雪盲""夜盲""文盲""群盲"等，这
里只有"群盲"是按汉语构词法的，其他例子均来自日语，如"文盲"
便是从日本借过来的。村上英俊《佛语明要》（1864）里已有对译：

　　　　Ignoramment　　不学ニシテ、文盲ニ。
　　　　Ignorance　　文盲。不学。

日文的"文盲"是"盲于文"的结构，可到了汉语里，因没有这一结构，便硬是按照主谓结构来理解和分析，而且还可以将之发扬光大，如"科盲""音盲""法盲"等，实际上是引进了一个构词结构，丰富了汉语的造词法。另外构词结构的转换，也是引起词义变化的原因之一。如在中文里本是动宾结构，是不成词的，但近代日语将动宾结构改为定中结构，便形成了近代的新词新义：

　　　　愛人（人を愛する→愛する人）
　　　　効力（力を効する→効く力）

再如"持论"一词在《汉语大词典》（卷六，第 553 页）里解释成"立论、提出主张"：

　　　　我们坚持民族统一战线的立场，持论和当时香港以及西南某
　　　些时论不同。（邹韬奋《患难余生记》第一章）

而我们可以看出这里的"持论"是来自日语的用法，是定中结构，即日语的连体修饰，正是相对后面的"时论"而言的，是"一贯的主张"之义。
　　另外，大原信一认为，本是日文结构的"文字改革""土地改革"等词之所以能在汉语中得以通行，是由于汉语中缺少 write > writer 这种行为名词。① 来自日语的"高利贷"即为行为名词，其他双音词结构现在成了最为通用的构词法之一：

────────────

　　①　大原信一「日本語と中国語」『言語生活』270 号、1974。

~改造：	思想改造	城区改造	厂房改造	河道改造
~测验：	民意测验	心理测验	智力测验	素质测验
~革新：	技术革新	教育革新	材料革新	思想革新
~改革：	土地改革	文字改革	体制改革	政治改革
~培训：	技术培训	就业培训	英语培训	会计培训
~建设：	城乡建设	基本建设	工程建设	网站建设

五　不可忽视的日本因素

由上可知，近代中文文体的形成不光是要看其欧化的程度，还应看其受日本的影响。汉语研究的话语权多出自留学欧美的学者，他们缺乏从日语看汉语的视角。所以，现代汉语中的许多现象也都一味地按欧美语言学的观点来加以解释，一定程度上并没有客观、准确地描写出汉语的语言事实，这一点本来应该引起日本的中国语学专家的注意。但遗憾的是他们也多依照中国语言学家的说法，近来才有内田庆市等学者开始对这一问题提出新的看法，注意到日语本身对汉语的影响。他提出的观点就是"发自欧洲—经由日本—开向中国"。[①] 我们如果基于这一思路来考虑中日之间的语言问题的话，或许很多问题能够迎刃而解。当然，这首先应该是留日学者的职责，是我们今后努力的方向。

---

① 内田慶市『近代における東西言語文化接触の研究』関西大学東西学術研究所、2001。

第十一章　近代汉语辞典的尴尬：如何应对洪水般的日语新词

一　在新名词的浪潮下

甲午战争以后，日语新名词的大量涌入，激起了中国国内的一片议论。《辞源》《辞海》等近代辞典的编纂，本应成为我们观察日语新词融入中文的一个指标，但在文化保守主义的大旗下，实际上辞典采取了一种避重就轻的迂回策略，一方面强调部分日语词的出处，另一方面则用西文对译的方式消解来自日文的新词、新概念，巧妙地迎合当时的社会舆论，而这种做法也留下了一些隐患。

一般来说，语言并不因某一事件而发生剧变，但这一事件往往会成为语言变化的一个契机。甲午战争是影响近代中国的一个重大事件，中国的失败反倒唤醒了晚清士人的救国之心，康有为、梁启超他们提出以强敌为师，开启留学生东渡之先河，随后兴起的"广译日书"则成为另一种新的冲击波，广泛波及晚清的政治、思想和文化领域。当然，这股"东学"热潮，特别是在语言上"东瀛文体"亦即新名词的涌来，引发了晚清士人的诸多诟病。从张之洞 1904 年在《学务纲要》中对引进日本名词发出的警告，到民国以后康有为对梁启超行文的规劝，都视新名词为猛虎野兽一般。从 20 世纪 20 年代张相文的《新名辞诗》中可见一斑：

> 自欧化东渐，中国之道德伦理，扫地以尽。倾险好乱之徒，时假一二新名辞以自便其私，而世变乃不可问，此不独国家之祸，抑或人类之忧也。王玫伯初办两广师范，所出布告，偶用优待诸君语，学生见之，群起鼓噪，谓此待奴隶语也。吾辈本为广东主人翁，何须优待，一唱百和，有类疯狂。来宾瞿君丽轩（富文）乃集新名词为二律以讽之。自由叹云：据乱升平转太平，自由钟动共欢迎。野蛮界在纤微办，奴隶根因腐败成。破坏主权终武断，保存国粹始文明。海天倚棹舒长啸，独立苍茫百感生。团体叹云：欧力东渐亚力殚，自强久望体能团。国无宪法方针误，民亦强权议院难。社会几人真组织，风潮一旦快奇观。诸君时局惊新否，簇簇英雄正揭竿。[1]

这里面以"优待"为契机，将当时被认为"不雅驯"的日文新词"自由""野蛮""国粹""团体""强权""社会"等咏入诗内，以展示这一时段的风潮。从思想史和文化史上对这类文化保守主义的立场展开的议论和研究已有颇多积累，[2] 但面对洪水般地涌进中文的日本名词，作为汉语规范的辞典本身是如何消化处置之的，却少见议论。这其实也正是本章所要观察和追述的问题，即在上述大背景下，近代以后的汉语辞典也面临着同样的尴尬：对于来自日本的新名词该如何界定，如何收录，又如何诠释？

---

① 张相文：《沌谷笔谈》，《南园丛稿》，中国地学会，1929，第 18 页。
② 罗志田：《抵制东瀛文体：清季围绕语言文字的思想论争》，《历史研究》2001 年第 6 期；黄克武：《新名词之战：清末严复译语与和制汉语的竞赛》，《中央研究院近代史研究所集刊》第 62 期，2007；黄兴涛：《新名词的政治文化史》，《新史学》第 3 卷，中华书局，2009；桑兵：《清季变政与日本》，《江汉论坛》2012 年第 5 期。

　　本章将通过分析近代几本主要中文辞典处理日语新词的方式，展现其编撰方针的两条思路：一是收录那些日语本身形态特征明显的词，以彰显日语进入中文的状况；而同时对那些可以理解、较为"雅驯"的日语新词则以英文对译的形式来减弱其日语由来的特征，回避这类语词的出处，以达到一举两得的效果——既维护文化保守主义的面孔，又促进新词、新概念与国际接轨。

二　早期的"和文奇字"与新词表

　　所谓日语新词是一个比较宽泛的概念，如果要确定其内涵的话，一般可以举出以下几种：

A. 日语国训及国字：

　　娘　料　困　判　安　勤　届　障　当　配　济　淋　畠　畑　忰
　　麿　円　叒　辻　込　梶　迪

B. 日语固有词：

　　　训读词　　立场　取缔　取消　组合
　　　音读词　　卑怯　文盲　化妆　企画
　　　意译词　　抽象　哲学　细胞　归纳
　　　音译词　　俱乐部　瓦斯　浪漫　虎列拉

C. 汉语词的援用：

　　　借古汉语作译词　　演绎　观念　范畴　主义
　　　日语衍生的新词义　料理　写真　出血　异动①

　　20世纪初期的语言学，似乎对此加以区别的意识十分淡薄，一般将上述三类词统称为"新名词"。由于中文本身是字本位的语言，

---

　　①　各词的新义分别为"菜肴""照片""减价销售""工作调动"。

所以最早关注的也是 A 类的单字问题。比如傅云龙的《游历日本图经》（1889）卷二十上的"附录日本异字"中，共收录了中文没有的 41 个日本固有字，诸如"畠""畑""忰""麿""円""叺""辻""込""梶""迚""遖""俤""俉""扨""掟""抔""拵""働""嘸""榊""艫""鰯""鱈"等。梁启超在《和文汉读法》中更是留意中日汉字间的不同，将此类字特列为一节（第 42 节）来加以介绍，[①] 而与中文同形异义的"和汉异义字"则另设一节（第 38 节），如"筋""噂""流石""矢張""兎角""最早""左迄""折角""遖""訳無""成丈""勝手""油断""其代リ""思ハズ""都合""餘程"等，这两类一般统称为"和文奇字"，经过近代第一本日汉辞典《汉译日语大辞典》（1907）[②] 的补充扩大后，逐步增多，连近代最权威的《中华大字典》（1915）也开始对这类汉字的日语意思加以注释：

　　　济　犹讫也。日本语谓审查讫曰审查济。债务偿讫曰办济。（中华书局 1978 年影印本，第 1106 页）

当然该字典中也收录了不少源自日语的词，如：

　　　经济学。日本用以译英文之 Political Economy。我国又译为

───────────────

① 参见沈翔云编《和文汉读法》（東京秀英舍、1900、50~51 頁）："和文中有写汉字，而其字实中国所无者，其数颇多。今择其常用者列之于下：……抔'等也'、扨テ'却说也'、俉テ'与扨同'、艫テ'顿也，忽也'、噂テ'风说也'、筈'想像之意'、迚'即迄字'、拵ル'做作之意'、揃ヒ'凑集之意'、扱ヒ'办理也，处置也，调停也'、込'犹云藏在其中也'、辻'十字路'、榊'神木之名'。"

② 这实际上是译自日语辞典《言海》，故多有奇字。参见陈力衡「梁啓超『和文漢讀法』とその『和漢異義字』について―『言海』との接点を中心に」沈国威編『漢字文化圏諸言語の近代語彙の形成―創出と共有』関西大学東西学術研究所，2008；《"同文同种"的幻影：梁启超〈和文汉读法〉的改版过程与日本辞书〈言海〉》，《中国学术》第 31 辑，2012。

理财学或计学。（第 1105 页）

这种观察成为中国人看日语特征的一条谱系，即从形态和意义特征上一眼就可分辨出的日语词，只要进入中文辞典就不得不对之加以解释。但另一方面，对那些可"望文生义"的日语新词，则采取尽量回避其出处的方式，与中文自己创造的新词视同一律。所以，除了典型的、遭到当年士人议论诟病的一些词外，究竟有多少日语新词进入中文，实际上并没有一个具体的统计。要想看其在中文中的使用情况，新词集和辞典之类的工具书当是绝好的材料。比如，留日中国学者 1903 年编的《新尔雅》，共收录了 2442 个新词，其中当然也包括严复等中国人自己创造的新词。① 但另一方面，我们也注意到，更多的新词表则是由在华外国人所编辑的，他们均是采取英汉对译的形式，由此也反映出他们对新词的敏感程度。如：

（1）狄考文，*Technical Terms*，1904；

（2）Geo. A. Stuart，*Technical Terms*，1910；

（3）狄考文夫人，*New Terms for New Ideas*：*A Study of the Chinese Newspaper*，1913；

（4）狄考文夫人，*Handbook of New Terms*，1917。

第一本狄考文的 *Technical Terms* 所收录的新词，大部分是当时中文自己创造的新词，但也开始收录来自日本的新词，如"形而上学""哲学""腺""卫生学""物理学""科学""动产""爱国心""引力"等，到了 1910 年增补的第二版中，更是增补了不少新词（见表 11 - 1）。如将 communism 的译法由"有无相通"改为"共产主义"；在 society 初版的译法"人世"之后加上了新的译法"社会"，而这两个新词均来自日语。

---

① 沈国威编著《新尔雅》，上海辞书出版社，2011。

表 11-1　*Technical Terms* 第二版中新词增补

英语/译词	*Technical Terms*（1904 年初版）	*Technical Terms*（1910 年增补版）	备考
admiral	水师提督	水师提督,海军大将	
anatomy dissection	—	解剖学	
bind spot	—	盲点	
communism	有无相通	共产主义,民政	
democracy	—	民政*	
public health	—	卫生公学	
society	人世	人世,社会	socialism 均富
temperature	热度,冷热	温度,热度,冷热	

注：＊"民政"最初为罗存德《英华字典》中 democracy 的译词之一，明治 6 年《英和字汇》（柴田昌吉、子安峻）将之移植到日语译词"共和政治"之后，视为新的译词：

Democracy　共和政治，民政

中村敬宇《英华和译字典》也在翻印罗存德《英华字典》时加上日文读法和译为ミンセイ（民政）。随后井上哲次郎 1881 年出版的《哲学字汇》也用"民政"对译 democracy。平文编的《和英语林集成》第三版收有该词：

MINSEIミンセイ 民政 Democracy, popular or democratic government

明确对译 democracy，使之在日本广为使用。当时就有"民政党""民政会""民政主义"的说法，都是表示 democracy 之意。

　　这里我们可以看得很清楚，加下画线的词都是源自日本的新词，这其中当然有 19 世纪由中国传到日本的近代概念。如"民政"一词就是从 19 世纪英华辞书进到英和辞书后，又回归到 20 世纪的英华辞书里来的。

　　第三本则是从中文报刊上摘取了大量的新词，用作当时外国人学习汉语的教材，其中的绝大多数词又编入了新词手册（即第四本）。该手册共收录新词约 1 万条。有趣的是该手册首次用 J 标注出了来自日语的 75 个新词：

adherent 僧侣　appellate court high 大审院　arbitration 仲裁裁判

arbitration treaty 仲裁条约　arbitrator 仲裁　attorney-at-law 辩护士

authority, to have 支配　authorize 裁（认）可　bayonet 铳刀

biplane 复叶式飞行器　bishop 僧正　blow one's own horn 法螺

bricks 炼瓦　butter 牛酪　ceremony of ship-launching 入水式

chief justice 法相　cholera 虎列拉　church property 寺院

cinematograph 活动写真　company（for business）会社

concession（for residence）居留地　confederated 组合

correspondence course（of university）校外科

court（supreme or of cassation）, appellate 大审　court house 裁判所

despatch 通牒　director（of affairs of society）理事　electric torch 探见电灯

employees 职工　exchange（money changer's shop）两替屋　finished 终了

flash light 怀中电灯　foreign minister 外相　foreign things 舶来物

frightfulness 辣腕　gelatine pad（for copying）寒天版　gland 腺 grand 多大

home secretary 内相　in 里面　memorandum 觉书　methods 手续

minister of agriculture and commerce 农相　minister of navy 海相

minister of war 陆相　minister of prime 首相　motor car 自动车

necessities of life 衣食住　office（building）事务所　officers military 士官

one sided 片面　one sided affair 片务　oral, oral communication 口头

passport 周游票　photograph 写真　plead a case 办护　pope 法王

reference library 参考文库　regulate 取缔　remain a short time 逗留

return trip（of steamer）归航　robust 健康　rowdies 浪人

scholars（of school or college）生徒　special permission, to grant 特许

start 出发　station, R. R. 驿　stimulus 刺戟

subscribed capital for enterprise 基本金　sugar 砂糖　timber 木材　trade 企业

trading post 场所　votes, to get 得点　wrestling, art of 柔术

这些新词里如"两替屋""觉书""手续""取缔""组合"等都是日语固有词，"外相""内相""法相""农相""海相""陆相""首相"等也都是日本独特的命名。

但在这部辞典里，并没有将学界已认定的日语新词"目的""美学""世纪""文明""取消""美术""普通"标上 J 的记号，反之

却把"大审院""大审"等源自汉译西书《联邦志略》的词算作日语新词。① 由此我们可以看出，所谓的"日源词表"，最初就没有一个严格的标准，多依据编者自身的判断能力而编，容易将形态及意义上特殊的"和文奇字"类语词视为出自日语的词汇。如果仅将此类词语全都作为日语新词的话，那根本没法说明日语词"洪水般"地涌入中文的实际状况。

三　近代汉语辞典的尴尬

（一）《辞源》与《王云五大辞典》

面对洪水般涌来的日语新名词，本来汉语辞典的收录可视为中文使用日语新名词的一个指标，即有多少日语新词被汉语认可、吸收。但颇为纠结的是，具体注明"来源于日语"的日语新词，其实多是上面所说的在形态及意义上具有日语特色的词语，因为它们与中文太不相像了。而辞典的编辑们对于那些所谓的具有普遍意义的近代新词、新概念则颇费心机，没有准确地注明出处，这既有编者辨析词源能力不足的问题，更多的则是在文化保守主义的大旗下，出于一种民族主义的考量，尽可能少论及其日语背景。中国最初的近代汉语辞典《辞源》（陆尔奎等编撰，1915）在吸收由日本传来的新词时，就是采取这种方式。刘凡夫从《辞源》中抽出 180 个"日源词"加以分析，发现在经济、政治和法律、文化和教育领域收有 85 词，如：

    经济：支店　会社　输出　输入　取缔役　仲卖人
    政治和法律：人事　登录　失踪　免除　手续　支配　民法　登记

① 如《联邦志略》上卷里［裨治文撰述·箕作阮甫訓點、老皂館、元治元年
（1864）、32 頁］有"我联邦理刑之官凡分三等：一、大審院官九员，内择一人为院长，一切犯国法者，咸归此院判之"。

居留地

文化和教育：学士　教授　学位　俱乐部　算术　处女作　号外　柔术

　　这意味着"当时的中国留学生较之自然科学，更多是投入人文社会方面的学习"。而且"可以将这些词分为三类：音读词、训读词和外来词。其中音读词有 104 个，训读词有 65 个，外来词则有 11 个。后两者（训读和外来词）约占整个词数的 40%"。[1] 沈国威的研究则加上 1931 年的《辞源》续编（陆尔奎等编撰），比较其前后的不同和收词态度的变化，并分析其原因，列举出《辞源》正编"日源词·日本参照词"292 个和续编 72 个，共 364 个。其中除去那些日语特征显著的词外，还收录了具有普遍意义的近代新词如"人事""企业""共和""利润""博士""商法""士官""探险""教授""法医学""演说""消防""登记""算术""索引""经济""胃溃疡""舞蹈""号外""道具""化妆品"等，以及将官和尉官的各级军衔。但其所占的比重并不大。像"舞台""代表""团体"这类屡遭病垢的"日源新词"，并没有注明其出处。[2]

　　这种做法后来也被同属商务印书馆系统出版的《王云五大辞典》所继承，但与《辞源》的处理方式大相径庭的是，其收录的词更多注重外表上像日语的词语。下面举出其收录的 127 个日语词（加下画线的 58 个词与《辞源》相同）：

　　音读词 73 个：調印　<u>登録</u>　<u>下女</u>　<u>配達</u>　<u>配当金</u>　<u>手数料</u>　<u>番地</u>
酸素　便当　辧当　<u>後見人</u>　<u>出張所</u>　代料　窒素　臭剥　臭素　濠州
<u>戸主</u>　寒暖計　<u>晴雨計</u>　<u>写真</u>　案内　<u>心配</u>　浪人　法定　果实　遠足
沢山　<u>運轉手</u>　道具　　大佐　大尉　大審院　大層　大分　<u>大工</u>　支配

---

① 劉凡夫「中国語辞書『辞源』初版に収録された日本語語彙の性格」『国語学研究』32 号、1993、2～3 頁。
② 沈国威：《〈辞源〉与现代汉语新词》，『或問』12 号、2006。

独語　故障　奏任　素描　持續　贅沢品　日支　日常　置換　胃潰瘍
馬鹿　段階　居留地　開港場　印紙　興行　尺鉄　桑港　企業　入夫
判事　判任　料理　文部省　外務省　内務省　蔵相　執達吏　辯護士
醜業婦　会社　合名会社　合資会社　米国　燉衝　圓墻
　　训读词 23 个：取締　取締役　取消　取次　打消　富籤　組合　場合
相手　相方　申立　申込　割合　割引　為替　言葉　手形　手紙　仲立
漬物　問屋　勝手　小供
　　音训混读词 20 个：見本　切符　荷物　株式会社　株式合資会社
株金　株券　假出獄　手数料　控所　口絵　並製　並等　卸売商
大蔵省　仲買人　缶詰　高利貸　奥付　労働組合
　　外来词（汉字表记）11 个：護謨　沃度　沃度丁幾　沃度仿姆
沃度加里　沃剥　封度　燐寸　独逸　胃加答児　単舎利別

与《辞源》相比，训读词（包括音训混读词）和外来语的比例明显增加，占到整个词数的 43% 左右。这应该是多收了日常生活用语的结果，所以感到"纯日本的"词多了一些。当然这也可以看作 20 世纪 30 年代以上海为中心的实际语言运用状况的反映。只是站在现代汉语的角度来看，以上词语已多为"死语"，留下来的只有以下这些词：

高利貸　登錄　取締　取消　借方　户主　写真　浪人　道具　大尉
支配　故障　素描　持續　日常　置換　胃潰瘍　居留地　企業　場合
料理　組合　晴雨計　寒暖計　便当　株式会社　蔵相　大蔵省
内務省　外務省　文部省

当然，我们会发现所谓来自日语的近代译词"哲学""动机""人格""社会""主义""经济"等在该辞典中并不标出其日语来源，也就是说该辞典刻意回避了这类词的出处问题，它实际上是用附录《专门名词英汉对照表》（3600 余条）的形式来囊括这些能与英文接轨的词，比如上述《辞源》里的"共和""经济"以及"共产党""共产主义"等词都以英文对译的形式出现在此表里。这种做法与后来出版的《王云五新词典》的思路相同，在其中更是进一步把上述"配当""支配""下女""印纸"等日语词也都找出汉籍出典来对应，并提出"近来国内流行的许多新名词，国人以为传自日本者，其实多已见诸我国的古籍"这一观点。① 这种认识当然是承清末新名词论争的衣钵，为其消减"日源词"提供另一证据。这种做法在当时抗日战争的历史背景下，多少有些国粹主义之嫌，但反过来看，却给我们提供了丰富的汉籍例子，使得我们在考虑那些被附着新义的汉语词时，有了一个可比较的依据。

（二）《辞海》的应对

《辞海》（1936）的编纂策划最早始于 1915 年，当时中华书局创办人陆费逵先生决心编纂集中国单字、语词兼百科于一体的综合性大辞典。最终，《辞海》成为了"以我国原有的字书、韵书、类书为基础，着重吸收美国《韦伯斯脱新世界美国英语词典》的特点而编成的"辞典。它"全书共收词目 85803 条，其中语词（包括单字）占百分之四十一，百科占百分之五十九。由于百科的比重已经超过语词，并由于书末有中外大事年表、行政区域表、译名西文索引等附录，所以它已不是语文辞书而是综合性辞典"。②

如果从近代知识转型的角度来关注《辞海》的编撰，就会注意到 20 世纪初的前 20 年，从小学教科书到各个领域的基础学科建设都已经过了日本文化的渗透，也就是通过翻译日文汲取近代知识的过程。与之相比，进入 30 年代后，中国的眼光逐步放得更长远，开始以美国为榜样全方位地吸收西方知识来对应西方学术体系。至 30 年

---

① 王云五：《王云五新词典》，商务印书馆，1943，第 1 页。
② 舒池：《舒新城和〈辞海〉》，《辞书研究》1982 年第 1 期，第 182 页。

代中期，随着专业术语的选定完善，这种学科建设和学术体系与外国的接轨基本完成，而《辞海》所反映的正是这一时期最为先进的知识体系。那么，在这一知识建构过程中，我们关心的问题仍然是日源词汇起了什么样的作用，即《辞海》收录的日文新词的规模和其诠释是否反衬出时代的特征，也就是由日本因素向美国因素的转换反映在了哪些方面。

与上一节所述的各类辞典不同，虽然《辞海》实际上也是给某些词标注了"源出日本语"，比如下面的例子：

> 支配　指挥分配管辖之意。源出日本语，我国近亦习用之。
>
> 配当金　日本语中习用配当，略近分配之意，如谓配当案、配当金等。
>
> 下女　日本称侍女为下女。
>
> 料理　日本人谓烹馔曰料理，乃此义之引申也。
>
> 场合　日本语，犹云情形、时候也。
>
> 道具　日本称一切器具为道具，即用佛家语也。
>
> 取引　日本谓交易曰取引，交易所曰取引所。
>
> 取次　日本语，以自己之名义，为他人之计算，为商行为者，曰取次。我国谓之行纪。
>
> ＊取消　谓取既成立之行为消灭之，使不生法律的效果也。
>
> 取缔　日本语，管理、监守之意。
>
> 手形　日本名票据曰手形，如称汇票曰为替手形，本票曰约束手形。
>
> ＊手续①　与程序同，谓办事之格式次序也。
>
> 割引　日本语，折扣也。票据贴现亦称割引。
>
> 株式　日本称股份曰株式。

---

① 《辞源》标为：日本语。犹言程序，谓办事之规则次序也。

会社　　日本称公司为会社。

*但书①　　法律条文中含例外之意者。

*俱乐部②　　音意两译，俗称总会。

*团体　　多数人以共同之目的而结合之集团也。有合一宗族而成者，有合一地方、一事业而成者。

组合　　日本称二人以上出资合营之事业曰组合，相当于我国之合伙。又以称组合员间之共同为目的之团体；如同业组合、产业组合等是。

但我们看得出来，标注"日本（语）"字样的词数已大大减少，比如，加＊号的词不再标记"日本的"字样，而且对那些貌似日语的词均不予采纳，如"打消""手纸""手数料""见本""切符""荷物"这类训读词和"故障""作品""高利贷"这类音读（或音训相混）词。

对于这一动向，沈国威指出："至1931年底出版的《辞源》（续编），其中所收录的日源词，日常用语几销声匿迹，绝大多数是百科性词条，这似乎表明大规模地借用日本语词已经告一段落。"③ 的确，较之20世纪前20年的那种全面引进日源词所带来的抵触情绪，进入30年代后，中文辞典明显对貌似汉语词的百科词要宽容得多，也就是不再深究其来源。这背后的原因又是什么呢？

四　"译名西文索引"的幌子

《辞海》对新词的收集是其当时的主要任务。陆费逵在《编印缘起》中说："新辞不但搜集困难，而且舶来名辞，译音译义，重复冲

①　《辞源》标为：日本语。法律条文中含例外之意者。

②　《辞源》标为：日本译为俱乐部，俗称总会。

③　沈国威：《〈辞源〉与现代汉语新词》，『或問』12号、2006、53页。

突，决定取舍，亦甚困难。"其《编辑大纲》里列举了八条收录原
则，其中三条为：

> 流行较广之新辞（第三条）；
> 社会上农工商各业之重要用语（第五条）；
> 科学文艺上习见习用之术语（第八条）。

以上都是与新词、新概念相关的。舒新城任《辞海》主编时，"嘱
同仁遍读新书新报"，可是进展十分艰难，"尝有竟日不得一二词
者"，[①] 可见当时引进日语新词的浪潮业已告一段落，且所引之词
已大多融汇到汉语之中。周颂棣回忆说："我进入《辞海》编辑室
以后，在杭州的几个月内，舒新城分配给我做的工作很简单。他
把当时美国出版的一部中型辞书《林肯百科辞典》交给我，要我
把其中收入的外国人名（日本人名除外）逐条翻译出来，由他亲
自审阅并经过选定后，就交给练习生把这些条目抄录下来，作为
《辞海》的部分初稿。"[②] 这种带有西文对译的人名、地名和百科词
除收在《辞海》的正文外，还可以在附录的"译名西文索引"内检
索。但实际上，在这类百科词中，我们发现很多词是出自日语的，
如：

自动词　自动车　自转车　日曜学校　时代错误　紫外线　胃溃疡

在《辞海》回避将其标记为"源自日语"后，这些词等于是经
过"源自西文"这一包装，统统被纳入"译名西文索引"之内。

---

① 周颂棣：《老〈辞海〉是怎样编成的?》，中华书局编辑部编《回忆中华书局》上
编，中华书局，1987，第 143 页。
② 周颂棣：《老〈辞海〉是怎样编成的?》，中华书局编辑部编《回忆中华书局》上
编，第 144 页。

这一做法与我们上文提到过的《王云五大辞典》的《专门名词英汉对照表》如出一辙，而一些近代概念更是通过这一方式，被迅速吸收为中文。

比如，"～主义"作为日源新词，其传播最容易反映这一事实。① 我们看看下面《辞海》的收录情况：

唯美～　利他～　利己～　禁欲～　古典～　公社～　共产～
构图～　驮驮～　享乐～　表现～　未来～　希腊～　人文～
人道～　理想～　帝国～　印象～　重商～　军国～　神秘～
现代～　国家～　虚无～　机会～　视觉～　乐天～　议会～
人格～　急进～　写实～　修正～　温情～　功利～　便宜～
爱他～　厌世～　重农～　严肃～　浪漫～　性欲～　主情～
感伤～　象征～　传统～　实用～　实科～　实验～　世界～
个人～　伪古典～　辛狄开～　马克思～　易卜生～　希伯来～
无抵抗～　无政府～　非军国～　新古典～　新英雄～　新人文～
新理想～　新印象～　新重商～　新浪漫～　新象征～
新马尔萨斯～　自由放任～　泛斯拉夫～　机会均等～　资本～
国家资本～　民主～　产业民主～　社会民主～　自然～　超自然～
彻底自然～本来自然～印象派自然～　社会～　国民社会～　国家社
会～　讲坛社会～　基尔特社会～　艺术的社会～　科学的社会～
空想的社会～

在"译名西文索引"内收录的上述 88 条"～主义"里，我们既可以看出当时主义流行的一面，比如"自然主义"还可以受修饰构成另外 4 种主义；由"社会主义"衍生出的各种新的思潮（可以有 7 种不同的"社会主义"），也可以发现这种构词及对译大多是出自日文语境的（加下画线的语词均是出自日文），中文只是原模原样地引进

----

① 参见本书第十五章。

使用而已。

但《辞海》所收的"～主义"并非都附有西文对译，我们只能在正文里看到的"～主义"，也都源自日语：

改良～ 保护～ 民生～ 民族～ 民权～

而且，还有很多在《辞海》之前已经流行于世的源自日语的"～主义"却没有被收录在内：

自由～ 保守～ 殖民～ 爱国～ 专制～ 平民～ 平等～ 实证～
联邦～ 形式～①

无独有偶，《辞源》正续编也没有收入这些词，不知这完全是一种巧合，还是《辞海》在收录新词时参照《辞源》的结果。尽管黎锦熙对《辞源》有过批判，②但在实际编辑中他始终都把《辞源》作为一个参照物。舒新城亦言："旧《辞海》既是服从于半殖民地半封建社会的要求，又是服从于资本家谋利的要求。它的主要目的是以《辞源》为竞争的对手，力图挣钱为中华书局建立一个金库，并提高书局在文化界的地位。"③

《辞海》附录"译名西文索引"有53页，收有超过1.25万个词，除人名、地名等固有名词外，多是各个学科的基础词汇。但在考虑这个词表的形成时，我们注意到所谓的与西文对译的方式，实际上是早在日本的学科形成过程中已经尝试过的手法，《辞海》的编纂者

---

① 《辞源》"形式论""形式主义"并收。而《辞海》只收"形式论"。
② 参见《辞海》序言："近出的《辞源》既以解释复合词为主……而解诂引例，多由抄袭，以伪传伪，不见其'源'。至于近出的《国语词典》《白话词典》之类，虽然收了一些，细加检讨，又大都是从外国人所编的支那语各种词典中偷来的，更说不上探源了。"
③ 引自《舒新城谈旧〈辞海〉》，《辞书研究》1982年第1期，第186页。

只不过是挪用了这一方式而已。比如，在 1907 年的《博物大词典》
（丁祖荫审定，下卷，第 18～19 页）里就已经展示出这种与西文接
轨的雏形：

淋巴	英 Lymph	日	リンハ
淋巴腺	英 Lymphatic glands	日	リンハセン
淋巴管	英 Lymphatic vessel	日	リンハカン
淋巴系	英 Lymphatic system	日	リンハケー

这等于是将原本英日对译辞典中的日文汉字部分，提到词头的位置上
当作中文的新词，反倒把原本是日语汉字的读音（片假名）当作日
语，瞬间便完成了一种由英日对译变换为中英日对译的概念接轨。通
过该辞典本身附有的"西文索引"和"东文索引"可以确认这种对
译的过程。上述四个词均收入《辞海》，并可由"译名西文索引"来
检索。再看《博物大词典》卷末所附的宏文馆新书广告，其中有
"帝国最新十大辞典出版"，列有博物、物理、法律、教育、数学、
小学教材、理科、化学、植物学、世界历史。对已出版的几本书的宣
传，如《物理大辞典》，称"本书翻译东洋原本《最新物理学辞典》
（理科研究会出版），于一切物理学所有之事项术语，莫不参照最新
学理详加注释"；《法律大辞典》则称"每条援引日本法律以为注解，
尤为特色"之类，无不显示其与日本的关系。

　　来自日本影响最为显著的当举《东中大辞典》(1908)①。如书名
所示，其本是一本 1479 页的大型日汉辞典，但它将日文汉字词作为
词目，将英文对译也一并列出，最后才是中文解释。这等于可以直接
将日文汉字词视为中文来用，如"光媒""光年""光度""光源"

---

① 作新社为留日学生戢翼翚和教育家下田歌子（1854～1936）合办的出版社。

"光泽""光线"①"光轴""光度计"等，这大大加快了日文新词进入中文的速度。

这种形式的对译，随后也出现在黄摩西编的《普通百科新大辞典》（1911）和樊炳清编的《哲学辞典》（1925）中。孙俍工②编的《文艺辞典》（1928）更是以采纳国外文艺类词三千多条为招牌，在学界影响甚巨。三位编者都有日语学习的背景，其辞典编辑过程中的日文因素是避免不了的。仅就孙俍工的《文艺辞典》而言，有几部日本出版的辞典可以视为其译词及内容的源头：《文艺百科全书》（1909）、《美术辞典》（1914）、《文艺辞典》（1925）、《文艺大辞典》（1928）、《大思想エンサイクロペヂア29　文艺辞典》（1928）。

这种在各个专业领域里蓬勃展开的日文与西文的对译接轨，既掩盖了近代中文新词源自日本的痕迹，又加快了中国与世界学术接轨的速度，何乐而不为？特别是后来随着中日两国关系的恶化，用这种方式更显得理直气壮了。

近代汉语辞典在普及新词、新概念方面无疑是起了巨大的作用，特别是《辞海》作为知识转型过程中的一个里程碑，其功绩及对后来的影响也是深远的。但其在选词方面是有明显缺陷的，特别是"百科词条实无框架，编辑部规定每人从报刊书刊中收取新词，虽然也要审读核准，但基本是拾到篮里便是菜，学科间极不平衡"。③ 这也反映在"译名西文索引"里，很多在正文中未标外文的专业名词

① 该词本是出自 19 世纪英华字典的，后被日语吸收。

② 孙俍工（1894～1962），湖南隆回县司门前人，原名光策。1920 年毕业于北京高等师范学校，后任湖南省立第一师范学校国文教员。1922 年赴上海，任中国公学中学部教员，并在《小说月报》《东方杂志》《民国日报》上发表小说、剧本、散文。1923 年参加文学研究会。1924 年冬赴日本东京，入上智大学研究德国文学。1928 年回国，任复旦大学教授、中文系主任，兼江湾劳动大学、吴淞中国公学教授。1931 年再次赴日深造。1932 年起任商务印书馆编辑。抗日战争爆发后，到成都、重庆历任华西大学文学教授等职。1949 年后，历任四川教育学院、湖南大学教授，中科院语言研究所研究员。

③ 巢峰：《与时俱进 改革创新——〈辞海〉的四次修订》，《出版科学》2002 年第 3 期，第 145 页。

没有收在内，所以后来的修订工作从专业分类着手，正是弥补这一缺陷的最佳方式。而且《辞海》自 1979 年版后取消了"译名西文索引"这一附录，这标志着它的过渡性功能已经完成。

五　辞典留下的隐患

实际上，本书第十三章会谈到，20 世纪的英华辞典也直接吸收了来自日本英和辞典的译词，成为日文新词进入中文的渠道之一。由英日对译转为英汉对译，这种拿来主义本来亦可应用到对译名词索引之类中去。但相对而言，汉语辞典则要慎重得多，因为要对大量来自日语的词汇有一个认定和立项的过程。所以从"国粹主义"或"民族主义"的角度来看，多少有一种尴尬和无奈，以至于不得不采取一种变通手法，用"译名西文"来减弱日文色彩，将之融入汉语整体之中。

综上所述，近代以来的几本汉语辞典对日语新词的处理都是奉行两种尺度的：对外表像日语的词，愿意标注其来源及意义；而对看似像中文的词，特别是可望文生义的词，则以西文对译的方式引进使用。就前者来说，作为辞典编辑的基本方针，标注语词出处本应被继承下来的，但在后来最大规模的《汉语大词典》（1990）里反倒呈现了一种退步，① 如将卷九第 730 页日语色彩浓厚的"素人"释为"平常的人"，将卷一第 1046 页"人气"释为"人的心气、情绪"，这完全是一种望文生义的解释，正是忽视词源的结果。②

就后者来说，各种汉语辞典实际上采取了一种避重就轻的迂回策略，巧妙地迎合了当时的社会氛围。用英汉对译的形式来化解来自日语的新概念，这一做法虽有加快完成向西学转型之功绩，但也给我们

---

① 《辞源》修订本（1988）也不标注日语借词，不知是不是"国粹主义"思想在作怪。
② 陈力卫：《〈汉语大词典〉在处理日语借词上的几个问题》，《日语研究》2004 年第 2 期。

留下了一些隐患：辞典就某一概念的解说，使来自日本的新词、新概念完全被当作中文来使用，其中的日文背景和西文对译过程均被抹杀，等于直接植入到汉语语境中来理解。在研究概念史时，这很容易使人忽视日本的中介（转译西方概念）作用，也常引发出中日之间类义概念的混淆。① 而回避语词的出处最终留下了中日之间争持不下的话题：究竟哪些是日本独创的新词，哪些是中文自己创造和改造的新词？

---

① 如"共和"与"民主"二词由同义转为相互分担意义的过程，需要我们首先对各自的出处有个明确的认识。参见本书第十四章。

第十二章 20 世纪以后的对译辞典
与日语新词的吸收

引　言

　　19 世纪的英华字典作为反映中西方文化交流的产物，不仅在中国深受重视，而且在同时代的日本也得到了广泛的使用。随着该辞典在日本的翻印出版，它也为近代日语的形成注入了新鲜血液，如"银行""保险""恋爱""医学"等词，都是通过英华字典传到日语中去的，特别是作为英语译词，被同时代的英和辞典系统地采纳，构成了中文新词进入日语的一条渠道。但是，进入 20 世纪后，这种局面开始反转，在形式及内容上都得到充实的英和辞典，反倒成了中国人编辑英华辞典的范本。于是，日语的"哲學""社會""共產主義"等诸多新词新语又通过这一途径开始进入中文里去。这种对译辞典的相互利用，导致大量中日近代新词的相互流动，即 19 世纪由中文进入日文，再到 20 世纪由日文进入中文的这一大循环，构成了近代知识转型过程中新词、新概念的相互往来，这亦是导致中日两国出现大量同形词的原因之一。本章在回顾 19 世纪英华字典对日文的影响之后，将 20 世纪以后日文对中文的影响分为四个时期，着重分析英和辞典的译词是如何被英华辞典吸收的，以展示两国语词交流史中的一个重要渠道。

　　本书第一编里已经谈到，19 世纪从中国传入日本的汉译西书（如《博物新编》《大美联邦志略》《万国公法》等）和英华字典对日本的近代知识转型所起的作用甚大，日本从近代国家制度的建立到具体的概念用语都受到这批材料的影响。这种通过中文材料来吸收西方知识的做法不仅适用于日本，而且在当时的朝鲜半岛也有呈现。所以，人们在讨论近代日语的形成过程时，常常无法回避这些来自中文方面的影响，特别是英华字典作为一种现成的英汉对译材料，对谙熟汉文的日本知识分子来说既是理解英文的捷径，又可作为英和辞典的日语译词径直利用，这便是学者们常说的近代中文对近代日语所做的贡献。[①] 但是进入 20 世纪后，情形为之一变，反倒是随着日本的英和辞书传入中国，其新词译词亦随之流入中国，对中文近代新词的形成起到了极大的刺激。这种中日两国之间语词交流的大循环，一方面加速了近代知识在东亚的传播，另一方面则是近代以后中日同形词剧增的最大原因。[②]

　　在日本，无论是日语学者还是中文学者，对 19 世纪汉译西书和英华字典的研究，多是注重在近代知识转型过程中中文对日语的影响。爱知大学教授荒川清秀在评介宫田和子新著《英华辞典的综合研究》时，对这一领域的研究进行了一个简单的回顾。他说随着 19 世纪英华字典各版本及其在日本的实际利用情况被逐步厘清后，剩下的课题便是就具体的近代语词进行细致的考察，为此还应该涉及 20

① 森冈健二早在 20 世纪 50 年代就注重这方面的研究，比如「訳語の方法」『言語生活』99 号、1959；「開化期翻譯書の語彙」『近代の語彙　講座日本語の語彙6』（明治書院、1982）等，主要研究后多收入『改訂近代語の成立・語彙編』。
② 参见陳力衛『和製漢語の形成とその展開 第四章 近代和製漢語的生成』。

世纪以后的英华辞典。① 这也就是说，除了考虑 19 世纪英华字典对日语的影响之外，20 世纪以后中文语词受日文的影响也可以通过后来的英华辞典得到印证。

　　在本书第一编里，我们特别就 19 世纪英华字典对英和辞典的影响做过一些解说。尽管其中也强调 20 世纪后日语对中文的影响，但没有具体验证英和辞书对英华辞典的语词渗透情况，特别是以往的研究都把这种影响置于 20 世纪初叶来考虑，正如上述荒川清秀所指出的那样，没有再关注以后的问题。由此，本章想主要看一下 20 世纪以后，语词由日文进入中文的渠道，并考察这种做法一直延续到什么时候。通过这一研究，不单能阐明近代语词的互相流动问题，更主要的是由此引出的汉语构词结构及文体变化问题，亦是值得我们深入探讨的。②

一　20 世纪以后的逆转——英和辞典对英华辞典的影响

　　在描述近代中国接受日语的情况之前，我们有必要对中日之间的言语交流史做一划分。自 19 世纪初到中日甲午战争这一段时间，大多是中文影响日文；但在甲午战争以后，这一情形开始逆转，也就是日文开始逐步影响中文了。我们可以将这以后的时段细分为四期：

①1895～1919　从甲午战争到中日签订"二十一条"（成熟期）

②1919～1945　从"二十一条"到抗日战争结束（决裂期）③

③1945～1972　中日关系断绝期

①　荒川清秀「宫田和子『英華辞典の総合的研究』—あわせて近年の近代語研究の著書の出版について」『東方』354 号，2010。他称："英华辞典应当言及颜惠庆《英华大辞典》（1908）、《官话》（1916）、《综合英汉大辞典》（1927、1948）才好。因为日中间的语词交流及词史的书写一般都要参照上述辞书。"

②　参见本书第十章。

③　参见狭間直樹「西周のオランダ留学と西洋近代学術の移植—"近代東アジア文明圏"形成　学術篇」（『東方学報』86 号，2011）一文中所做的分类。

④1972～2000　　中日邦交正常化以后

这里显然是按国际政治形势所做的时代划分，实际的语言交流并不完全受此限制。如果从邦交关系的断绝这一意义上看，可以将前两期合并在一起，与后两期形成对比。本章亦照此划分来看 20 世纪以后两国语言交流史上的几个问题。

（一）中日关系的"黄金十年"

第①期被誉为中日关系的成熟期，首先有 1896 年清朝向日本派遣留学生，然后又有所谓中日间的"黄金十年"，再到日本提出对华"二十一条"，基本可以说是两国关系最"密切"的时期。[①] 伴随着留学生和其他人员往来，中日文化交流亦猛势推进。特别是 1902 年以后中国开始的"广译日书"，不仅给正在寻求转型的中国带来了新知识，随之而来的众多日本新词也构成了近代中文的一些基本概念。在这一潮流中，20 世纪以后增补、编写的英华辞典反过来开始以英和辞书为样板和主要参考书。也就是说，通过英和辞典这一媒介，日语里的新词开始源源不断地进入中文。从这一意义上说，中文的语词近代化里有许多地方都有赖于日语。

但在谈到汉语里的日语借词时，有几个还没能得到澄清的问题。例如，汉语是从何时何处开始使用日语借词的？日语词汇主要通过哪些途径传进中国？中国人又从何时开始意识到日语借词的存在？要回答这些问题，应该调查各种相关的材料，但至今仍然很少有具体的调查和统计。本节里我们想具体地考察几种材料，讨论一下日语借词在

---

① 美国学者任达（Douglas R. Reynolds）在其《新政革命与日本：中国，1898～1912》（李仲贤译，江苏人民出版社，2010）中认为，1898～1912 年是中国政治改革与社会变迁的革命性时代。辛亥革命推翻了帝制，但在本质意义上，新政府仍沿袭了清末的宪政革命，百日维新所推行的种种措施也并未因六君子的遭遇而夭折。而日本在这一连串千年未见的社会革命中，充当了楷模、朋友的角色而非仅仅是对手。正如任达所说，在"黄金十年"间，日本的角色是"持久的、建设性的而非侵略性的"。这一段常常被人遗忘的历史，充分说明了中日关系的复杂性。

每种资料里所占的地位。

前面说过，19 世纪后期，特别是在 19 世纪末，日本陆续刊出了许多新的英和辞典和各种对译手册。虽然中国人自己编纂的辞典也开始增多，但对日本都影响不大。反之，进入 20 世纪后，日本出版的英和辞典已被那些编纂英华辞典的人所利用，这就成了新词或所谓日语借词流入中国的一个重要途径。

实际上，这一做法在 20 世纪前就已出现，1895 年以后出版的对译辞书在增补条目时也常常加入新词。比如 1871 年的《汉英合璧相连字汇》（*Chinese and English Vocabulary in the Pekinese Dialect*，Shanghai），是由外国人编辑出版的华英字典，在其第三版（1898）时改为 *A Chinese and English Vocabulary in the Pekinese Dialect*（revised by Donald MacGillivray, Shanghai, American Presbyterian Mission Press）。我们比较二者会发现，"民主""民主之国"二词不见于该字典的初版，只在第三版时才有收录。这种现象在其他对译辞典的修订中也较为常见，比较下面表 12 - 1 所列的《英字指南》的不同版本，亦可看出新词增补的痕迹。①

表 12 - 1　《英字指南》初版（1879）与增广版（1905）的异同

英语	1879 年初版	1905 年增广版
adviser	○参谋	○卷 3
deputy	○委员	○卷 3
semi-transparent	○反射	○卷 4
harmony	○和声	○卷 4
working power of	○电力	○卷 4

①　周振鹤《鬼话、〈华英通语〉及其它》（《读书》1996 年第 3 期）言及该辞典的增补版时说："此书亦有六卷之多，后被商务以半洋装、洋装再版过数次，以《增广英字指南》名义推出。所谓增广，其实十分有限，仅在卷六《通商要语》末尾加上文规（即文法）译略及英文尺牍两节，并在同卷'交易'一节中加上十来句会话例句而已。"实际上并非如此，如表 12 - 1 所示，增广版里更新了一些重要译词。

续表

英语	1879 年初版	1905 年增广版
electricity		
book of arts	○艺术	○卷 3
philosophy	×格致	哲学　　卷 2
philosopher	×博学人	哲学家　卷 3
society	×结社	社会　　卷 2
observatory	×观天台	天文台　卷 4
astronomy	×天学	天文学　卷 4
zoology	×生物学	动物学　卷 4

从上表可以看出，初版中标○的词仍为增广版所继承，初版中打×的词在增广版中则全部被换为新的说法，而在后者中像"哲学""社会"等新词均是来自日本的译词。

Technical Terms English and Chinese 是 1904 年中华教育会出版的一本科技新词对译手册，主编者为著名传教士狄考文，参加编写的有著名的"医学传道士"先驱伯驾（A. P. Parker）和赫资（W. M. Hayes）。狄考文的前言写于 1902 年 6 月，可见此手册正是 20 世纪初的早期资料。

该手册正文 503 页，订正 9 页，约收入 1.2 万个词条，主要收有医学、化学、物理、数学和人文方面的词汇。与前面几本英华字典比较，它有如下几个特点：

第一，开始借用日本的造词，如：

Philosophy 哲学　Metaphysics 形而上之学　gland 腺

第二，新词译法趋向固定，并沿用至今（与我们今天翻译英语所使用的词汇完全一致），如：

Acoustics 声学　algebra 代数学　anthropology 人类学
astronomy 天文学　battery 电池　elect 选举　course curriculum 课程

capital 资本　　dynamics 动力学　　hygiene 卫生学　　liberty 自由

light of ray 光线　　mechanics 力学、重学　　numerator 分子

optics 光学　　Physics 物理学　　moveable 动产　　science 科学

Theory 理论　　truth 真理　　plane 平面

其中，日语借词部分只找出四个词，而前面举出的《哲学字汇》里的"抽象""概念""演绎""归纳"等却都没有收录，兰学方面的"解剖""盲肠""细胞""绷带"也没有收录。但"盲肠"在此书中译作"阑尾"，并沿用至今，而"细胞"当时译作"胚"。第二部分中的译词，有的已见诸前面几本英华字典里，如"平面""代数""资本""物理"等，该手册加以采用，并在有的词语后面加上"学"字而构成学科名称，这是该手册的一大进步。

但是怎样来看待这种进步呢？沈国威在《近代日中语汇交流史》中认为：从理论上看，虽然存在下面两种可能，但实际上只有（2）是可行的。[①]

（1）罗存德以后，中国人自己对译词进行了某种修正和调整，使之固定并沿用至今。其影响波及日本。

（2）日本人借用《英华字典》或其他汉译洋书的译词后加以改进，而这种改进后的词再次进入中国，成为汉语用词的一部分（日语借词）。

对上述看法，我想其中有可商榷的余地。一是第三期汉译洋书（1862 年设同文馆后）中的大量新词、新译没有能及时反映在罗存德和卢公明的字典中，而这批译书的内容都是与近代化直接有关的。看看梁启超的《西学书目表》（1897）和《江南制造局记》（1905）中

---

①　沈国威《改訂新版　近代日中語彙交流史》笠間書房、2008、202 頁。

所列的书名就会发现其中有"数学""几何""三角""圆锥""代数""微积""对数""电学""化学""声学""光学""热学""地学""微生物""植物学""动物学""医学""卫生""议院""课程""农学""机器""工程""汽机""铁路""电气""贸易""政策""物质""公使""政治"一类的词。这些书的内容尤其是用词来源，值得我们做进一步的调查。二是 *Technical Terms* 完成于 1902 年，由当时著名的三位传教士编纂，如果说这里面的译词是参照了日本的译法，那么是源自英和辞典还是留日学生呢？如果是英和辞典，显然取的词太少，只有"哲学""形而上之学""腺"三个词是纯粹的日本造词；如果是源自留学生，则需要靠调查当时报刊来佐证。《江南制造局记》的翻译书目里，有 1901～1903 年译自日文的《物理学》三册和《制羃金法》一册，而文科方面的译书也几乎都是进入 20 世纪以后才见到的。

1901 年上海创设广智书局，开始翻译日文著作，据《章太炎年谱长编》载，1902 年 7 月章氏返国，为上海广智书局"藻饰译文"。冯自由云："时梁启超方集华侨资本，创设广智书局，延请留学生翻译东文书籍，至是遂聘章藻饰译文焉。"又说："维时译事初兴，新学家对于日文名词，煞有斟酌，如有'社会'一字，严几道译作'群'，余则译作'人群'或'群体'。'经济'一字，有人译作'生计'或'财政'，余则勉从东译，先生（指章炳麟）于此不置一辞。然'社会''经济'二语，今已成为吾国通用名词矣。"①由此可见当时文科方面的译书多起自 1901 年以后。

所以，我们可以说这本专业词汇手册中虽然收录了几个日本译词，但对其他如上引文（2）类中的语词译法仍持保留态度，这个问题的彻底解决有待于对第三期汉译洋书的调查才能知晓。

---

① 汤志钧编《章太炎年谱长编》上册，第 179 页。

王力在《汉语史稿》里指出："中国当时为西洋语言（特别是英语）编辞典的人们由于贪图便利，就照抄了日本人所编的西洋语言词典的译名。"这一事实反映在当时几本重要的英华辞典里。《商务印书馆英华新字典》第二版（1906）中，已开始采录日本译制的汉语。如"目的""信托""工业""发明""记录""生产""博士""教授""反动""经济学""思想""商标"；等等。

20世纪中国出版的英华辞典，以商务印书馆出版者最为瞩目。[①]其中有受19世纪罗存德《英华字典》影响的，也有新编辑的。前者可以举出《华英音韵字典集成》（1901），而后者则以当时堪称同类辞书中规模最大的颜惠庆《英华大辞典》为代表（3000余页，收词约12万条），在编辑和增补过程中加入了来自日本的新名词。其"例言"云：

是编采用诸书，暨所参考，不下数十百种。有为中国教育会本者，有为江南制造局本者，有为严氏所著本者，有为英和字典本者。

这是中国辞典的编纂者首次承认其在编辑过程中参考了英和辞书，但这里却未举出具体的辞典名。实际上它明显参照了日本三省堂的《新译英和辞典》（1902），比较表12-2就可知其一端：

表12-2 《英华大辞典》和《新译英和辞典》收词比较

英语词头	1902年神田乃武等编《新译英和辞典》	1908年颜惠庆等编《英华大辞典》
atom	質點	（化）原子、质点、微質
displacement	（化）置换	（化）置换

---

① 参见那須雅之监修『近代英華·華英辞書集成』（大空社、1998~1999）解题。

英语词头	1902 年神田乃武等编《新译英和辞典》	1908 年颜惠庆等编《英华大辞典》
exterritoriality	治外法權	治外法权、治国权所不及
galvanography	電氣製版術	电气制版术
mesocarp	（植）中果皮	（植）中果皮、中果层
suffocation	窒息	局死、闷死、止息、塞息、窒息、闷气
tanner tanning	製革匠、製革術	制革匠、制革术、硝革术、制革机
tympanum	鼓膜、中耳	鼓膜、耳鼓、中耳内之鼓膜
volunteer	志願兵	义勇、义兵、志愿兵
wisdom tooth	智齒	智齿

的确，自 19 世纪末到 20 世纪初，日本英和辞书的编辑有了长足的发展，汉语译词不仅得到充实，而且更为简练，成为符合新时代的新名词。这其中不仅有日本人独自创造的新词，还有很多是 19 世纪后半叶以来吸收英华字典的产物。所以，进入 20 世纪后，中国人编辑英华辞典时，为了尽快对应西方的新思想、新概念，以英和辞书为编辑模版成为当时的一种时尚，当然这也是汲取新词的一种特殊"捷径"。针对这一现象，《英华合解辞汇》（1915）的例言中曾有以下批评：

　　　　吾国通行之英汉字书非由英文本直译，即由和文本改纂。

这当然也从另一面证实了当时在中国编纂的英华字典多由"和文本"改纂而来。但批判归批判，《英华合解辞汇》自己也是给"绷带""普通"等词特意标上"新"的记号，以示其为新词，这也是其"标新立异"的方式之一。采取同样做法的还有赫美玲的《官话》。这本英华字典也是以标注"部定（教育部制定）"的形式收录官方认可的新词。同时用"新"标注来自日本的选词，如：

　　Aim 目的^新　　Common 普通^新　　Bandage 绷带^新

　　再有华英辞书《汉英新词典》（李玉汶编，商务印书馆，1918）
也是参考和英辞书而编的，该辞书"例言"中说：

> 　　本书所备之参考书，为汉英、英汉、和英、英和各辞典，英
> 语、汉语、日语各辞典，以及各专门辞典、术语辞典，共八十
> 余种。

这里显然是承认参照了日语资料。在表 12－3 里我们就拿具体的例子
来看看商务印书馆系统的英华辞典是如何将日语新词"共和"转载
过去的。

表 12－3　　"共和"一词的增补过程

	《商务书馆华英字典》 （1906）	《英华大辞典》 （1908）	《增广商务印书馆 英华新字典》(1913)
democracy	奉民主之国政	<u>民主政体</u>,<u>民政</u>,庶建	<u>民主政治</u>,<u>民政</u>,民党主义,庶 民,万民
democrat	奉民主者,从民政者	扶立民政者,倡民主政 体之人	倡民主政体之人,从民政者, <u>民政党人</u>
republic	<u>共和政治</u>,<u>民政国</u>,共 治国	民主政体,<u>共和政府</u>,公 共国政,民主国	民主国,<u>共和政体</u>,学士团体
republican	<u>共和国的</u>,<u>共和政治</u> 的,<u>共和党</u>,民政党	民主国的,属公共政体 的。～ opinion <u>共和主</u> <u>义</u>之意见	民主国的,<u>共和政体</u>的。合共 和主义的。倡民主政体之主 义者,共和党人

表 12－3 中加下画线的词多是来自日本的新词（其中也包括从 19 世
纪英华字典传过去的新词的再次回归）。从表中可以看出，1906 年的
辞书里已经出现"共和"的字眼，然后逐渐增多。特别是颜惠庆
《英华大辞典》拿"民主政体"既对译 democracy，又对译 republic，

后者（包括 republican）译词中还有"共和政府""共和主义"等词。1913 年的辞典增补的新词就更多了。①

20 世纪 20 年代，《综合英汉大辞典》是商务印书馆英汉辞书出版史上最具规模的英华辞典，学界对此已有专门研究。② 除了对译辞典以外，还有一些新词手册也是值得我们关注的，这一点已经在本书第十一章中有过论述。

（二）专业辞书及其他双语辞典

进入第②期后，中日关系开始交恶，但人员往来还很频繁，中国在文化、科学领域受日本的影响依然很深。除英华辞典外，其他语种的对译辞典也成为新词传入中国的一个重要途径。如商务印书馆的《德华大字典》正是参照了《独和字典大全》《独和新辞书》《独和大字典》《独和法律新辞典》《独和兵语辞书》等五种日本独和辞书编写而成的，这种对译辞典尽量参照日文译词的编辑方针，这一现象一直延续到第③期，即中日邦交正常化之前。所以我们在看其他对译辞典时，也当从这一角度重新审视译词成立的途径。只是日汉辞典方面有些特殊，因为这里常把日语的汉字原词直接当作中文译词来采纳，特别是这一时期日本人自己编的几本日华辞典都有这种倾向，很多生硬的译词都是这样传进来的。

专业术语方面我们可以从当时出版的教科书及专业术语手册中，举出各行各业吸收日语新词的情况。这里仅以医学词汇为例，比如《医学名词汇编》（1931）中的译词选定过程可以反映出中文移植日语译词时的几种特点。该辞典以日语译词为基础，参考中文译词，在权衡两者利弊后再决定最终的译词。从该辞典最终的

---

① 参见陈力卫《近代中日概念的形成及其相互影响——以"民主"与"共和"为例》，《东亚观念史集刊》第 1 期，2011。

② 邹振环：《〈综合英汉大辞典〉的编纂、特色与影响》《复旦学报》（社会科学版）2016 年第 2 期。

译词采用率来看，可知当时专业术语领域里日语译词的渗透情况。表 12 - 4 "决定名" 一栏中加下画线的词多为日语译词，约占半数以上。

表 12 - 4　《医学名词汇编》中译词的确定过程

现用名称	英语	日译	参考名	决定名
激　素	hormone	觉醒素	激素	激素,内泌素
剂　量	dose	用量		剂量(用量)
休　克	shock	震荡,震荡性,震荡症	震荡,震感,脑力受震荡	休克,震荡
抗　体	antibody			抗体
夜　盲	night-blindness	夜盲	夜盲	夜盲
雪　盲	snow blindness	雪盲		雪盲
维生素	vitamin	活力素	维生素,生活素,维他命	维生素
奶　粉	dried milk	奶粉		奶粉
脱　位	dislocation	脱臼,转位,变位	脱节,脱位	脱位,脱节
内出血	internal hemorrhage	内出血		内出血
内　障	cataract	白内障		内障

"休克" 一词作为 shock 的音译词十分贴切，但日本传过来的 "震荡" 现在也仍用于 "脑震荡" 等词中；"抗体" 早就出现在明治时期的医学书中；"夜盲""雪盲" 则是与 "文盲" 同一结构的和制汉语，也就是说医学领域的术语形成是离不开日语因素的。

　　时间再往后推，1948 年由中国人民解放军华北军区卫生部出版的《外科解剖图谱》，是抗日战争结束后出版的解剖学著作，仅从时代上来看当属于第③期中日邦交断绝期的出版物，但实际上当时华北地区有大量的日本军医和护士加入解放军的阵营中去，所以该书是中日之间密切合作交流的产物。如图 12 - 1 所示，该书中的术语原为英文，随后才加上日语译词和中文译词，基本上是按英语→日语→中文的顺序来确定的译词。其中，仅中日同形词就占了七成以上，至今仍为解剖学的基本词汇。

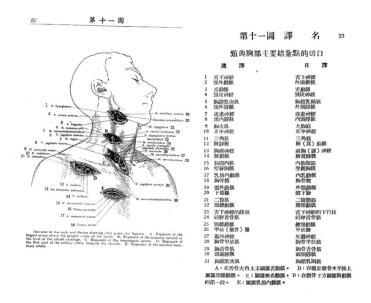

图 12 - 1   《外科解剖图谱》中的英、日、汉对译

具体来看，"副神经""锁骨""舌下神经""甲状腺"等中日两
国完全同形同义的词为多，还有像"三角筋/三角肌""甲状腺上动
脉/上甲状腺动脉""返廻神经/返回神经""前颈静脉/颈前静脉"等
日语与汉语一字之差的译词，后者都是按中文习惯改写的。这类医学
方面的语词交流并不限于外科，实际涉及整个医学、药学领域，从
20 世纪以后中国编辑的几本主要医学辞典中亦可窥其一斑。

抗日战争胜利后，留在中国的日本人遍布了各个领域，他们对专
业术语的普及和应用所起的作用应该也是我们关注的课题。

二　20 世纪下半叶的语词交流

自商务印书馆出版颜惠庆的《英华大辞典》之后，经过《综合
英汉大辞典》，终于又有了一本郑易里的《英华大辞典》（三联书店，
1950）出版。后来，该辞书的版权为商务印书馆所继承，经 1956 年

稍稍改订后便在中国确立了其牢固地位。1984 年出版了修订第二版，2000 年又出版了第三版，可以称为半个世纪以来中国最具代表性的英华辞典。

（一）中日邦交断绝时期的语词交流

郑易里的《英华大辞典》是一部部头很大的辞典（共 2143 页，前言及用法说明在第 1 ~ 14 页，紧接着是补遗第 15 ~ 34 页，然后才是正文第 1 ~ 1522 页，中文索引第 1523 ~ 2137 页，外加后记等内容），其主要参考书目中列举的英和辞典有以下几种：

Okakura Yoshisaburo（岡倉由三郎），eds.，*Kenkyusha's New English-Japanese Dictionary on Bilingual Principles*（『研究社新英和大辞典』），1927

岩崎民平編，*Kenkyusha's Concise English-Japanese Dictionary*（第 1 版），1941

Saito Hidesaburou（斎藤秀三郎），*Saito's Idiomological English-Japanese Dictionary*（『熟語本位英和中辞典』），Ōbunsha，1915

三省堂編輯所編，*Sanseido's New Concise English-Japanese Dictionary*（『改訂コンサイス英和新辞典』），revised edition，1936

島廣三郎・市河三喜・畔柳都太郎，*Fuzambo's Comprehensive English-Japanese Dictionary*（『大英和辞典』），冨山房，1931

Kenkyusha's Current English-Japanese Dictionary（『研究社時事英語辞典』），1937

编者是这样评价上述六部英和辞书的：

（以上）六种是英日辞典，各有特长：有的编排简明，虽有

丰富内容，而检查极便；有的解释细腻，能针对东方人在欧美语
文上可能有的一切隔阂而加以适当说明；但因出版年代较早，缺
少新字新义，这是它们的共同缺点。

在表扬好的一面的同时，最后指出其"因出版年代较早，缺少新字
新义"为共同缺点。的确，《英华大辞典》出版时，已是中日断交
期，其参考的日本辞书以 20 世纪二三十年代的为多，也就是说该辞
典实际上是引进了日本大正及昭和前期的语词。这也正是编者感叹
"缺少新字新义"的原因。因战乱等原因，日本新编的英和辞典在 40
年代后期实际上也很难进入中国。尽管如此，我们如果拿 1908 年的
《英华大辞典》来比较的话，还是可以看出一些前所未见的特征，特
别是依靠词缀创造的新词开始增多。如：

Pan   泛～   泛神论，泛心论，物质泛宇宙论
Peculiarity   特～   特有，特殊，特质，特性，特色
-bility   ～性   永久性，耐久性

"汎～""～性"等词缀作为西洋文体移入日语的典型范例早就有学
者论及，[1] 而用副词"特～"来构成的词语，多发生在近代，这也是
我们过去指出过的现象。[2]
　　再者，与 1908 年《英华大辞典》不同的是，新版《英华大辞

---

[1]　参见山本正秀『言文一致の歴史論考』岩波書店、1971。
[2]　陳力衛「漢語造語力の盛衰」『國文學解釈と教材の研究』學燈社、2004。由
　　"特"字构成的二字词在《汉语大词典》和《日本国语大辞典》中分别是 119 词
　　对 87 词，但从产生于近代以降这一角度来看，中文只有以下 29 个词：

　　　　特工　特刊　特有　特此　特任　特色　特技　特使　特例　特性　特定
　　　　特派　特约　特殊　特讯　特效　特务　特区　特许　特产　特等　特嫌
　　　　特种　特价　特质　特征　特写　特点　特权

　　这其中只有加下画线的 5 个词是中文自己创制的新词，其他则与日文同形，可能
　　是源自日文的。

典》收录的专业术语大为增加。特别是标有分类记号【 】的译词与日语相一致的程度更为提高。如：

【医】静脉炎　　【哲】现象学　【语音】音素学
【生】单性生殖　【理】光电管

这些都是从日本的和英辞书里直接采用的新词，如果我们就此列出一个专业术语词表的话，会发现其中中日同形词居多，也就是说来源于日本的新词为多。

在中日邦交断绝期，1962 年商务印书馆又出版了一本由张其春、蔡文萦编撰的《简明英汉词典》(*Concise English-Japanese Dictionary*)，该词典为小型辞书，收录语词 26150 条。在其主要参考书目中也列出了四种英和辞书：

　　研究社『新英和大辞典』研究社、1956、1960
　　三省堂編修所『明解英和辞典』三省堂出版、1956
　　島村盛助・土居光知・田中菊雄『岩波英和辞典』岩波書店、1958
　　勝俣銓吉郎『新英和活用大辞典』研究社、1959

这些英和辞典都是抗日战争结束后出的新版。虽说中日两国关系已经进入邦交断绝期，但实际上中国并没有停止基本科技书刊和辞书的进口，反倒成立了一种体制内的制度（外文书店内部书刊），不断从外国进口所需的图书并加以翻印，这种做法一直延续到 20 世纪 80 年代后半期才逐步取消（笔者亦曾参与书刊遴选推荐一事）。这种做法当然也为中国持续不断地引进日本新词开辟了道路，特别是在专业词汇方面，中文的新词多受惠于英和辞典，这是不争的事实。尽管《简明英汉词典》属小型词典，所引进的新词尚不甚广泛。如：

Paradox【哲】逆说

Power 权限

Prognostic【医】预后的

但还是容易在专业领域找出来自日语的词汇。

另外，这本辞典受日语影响的痕迹很多，比如，将 paradise 译成"天国"，将 parentage 译成"亲子关系"，将 parole 译成"假释"，将 patent 译成"特许的"，将 pep 译成"元气"等，都是照搬了日本英和辞典的译词。

（二）中日邦交正常化后的语词交流

《英华大词典》（第 2 版修订本，1984）是郑易里《英华大辞典》的修订增补版，该辞典早在 1956 年就有过一次增补，而 1984 年版是大规模的修订。其中列出的主要参考书目却只有一本日本的英和辞典：

> Shogakukan Random House English-Japanese Dictionary（『小学
> 館ランダムハウス英和大辞典』），1973

而这本辞典实际上是把当时最为流行的英英辞典 Random House Dictionary of the English Language 的英文解释部分翻译成日文的，所以在用法和解释方面都算是最新的。那么，《英华大词典》的编者是想借此改善辞典的内容及体例，还是指望从中再汲取新的汉字译词呢？实际上，前者的因素可能更多一些，因为 20 世纪 70 年代的日语新词已经多倾向于直接用片假名来音译，最新创造的汉语译词并不是很多。这看起来好像是中文辞典不再依靠英和辞典来汲取译词了，其实不然，我们还是可以在专业词汇中找出一些日语汉字译词：

Pace　　（投手的）球速

Panel　配电盘

Parasympathetic　副交感神经的

这些词也许并非直接源自这本日本小学馆的英和辞书，但在我们已经举过的上述几本英华辞典中并未收录。下面我们将以上四本主要英华辞典的译词制成表 12 - 5 加以比较，从中来看看其变迁特征。

表 12 - 5　英华辞典中译词的变迁

英语/译词	《英华大辞典》 （1908）	《英华大辞典》 （1950）	《简明英汉词典》 （1962）	《英华大词典》 （1984）
pandemonium	地狱,鬼会所	伏魔殿	群魔殿	群魔殿
paradox	似非而是之论	似非而是的一轮	逆说,反论	似非而可能是的论点
paranoia		偏执狂,妄想狂		偏执狂,妄想狂
particle	微片,细分,微分	分子,粒子,质点	微粒,粒子,质点	分子,粒子,质点
pastoral	牧歌,田舍歌	牧歌,田园曲	田园诗,田园剧,牧歌	牧歌,田园诗(曲,剧,画)
patriotism	忠心,忠义,爱国心,报国心	爱国心	爱国心,爱国精神	爱国心,爱国主义
pension	年金	年金	年金	养老金
permeability	可透过,可透彻	可透性,浸透性,导磁性,导磁系数	浸透性,可浸性,磁导率	可透性,浸透性,磁导率,磁导系数
pharmacist	调剂者,制配者	制药者,药剂师	药师,调剂员	制药者,药剂师

首先，与 1908 年的英华辞典相比较，我们可以看出现代基本概念的对译在 1950 年的英华辞典中已基本完成（如田舍歌→田园曲、报国心→爱国心等）。前面提到过，词缀构词及三音节词也是从 1950 年版的《英华大辞典》开始增多（如可透过→可透性、偏执狂、药剂师等）。当然也有英语概念，如 pandemonium 在郑易里《英华大辞典》里还是直接用日语的"伏魔殿"一词，而"群魔殿"则确定得更晚一些。

其次，再看《英华大辞典》1950 年版与 1984 年版的关系，因为是出于同一编者，所以两者类似与继承的成分明显偏多，译词的一致度比较高。如"paranoia 偏执狂，妄想狂"仅出现在这两本辞典里。再有，如"pension 年金"本是源自日语的译词，一直出现在各个时代的英华辞典里，但最终在 1984 年版中被取消，回归到汉语本身的"养老金"上。

1972 年中日邦交正常化后，两国交流的重心当然是中国方面以实现四个现代化为目标的科学技术领域，通过语词交流吸收新知识也主要靠辞典。于是，日本编辑的英日科技辞典成为中国编辑英汉科技辞典的首选参考书。随之，日汉科技辞典也应运而生，各主要研究机构和工厂均订购有日本的科技杂志，学日语、翻译日文科技文献成了当时许多日语学习者的主要任务，笔者学习日语的出发点也源于此。编辑出版电子、机械、化纤等领域的日汉对译辞典以应急需，成了当务之急。这样一来，将日本出版的英和对译辞书中的汉字语词直接原样照搬当作汉语译词，又成了一时流行的做法。从这一意义上来说，中日邦交正常化后中文对日文的新词吸收多是偏于科技专业领域的。

当然，20 世纪 70 年代日语本身片假名的音译词开始增多，与过去盛行汉字译词的时代（50 年代）相比，由日本人独自创出的汉字译词明显减少；同时仅靠借用日本的汉字译词是无法应付新事物、新概念的，中国人独自创造的译词开始成为主流。由此，特别是通过英语的对译产生了大量新的汉语译词，这一势头的不断发展使得日语借词逐步被排挤到仅供参考的地步。

反过来说，中文的特性使中译出版物只能一律使用汉字词来对译外国概念，而日本已开始放弃这一努力。于是，日本的辞典出版界又期望开始新一轮的逆向导入，即如何将中文里翻译出来的汉字译词再次移植到日语中去，以消解片假名音译词的冗长。事实上，在 1981 年在成都召开的中日出版会议上，以出版辞书而享誉盛名的日本三省堂出版社与中方出版社会谈时，所关注的正是中方出版的这类科技对译辞典。这也是两国辞典出版社合作出版的项目之一。但是，最终这一构想在当时的日本没能得到具体的实践，外来词还是被片假名的音译词所垄断。使人所料不及的是进入 21 世纪后，从 2003 年到 2006 年，由日本国立国语研究所分四批开始实施的用汉字词来代替外来语音译词的方案，正是对 20 年前的构想所做的一种尝试，只是没有再次直接参照中文译法罢了。[①]

结　语

在本书第一章图 1－5 里，宫岛达夫在比较近代日语和汉语的发展过程时，选取各自语言中出现频度高的 1000 个词，分别看其开始使用的时代，得出的结论是："汉语近代化的步伐较日语稍晚，在 20 世纪初为日语所超过。"因而从整体上来看，按本章第二节的分期，第①期的中日关系成熟期里由日本传来的语词最多，人文、社会等方面都有了很大规模的语词补充。第②期虽然被称作中日关系的决裂期，但实际上是第①期的延续，人文、社会方面的语词还在不断更新和补充，其他医科、理科等新词和专业术语开始源源不断地被吸收到汉语里来。到了第③期中日邦交断绝，但辞书之类却不受其限，日语译词仍然继续为中国引进，由于意识形态的问题，语词的吸收自然偏于专业术语方面。第④期以后两国邦交恢复正常化，日本首先在电子、机械、化纤等科学技术领域吸收了大量汉字词术语。在这一意义上，宫岛达夫的调查只是反映了高频率的上位 1000 词的情况，但没能详细反映出中文吸收日文专业术语的情况，而这正是我们所关心的问题。

本章旨在通过对 19～20 世纪英华辞典与英和辞典相互利用的研

---

① 如将アイデンティティー（identity）译作"独自性、自己認識"；将アセスメント（assessment）译作"影響評価"；将ガバナンス（governance）译作"（企业）統治"等。而中文现在分别将之译为"自我认同""重新评估"和"公司管理"。

究，一方面阐明英华辞典对英和辞书的新词的影响，另一方面主要说明 20 世纪以后汉语中日语借词的渗透情况。也就是说从翻译的角度来看，英华辞典也是近代以后众多日语新词进入中文的渠道之一，我们对其译词的来源应该有一个基本的认识。当然，其他对译辞书或日中·中日辞典在这方面所起的作用亦是不容否定的，我们愿借别的机会对这一问题再做详细论述。

第三编
语词概念定尘埃

第十三章　概念史研究的课题与方法

一　何谓概念史

概念史（history of concepts）研究兴起于 20 世纪 70 年代的欧洲，它与当时知识考古学的方法论一脉相承，力图通过对历史上主导概念的研究来揭示该时代的特征，可以说是基于普遍观念来撰述历史的一种方式。进行这一尝试的有英国雷蒙·威廉斯（Raymond Henry Williams）的关键词研究《关键词：文化与社会的词汇》（*Keywords: A Vocabulary of Culture and Society*, 1976），而最为引人注目的则是以德国学者柯赛雷克（Koselleck）为首展开的一系列研究，最后归结为《历史基本概念——德国政治和社会语言历史辞典》（*Geschichtliche Grundbegriffe. Historisches Lexikon zur politisch-sozialen Sprache in Deutschland*, 1972 – 1997）。这部八卷本 9000 余页的巨著，却仅对诸如"法西斯主义""封建主义""帝国主义""马克思主义""共产主义"等 122 个概念进行了分析阐述，由此可见其描述得相当精细。比如"共产主义"（Communism）一条就分为六章：第一章简介；第二章介绍该语词作为术语自 16 世纪到 18 世纪在欧洲的形成和发展；第三章重点介绍了 1840 年以后法国和德国共产主义运动的展开及其代表人物、著作；第四章则专门侧重 1848 年以后共产主义运动在德意志帝国产生的影响；第五章讲述俄国十月革命以后列宁式的共产主义在德国的反响；最后一章才是总结分析。

由此可知，概念是由语词逐步转换而成的，语词可以通过定义来准确界定，而概念的内涵则往往模糊、多义，只能被阐释。"这种模糊和歧义的特点，恰是概念具有内在含义竞争性，并进而能够被选择服务于不同政治目标的原因所在。"①

概念的形成有其阶段性，每个时段人们都会对其有不同的理解，但概念史研究关注的正是从传统到现代社会转型的这一特定过渡时期。或者说概念史研究特别适用于概念发生重大和整体性变革的社会政治转型时期，由此便出现了所谓概念形成的"鞍型期"之说，亦即西方各国把什么事件作为近代转型的契机和近代国家形成过程中的种种转折的问题。前者我们可以举出法国大革命、英国的产业革命或日本的明治维新；后者则可依据其概念本身的消长来确定一定的时段。

在这一方面，欧洲概念史的研究也为我们奠定了一定的理论基础。它提出了概念确定的四项原则：（1）时代化（Temporalization）；（2）政治化（Politicization）；（3）民主化（Democratization）；（4）可意识形态化（Ideologization）。作为研究对象的概念往往要具有这些突出特征。也就是说把握概念的时代性，才能感触时代的脉搏，瞻望其发展趋势；而每一个人都离不开社会与道德的约束，从而在社会参与及运作中便会加深概念的政治化色彩。而所谓民主化指的是概念的广泛使用和普及，进而便可成为一种共同的、自上而下的、基本的、能够被接受的意识形态。诸如我们常用的"人民""群众""同志"这类词的使用范围和环境在被不断诠释和定义后，形成了具有时代特征的描述性概念。追述其形成的契机及被意识形态化的过程，能为我们提供新的视角和方法，观察到种种新的细节，在叙述和研究上弥补过去传统与现代两分法带来的遗漏，确定相对成熟的认识后再进一步加深思考。

---

① 黄兴涛：《概念史方法与中国近代史研究》，《史学月刊》2012 年第 9 期。

二　东亚概念形成的复杂性

当然，欧洲的概念史是以西欧文明或西方中心主义为主导的研究，对其他地区不甚涉及。若要拥有自己的概念史，便需解决如何确定适合本土文化特征的基本概念的问题，并建立与之相应的研究方法论。

也就是说，在描述中国特性的时候，那些富有欧洲中心主义的原创性概念是否都具有普遍性？我们知道每种语言都有表示人类社会的基本词汇，比如"耳目手足""吃喝拉撒"等，但具体到各种语言中，还会出现范围和程度的不同。概念史研究固然要追溯舶来的新的基本概念（如"自由""民主""共和"等），还需要在其过程中发现中国文化独自产生的一些特殊概念，才能更为客观准确地梳理历史。

另一个问题是西方概念与东亚的"接轨"是通过语词的翻译来实现的，亦即考察西方概念如何被翻译为汉字词汇的问题。于是，汉字文化圈内不同国家和地区之间概念的互动关系又成了绕不过去的一道坎儿。本来西方概念一旦被转换到东亚的语境中，总不免出现一些偏离，从文化交流史（西学东渐史）的角度来看，我们知道这种"橘越淮为枳"的现象是时常发生的，而东亚各国在近代国家转型的过程中，呈现出多种文化的交叉和融汇，即"中国的概念史研究还具有跨文化特质"，[①] 厘清这一关系又成了东亚概念史研究的重要一环。

我们举个例子来说明。中日甲午战争后的 1896 年，上海广学会编译出版了《文学兴国策》一书，译者是当时主掌《万国公报》的著名美国传教士林乐知（Young John Allen），他顺应当时朝野上下变法图强的呼声，借助出版《中东战纪本末》的同时推出这本小书，

---

① 孙江：《概念、概念史与中国语境》，《亚洲概念史研究》第 1 辑，2013。

提出以日本为师，这对近代中国教育产生了不小的影响。其原作实际上是由日本人森有礼用英文写就，1873 年以 *Education in Japan* 为名出版于美国纽约。

这里引发出两个问题：一是英语 education 按说应当译作"教育"，而当时的中文却拿"文学"来对译，这在现在是两个完全不同的概念，显然"文学"这个概念的内涵在不断变化，至少跟我们今天的含义是有距离的。二是"文学"这个词在当时到底包含什么意思，它与 literature 的对译是怎么形成的？我们进一步还要关注"教育"这个概念的形成，它到底有没有和"文学"沾边的地方。

为什么要这样做呢？因为在东亚传统观念转换到近代概念的过程中，不可忽视的是近代概念传播的途径问题。

西方概念传入中国是通过两条途径：第一条途径是由西方传教士翻译和介绍西方知识及概念，按时代可以分为前后两期，前期主要指 16 纪下半叶到 19 世纪初，以利玛窦为首的天主教传教士用中文出版的一批著作，《几何原本》《职方外纪》《天主实义》等可列为其代表作，内容以宗教为主，兼顾天文、地理和算学等方面。后期多指自基督教新教传教士马礼逊来华的 1807 年以后，到 19 世纪末期所留下的西学新书，其中亦包括中国人自己写的有关西洋的著作。这一时期的汉译洋书较前期更为广泛，各个具体专业领域都有相关的书籍出版。特别值得一提的是，清廷 1862 年设置同文馆及其他外文书籍翻译机构后出版的《格物入门》《三角数理》《化学鉴原》《地学浅释》等书，都为近代概念的形成奠定了基础。19 世纪末期，还有严复等中国知识分子译介的西方人文社科方面的诸多概念，如"群学""计学""天演论"等。

第二条途径则是甲午战争以后经由日本吸收和引进近代概念，因为同属汉字文化圈，中国也可以直接拿来使用日本人的汉语译词。但这里面又有两点因素值得注意，首先日本吸收西学的途径也是两条：一是经由中国传入西学。日本自鸦片战争以来深感危机，特别是 1854 年被美国佩里舰队打开门户以后，更是将视线转移到西方，开始多方面地收集西方各国的情报。但以往的兰学不足以应付英美传播的新知识，而中国则已出版有各种西学新书，日本的知识分子凭借他们深厚的汉文功底，通过直接阅读汉文的西学新书来汲取西洋文明，这一时期前后有 30 年左右，一直持续到明治 10 年代（1877～1886）。从中国引进翻刻的书籍上百种，涉及天文、地理、医学、近代科学和政治体制等各个领域。"化学""幾何""对数""顯微鏡"等词都是经由中文的西学新书传入日本的。二是 18 世纪以来直接吸收的兰学和 19 世纪后期直接吸收的英、德、法等语言中的学术知识，其翻译主要使用汉字词汇，有独自新创的，亦有借用中文古典重新予以诠释的。前者如"神經""情報""象徵""科学""美学""美術""哲学"等，后者如"主義""經濟""社會""文学""文化""文明""教育""芸術"等。所以，梳理清楚中日各自吸收西方概念的两条途径之交错，对研究东亚概念史来说极为重要。

　　前面提到过，如果将日本近代概念形成的契机设在明治维新时期的话，仅从中日之间新词、新概念交流的角度来看，可以把中国近代概念形成的契机设在甲午战争结束的 1895 年。自此以后，日本成了新概念传入的一个重要渠道。

　　方维规说过，鉴于东亚过渡期之"不同时历史的同时性"或"同时历史的不同时性"，发展一种东亚国家的"比较概念史"和一些关键概念的"运用史"是极为有益的。① 因为中日两国均有各自学术背景，亦即各自学术的相对化，所以人们试图从东西比较的角度，考察并揭示东亚文化圈内现代性的异同，这正是东亚概念史研究中的特性。

---

　　① 　方维规：《"鞍型期"与概念史——兼论东亚转型期概念研究》，《东亚观念史集刊》第 1 期，2011。

三　如何书写概念史

在概念史研究兴起之前，学术界一般是从语言学的角度，对一个词做语词史的考察。日语语词史研究里有一句名言是"一语十年"，指的是要把一个词的历史演变和其当今的词义分布描写清楚的话，至少要花十年功夫。而陈寅恪"凡解释一字，即是做一部文化史"的话我们都知道，也是将一个字词置于其文化史之中来看其变化。概念史则是在对现代化的反思过程中出现的一种再思考。从概念史的角度来看，概念由词语表出，但比词语有更广泛的意义；一定的社会、政治经验和意义积淀于特定的词语并被表征出来后，该词语便成为一个概念。这个概念经过"四化"后或成为一种最能反映时代特征的符号。所以，概念史的书写不仅关注文本的语言和结构，还要关注概念本身在社会运动中膨胀的轨迹，这就是近代思想史、社会史研究的一个分枝。

要书写概念史，首先要确定哪些概念可以作为研究的对象。20世纪欧洲概念史研究的起因是由于60年代的学生运动将一些概念随意使用。诸如"法西斯主义""革命"等概念，仅从字面意义去理解明显不够，还需做一些概念上的梳理。也就是在关注某个领域后，才会将其中的概念相对化来作为研究对象，概念史研究本身并不是目的。

其次我们要从语言视角来把概念的几个历史阶段描述出来，亦即确定概念形成的"鞍型期"或时段跨度，这一步需要依靠反映每一时代的语言材料，如辞典的描述和其他原典语料，同时应该特别注意甄别原始材料并厘定语境。比如，梁启超在光绪二十六年（1900）写给康有为的书信中有"法国现在是民主，但决不自由"的说法，这里的"民主"当是相对"君主"的民主，即"总统"之义，与"民主政体"的意思不同。

因为我们通过辞典的记述知道，在当时的中文语境中，"民主"

最早出现在 1864 年的《万国公法》里，随后在《英华萃林韵府》中将之与 republic 对译。另一方面，"民主"也出现在 democracy 的译词中，邝其照的《华英字典集成》（1887）里"Democracy 奉民主之国政，Democrat 奉民主者，从民政者"是其反映。其后，这一译法一直被继承下来。

但从上面阐述过的东亚大环境来说，事情并非那么简单，日本的对译也对中国的概念形成影响甚大。针对同一英文词 republic，日本是译成"共和"的。而后"民主"与"共和"作为新词分别进入对方的国家之后，便会与已有的词形成一种类义关系，随后逐渐出现了意义上的分化，特别是直到"民主主义"这一思想层次的概念确定，才最终落实到由中文的"民主"来担负 democracy 之义，由日文的"共和"来担负 republic 之义，呈现出一种"中日类义互补"的模式（参见本书第十四章）。

概念史的研究不仅仅停止于此，在把握文明、文化等空间、时代的背景下，还要看其概念在专家学者间的使用和在大众媒体上的使用程度及差异，有时候更为私密的日记也是确认概念形成的绝好材料。在这一基础上，概念史还要关心量变和质变的问题，即通过现有的各种数据库来分析宏观的量的变化，并依此确定是否发生意义上的转折。

比如，看看对《清议报》（1898～1901）上同一文本的量化结果，我们可以发现在其发行的数年间，"帝国主义"最初出现在 1899 年，此后逐步递增，在 1901 年达到高潮，也就是概念达到一种普及的程度。语料库与量化研究可参照以下各种数据库：古典部分有"《四库全书》数据库""语料库在线""中研院汉籍全文资料库"，近代部分有"台湾政治大学中国近现代思想史专业数据库""晚清、民国时期期刊全文数据库""《申报》数据库""清代外交档案文献汇编数据库""大成老旧期刊全文数据库"等，还可参照中研院近史所的"英华字典数据库"，这些都为书写概念史提供了直接可靠的材料和具体数据。

当然在概念史研究中还要多注意与理论问题相结合，诸如导入"后结构主义""话语分析及后殖民主义"等框架来重新审视概念的内涵等。

目前，我们可以看到有关概念史研究的一些成果。金观涛、刘青峰的《观念史研究：中国现代重要政治术语的形成》重点选取了100个近代中国的概念加以描述，并运用量化推移方法对几组类似概念做了比较研究。其次有几本研究刊物值得关注：台湾政治大学的《东亚观念史集刊》和孙江主编的《亚洲概念史研究》，一个打着观念史的旗号，另一个高举概念史的大旗。按说概念史与观念史并非一回事，但在这两本刊物中，方法论及实质研究并没有太大的区别，都注意到东亚概念的复杂性和多重性，也侧重中、日、韩之间的概念互动问题。再有杨念群、孙江、黄兴涛、黄东兰、王奇生等主编的《新史学》，更是开拓引导概念史研究的先锋阵地，每期各具特色。张凤阳主编的《政治哲学关键词》（江苏人民出版社，2006）也是以概念史研究为方法，选取了诸如"公正""人权""自由""民主""共和""宪政"等23个概念来加以描述。

个别概念的研究也呈现出方兴未艾的局面，自陈建华《革命的现代性》（上海古籍出版社，2000）以来，冯天瑜的《封建考论》（武汉大学出版社，2006）、黄兴涛的《"她"字的文化史》（福建教育出版社，2009）等都是近于"一语十年"的概念史研究，单篇论文则不胜枚举。

四　由概念史到制度史

本章第二节里我们提到"文学"这个概念的内涵在不断变化，实际上如果我们追溯其概念形成史，就会发现它是和学科分类以及制度史密切相关的。首先"文学"在中国传统意义上是囊括"经史子集"的，亦即"文章博学"之意，而正如"文章乃经国之大业"所讴歌的一样，"文学"也是可以作为"兴国之策"的。到了近代，在与西方概念接轨时，19世纪的两本英华字典（麦都思、罗存德）也把"文学"对译为literature。按说这种对译已经意味着概念的缩小，但这一界定在当时的中国并没有伴随着西方学科及制度的建立而有所改变，它仅仅停留在字面的对译上。

　　反观日本，早期的"文学"也是按照中文传统的意义来解释的，到了近代仍有一些汉语辞典将之诠释为"学问"，便是一个佐证。但另一方面，随着日本学术制度与西方的接轨，1872年成立的东京大学首先按西方学制设立了医、理、法、文四个学部，这里的"文学部"包括了哲学、史学和文学三个学科。这意味着"文学"有两个意思："文学部"依然还保留着的传统的意义，把"经史子集"分别对应于哲学、史学和文学；而其中作为学科的"文学"已经缩小了范围，仅局限于子、集两个部分了。这一框架的转换当然与《英华字典》在日本的传播和利用有关，因为19世纪中叶的英语literature含有三个意思：著作、经典作品和艺术作品，而日本的"和汉文学科"正是在这个意义上来研究经典和文艺作品的。也就是说，我们现在的"文学"在作为一门学科的形成和其概念的确立上，是深受日本影响的。但至少在甲午战争刚结束的1895年，"文学"的含义还未超出传统意义，所以《文学兴国策》在当时并不使人感到唐突。新的"文学"概念是直到20世纪初的"广译日书"后才传播到中国的。同样，"教育"一词在19世纪《英华字典》里虽然已有对译educate，却还只当动词使用，尚未形成一个概念，更谈不上在制度上建立学科了。

　　从这种通过学科建设史所带来的概念转变和重组可以看出，概念史研究的意义在于厘定概念的范围，避免上位概念和下位概念的混淆和误解，并在方法论上减少出错，伴随着新增添的评价和界定，构成新的文化史。这种对过去的学术框架以及支撑其价值观的反省，能够打通学科间的隔阂，从单一的、专业的、分类的研究，过渡到国际的、跨学科的、综合的研究，促使我们重新反思近代知识。

概念史研究中的日本要素之所以不可忽视，皆因近代中、日、韩三国的文化交流成为了概念形成的催化剂。这也就不难理解，何以仅就东亚而言，这一时期的许多概念对于社会政治的实际影响要格外凸显，其与社会关系的复杂性也要超越前代。当然，经由日本的概念传播是否有其误导的一面，如果有的话，那么如何找到污染源，通过什么手段来正本清源，这也是我们在做概念史研究时回避不了的问题。

鉴于概念史研究的上述特点，我们发现以描述词语的历史为出发点，当词语被赋予相应的政治及社会内涵并因此而变成概念的历史后，又要厘清同一个概念的不同词语表述，或概念在文本中的不同呈现，最后才是与西方接轨时所带来的制度性变化问题。这样看来，概念史的研究确如黄兴涛所说："其狭义内涵是关于词语和概念的研究，广义内涵是关于知识形态的研究。"[1] 所以，概念史研究也可以说是一个学术再启蒙的工作。

---

[1] 黄兴涛：《概念史方法与中国近代史研究》，《史学月刊》2012 年第 9 期。

第十四章　"民主"与"共和"

引　言

　　辛亥革命已逾百年，回望历史，"民主""共和"作为当时最为绚丽的词语，频频见于报章，脍炙人口。可是在辛亥革命前十年的1901年，在日本的中国人曾出版过一本日语速成手册《和文汉读法》，[①] 其中针对表示政治体制的日语词"共和政体"，中文是拿"民主"来对译的。也就是说，当时的中国人觉得日语的"共和"与汉语的"民主"是同一回事。这与我们今天把"民主"（democracy）、"共和"（republic）当作两个不同的概念是完全不同的。为什么会是这样呢？首要原因便是中日两国在翻译近代西方概念上的不同，其次则是各自语词间的相互交流和共同利用所引发的问题。

　　"民主"与"共和"两个词虽然早就出现在中文古典里，但一直到19世纪中叶其概念才开始与西方接轨，而且有意思的是，"民主"出自中文语境，另一个词"共和"则来自日文语境。在接

---

① 参见本书第七章，此处据光绪二十七年（1901）上海广方言馆本（辛丑八月无锡丁氏重印）。

受和对应西方概念的初期，两国的对译本来是各自为政，互不关联的，直到 20 世纪初才开始相互渗透，即中文的"民主"进入到日文；而日文的"共和"则进到中文。于是，在中日两国语言里，这两个词起初是一种类义关系，然后才开始逐渐分担 democracy 和 republic 的对译的。正因为如此，从思想史和概念史的角度研究这两个词的论文颇多，且成果显著。金观涛、刘青峰更是宏观地将这两个概念结合中国的社会变迁加以梳理，描绘出这两个概念演变和交替的大脉络。① 但是纵观至今的研究，让人感觉到其中缺少一个环节：即没有从中日语言的交流史上做一梳理，特别是对具体的语义区分和概念的厘定，似乎多停留在一种感性认识上，没有给出直接的证据。本章试图从语言史的角度出发，尽量利用当时辞典中的记载，一方面对这两个词在近代中日两国之间的往来做一描述，另一方面也为前人的研究提供更为详尽的语言学证据，特别是展示出日语中这两个概念的磨合和发展，并以此订正一些以往的误解。

一 外来概念的中文对译

19 世纪以前中文语境里的"民主"，基本上只是字面意义的"民之主"，即君主的意思，见于《尚书》《左传》等；而近代意义"民作主"的形成颇为曲折，它是受外来概念的刺激而形成的。1807 年来华的传教士马礼逊编的《华英·英华字典》是中国最早的对译字典，其第三部将 democracy 诠释为"既不可无人统率，亦不可多人乱管"，承其影响的麦都思《英华字典》又将其译为"众人的国统，众人的治理，多人乱管，小民弄权"。而 19 世纪规模最大的罗存德

---

① 金观涛、刘青峰：《观念史研究——中国现代重要政治术语的形成》，香港大学当代中国文化研究中心，2008，第 247～282 页。

《英华字典》则解释为"民政，众人管辖，百姓弄权"，译词中均对 democracy 略带贬义描述，但没有形成一个固定译词，只有"民政"作为中性词义，几经周折流传下来了。

Republic 一词，马礼逊的字典未收，麦都思将之译成"公共之政治，举众政治之国"已经是很贴切的把握了。罗存德又将其译作"众政之邦，众政之国，公共之政，众儒，众儒者之称"，基本已呈现出一种有关国体的表述了。而译自英文的汉译《万国公法》里首次出现了"民主之国"一词。如：

> 　　一千七百九十七年间，荷兰七省有变，法国征之，而其王家黜焉。于是易其法，而改作民主之国。①

这里的"民主之国"对应的英文是 a democratic republic，也就是说，它有可能表示 democratic 和 republic 两个概念。但在该书的其他用法中，对译 republic 者为多，如"无论其国系君主之、系民主之"，英文为 whether monarchical or republican；"罗马民主国"对应的亦是 republic。所以后来卢公明编的《英华萃林韵府》正是根据丁韪良的意图，将 republic 对译为"民主之国"，这一译法随后亦传入日本。

当时中国知识分子对世界各国的国体已经有了一个基本认识，做了一个简单的三分法：

> 　　立国之道大要有三：一君为政，西语曰恩伯腊（中国帝王之称），古来中国及今之俄罗斯、法兰西、墺地利等国是也；一民为政，西语曰伯勒格斯，今之美理加（俗名花旗国，在亚墨利加州）及耶马尼、瑞士等国是也；一君民共为政，西语曰京，

---

① 　丁韪良译《万国公法》卷1第2章，同治三年京都崇实馆存版本。

欧洲诸国间有之。①

后来梁启超亦按传统的经学公羊家"三世说"来对应上述三种政体：

> 据乱世——君主（俄罗斯）
> 太平世——民主（美国、法国）
> 升平世——君民共主（日本、英国）②

在这种理解之下，针对"君为政"而起的"民为政"，不光颠覆了人们传统的体制认识，而且为"民主"一词的结构转换提供了可能。从 19 世纪晚期的下述两本英华字典中可以看出对这两个概念的诠释已经很接近英文的原义了，只是没有用具体的语词来表述之，比如：

I. M. Condit, *English and Chinese Dictionary*，1880③
> Democrat 推民自主者
> Republic 合众政治之国

邝其照：《华英字典集成》，1887④
> Democracy 奉民主之国政
> Democrat 奉民主者，从民政者
> Republic 合众出治之国，公同之政
> Republican 众政，公共的政，美国百姓北党

---

① 蒋敦复：《英志自序》，《啸古堂文集》卷 7，第 2 页。
② 承香港科技大学陈建华先生示教。
③ I. M. Condit：《英华字典》，光绪六年上海美华书馆铜板本。
④ 该字典版次颇多，直接影响日本的是 1875 年版，见本章第三节。本文据邝其照《华英字典集成》，《循环日报》印，1899。

特别是邝其照的《华英字典集成》,"民主"的字面结构已非中文传统意义的"民之主",而多靠近"民作主"的近代意义了,其结果也就带有了民选领袖的意思,这与传统君主制的"民之主"有所不同。如第三版《汉英合璧相连字汇》[1] 中就明确表明"民主"是总统之意,而"民主国"则是 republic:[2]

民主	President of a Republic
民主国	Republic

所以,我们在 19 世纪下半叶中文语境中所见的"民主",作为一个概念基本是上述两种用法;democracy 可译为"奉民主之国政",也可作"民选总统"之意来理解。岛田虔次编译的《梁启超年谱长编》第 2 卷中提到梁启超在光绪二十六年 (1900) 给康有为的书信中有"法国现在是民主,但决不自由"的说法,[3] 指出这里的"民主"是相对君主的民主,即总统之义,与"民主政体"的意思尚有几分距离。另外,《饮冰室文集类编》的杂编中收有《世界最小之民主国》一文 (1900),也是讲的 republic 之意。[4]

"民主国"的具体使用见于 1895 年 5 月唐景崧与台湾士绅发布的《台湾民主国独立宣言》。其取国名为"台湾民主国",英文名 Republic of Taiwan,年号"永清",并发行公债及邮票。据史久龙的回忆录《忆台杂记》(1896) 云:"二十八日 (1895 年 5 月 22 日),予在府,府尊示以北电云,士绅公举唐薇卿中丞 (即唐景崧——引

---

① Georgf Carter Stent, *A Chinese and English Vocabulary in the Pekinese Dialect* (《汉英合璧相连字汇》), 3rd edition, revised by Donald MacGillivray, American Presbyterian Mission Press, 1898.

② 该字典的前两版尚未收录这两个汉语词,第三版才出现。

③ 岛田虔次编訳『梁啓超年譜長編 卷2』岩波書店、2004、395 頁。

④ 梁啟超「世界最小之民主国」下河边半五郎主编『飲冰室文集類編 下』東京帝国印刷株式會社、1904。

者注）为总统，刘军门（刘永福——引者注）为大将军，改台湾省曰台湾民主国。定于五月初三（1895 年 5 月 26 日）恭上总统印，照万国公法为自立之国，以与日本抗衡……"

胡适亦在《四十自述》（1932）中称其父为"东亚第一民主国的第一个牺牲者"，并在"台湾民主国"建国事件后近 40 年的 1931 年赋诗感怀：

> 南天民主国，回首一伤神。黑虎今何在，黄龙亦已陈。
> 几枝无用笔，半打有心人。毕竟天难补，滔滔四十春。①

可见在 19 世纪末 20 世纪初，在中文语境里还是多采用"民主国"为 republic 之义的，"共和"作为来自日本的概念尚未在中文语境里成熟。

方维规对这两个英文概念进入中国的历史做了以下归纳：

> 纵观十九世纪"民主"概念的衍生、演变和运用，我们暂且可以作出如下结论：鉴于 democracy 一直存在不同的译法而且极不固定，加之它在传入中国的时候多半和政体相联，这就和 republic 结下了不解之缘；……因此，"民主"常常身兼二职：既有西方 democracy 的本来含义，又指 republic。……这种混同主要原因正是来自这两个概念的发源地欧洲：从词源上说，"民主"概念首先是指国家的政治制度。在很长的历史时期内（包括十九世纪），欧洲人时常将"民主""共和"相提并论，甚至视为同义词。启蒙运动以后，"民主"概念走出了学者书斋，逐渐用来描述欧洲国家的现实政治生活，并不时用以取代已有的

---

① 以上引自方励之《台湾乙未"第一共和"和先外祖逸事考》，《华夏文摘》2011年 4 月 22 日。

"共和国"概念而作为政体标记。在理论探讨中，人们常常将"民主"与"共和（国）"等而观之。尤其到了十九世纪，当人们越来越多地谈论代议制民主、或曰区分直接（纯）民主和代议制民主的时候，"民主"与"共和（国）"概念常常融合在一起，或者干脆画上等号。德语大百科全书《布洛克豪思》（*Brockhaus*）1840 年版中称"民主"（Demokratie）就是新时代所说的共和国（Republik）。①

二　"共和"来自日文

相比中国对 democracy 和 republic 两个词的不同表述，日本反倒是很简单，干脆不予区别。1862 年日本出版的第一本英和辞典里对这两个概念的诠释和翻译是完全相同的：②

Democracy	共和政治
Republic	共和政治

"共和"本身早见于《史记》。"共和政治"这个词的成立过程，据穗积陈重的《法窗夜话》③说，箕作省吾根据荷兰的地理书编写《坤舆图识》时，碰到了荷兰语 republiek，求证辞典后知道这是指非君主制的政体。至于如何把它转译过来，他左思右想仍不得其解，之后咨询了当时的宿儒大槻盘溪。后者说，国无君主乃是有变，古代中国也不乏其例。比如周代，王行政无道招致民怨沸腾，

---

① 方维规：《"议会"、"民主"与"共和"概念在西方与中国的嬗变》，《二十一世纪》第 58 期，2000。

② 堀達之助『英和対訳袖珍辞書』江戸開板、文久二年（1862）。

③ 穗積陳重『法窓夜話』有斐閣、1916。

王遂出逃外国。王虽不在，由周、召二宰相协力辅佐，主政十四年，史称"共和"。因此，无国王之政体可称作共和政治。

翻阅《坤舆图识》，卷四下便有"共和政治州（フルエーニフデスターテン）総説"一节云：

> 此疆域、北ハ新貌利太泥亞ニ接シ、南ハ墨是可（メキシコ）ニ至り、其東西ハ大洋ニ臨ム、域中本トハ八國ナリシニ、次デ十三州トナル、近世又倍々加リテ、三十余州ニ至ル、然レドモ、國主酋長有ルニ非ズ、毎國、其賢人数人ヲ推テ政官トナス。（此疆域北接新貌利太泥亚，南至墨是可。其东西临大洋，域中本有八国，后成十三州，近世又倍增至三十余州，然没有国主酋长，每国推其贤人数人为政官。）①

可见此处描述的是现在的美国。该书尚附有世界地图，也在美国东西两处标出"共和政治"，全然作为地域名来用了。这一点也反映到江户末期的辞典中，如文久四年（1864）版《大日本永代节用无尽藏》前面所附的世界地图也是同样标注的。日本启蒙思想家福泽谕吉的畅销书《西洋事情》② 也是用这一词来描述美国的：

> 共和政治レポブリック、門地貴賤ヲ論セス人望ノ属スル者ヲ立テヽ主長トナシ國民ト協議シテ政ヲ爲ス。（初篇巻1）/共和政治，即不论门庭贵贱，树有人望者为首长，与国民协议为政。

这里用"共和政治"加原文 republic 的日语读音，将这一概念与西语接轨，其内容的说明也基本把握正确。所以，到了明治10年代左右，

---

① 美作梦霞楼藏版、弘化二年（1845）。
② 福沢諭吉『西洋事情　初編巻1』尚古堂、1866。

大築拙藏译的《惠顿氏万国公法》① 就开始用"共和政治"来替代之前来自中国的"民主之国"了（见本书第五章）。

"共和政治"作为译词虽然早就出现在日语里了，但正式作为词条出现在辞典里则相对较晚。在美国传教士平文编的《和英语林集成》里，其初版和二版均未收入"共和"一词，一直到1886年的第三版②才有记载：

KYOWA キヨウワ 共和 Republican，democratic：
- seiji（政治），republican government
- koku（国），a republic
- to（党），the democratic party

这里我们可以看出，日本还是用"共和"来对译 republican，democratic 两个概念的。更为蹊跷的是，"共和政治"与"共和国"是用 republic，而"共和党"却用 democratic party，这一英文名称现在理所当然地是用于"民主党"的。

这也说明日本早期的几本主要对译辞典，是不太区别 democracy 和 republic 这两个概念的，到了明治20年代（1887~1896），三省堂出版的译自韦伯斯特大词典的《和译字汇》③ 还是用"共和政治"来统称这两个概念，只是在 democracy 的译词里多出了个出自罗存德《英华字典》的"民政"。

但在实际著作中，日本人对 democracy 的译法也有很多，据川尻文彦④的研究，明治启蒙思想家加藤弘之在其介绍立宪政体的最早文

---

① 惠顿著·大築拙藏訳『惠頓氏萬國公法』、司法省、1882。
② 平文『和英語林集成　第3版』丸善商社蔵版、1886。
③ 南条文雄増補·イーストレーキ·棚橋一郎共訳『和訳字彙』三省堂蔵版、1888年初版；1906年第50版）。
④ 川尻文彦：《"民主"与 Democracy——中日之间的"概念"关联与中国近代思想》，《新史学》第2卷，中华书局，2008。

献《邻草》（1861）中将 democracy 译成"万民共权"，将 republic 译为"官宰政治"，均较中文早期译法更为正面一些。

也就是说早期中日之间尚无交流，各自分别用不同的汉语译词来对译西方概念。

三 "民主"与"共和"的接近

我们前面提到过"民主"一词是由《万国公法》（1864）传入日本的。除此之外，19 世纪英华字典在日本的翻刻印行也是这种语词交流的一个重要渠道，我们可以举出以下几本（⇒后为日本翻刻本）:①

卫三畏《英华韵府历阶》（1844）

　　Republic 合省国

⇒柳泽信大校正训点《英华字汇》（1869）

罗存德《英华字典》（1866）

　　Democracy 民政，众人管辖，百姓弄权

　　Republic 众政之邦，众政之国，公共之政，众儒，众儒者之称

⇒中村敬宇校正，津田仙、柳泽信大、大井鎌吉译《英华和译字典》（1879）

⇒井上哲次郎《订增英华字典》（1883）②

---

① 参见陈力卫《早期的英华辞典与日本的洋学》，《原学》第 1 辑，1994；《从英华辞典看汉语中的日语借词》，《原学》第 3 辑，1995。

② 井上哲次郎《订增英华字典》的 republic 译词中又增补了"合众政治之国，民主之国"的释义。

卢公明《英华萃林韵府》（1872）

    Republic 民主之国

⇒矢田堀鸿《英华学艺词林》（1880）、《英华学艺辞书》
（1881）、《英华学术辞书》（1884）

邝其照《字典集成》（1875）

    Democrat 推民自主者；Democracy 推民自主之国政

    Republic 合众政治之国

⇒永峰秀树《华英字典》（1881）

也就是说，中文早期的译法基本原模原样传入日本。19 世纪后期，
"民主之国"的译法通过《万国公法》及卢公明《英华萃林韵府》
进入日本，得到部分知识分子的承认和利用。日本近代的法学家
津田真道在其《泰西国法论》中就用"平民政治，一名民主之国"
的说法来解释西方的政治体制。西周本人也是看过汉译版《万国
公法》的，在他自己出版的译自荷兰语的《和兰毕洒林氏万国公
法》里，不仅书名直接援用了"万国公法"，内容上也多采纳中文
译词来叙述，"民主之国""民主国"均有沿用。如：

    此王禮方今ニ在リテハ諸國其君主トシテ帝若クハ王若クハ
大公ヲ戴ク者ニハ皆是ヲ帰シ併ニ民主ノ國エモ是ヲ帰スルヲ以
テ常習トス。（16 节）/此王礼方今尚在，作为诸国君主，帝
或王或大公者皆归顺之，也一并以归之于民主之国为常习。

同年的《英佛单语便览》（理外无物楼，1868）里也是将
republic 对译"民主国"，并明确指出："俗云共和政治为误。"这等
于是奉中文译法为主，而认日文自己的译法为"俗"。加藤弘之在译
著《国法泛论》（1874）中用"民主国"对译 republic，并指瑞士、

美国的政体。我们还发现在其 1882 年的《人权新说》第四章中亦开始使用来自中文的"民主国""民主政体"一词。[1] 这一译法一直影响到其后的《学校用英和字典》（1885）和《术语辞汇》（1910）。但不久后日本人就发现"民主国"与本国的既有词"共和政治（体）"相同，遂在表示国体这一概念上开始两者混用，尤其在 republic 的翻译上表现得非常明显。中文用"民主（国）"，日文用"共和（政体）"，分别使用的是不同的译词。到了明治 17 年（1884）的尺振八译的《明治英和字典》[2] 里便干脆将"共和国"和"民主国"并列：

　　　Republic 共和国，民主国，代议政治国

　　较之更早的明治 6 年的《英和字汇》[3] 里也是先用日本固有的译法，然后再加上中国传来的译法：

　　　Democracy 共和政治，民政

也就是说，这个"民政"是从中文引进的，它最早出现在罗存德《英华字典》中，是 democracy 的译词之一。中村敬宇《英华和译字典》是该字典的翻版，也是将之"和译"为ミンセイ（民政）的。更值得注意的是，井上哲次郎 1881 年出版的《哲学字汇》就

---

[1]　参见野口忠彦「『民主主義』は適訳か—『デモクラシー』訳語考序説（2）」『拓殖大学論集——政治・経済・法律研究』12 巻 2 号、2010。如『人権新説』：ゆえに立憲政體に君主政體と民主政體との二種ありといえども、ともに良正善美の政體と称すべきものなれば、一概にその優劣を非を論ずるは不可なり。（所以，虽说立宪政体有君主制和民主制两种，但均可称为良法善治之政体，不可一概而论其优劣是非。）収入『日本の名著 34』中央公論社、1972。

[2]　尺振八訳『明治英和字典』六合館、1884。

[3]　柴田昌吉・子安峻『附音挿図英和字彙』日就社、1873。

是拿"民政"来对译 democracy 的。① 因为他不仅在 1883 年再次将罗存德《英华字典》加以订增在日本出版，而且在 democracy 的释义之后，又根据邝其照《字典集成》新增补上了"推民自主之国政"这一近代意义，这也可看作该词词义由贬转褒的契机之一。在日语里，前举平文编的《和英语林集成》第三版也已收入此词，明确将之与 democracy 对译：

> MINSEI ミンセイ 民政 Democracy, popular or democratic government

这使得该词作为日语被广泛应用，当时便有"民政党""民政会""民政主义"等用法，完全是以此来表示 democracy。因此，进入 20 世纪以后，许多中文的对译辞典又反将"民政"作为一个新词加以引进使用（参见本章第五节所列举的 20 世纪三种英华辞典的译法）。在华传教士狄考文编的新词手册 *Technical Terms English and Chinese* 里本来只收有"republic 民主国"一条，而 1910 年的增订版又新补了"democracy 民政"一条。可见当时以"民政"作为 democracy 的译词已较为普遍。

四 "民主"与 democracy 的结合

如上所述，"民主"在《万国公法》里也曾表示过 democratic，但没有作为译词固定下来，反而是作为 republic 的对译进入日语，因此与日文的"共和政治"相冲突，所以只好暂作为类义词并用。过去总有人（如实藤惠秀等）认为"民主"是日文译词，很多人也依

---

① 金观涛、刘青峰《观念史研究——中国现代重要政治术语的形成》第 256 页注 31 亦认为《哲学字汇》的译法可能是受中国影响。

附此说，① 后人所依据的材料是日本近代思想家、翻译家西周的《百学连环》（1870）：

> 此政体なるものに二ツあり。一をMonarchy（君主の治）と
> し、一をDemocracy（民主の治）とす。……君主の治とは君主
> 自から総ての政権を掌握して萬民を管轄するを言ひ、民主の治
> とは君主たるものなくして萬民相聚して政治を行ふを言ふな
> り。（二・下）/此政体有二：一为 Monarchy（君主之治），一为
> Democracy（民主之治）……君主之治是说君主亲自掌握所有权
> 利，管辖万民；民主之治是说没有君主，万民相聚而实行政
> 治。②

当然，这是西周讲课的笔记，（）里的内容是在英文旁边加的注释，该笔记出自当时听课学生之手，而且当年并没有正式出版，其影响的范围尚待考证。但我们前面提到西周用的"民主"一词，当是出自汉译《万国公法》的。③ 只是应该引起我们注意的是，西周明确把 democracy 理解为"民主之治"，这种对译较我们的"民政""推民自主之国政"更为直接，也是前述加藤弘之"万民共权"译法的延伸。

随着西方思潮的涌来，日本对世界各国政体的认识也逐步加深，明治8年（1875）何礼之将孟德斯鸠的 *L'esprit des lois*（1750）依据

---

① 実藤惠秀『中国人日本留学史 増補版』（408 頁）和《汉语外来词词典》（上海辞书出版社，1984，第 241 页）都是持这一观点。
② 西周『百学连環』大久保利謙編『西周全集』宗高書房、1982。
③ 日语方面早有这类的研究，认为"民主"一词来自中国，参见松井利彦「漢訳万國公法の熟字と近代日本漢語（近代語の研究）」『国語と国文學』、62～65 頁；佐藤亨「『万国公法』の語彙」『幕末・明治初期語彙の研究』；陈力卫《从汉译〈万国公法〉到和译〈国际法〉——汉语概念在日语中的形成和转换》，关西大学文化交涉学教育研究中心、出版博物馆编《印刷出版与知识环流——十六世纪以后的东亚》，上海人民出版社，2011。

1768 年的英译本译为《万法精理》，在该书第二回里就将共和政治分为两种：一种是民主政治；一种是贵族政治。1877 年日本又将卢梭的 *Du Contrat Social* 译成《民约论》，[1] 其中第三章第四节"民主政治"对译的是 de la démocratie；第五节"贵族政治"和第六节"君主政治"分别对译的是 de la aristocratie 和 de la monarchie，这基本是承西周《百学连环》的译法。另有 1882 年的《政体各论》[2] 一书，亦将政治分为"胜者政治""武断政治""神秘政治""世袭政治""贵族政治""立宪君主政治""共和民主政治"，其中"共和民主政治"对译的可能也是 democracy。中江兆民《三醉人经纶问答》（1887）中的"民主家""民主制度"也多为此意，"民主国"则指崇尚"自由平等友爱"的欧洲各国。

根据原田潜译的《民约论覆义》（1883），杨廷栋又重译出《路索民约论》（1902），上述政体方面的语词均原样照搬。"民主政治"这一组合也迅速传到中国。但这些译法的共同点都是停留在国家政体层次上，还没有出现对 democracy 思想性的认识。比如留日学生编辑的《新尔雅》第二篇《释政体》云：

> 政体有二，一曰专制政体，二曰立宪政体。……立宪政体又别之为民主立宪、君主立宪。由人民之愿望，建立公和国家，举大统领以为代表而主权属人民者，谓之民主立宪政体；开设国会，与国民以参政之权，令国民之代表者（民举之议员是），出而议法律，监督行政，而主权仍属君主者，谓之君主立宪政体。

这里已出现了"民主立宪"和"公和国家"[3] 的说法，但基本是讲

① 戎雅屈·蘆騒（ジャン・ジャック・ルーソー）著・服部徳訳・田中弘義閲『民約論』有村壮一、1877。
② Richard Hildreth 著・黒岩大訳『政体各論』秋山堂、1882。
③ "公和国家"，原文如此，疑为"共和国家"之误。

政体。当然从语料的性质上来讲，此段叙述的内容及语词基本沿用了
已有的日文表述。

尽管这样，相比日语自己的"共和"来说，由中文进到日语的
"民主"作为新词在明治初期使用的并不广泛，我们可以通过明治以
来几本主要杂志的调查来看"民主"在日语里的使用情况：

表 14 - 1　"民主"一词在日语杂志《明六杂志》《国民之友》
《太阳》中的出现次数

作品时代	《明六杂志》 （1874 ~ 1875）	《国民之友》 （1887 ~ 1888）	《太阳》 （1895 ~ 1925）
民　主	0	33	334
共　和	25	100	417

最早的明治知识分子的社团杂志《明六杂志》①里竟然一例也没
有，到了 10 年后的《国民之友》②里才终于有了 33 例，且其意义除
了与 republic 贴近的"民主国"以外，用得最多的是"民主ノ制
（度）"（13 例）、"民主主義"（4 例，均见于 1888 年）和"民主黨"
（3 例）等，并开始用"民主ノ精神"。也就是说，日本在这一阶段
里，已经将"民主"的用法从表国体扩大到表制度、主义和精神上
来了。③ 而后《太阳》杂志里的剧增有两个原因：一是杂志本身的体
量要大大超过前两种，如果单以 1895 年和 1901 年这两年来看，"民

① 明六社的机关杂志。1874 年 4 月 2 日创刊，1875 年 11 月 14 日停刊。总共发行过
　 43 号。
② 1887 年创刊，1898 年停刊。由德富苏峰创办的言论社团民友社发行。
③ 我们在这里举《国民之友》（1888）的几例：
　　 组合教会の制度は、民主制度にして教会员に多く其権を有せしむ。（会众制
　教会的制度就是以民主制度使得教会成员拥有更多的权力。）
　　 内に於ては社会主義、民主主義を鎮壓するに外ならず。（对内只是镇压社会
　主义和民主主义。）
　　 或は军中の將校は、悉く兵士の投票にて撰び、民主の精神を兵营の中に迄
　波及せしめ。（或者军中将校皆由士兵投票选举，让民主精神波及到兵营中去。）

主"也只有 37 例（"共和"则为 102 例），与《国民之友》的两年相比不相上下；二是越往后，伴随着"民主 democracy"所表示的概念愈发成熟。

五　中文导入"共和"

"共和"一词本身早就出现在中文古典里，但一直到近代，其字面意义的"共同商议，共同辅弼"之意仍有保留，但没有作为一个政体的表述来用。反倒在日文里"共和政治"可以表示 democracy 和 republic，而如果中文的"民主"也可包含这两个意义的话，"民主"与"共和"便有了共同的接点，以致形成意义上的相互交换。

中文里最早出现表近代西方意义上的"共和"，当在 19 世纪 70 年代，据潘光哲对东亚知识传播的研究，[①] 最早向中国传入"共和"概念的是王韬的《重订法国志略》（1890）。而该书又是从冈本监辅的《万国史记》（1879）这一"知识仓库"里直接吸收引用过来的。如：

> 《万国史记》：各国人民苟有背其政府、倡共和政、排击旧宪者，法国当出援兵。
>
> 《重订法国志略》：各国人民苟有背政府、倡共和新政、排击旧宪者，法国当出援兵。

实际上，正是这种"共和新政"的提倡，给中国社会变革吹进了一股新风。在 20 世纪初的中国，不光以孙文为首的革命派将"共和"

---

① 潘光哲：《西方政体类型知识"概念工程"在晚清中国的创发与建设（1845～1895）》，"近代中国知识转型与知识传播（1600～1949）"学术研讨会论文集，复旦大学历史学系、中研院近代史所，2011，第 98 页。

的潮流当作一种革命的动力，其所主张的"大民主共和国"的"民主共和"实际上是一种类义词的排比。据金观涛、刘青峰所引汪精卫言："共和与民主，意义范围不同，然论者所谓共和，即指民主，故此文亦往往用共和二字，当解为狭义的共和，即民主也。"①。这也反映出两个类义概念常常重复出现。

　　近代改良派知识分子也把日本的"立宪政体"等同于"君民共议国政"式的共和，对这两种势力的不同理解都是促进"共和"流入中国的原因之一。加之中江兆民的《民约译解》（1882）也于20世纪初开始在中国刊行，一直到民国初年，这本书的确可以说是中国革命的重要理论参照和理解"共和"精神的重要理论蓝本之一。

　　中日之间的这种对译关系是一举两得的：不仅在中文里导入了"共和"的概念，也使人们可以暂且回避"民主"的一些负面意义（诸如"多人乱管，小民弄权"之类）。我们从20世纪以后中国出版的对译辞典来看，也的确是这么回事。随着日文的"共和"开始频繁出现在 republic 或 republican 译词之中，中文的"民主"以及"民政"则多偏重于 democracy 了（只有"民主国"还保持着与 republic 的对译关系）：

1906《重订商务书馆英华字典》②

Democracy	奉民主之国政
Democrat	奉民主者，从民政者
Republic	共和政治，民政国，共治国
Republican	共和国的，共和政治的，共和党，民政党

① 汪精卫：《驳革命可以生内乱说》，《民报》第 9 号，1906 年 11 月 15 日。参见金观涛、刘青峰《观念史研究——中国现代重要政治术语的形成》，第 266 页。
② 该词典基本是承邝其照《华英字典集成》的，前两条不变，后两条则导入日语译法。参见颜惠庆、王佐廷《重订商务书馆英华字典》，商务印书馆，1906。

1908《英华大辞典》①

Democracy	民主政体，民政，庶建
Democrat	扶立民政者，倡民主政体之人
Republic	民主政体，共和政府，公共国政，民主国
Republican	民主国的，属公共政体的。～opinion 共和主义之意见

1913《增广商务印书馆英华新字典》②

Democracy	民主政治，民政，民党主义，庶民，万民
Democrat	倡民主政体之人，从民政者，民政党人
Democratic	庶民的，民政的，共和政治的
Republic	民主国，共和政体，学士团体
Republican	民主国的，共和政体的，合共和主义的，倡民主政体之主义者，共和党人
Republicanism	共和主义，共和政体，共和党之主义

这里值得注意的是颜惠庆《英华大辞典》的译法。首先，"民主政体"既对译 democracy，又对译 republic；而且后者的译词里"共和政府"与"民主国"并存。其次，将 democracy 译作"庶建"是严复的创举。据谢放研究，③ 严译《法意》（1909）谓："庶建乃真民主，以通国全体之民，操其无上主权也。"其书后附中西译名表："庶建 Democracy，本书中又作民主。"严复与颜惠庆之父颜永京为至交，后者亦为《英华大辞典》作序，故只有该辞典采纳此译词。

中日两国在初期都对 democracy 和 republic 认识混乱，但在相互

① 颜惠庆编《英华大辞典》，商务印书馆，1908。
② 郁德基编《增广商务印书馆英华新字典》，商务印书馆，1913。
③ 谢放：《戊戌前后国人对"民权"、"民主"的认识》，《二十一世纪》第 65 期，2001。

借用各自的语词后，至少开始有意识地让"民主"和"共和"来分
担这两个概念。当然本国固有的译法一时还难以舍去，所以同一概念
里还常常可见"民主""共和"的并存。

六 "民主"与"共和"的意义分担

综上所述，"民主"一词，在 19 世纪的中文语境里，基本上是
表述三个意思：

(1) 中国古代的君主；

(2) 西方国家政体之一；

(3) 由 (2) 产生的首领，如美国总统。

这个词自何时起开始由表国家政体的意思转变为一种表示"民
主"的思想及运动呢？我们在本章第四节末尾谈到，在日文里，"民
主主义"的早期用例均见于 1888 年，且"民主ノ精神"也已使用。
可以说这一时期已经将"民主"的用法扩大到表示制度、主义和精
神上来了。中文反倒局限于政体的表述，早期表示这一意义的，一般
是用"自由""民权""平等"等词，[①] 特别是孙中山三民主义中的
"民权主义"，可以说是民主主义的代名词。

日本也先是用"民政"来表示 democracy 的，后才用"民主政
治"的。进入大正时代 (1912 ~ 1926)，民族自决浪潮兴盛，民主自
由的气息浓厚，民主主义风潮席卷了日本文化的各个领域，日语里流
行直接采用 democracy 的音译词デモクラシー。日本的政治学家吉野
作造在《论宪法的本质的自始至终》[②] 中认为デモクラシー有双重意

---

① 参见方维规《"议会"、"民主"与"共和"概念在西方与中国的嬗变》，《二十一
世纪》第 58 期，2000；谢放《戊戌前后国人对"民权"、"民主"的认识》，《二
十一世纪》第 65 期，2001；川尻文彦《"民主"与 Democracy——中日之间的
"概念"关联与中国近代思想》，《新史学》第 2 卷，2008。

② 吉野作造「憲政の本義を説いて 其有終の美を済すの途を論ず」『中央公論』东
京、1916 年 1 月。

义，一是说"国家主权在法理上属于人民"；二是说"国家的主权
运作的基本目标应置于政治意义上的人民"。也就是说，前者是可
以用"民主主义"来表示的，而在君主立宪的日本，后者的意思当
用"民本主义"来表示，其意义为将"一切民众的利益幸福"作为
政治的目的，将政策的决定置于"一般民众的意志之下"。① 也就是
说，这时候用的"民主主义"仍保留着表示政体的含义，而"民本
主义"才是我们今天说的"民主主义"的意思。当人们认识到不同
于国体意义上的"民主主义"时，日本学界一度是尽量用"民本主
义"来区别表示之，但一般民众则是多用已经熟悉的"民主主义"
来表述，最终等于是"民主"这一语词不断被输入新词义。《太阳》
杂志里的"民主"用例剧增的原因之一也在于此。同时辞典里对
"民主"的解释和用例也开始扩展，如 1918 年的《井上英和大辞
典》② 已将"民主主义"和"民主主义化"用于解释 democratize；而
1924 年的《スタンダード和英大辞典》③ 对"民主"的解释则更进
一步：

> Minshu（民主）n. democracy-teki（民主的）adj. democratic
> ★民主化 democratization；民主主义 democracy；民主政体 democracy,
> government by the people；民主国 a democracy, a democratic country

我们可以看出，democracy 不仅对译"民主"，也对译"民主主义"，
还可对译"民主国"（注意已不同于中文以往的对译 republic）。从构
词上来讲，日文的"民主"后来加"的"转化为形容词，或加
"化"转化为动词，逐步变成一个不能单独作主语和谓语使用的"造

---

① 　石冢正英、柴田隆行有关"民主主义"的解释。参见石冢正英・柴田隆行監修
　　『哲学・思想翻訳語事典』論創社、2003、261 頁。
② 　井上十吉編『井上英和大辞典』至誠堂書店、1918。
③ 　竹原常太編『スタンダード和英大辞典』宝文館、1924。

词成分"，① 即只能加在名词前后作复合词使用，如"民主主义"
"民主政治""民主制度""自由民主"等，这对加快复合词的生成
起了很大的作用。

　　而后来，我们知道，中国也是用过一段时期的音译词"德谟格拉
时""德莫克拉西"来和表政体意义的"民主"相区别的，所谓五四
新文化运动中主张的"德先生""赛先生"是也，即我们说的新义：

> 社会上、经济上、教育上之支配权，如不为特殊阶级之少数
> 人所垄断，而在全体民意支配之下者，皆为德莫克拉西；其精神
> 为自由、平等、解放，与专制政治正相反对。②

这其中概念的生成当然也与方维规总结的马克思对民主的认识不无关
系。③ 川尻文彦称李大钊《庶民的胜利》（1918 年 10 月 15 日）中第
一次介绍了马克思列宁主义，宣告了"无产阶级的民主"，认为"民
主主义战胜，就是庶民的胜利"。而我们知道，这种音译词最终被
"民主"取代，与日语中"民主"用法的扩大息息相关。如上所示，
"民主主义"一词就是首先用于 19 世纪末期的日文，然后才被中文
引进接纳的，李大钊的用法亦是其反映之一。④ 另一方面，我们常说

---

① 野村雅昭「結合専用形態の複合字音語基」『早稲田大学日本語研究教育センタ
　ー紀要』11 号、1998。
② 《辞海》合订本，中华书局，1947。
③ 该文云：马克思在《克罗茨纳赫手稿》（即《黑格尔法哲学批判》，1843）中赞同
　黑格尔否定法国大革命共和时期所谓的民主。马克思视民主为人在政治上的自我
　实现。在他看来，民主意味着人的社会化，它是根本不同于其他国家形态的一种
　特殊政体，它能真正体现人的生存。因此，民主只能是共和（国），却又不只限
　于政体：使完整的、未异化之人能够真正享受自由的民主，将在未来之共和国实
　现。参见方维规《"议会"、"民主"与"共和"概念在西方与中国的嬗变》，《二
　十一世纪》第 58 期，2000。
④ 这与其 1913～1916 年赴日留学主攻法律有关。参见川尻文彦《"民主"与
　Democracy——中日之间的"概念"关联与中国近代思想》，《新史学》第 2 卷，
　2008。

的 20 世纪的英华辞典也开始更多地吸收英和辞典的译词,① 故如民国 7 年出版的《汉英新词典》② 虽采纳了"民主主义"一词,但英文却还停留在 republicanism 之义上,把"民主政治"释为 democracy。

也就是说,对于同一英文概念,中国和日本分别采用不同语词来对译。像这样的中日对译,一旦相互作为新词进入对方的国家之后,便会与已有的词先形成一种类义关系,随后才逐渐出现意义上的分化。特别是"民主主义"这一思想层次的概念确定,最终落实到由中文的"民主"担负 democracy 之义,由日文的"共和"担负 republic 之义,呈现出一种"中日类义词的意义互补"模式。③

结　语

如上所述,"民主之国"最早出现在 1864 年的《万国公法》里,兼有 democratic 与 republic 之义,随后在《英华萃林韵府》中将之与 republic 对译。另一方面,"民主"也出现在 democracy 的译词中,邝其照的《华英字典集成》里"Democracy 奉民主之国政;Democrat 奉民主者,从民政者"是其反映。其后,这一译法在日语里得到巩固和扩大,然后又传回了中国。如在 1913 年的 *English-Chinese Vocabulary of the Shanghai Dialect* 中,"民主之国"可以同样表述 democracy 和 republic:

Democracy	民主之国
Democrat	民主
Republic	民国,民主之国

---

① 参见本书序章。
② 李玉汶编《汉英新词典》,商务印书馆,1918。
③ 参见陈力卫《中日同形词之间的词义互补问题》,《孙宗光先生喜寿纪念论文集——日本语言与文化》。该文曾就日中相互引进以构成类义概念的"裁判·审判""普通·一般"等做过分析,其过程均经过两者的类义阶段而走向词义的各自分担。

这样看的话，"民国"似乎就是"民主之国"的略称，也就是指共和国之义了（"大韩民国"亦如此）。中文的"民主国"在很长一段时间里，多偏于 republic 之意，一直到 20 世纪 20 年代还在这么用，而且和"共和政体"并用，如：

English-Chinese Dictionary of Peking Colloquial，1920[①]

Democracy	民政，民主政体，民权政体
Republic	民主国，共和政体
Republic Chinese	中华民国
Republican Party	共和党
Republicanism	共和政治

《辞海》合订本亦明确指出了中日间的不同说法：

> 国家主权在于全体人民，不立君主者，曰民主政体（Republic），日本译为共和政体。

也就是中文的"民主政体"和日文的"共和政体"都是指 republic。即便是当代，我们翻开《现代汉语词典》[②]，其中的"民主国"仍释为"共和国"，这颇有点复古的意义，仍是承一个世纪前的解释。不知这是否是有些期冀让人们按现代义 democracy 解"共和国"，[③] 如果是的话，则完全是一种有意识的误导了。

---

① Sir Walter Hiller, K. C. M. G., C. B., enlarged by Sir Trelawny Backhouse and Sidney Barton, *English-Chinese Dictionary of Peking Colloquial*, American Presbyterian Mission Press, 1920.

② 中国社会科学院语言研究所编《现代汉语词典》（增补本），商务印书馆，2002。

③ 该词典的"民主"现在释义为：①指人民有参与国事或对国事有自由发表意见的权利；②合于民主原则：作风 ~ / ~ 办社。

第十五章 "主义"知多少?

引 言

在近代知识建构过程中,再没有比"主义"这个词更具有代表性的了,各种思潮、观点都是以其名义得以传播。这些"主义"最早多出现在欧美,17~19世纪是其蓬勃发展期。将词缀－ism对译为"主义"是日本人所为,而且早期的许多"主义"是经由日本舶来的,这点只要看看"人道主义""社会主义""共产主义"等具体例子,就可以知道日本的汉字译法是如何"炮制"各种"主义",并且通过各种渠道得以在清末的中国展开流通的。这里不容忽视的重要媒介当然是报刊。通过《清议报》里"主义"的使用状况,我们可以看出日本作为近代知识资源供给的一面;而进入民国后,各类报刊和近代辞典《辞海》的诠释和采录也为"主义"的传播做出了贡献。延安时期以后,除去日本要素外,中国人自己的翻译和创新便是更具特色了。

"多研究些问题,少谈些'主义'"是1919年7月20日胡适写给《每周评论》一篇文章的标题。① 按说在当时的思潮下,写此文似

---

① 《多研究些问题,少谈些"主义"》,《每周评论》第31号,1919年。

乎有些不合时宜，只是时到今日，"主义"似乎愈演愈烈，并未如胡适批判的那样减少，反倒可以成为我们观察和研究西方思想概念传播到东亚的一个具体的例子。特别是其概念的消长，正与中国接受西方思潮的步伐相同。比如从该文中，我们就知道当时作为社会议论的焦点，已经流行开了"军国民主义""无政府主义""民生主义""国家主义""社会主义""过激主义""公妻主义"等概念。那么，如果追溯起来，我们首先要看这些概念在欧洲是如何发生的，然后又是如何被介绍到东方来的。在这一过程中，日语所起的作用是什么？也就是说，经由日本这一途径，我们接受了哪些，改造了哪些，最后又独自创造了哪些"主义"。解答这些问题，我们先要澄清"主义"这个语词本身所担负的几种意义职能。

一　何为"主义"

（一）词典的界定

《汉语大词典》给出的【主义】定义是：

①谨守仁义。《逸周书·谥法解》："主义行德曰元。"孔晁注："以义为主，行德政也。"

②对事情的主张。《史记·太史公自序》："敢犯颜色，以达主义，不顾其身。"《老残游记》第十一回："其信从者，下自士大夫，上亦至将相而止，主义为逐满。"

③犹主旨，主体。梁启超《与林迪臣太守书》："启超谓今日之学校，当以政学为主义，以艺学为附庸。"

④以解释词义为主。杨树达《积微居小学述林·论小学书流别》："世人分别小学书，谓《尔雅》主义，《说文》主形，《切韵》主音，是固然矣。"

⑤形成系统的理论学说或思想体系。丁玲《韦护》第三章:"你不是很讨厌我信仰的主义吗?为什么你又要爱我?"如:马克思主义;达尔文主义。

⑥一定的社会制度或政治经济体系。如:社会主义;资本主义。

⑦思想作风。如:自由主义;主观主义。

①②是动宾结构,跟今天的意思无关;③是偏正结构,是"主义"的主要来源;④仍为动宾结构,是古代汉语的沿用;⑤~⑦则为近代引进的新义。胡适将这一意义更浅白地诠释为:

> 凡"主义"都是应时势而起的。某种社会,到了某时代,受了某种的影响,呈现某种不满意的现状。于是有一些有心人,观察这种现象、想出某种救济的法子。这是"主义"的原起。主义初起时,大都是一种救时的具体主张。后来这种主张传播出去,传播的人要图简便,使用一两个字来代表这种具体的主张,所以叫他做"某某主义"。主张成了主义,便由具体计划,变成一个抽象的名词,"主义"的弱点和危险,就在这里。①

这样看来,所谓信仰、主张、想法、方法、言论、行为等,在某一特定的范围和时段内都可以称作"主义"了,所以它的扩张极为迅速。但正如胡适指出的那样,由具体计划变成一个抽象名词,其中会包含许多误解的因素。

(二)"主义"在欧洲的产生及背景

我们都知道"主义"是用来翻译英文词缀-ism 的,那么,西方

---

① 《多研究些问题,少谈些"主义"》,《每周评论》第 31 号,1919 年。

何时开始用这一词缀来表示其信仰主张的呢？看看《牛津英语辞典》（*Oxford English Dictionary*）对 -ism 的解释吧，它标出了 -ism 几种用法的起始年代：

The following are the chief uses of the suffix：

Forming nouns on action or process or result based on the accompanying verb in-ize：

baptism（1300）aphorism（1528）criticism（1607）magnetism（1616）

Forming the name of a system, school of thought or theory based on the name of its subject or object or alternatively on the name of its founder（when de-capitalized, these overlap with the generic "terms for doctrines" sense below, e. g. Liberalism vs. liberalism）：

Lutheranism（1560）Calvinism（1570）Protestantism（1606）Congregationalism（1716）Mohammedanism（1815）Palamism（1949）

The action, conduct or condition of a class of persons, "behaving like a..."（with overtones of the "terms for doctrines" sense below）：

atheism（1587）blackguardism（1875）despotism（1728）heroism（1717）old-maidism（1776）patriotism（1716）ruffianism（1589）

Class-names or descriptive terms for doctrines or principles in general：

giantism（1639）fanaticism（1652）theism（1678）religionism（1706）nationism（1798）romanticism（1803）conservatism（1832）sexualism（1842）externalism（1856）opportunism（1870）jingoism（1878）feminism（1895）dwarfism（1895）racism（1932）sexism（1936）

A peculiarity or characteristic of language：

atticism （ 1612 ） gallicism （ 1656 ） archaism （ 1709 ） Americanism （ 1781 ） colloquialism （ 1834 ） newspaperism （ 1838 ） Shakespearianism （ 1886 ）

An ideology expressing belief in the superiority of a certain class within the concept expressed by the root word （ based on a late 20th century narrowing of the "terms for a doctrine" sense ）：

speciesism （ 1975 ） heterosexism （ 1979 ） ableism （ 1981 ）

（ medicine ） A condition or syndrome caused by or associated with a specific type of organism：

crotalism daturism latrodectism loxoscelism

也就是说，欧洲早在 14 世纪就出现了-ism 的用法，但最早跟主义无关，16 世纪以后主要用来表示宗教派别，如 Lutheranism （1560）, Calvinism （1570）, Protestantism （1606） 等。用于近代 "主义" 的意思涌现于 17 ~ 19 世纪，这正是欧洲经过文艺复兴后，哲学思想和科学进步最为显著的时代，因而各种主义也随之兴起。

二 "主义" 在日本的传播

(一) 日本早期的对译

根据斋藤毅《 "主义" 这一重要词语的诞生》一文的调查,[1]

---

[1] 斎藤毅『明治のことば：東から西への架け橋』講談社、1977。

"主义"在日本最先是单独使用的，对译 principle，意指原理、原则，① 这是中文古典义的活用。然后才作为词缀-ism 的译词广泛使用。对此，中国早期是用"理"和"道"来对译的，如在罗存德的《英华字典》里有下面的例子：

| Communism | 大公之道，通有百物之道 |
| Socialism | 公用之理 |

当然这一译法亦被日本继承，后来在日语里先后涌现出"～教""～论""～学""～说"的译法，直到井上哲次郎《哲学字汇》，才将-ism 作为词缀的用法登录为词条，如：

Altruism	利他主义
Egoism	自利主义
Egoistic altruism	兼爱主义
Federalism	联邦主义

但并非所有的-ism 都对译为主义，其中把 communism 和 socialism 分别译为"共产论"和"社会论"，还没有与"主义"结合起来。② 也就是说，将-ism 译作"主义"最早出现在日本，这一译法的确立为其后的流行开启了端绪。

作为近代意义的单独使用的"主义"和作为词缀-ism 的"～主义"，其兴起、发展、稳定和创新都是我们关注的对象。我们知道，作为词缀的"主义"早就出现在报刊上了，如《东京日日新闻》第1778 号（1878 年 11 月 2 日）上可见"干涉主义"和"自由主义"：

---

① "Principle 道、原理、主义。"《哲学字汇》。
② 尽管在后来的对译辞典《棚桥英和双解辞书》（1888）里还是将 socialism 解释为"社會論、交際之理、衆用之道；共産論"，并不区分"社會論"与"共産論"。

　　的ヲ定メ干涉主義ニ由リテ官権ヲ以テ蠶種ノ製造ヲ制限ス
ル乎或ハ、自由主義ニ由リ一切コレニ干涉セズシテ蠶種商農ノ
自滅ニ任スル乎。(是制定目标靠干涉主义动用官方权力来限制
蚕种生产呢? 还是按自由主义不做任何干涉,听任蚕种商农的自
生自灭呢?)

10 年后的《国民之友》里,"主义"已经有 704 例,但多为受
名词修饰(加の)使用,直接与其他词组合的有:

自由~　民主~　共和~　社会~　保守~　改进~　平民~　贵族~
爱国~　平等~　国家~　博爱~　帝国~　命令~　进步~　强硬~
改革~　保护~　消费~　自治~　侵略~　擅制~　藩阀~　门阀~
贵族~　政治~　王权~　神国~　支那~　欧洲~　宗教~　儒教~
基督教~　立宪君治~　自由放任~　自由贸易~

我们今天中文里使用的主要概念"自由主义""民主主义""社
会主义""保守主义""爱国主义""帝国主义""保护主义""自由
放任主义""自由贸易主义"等都已经开始出现。如果再将范围扩大
一些,我们可以通过同一杂志《太阳》详细地看其 1895~1925 年间
"主义"出现的情况。

　　　1895 年　263 例
　　　1901 年　779 例
　　　1909 年　1406 例
　　　1917 年　1083 例
　　　1925 年　527 例

这是按该杂志内容的等量(即取其一年的期刊量)调查的结果,共

计 4058 例。也就是说"主义"在早期的 1895 年只有 263 例，到 1901 年已经翻倍，1909 年再翻倍达到高潮，1917 年仍然是维持高频率使用，但到了 1925 年明显退潮。

（二）一词多译的"主义"

我们都知道人道主义与人文主义这两个词，其实是同出一辙的，学界已有专著研究之。① 早在明治 38 年（1905）德谷丰之助、松尾勇四郎在《普通术语辞汇》里就对此有过详细的解说：

> ◇人道主義　英　Humanism.　独　Humanisums.　意義　人道主義と謂ふのは、復古主義と謂ふことに外ならぬ（中略）人道主義と謂へば、殆んど博愛主義てふ語と同義に解せられ、如上のヒューマニズムの意を人道主義てふ言葉を以て表はすは辞意甚だ相添はざる感あり、されば、之を人文主義と訳する人もあれど、人文てふ語も甚だ広汎なる意義の言葉にて、同じく如上のヒューマニズムの意味と相添ふ言葉に非ず、然れども、単に之を復古主義と訳するも猶適切なる訳語と謂ふを得ず。（所谓人道主义就是复古主义。几乎与博爱主义同义，但将 Humanism 译成人道主义似乎有些词不达意，于是便有人将之译作人文主义，而人文一词意义甚广，也与 Humanism 不相对应。但是，单纯译作复古主义也不能说是合适的译词。）

也就是说，在对应 humanism 时，有过四种译法：人道主义、博爱主义、人文主义和复古主义。其中"人道主义"的具体用法出现得最早，见于 20 世纪之前，如山县悌三郎译《教育哲学史》（普及舍，

---

① 参见章可《中国"人文主义"的概念史（1901～1932）》，复旦大学出版社，2015。

1887) 的第四章就名为"人道主义";前田长太译《罗马教皇与现代社会》(石川音次郎,1899) 里也专设"罗马教皇的人道主义"一节。

综合杂志《太阳》里"人道主义"多出现于 1901 年,在《读〈论美的生活〉并致樗牛子》(1901 年 10 月 7 日) 一文中有云:

> 浅薄なる国家主義を云ふものあり、軽浮なる社会主義を口にするものあり。個人主義を説くものあり、人道主義を喋々するものあり。然れども只是れ云ふのみ、唱ふるのみ。(有人主张浅薄的国家主义,有人提出社会主义,也有人说个人主义,还有人对人道主义喋喋不休。只不过都是说说而已。)

文学作品里"人道主义"的例子也多出现在 20 世纪,比如长田秋涛译《椿姬》(1903):

> 過去十五年の間に人道主義が長足の進步を為たのを認むる人々に対って訴へるのである。(这是针对那些认为过去十五年间人道主义有了长足的进步的人们所说的。)

而人文主义也称为人本主义。《普通术语辞汇》里说:"人文主义 Humanism 之意即等于前条的人道主义。"实际上,人文主义在日本的具体用法也较人道主义要晚一些,最早出现在 20 世纪初。如远藤隆吉著《日本社会发展及思想变迁》(同文馆,1904) 的第 11 章就是"人文主义",大住啸风的《自由思想史》(天弦堂书房,1916) 里亦有一节题为"人文主义与怀疑"。

也就是说,在日语里这两个译词都是同出于西洋概念 humanism,且还有其他译法。早期的人道主义多指中世纪文艺复兴时期德国用优美高尚的古代文艺作为教化的核心,但随着其含义偏于博爱主义后,便有人改译为人文主义；后来觉得人文主义也不甚合适，便又重新回到人道主义的译法上来。这也和日本以白桦派作家为中心倡导"人道主义"，即博爱主义有关。进入大正时期，这个词才终于固定下来。所以，它既表示一种文艺思潮，也与博爱主义同义。这样一来，"人文主义"的用法反倒在日本并不普遍了。

中文里，1903年汪荣宝等《新尔雅·释群》里有"以扶植人类为国家社会之任务者，谓之人道主义"，即可理解为广义的"博爱主义"这一新义了，而反倒把"人文主义"来当作文艺复兴时期的思潮来理解。这就是说，在日文里尚没有完全固定下这两个对译时，中文里则有选择地把这两个词按照新义（当然也是日语里用过的）使用了，这点可以在1936年中华书局出版的《辞海》中得到证实。

（三）现代日语里的"主义"

日本的第一本近代国语辞典《言海》（1889）中已收有"主义"一词，到现在，《广辞宛》《大辞林》《日本国语大辞典》等各辞典都有收录。收有20万词条的《广辞苑》第六版（2008）里就有335条带"主义"的词，按其前项词的属性，可分为如下四类：

和语＋主义：

事勿れ主義　詰込み主義　草の根民主主義

汉字词＋主义：

愛他主義	利他主義	意思主義	表示主義
一物一権主義	一国社会主義	印象主義	後期印象主義
英雄主義	営利主義	厭世主義	欧化主義
応報刑主義	目的刑主義	温情主義	快楽主義
禁欲主義	改良主義	科学の社会主義	
革新主義	確定決算主義	過失責任主義	
可謬主義	関係主義	還元主義	現象主義

操作主義	感傷主義	間接審理主義	完全主義
官僚主義	議会主義	旗国主義	擬古主義
貴族主義	起訴状一本主義	起訴便宜主義	起訴法定主義
機能主義	規約主義	客観主義	急進主義
糾問主義	教育刑主義	共産主義	教条主義
享楽主義	虚無主義	銀行主義	近代主義
禁欲主義	空想的社会主義	軍国主義	軍事目標主義
軍封帝国主義	経験主義	敬虔主義	経済主義
計算主義	形式主義	形式的真実主義芸術至上主義	
血統主義	権威主義	厳格主義	原価主義
現金主義	現実主義	厳粛主義	厳格主義
現象主義	現世主義	顕名主義	原理主義
公開主義	公開審理主義	公式主義	構成主義
構造主義	講壇社会主義	構築主義	口頭主義
行動主義	幸福主義	公理主義	功利主義
合理主義	国際主義	国粋主義	国民主義
個人主義	個体主義	国家社会主義	国家主義
国家訴追主義	国家独占資本主義	御都合主義	古典主義
孤立主義	根本主義	罪刑法定主義	最高最低税率主義
菜食主義	財政民主主義	瑣末主義	三反主義
三民主義	時価主義	事実婚主義	私人訴追主義
自然主義	事大主義	実学主義	実験主義
実質主義	実証主義	実存主義	実体的真実主義
実用主義	実利主義	児童中心主義	資本主義
自民族中心主義社会改良主義		社会構成主義	社会主義
社会民主主義	写実主義	主意主義	重金主義
集産主義	自由主義	重商主義	自由心証主義
修正資本主義	修正主義	自由相続主義	

外来词＋主义：

アジア主義　　　　アラブ民族主義　　　　アリストテレス主義

イスラム原理主義	エピクロス主義	カルヴァン主義
カント主義	キリスト教社会主義	ギルド社会主義
スターリン主義	ストア主義	スピノザ主義
スラヴ主義	セクター主義	セクト主義
マッハ主義	マルクス主義	マルクスレーニン主義
マルサス主義	モンタノス主義	モンロー主義
ユーラシア主義	レーニン主義	ロマン主義

混合词 + 主义：

新マルサス主義	汎アジア主義	汎アラブ主義
汎イスラム主義	汎ゲルマン主義	汎スラヴ主義反ユダヤ主義
ポスト構造主義	労働組合主義	

除去和语、外来语、混合词与主义的组合，我们对汉字词的组合只列举到サ行的し为止，实际上其占了总数的九成以上。当然也有不少临时构词，辞典里是不收的，如：

> 小日本主義——石橋湛山的殖民地放棄論
> 『昭和三十年代主義』

这类用于标题的说法，亦是"主义"可以确切反映时代特征的一种活用。

"主义"当然也在东亚的其他地区流行甚广，比如朝鲜半岛和越南，这里不再详述。下面我们主要看看中国是如何吸收"主义"的。

三 "主义"在中国的流传和扩张

(一)《清议报》(1898～1901) 对主义的吸收

《清议报》上反映出国人对主义的初期认识，亦可看出中文早期从日本引进语词的规模，比如早在 1898 年的第 1 册中还只有"整定官制为主义"，或第 2 册的"利士佛在上海演说主义"这种单独用法，而第 3 册里就出现了与其他词组合的"维持社会主义者联图革命"的说法，越往后"～主义"就出现得越频繁。比如，翌年的第13 册上开始有"其他或云帝国主义，或云侵略主义，或云平和主义"的用法；随后出现"泰西文明主义""改革主义""国家主义""积极主义""消极主义""商国主义"等词。在第 17 册里还对"帝国主义"解释为："帝国主义者，谓专以开疆拓土、扩张己之国势为主，即梁惠王'利吾国'之义也。"

第 90 册以后，围绕着"国家主义""民族主义""帝国主义"的议论开始增多，特别是第 97～100 册的"时论译录"栏连载了《帝国主义》。该文译自日本的《国民新闻》，我们从中也可看出日中之间概念的直接挪用。如：

平民～	蒙路之～	放任～	民族～	经济～	自由～	自由贸易～
保护～	保护贸易～	相助～	和平～	产业～	专制～	个人～
平等～	国家～	侵略～	国粹～	竞争～	弱肉强食～	
保守～	竞争～	社会～	世界～	国民～	大国～	

此外，同样是在译自日文的《论中国宜改良以图进步》一文（第 90 册）里，把西学的"主义"也照搬过来：

即如伦理一学，西洋学者诸说纷纷。快乐主义之对有克己主义，厌世主义之对有乐天主义，利己主义之对有爱他主义，彼此互相反对。若今译之，仍之咽下，则脑为其搅乱，不能解其理。

在第 99 册《政治学案第九　卢梭学案》中还出现了"民主主

义”的说法：

> 然后卢梭之本旨乃可知矣。盖以为民约之为物，非以剥削各
> 人之自由权为目的，实以增长竖立各人之自由权独目的者也。但
> 卢氏深入于古昔希腊、罗马之民主政治，其各种旧主义来住胸
> 中，拂之不去。故虽以炯炯如炬之眼，为近世真民主主义开山之
> 祖，而临去秋波，未免有情。

除上述列举之外，加动词、形容词修饰的“主义”也有很多，
如：

膨胀~　人为~　平利~　维新~　干涉~　进步~　破坏~
温和~

当然，也有国人独创的“主义”，比如在《康南海先生传》第六章
中题为“宗教家之康南海”的文章中，有康有为对孔教的下列描
述：

> 孔教者进步主义，非保守主义；
> 孔教者兼爱主义，非独善主义；
> 孔教者股界卦黏，非国则岳和；
> 孔教者世界主义，非国别主义；
> 孔教者平等主义，非督制主义；
> 孔教者强力主义，非巽儒主义；
> 孔教者重魂主义，非爱身主义。

在这里面，既有来自日本的“进步主义”“保守主义”“兼爱主义”
“独善主义”“世界主义”“国别主义”“平等主义”“督制主义”，也

有独自表达的"强力主义""巽儒主义""重魂主义""爱身主义"等临时性造词。可见"主义"这个招牌或标签，当时的知识精英已经运用得得心应手了。

《清议报》中弘扬的"主义"90%以上取自日本，特别是其对"帝国主义"的认识有一个渐进的过程。它基本起到一个承上启下的知识转型作用，将日本资源化为己有，为其后"主义"在中国大陆的流行做好了铺垫。比如，章炳麟《社会通诠商兑》（1907）曰："虽日言帝国主义、社会主义、人道主义，而无术以行之，则攧落亦犹是也。"可见其概念已经百分之百地运用在中文里了。

同样由留日学生编辑的新语集《新尔雅》里面也收有54条"主义"，并认为"决定意思之实行，标明一种方针者谓之主义"。比如：

爱他～	保守～	悲观～	本心～	参赞～	大观～	道德～	帝国～
独立～	放任～	干涉～	个人～	共产～	国粹～	国家～	急进～
阶级～	进步～	禁欲～	开发～	快乐～	乐天～	立宪～	利己～
纳税～	平等～	破坏～	人道～	社会～	幸福～	形式～	厌世～
依他～	知识～	主他～	主我～	专制～	自然～	自由～	自在～
保护贸易～	自由贸易～	自由判断～	公众利用～	教化价值～			
口头审理～	直接审理～	不干涉审理～	道德的实有～	客观的自然～			
主观的自然～	宗教的人道～	教授学的唯物～	间接地伦理的实有～				

这也是在日本的环境下收集诠释的主义，中文里对二字词组合的"～主义"基本采纳，而对后面五字词和六字词组合的"～主义"仅作为临时构词，在具体语境中使用，该书在启蒙新概念上起到了很大的作用。

（二）中文报刊中的使用

如果说上述两种材料都是在日本印刷发行的话，其直接受日本影

响的因素较多，那么下面我们从当时中国国内报刊的文章题目上也可
看出"主义"在中国早期的使用情况：①

1903 厌世主义 民族主义 殖民主义 自由主义 精神主义 功利主义
       教育主义

1905 无政府主义 尚武主义 联俄派主义

1906 世界主义 重农主义 厌世主义 移民满洲主义

1907 国有主义 民有主义 平民主义 国家主义

1911 社会主义 新国家主义 减政主义 帝国主义

1912 工团主义 孟录主义 快乐主义 三无主义 实用主义 军国主义

1913 画一主义 日耳曼主义 斯拉夫主义 军国民主义 保守主义
       进取主义 开放主义 实证主义 理想主义 利己主义 平等主义

1914 嫉国主义 非募债主义 武力主义 奋斗主义 新教育主义
       牺牲主义 人道主义 拜金主义②

1915 个人主义 勤劳主义 审判公开主义 证据主义 民族主义
       军备主义 世界小家庭主义 东方家庭主义

1916 大日尔曼主义 新理想主义 政治主义 伦理主义 个位主义
       乐利主义 革新主义 作业主义 爱国主义 自动主义
       一夫一妇主义 贤母良妻主义 救济婴儿主义 普鲁士主义 实利
       主义 文化国家主义

1917 断食主义 一食主义 自习主义 家族主义 亚细亚主义
       世界主义 多妻主义 劳力主义 专制主义 不婚主义
       联邦主义 民主主义

1918 统一主义 易卜生主义 劳动主义 国家主义 新亚细亚主义
       作撮主义 新从新主义 图书馆主义 新尚知主义

1919 乐观主义 辅导主义 结婚主义 自学主义 利己主义

---

① 据大成老旧刊全文数据库，输入"主义"后按年代检索出的各种结果。
② 黄河清《近现代辞源》给的例子太晚："所谓马干期利斯谟（mercantilism），又曰
  拜金主义者。（1924）"

利他主义　　泛劳动主义　试验主义　伦常主义　无强权主义

经济集中主义　折衷主义　　民治主义　过激主义　新旧主义

马克思主义　资本主义　　大亚美利加主义　　神秘主义

联治主义　　非秘密主义　实验主义　唯实主义

新唯实主义　菜食主义　　个性主义　报酬主义　社会主义

军国主义　　孟录主义　　专制主义　非个人主义民主主义

帝国主义　　泛美主义　　巨棒主义　庶民主义　无治主义

名分主义　　工团主义　　个人主义　亚细亚主义

新亚细亚主义物质主义　　贤母良妻主义　理想主义

1920　共产主义　古典主义　浪漫主义　写实主义

从上述简单的排列亦可看出，加下画线的主义是中文里独自的用法，随着时代的推移越来越多。但其中包括了许多音译词，日本本来是用片假名的，中文只不过将之赋予了汉字。值得注意的是，像"奋斗""结婚""不婚""作业""自习""辅导"等一般动词都被冠以"主义"，也许正因为此，至1919年"主义"大为盛行之际，才会有胡适写给《每周评论》的文章。

1913年来华传教士狄考文的夫人编的 *New Terms for New Ideas：A Study of the Chinese Newspaper* 的第一课里就讲的是词缀构词，其中先举了"~家""~派""~界""~时代"，随后列出了最为活跃的三种"~思想""~精神""~主义"：

思想：政治~　宗教~　道德~　国家~　革命~　高尚~　鄙污~

精神：共和~　专制~　独立~　国体~

主义：铁血~　市井~　人道~　唯物~　素食~　群众~　个人~

　　　报复~　排外~　从新~　金钱~　民族~　社会~　们罗~

　　　实利~　虚无~　无政府~　军国~

这里我们会发现，"主义"里面，除了"群众~""从新~"实际上有时可以并兼"思想"和"精神"，"宗教～""国家～"既可以用于"思想"，又可以用于"主义"。同样，"共和～""专制～"也可以分别用于"精神"和"主义"。

《辞海》作为当时最大的百科性辞典，其对"～主义"的收录情况，参见本书第十一章第三节。下面我们通过具体的例子，来看一下"主义"经由日文进入中文的途径。

四　中国特色的"主义"

"主义"作为时代的旗帜，不断被政党、知识精英所高举。从新文化运动到国共分裂，中国语境里层出不穷的新的"主义"，成了政党或个人把握话语权的象征，同时也反映出强烈的时代特征。下面我们根据《汉语大词典》里所收的"主义"词条，来看看其"中国特色"的具体表现。

[事务主义] 一种不分轻重、主次，不注意政治方向，而只埋头于日常琐碎事务的工作作风。丁玲《延安文艺座谈会的前前后后》："文章里只是说这位厂长有点事务主义，没有坏意，希望他不要多心。"草明《乘风破浪》三："你呀，快成为事务主义者啦。"

[分散主义] 违反民主集中制原则的一种无组织、无纪律的错误倾向。其表现是不尊重中央或上级的决定，不愿意接受组织的统一领导和监督。毛泽东《在中国共产党全国代表会议上的讲话·开幕词》："中央和各级党委必须坚持集体领导的原则，继续反对个人独裁和分散主义两种偏向。"

[命令主义] 脱离实际，脱离群众，只凭强迫命令的办法来推行工作的领导作风。是官僚主义的一种表现。毛泽东《关于正确处理人民内部矛盾的问题》一："共产党人在劳动人民中间

进行工作的时候必须采取民主的说服教育的方法，决不允许采取命令主义态度和强制手段。"

［宗派主义］主观主义在组织关系上的一种表现。其特点是思想狭隘，只顾小集团的利益，好闹独立性和作无原则的派系斗争等。

［本位主义］专为自己所在的单位、部门打算而不顾整体利益的思想作风。周立波《暴风骤雨》第二部二八："本位主义，实际上是个人主义的扩大。"

［机会主义］工人运动中或无产阶级政党内部的反马克思主义思潮，它有两种表现形式：一种是右倾机会主义，另一种是"左"倾机会主义。两者对革命都有很大的危害性。

［集体主义］以人民群众整体利益为根本出发点的思想体系。无产阶级世界观的内容之一。同"个人主义"相对。王镇《枪》第二幕："咱们就应该向人家学习，学习这种集体主义精神。"

［霸权主义］指在国际关系中，凭借本国实力，通过侵略、颠覆、干涉、控制和欺负等手段以求取得统治和支配别国地位的一种反动政策。胡耀邦《全面开创社会主义现代化建设的新局面》："反对霸权主义，维护世界和平，是今天世界人民最重要的任务。"

辞典的编写亦受到意识形态的约束。从上述"主义"的诠释和例句来看，由个人到政党，"主义"已经被打上了某种阶级的烙印，抑或成了特定环境下的产物。另外在修辞上，我们还可看到以下特征：

第一，喜欢用数名词创造新词，如"一打三反""五讲四美"等都是耳熟能详的政治口号。同样，在"主义"的创新方面喜欢用"三"字起头，有"三民主义""三不主义"等：

[三民主义] 孙中山提出的中国资产阶级民主革命的纲领，即民族主义、民权主义、民生主义。民族主义是推翻满族政府，恢复汉族政权；民权主义是建立民国；民生主义是平均地权。后来在俄国十月革命的影响和在中国共产党的帮助下，制定了联俄、联共、扶助农工的三大政策，并于一九二四年重新解释了三民主义。民族主义是反对帝国主义，主张国内各民族一律平等；民权主义是建立为一般平民所共有、非少数人所得而私的民主政治；民生主义是平均地权，节制资本。

[三不主义] 指不打棍子、不扣帽子、不揪辫子。《人民日报》1984.9.6：“党中央多次强调今后再不搞运动，三令五申实行‘三不主义’。”

第二，用日常生活中的生动比喻来创造新的“主义”，如：

[拿来主义] 谓吸收外来事物的长处为我所用。鲁迅《且介亭杂文·拿来主义》：“我只想鼓吹我们再吝啬一点，‘送去’之外，还得‘拿来’，是为‘拿来主义’。”丁玲《浅谈“土”与“洋”》：“像鲁迅先生曾说的，对外国好的，于我们有用的东西，采取拿来主义。”

[山头主义] 一种小团体主义的倾向。毛泽东《学习和时局》：“山头主义的社会历史根源，是中国小资产阶级的特别广大和长期被敌人分割的农村根据地，而党内教育不足则是其主观原因。”

[奴隶主义] 指不求深思只知一味盲从的处事原则。毛泽东《整顿党的作风》：“共产党员对任何事情都要问一个为什么，都要经过自己头脑的周密思考，想一想它是否合乎实际，是否真有道理，绝对不应盲从，绝对不应提倡奴隶主义。”

[本本主义] 不管实际情况如何，一切按照书本条文办事的思想作风。是主观主义的一种表现形式。毛泽东《反对本本主

义》："我们需要'本本'，但是一定要纠正脱离实际情况的本本主义。"夏衍《杂谈思想解放》："有的是一切按本本办事的'本本主义者'。他们只会把马列主义经典著作中个别字句看作现成的灵丹圣药，写文章照抄照转。"

［关门主义］指拒绝团结其它社会组织、社会力量或拒不接纳符合条件的人参加本组织的错误倾向。瞿秋白《论大众文艺·欧化文艺》："因为新文艺—欧化文艺运动的最初一时期，完全是资产阶级知识分子的运动，所以这种文艺革命运动是不彻底的，妥协的，同时又是小团体的，关门主义的。"郭沫若《雄鸡集·建设新中国的人民文艺》："在这个运动中，有一部分文艺工作者，在统一战线问题上曾经采取狭隘的关门主义的错误观点。"

第三，喜欢在已有的主义之前再冠以修饰词，表示一种新的倾向。如：

［新三民主义］指孙中山在 1924 年《中国国民党第一次全国代表大会宣言》中重新解释的三民主义。即对外反对帝国主义，对内各民族一律平等的民族主义；建立一般平民所共有的民主政治的民权主义和平均地权、节制资本，并实行耕者有其田的民生主义。这时期的三民主义以联俄、联共、扶助农工三大政策为其实质，也称三大政策的三民主义。毛泽东《纪念孙中山先生》："纪念他在第一次国共合作时期，把旧三民主义发展为新三民主义的丰功伟绩。"

［新民主主义］毛泽东提出的关于在世界无产阶级革命时代，殖民地、半殖民地国家无产阶级领导民主革命的理论。主张中国革命应分两阶段：第一阶段为改变中国殖民地、半殖民地半封建的社会形态，使之变成一个独立的民主主义社会；第二阶段

为建立社会主义社会。第一阶段即为新民主主义之革命，以建立各革命阶级联合专政的新民主主义社会为目的。毛泽东《中国革命和中国共产党》第二章第五节："这种新民主主义的革命是世界无产阶级社会主义革命的一部分。"

["左"倾机会主义]机会主义表现形式之一。其主要特征是思想超越客观过程的一定阶段，离开了当时的现实可能性，不注意斗争策略，堕入空想和盲动。

尤其是喜欢冠以"革命"的名义，使已有的概念带上强烈的政党色彩。如：

[革命人道主义]在无产阶级领导人民为建立社会主义制度而斗争的实践中，形成和发展起来的一项伦理原则。在革命战争中，中国工农红军实行的"三大纪律、八项注意"以及救死扶伤等都体现了革命的人道主义精神。新中国建立后采取的救济失业、禁毒、禁娼、除害灭病、劳动保护和公费医疗，以及在坚决消灭剥削阶级的同时，对于剥削阶级的人们，除极少数罪大恶极的分子外，都努力帮助他们在劳动中转变为自食其力的人等等，也体现了革命人道主义的伦理原则。

[革命英雄主义]代表先进阶级和劳动人民的利益，勇于向社会上的反动、守旧势力作英勇斗争的精神。革命英雄主义是无产阶级世界观的一种表现。是革命战士的行为准则。朱德《八路军新四军的英雄主义》："革命的英雄主义，是视革命的利益高于一切，对革命事业有高度的责任心和积极性，以革命之忧为忧，以革命之乐为乐，赤胆忠心，终身为革命事业奋斗……因而革命的英雄主义，必然是群众的英雄主义。"

[革命乐观主义]指革命者对事业、前途和生活充满信心的精神面貌。是无产阶级世界观和人生观的表现之一。它对实现共

产主义抱必胜信念，在任何情况下都能保持乐观、开朗的心情，始终具有坚定的革命意志和朝气蓬勃的精神状态。

这种给"主义"加修饰语的做法，到现代也是愈演愈烈。比如，最近《人民日报》接连发表的有关"精致的利己主义""狭隘的极端主义""庸俗的消费主义""诡辩的相对主义""不加分析的怀疑主义"五篇署名评论文章，都是在拷问"我们时代需要怎样的价值"这一问题。这些实际上是一种针对性极强的、贴标签式的用法，也是"主义"本身所具有的特征之一。

结　语

现代中文里"主义"有多少？我们将《现代汉语词典》（商务印书馆，1983）收录在内的206条主义附在本章最后，所谓"主义"的辞典，至少是包含这些的。还有很多在历史上曾风靡一时的概念，如"军国民主义""减政主义"等，我们都打算收入在内。其中我们可以看出在与西方概念的对译过程中，将日语全盘照收的多是20世纪30年代以前汉译的"主义"，而音译的"主义"则改动甚多。我们自己独创的"主义"则完全显示出中国特色，既有源于生活的亲近感，又有强烈的意识形态烙印。

从新词语的创新和文化传播的角度看，有很多独创的主义①也值得我们关注，而现在，"主义"已经由"精英"阶层逐渐走向"草根"了。比如作为餐馆名字的"番茄主义"②、婚庆公司名称的"婚

---

① 袁殊把英文 journalism 一词译成"集纳主义"，并定义为："报纸的新闻要有闻义录，包罗万象，为读者喜闻乐见，引人入胜，又须立场公正，为人民大众说话。"这个"集纳主义"是中文新闻学中他的首创。
② "番茄主义"是一家意大利餐厅。

礼主义"①，再比如歌曲名字《半糖主义》②，这些冠上日常生活词语的"主义"远远脱离了意识形态，构成了生活中的另一幅景象，代表的是一种健康的生活态度。

"主义"可以不再是那么吓人的了。

附录：《现代汉语词典》（1983）里收录的"主义"（206 条）

个人主义	关门主义	利己主义	事大主义	人文主义
沙文主义	社会沙文主义	大国沙文主义	民族沙文主义	三不主义
地方主义	尾巴主义	复仇主义	虚无主义	唯心主义
历史唯心主义	绝对唯心主义	主观唯心主义	客观唯心主义	先验唯心主义
惩办主义	人本主义	本本主义	资本主义	国家资本主义
垄断资本主义	国家垄断资本主义		官僚资本主义	三民主义
殖民主义	新殖民主义	山头主义	历史主义	中立主义
孤立主义	民主主义	新民主主义	社会民主主义	民生主义
列宁主义	自由主义	现代主义	命令主义	实用主义
事务主义	和平主义	费边主义	相对主义	绝对主义
修正主义	现代修正主义	工团主义	无政府工团主义	马列主义
民权主义	霸权主义	地区霸权主义	乐观主义	革命乐观主义
主观主义	客观主义	悲观主义	存在主义	共产主义
平均共产主义	战时共产主义	科学共产主义	空想共产主义	机会主义
右倾机会主义	"左"倾机会主义		社会主义	民主社会主义
农业社会主义	费边社会主义	讲坛社会主义	科学社会主义	封建社会主义
国家社会主义	伦理社会主义	空想社会主义	乌托邦社会主义	
"真正的"社会主义		资产阶级社会主义		
小资产阶级社会主义		形式主义	盲动主义	保守主义

---

① "G2 婚礼主义"成立于 2007 年，是合肥的一家婚庆机构。
② "半糖主义"主张不过分、不过度、刚刚好，这样才能最好地摒弃生命里的"苦"，品尝其中的"甘"。

信仰主义　　重农主义　　功利主义　　本位主义　　平均主义

绝对平均主义　合作主义　　扩张主义　　改良主义　　实证主义

国际主义　　无产阶级国际主义　　　　　教条主义　　唯我主义

集体主义　　工具主义　　大国主义　　军国主义　　帝国主义

资本帝国主义　社会帝国主义　爱国主义　　门罗主义　　古典主义

写实主义　　现实主义　　批判现实主义　革命现实主义　社会主义

现实主义　　投降主义　　泛非主义　　封建主义　　唯物主义

旧唯物主义　　历史唯物主义　辩证唯物主义　法国唯物主义　经济唯物主义

庸俗唯物主义　机械唯物主义　自发的唯物主义　朴素的唯物主义

形而上学唯物主义　　　　自然科学的唯物主义　　　　理性主义

颓废主义　　僧侣主义　　中派主义　　宗派主义　　世界主义

军阀主义　　报复主义　　泛美主义　　唯美主义　　经济主义

冒险主义　　蒙昧主义　　折衷主义　　经验主义　　实验主义

玄秘主义　　神秘主义　　民族主义　　大民族主义　地方民族主义

种族主义　　重商主义　　流寇主义　　禁欲主义　　人道主义

工联主义　　文牍主义　　自然主义　　绥靖主义　　马赫主义

纳粹主义　　官僚主义　　浪漫主义　　新浪漫主义　积极浪漫主义

消极浪漫主义　革命浪漫主义　杜鲁门主义　达尔文主义　反犹太主义

孟德尔主义　安那其主义　尼克松主义　无政府主义　马克思主义

合法马克思主义　摩尔根主义　孟什维主义　大汉族主义　考茨基主义

托马斯主义　新托马斯主义　法西斯主义　凯恩斯主义　麦卡锡主义

新康德主义　泛斯拉夫主义　新黑格尔主义　经验批判主义　泛阿拉伯主义

犹太复国主义　伯恩斯坦主义　布尔什维主义　泛日耳曼主义　托洛茨基主义

个人英雄主义　革命英雄主义　大俄罗斯主义　马尔萨斯主义　新马尔萨斯主义

马克思列宁主义　艾森豪威尔主义

第十六章 "社会主义""共产主义" "帝国主义"

一 从"朋党"走向"社会"

(一) 我们只有"天下观"

中国自古奉行以天子至上的"天下观",到了近代随着《万国公法》的译介,在与周边关系上,开始由传统的朝贡册封体制转变为近代条约体制,以重新建构国际秩序。于是,"国家"成了对等的、更为各国普遍接受的概念。但是具体到东亚各个国家内部,还是只知道上有君主、下有庶民这两层结构,完全不理解西方的"社会"这一层面代表的是什么。

"社会"虽然早就出现在朱子学的入门书《近思录》(1176)中,里面称"乡民为社会",意为聚会。万历十三年(1585)的《世说新语补》亦云:"王叔治七岁丧母,母以社日亡,来岁邻里修社会。"这里的"社会"也只是邻里老乡集聚的庙会之意。甚至到了19世纪,美国传教士祎理哲(Richard Quarterman Way, 1819 – 1895)著的《地球说略》(1856)里也有类似的用法:

　　各穿文绣衣服，持之周行于路，以为美观。宛如中国社会一
般，西洋教、回回教、犹太教则间有之。（《欧罗巴大洲图说》）

这也是承中文的古意，还是"庙会"的意思。也就是说，"社会"在
中文里作为一个词似乎没有固定下来，使用的次数也很有限。但有趣
的是以上三书均传入日本，特别是《地球说略》由箕作阮甫加训点
后，于万延元年（1860）出了翻刻版，其中"社会"二字均是作为
一个独立的词来处理的。这一处理对日本以后用"社会"一词来对
译西方概念起到了决定性作用。

（二）日语里的"社会"与"会社"相同

　　日本的江户时代也已经有了"社会"的用法，如江村北海
(1713～1788) 的《日本诗史》（1771）卷三里言"以故社会绵绵二
十有余年"，这当然还是中文古意的延续。到了19世纪初，青地林
宗在翻译《舆地志略》（1826）时便拿"社会"来对译荷兰语
kloofter（男子修道院），指小规模的共同体。①

　　但是，日本最早的英和辞典《英和对译袖珍辞书》却是将
society译作"仲間（伙伴）"的，也就是说没有沿用"社会"一词。
在早期的其他翻译作品中，如明治五年（1872）瓜生三寅译的《合
众国政治小学》一书里有：

　　　　人間の交際を英語にソサイチイといふ。

这里明确说"英语称人际交流为society"。而同年中村正直翻译的
《自由之理》（On Liberty）里也说"寄リ合ヒテソサイテイ＜仲間/
会社＞トナレバ"，即把英文的音译词ソサイテイ译作"仲間"或

---

① 参见斋藤毅「社会という語の成立」『明治のことば：東から西への架け橋』。

"会社"。而这个"会社"在早期的辞典《汉语字类》（1869）中，就被解释为"ヨリアヒナカマ（同党相聚）"，并不是我们现在常见的"株式会社"的意思。

在明治6年（1873），由著名的知识界精英创办的结社组织明六社，在其会刊《明六杂志》里面不仅用了"会社"这个字眼，而且，从字面上将其颠倒过来变成"社会"：

> 本朝ニテ学術文芸ノ会社ヲ結ビシハ今日ヲ始メトス。（我国学术文艺之结社组织始于今日。）
> 乃ち民間志気の振ふなり社会の立つたり極めて可なり。（民间志气高昂，亦可结社。）

这里还只是指志同道合的朋党结社而已。同样在箕作麟祥翻译的《国际法》中，"会社""社会"这两种说法也是并存使用的，构成一种类义关系：

> 国ハ各人及ヒ会社ト同シク己レニ属財産ヲ保有シ。（卷一）/国家同等地保障属于每个人及同伙自己的财产。
> 畢竟是レ亦人間社中ノ一人タレハ互ニ其社会ヲ結合スル不朽一般ノ律法ハ之ヲ循守セサル可カラス。（卷一）/毕竟是社团成员的一人，必须相互遵守组成其同党的铁的纪律。

但我们从词义上看，这两个词的意思还是停留在"伙伴""同党"之上，也正因为如此，凡同一社团的人可称之为"社人""会人""社中"，在当时这些都是甚为流行的语词，并不是指今天的"社会"之义，即当时"社会"作为 society 的译词尚未固定下来。

（三）"社会"包括什么

到了明治6年以后，以营利为目的的结社开始倾向于用"会社"

来对译 company，所以到了明治 8 年左右，"社会"才逐步确定为
society 的译词。

尽管如此，当时的知识精英久米邦武（1839～1931）还是质疑
道："到底 society 一词是指 company 这类有组织的机构呢，还是只指
称多数人的聚众呢？"[①] 因为当时还有 community 也与"社会"发生
关系。柴田昌吉、子安峻的《附音插图英和字汇》就将之译成"共
用、衆人、会社"；而平文的《和英语林集成》第三版则将之反过来
译作"社会、なかま"。这样一来，"社会"在当时便可以对译三个
英文词：society，company 和 community。现代日语里将之分别译作
"社会""会社"和"共同体"。

再往后，日文里"society = 社会"的对译已经形成，到了大築拙
藏重新翻译《万国公法》时，该书中已不用"会社"，统一采取"社
会"一种形态了。即凡逢 society 就译成"社会"，我们可以对照下面
英文原文的翻译来看 societies 一词在中文和日文中的不同译法：

《万国公法》英文原文：The peculiar subjects of international
law are Nations，and those political <u>societies</u> of men called State。

汉译《万国公法》：人<u>成群</u>立国，而邦国交际有事，此公法
之所论也。

重野安绎译《万国公法》：人々<u>群集ヲ成シ</u>、各ソノ国々ヲ
立テヽ、コノ国カノ国ト交際スルノ上、ソレゾレニ仕事アリ。
ソノ仕事ニ付テ公法アリ。此レ公法ノ論ズル所ナリ。

大築拙藏译《万国公法》：公法ノ論スル所ハ国民（ネーシ
ャン）及ヒ国（ステート）ト称スル此<u>社会</u>ヲ以テ主目トス。

汉译为"成群"；重野安绎只是把它直译为"群集ヲ成シ"；而大築

---

① 久米邦武「社会観念は日本歴史記なし」『解放』3 巻 4 号、1921、253 頁。

拙藏则用"社会"来对译英语的 political societies of men，且将"国民""国"和"社会"排比为一种并列的等同关系。同样的例子也见于其后的 society of men 的对译中：

> 凡ソ国卜称スルモノハ人合衆シテ共二カヲ協ハセ以テ同安同好ヲ計ル社会ヲ云フ。（凡称国者，即万众一心共同协力以谋求共同太平的社会。）

也就是说"社会"虽已和 society 结合为一体，但还是难以理解其意义。要达到今天意义上的"社会"还要经过一番曲折。矢岛翠说：明治七八年永峰秀树翻译《欧罗巴文明史》时，到第十章才开始使用"社会"一词，在其总论里开始是以"交际"一词出现，并分为几种不同译法，然后才逐渐开始用"国（势）"或"国家"来对译的。①

无独有偶，中文的近代翻译中也有相同的问题。孙青在其书中专门分析了中国近代的政体新书《佐治刍言》（1885），指出其翻译中亦将英语 society 视为与"国"等同的概念。② 看来中国同样在走向近代国家时，对新生的"社会"的理解总喜欢往"国家"意义上靠近，与今天的概念尚有些距离。

在日本，《哲学字汇》采纳这一对译后，"社会"就已经相当普及，进而表示一个介于君主和庶民之间的，由"独立的个人"所组成的层次，这个层次如果再按各个领域切分下去的话，就成了"女界""文学界"的"界"所表示的范围。再往后，到了19世纪90年代甚至出现了"社会问题"这一流行说法，已经完全把"社会"扩

---

① 「欧羅巴文明史 解題」加藤周一・丸山真男编『日本近代思想体系15 翻訳の思想』岩波書店、1991。

② 孙青：《晚清之"西政"东渐及本土回应》，上海世纪出版集团，2009，第179～181页。

大到每个人的"人世间"这一广义上来了。尽管如此,它与日本早就有的"世间(seiken)"一词还是分得清清楚楚:"社会"是由近代有尊严的个人按自己的意志创造出来,将自己置于其中的,如"社会人"即走向社会的人;而"世间"则多建立在日本传统所赋予的一种内外有别的意识中,是将自己置于其外却又不能不时时顾忌的。所以不存在"世间问题"一说。①

(四)中文早先把"社会"译成"群"

前面说过,中文传统中使用的"社会"并不是一个特定的熟语,尽管在19世纪中叶也出现过,但在19世纪下半叶罗存德《英华字典》里明确把society译作"会、结社";而把company译作"公司、商会"。因该字典在日本的广泛使用,可以想象这种分译是促使日语"社会"和"会社"分开的原因之一。当然,在表述社团组织这一概念时,我们还多用"公会"之类的说法。

1851年出版的斯宾塞 Social Statics,日本由松岛刚译作《社会平权论》(1881),成为推动自由民权运动的直接动力之一;而严复早在1880~1881年间就初次接触过斯宾塞的学说,在19世纪末,严复的翻译一般是把society译作"群"的。1895年他在《直报》上发表的《原强》中写道:"锡彭塞者,亦英产也,宗其理而大阐人伦之事,帜其学曰'群学'。"故在1903年集为一书时名曰《群学肄言》。其译著中还有《群己权界论》(1899),是译自穆勒的 On Liberty,这里的"群"就是社会,"己"就是个人,也就是讨论个人权利与社会制约的问题。②

实际上,日语"社会"的一连串意义用法经过梁启超等人的传

---

① 中国人学日语容易将二者混同,主要是把"社会"视作与"世间"完全等同的概念,实际上后者的内涵比前者要窄得多。

② 日文早在1872年就译作《自由之理》,而严复译文则特避去"自由"二字。我们现在也译作《论自由》。

播，被中文原模原样地采纳。早在梁启超《论学日本文之益》（《清议报》第 10 册，1899）中就有"群学（日本谓之社会学）"的对译注解，同册"本馆论说"亦云："资生学，即理财学，日本谓之经济学；智学，日本谓之哲学；群学，日本谓之社会学。"特意列举出了中日译词的不同。

然而两年后，在《和文汉读法》增补本中，针对日语的"世态学"[①] 一词，梁启超已经拿"社会学即群学"作为中文译词来对译之了，反过来看"群学"则成了配角。这种对译法的逆转意味着中文原创译词"群学"的退潮。

事实也的确如此，严复到了 1903 年，终于开始采用"社会"一词，他将甄克思的 *A History of Politics* 译作《社会通诠》，自序中就说："中国社会犹然一宗法之民而已。"

"社会"在 20 世纪初的英华辞典里也开始有了一席之地。杨少坪编的《英字指南》初版（1879）还是承罗存德《英华字典》的释义，将 society 译作"结社"，直到其增广版（1905）出版时才改译为"社会"。同一现象也表现在另一本由传教士编的英汉专业术语手册里，*Technical Terms* 的初版（1904）只是将 society 译作"人世"，到了增补版（1910）时才另补上"社会"一词。

至此，中日之间的"社会"才达到内容与形式上的统一。

二 从社会主义到共产主义

（一）由音译到意译

社会主义和共产主义作为一对类义概念，最早出现在明治二年（1869）的《真政大意》中，这是后来成为东京大学校长的加藤弘之

---

① 《哲学字汇》"凡例"中将之作为专业术语的分类之一。

写的一本介绍西方政体的小册子。加藤曾学过德语，在介绍欧洲的经济学时，将之分为两派："コムミュニスメ（共产主义）"和"ソシアリスメ（社会主义）"，并说两派的主义大同小异，但在当时尚未找到合适的汉字译词，只能采用音译的办法。

福泽谕吉的《民情一新》（1879）里也用过音译的"ソシャリスム（社会主义）"：

> 我国普通教育ノ成跡として見る可きものは、方今、「チャルチスム」「ソシャリスム」と二主義の流行を得たり。（当今我国普通教育成绩显见的是"人民宪章主义""社会主义"这两种主义的流行。）

我们已经知道"社会"基本上在 1875 年左右被逐步确定为 society 的译词，而本书第十五章第二节里已经提到"主义"这个词形成的稍晚一些，[1] 在《哲学字汇》里，communism 和 socialism 被分别译为"共产论"和"社会论"，还没有与"主义"结合起来。真正出现汉字译词的"社会主义"是在翌年宍户义知翻译的《古今社会党沿革说》（弘令社出版局，1882）卷一第一章里：

> 此篇ニハ従来同一ノ意義トシテ用キシコムミュニスム『結社主義仮ニ旧社会主義ト訳ス』トソシアリスム『社会主義仮ニ新社会主義ト訳ス』トノ両名称ヲ以テ本文ノ主旨ヲ開示スル。[此篇一直是将コムミュニスム（结社主义，暂译为旧社会主义）和ソシアリスム（社会主义，暂译为新社会主义）用作同一意思来阐述本文的主旨。]

---

① 参见斋藤毅『明治のことば：東から西への架け橋』。

这里也是把音译"コムミュニスム（共产主义）"和"ソシアリスム（社会主义）"视作同一意思的，只是将前者译作"結社主義"，亦称"旧社会主义"；而后者则译作"社会主義"，称作"新社会主義"。可见当时"社会主义"一词所包含的内容甚为广泛。

到了 1888 年，和田垣谦三在题为《社会主义》的文中解释了该词的成立过程：

> 社会主義とは、英語ソシャリズムの訳語で、ソシャリズムとはソサイテー即ち社会と云ふ字にイズムと云ふ語尾を加へたる語で、イズムは、学派、宗派又は主義と云ふことを言ひ現はす為めの語尾でありますから、ソシャリズムを社会主義と直訳したのであります。（『東洋學藝雜誌』88 号）/社会主义是英文 socialism 的对译，socialism 是 society 即社会加上词缀-ism 而成的。-ism 表示的是学派、宗派或主义，所以将 socialism 直译为社会主义。

也就是说，"社会主义"完全是经过音译词转成的一个汉字复合词。

（二）"共产主义"包含在"社会主义"里

日本最初使用"共产主义"是明治 15 年（1882）6 月 23 日《朝野新闻》里城多虎雄的《论欧洲社会党》一文，里面出现了"共産ノ主義"这一说法：

> 同ジク社会党ノ名アリ、而シテ其実ハ処ニ依リ人ニ依リテ其ノ主義ヲ異ニス日耳曼ノ職人社会党ハ仏ノ「コンミコン」ニ異ナリ或ハ又共産ノ主義ヲ実行セル者アリ破壊主義ヲ取ル者アリ或ハ着実ニ労力社会ノ改良ヲ務ムル者アリ左レバ社会党ノ名ノミヲ以テ直チニ之ヲ目シテ財産ノ平均ヲ主張スル者ナリ破壊主義ヲ取ル者ナリト見認ムルハ寧口臆断ニ失スルノ嘲リヲ免

カレザル可シ。(同为社会党，但其主义是因地因人而异的。日耳曼的劳工社会党与法国的"共产党"不同，有的是实行共产主义的；也有的是采取破坏主义的；还有的是认真从事劳工社会的改良的；这些都是打着社会党的名义，单纯将之视为主张平分财产者或破坏主义者，未免有些过于主观臆断了。)

我们可以看出，对当时打着社会党旗号的各种主张有一个区分辨别的必要，不能一概加以否定。同年就有"共产主义"一词出现在大石正已译述的《社会改造新论》里：

共産主義ヲ賛成スル各種族ノ人ニ対スル告述。(对于那些赞成共产主义的各种族人们的告示。)

过了几年，藤林忠良、加太邦宪编的法日辞典《仏和法律字汇》(1886)便收录了"communism 共产主义"这一对译词条。但到了明治中期的国语辞典《日本大辞书》(1893)里，却没有收"共产主义"，只收了"社会主义"一词，并解释为：末

社会一般ノ幸福ヲ進メルノヲ目的トスルモノ。此主義ニ由ツテ財産ハ共有物デアルトノ説モ出ル。(以推进社会整体的幸福为目的。因此，也有一说即财产共有。)

这样看来，所谓"财产共有"之说似乎就是包括了"共产主义"的。翻开明治 38 年的《普通术语辞汇》，里面也是明确将"共产主义"置于"社会主义"的框架内来解释的：

国家社会主義、基督教社会主義、共産主義を概括して社会主義と名付け、以て個人主義なる虚無主義と区別せんとするの

である。(将国家社会主义、基督教社会主义、共产主义统称为
社会主义，以便和个人主义的虚无主义相区别。)

所以，在实际使用中，"社会主义"要远远多于"共产主义"，
我们可以看看综合杂志《太阳》里二者的使用情况：

表 16 - 1　日本《太阳》杂志中"社会主义""共产主义"二词出现的次数

年份	社会主义	共产主义
1895	3	0
1901	17	1
1909	86	3
1917	26	0
1925	78	54
合计	210	58

"社会主义"出现早且用例多。该词出现最多的年份是 1909 年，
这之前是日本社会主义运动的高潮期。相比之下，"共产主义"则出
现晚且用例少。1925 年"共产主义"出现次数的剧增，应该是与日
本共产党的成立（1922）有关，而同期"社会主义"的再兴则是增
添了一种新的马克思主义框架内的概念，即认为共产主义是人类发展
达到的最高阶段，阶级被消灭，生产力得到高度发展，而其过渡阶段
反被称为社会主义社会，这一相关解释导致了二者的同期增长。
　　我们如果再把时间幅度拉得长一些，根据日本皓星社的"杂志记事
检索集成数据库"，"社会主义"出现 14321 次，"共产主义"出现 3539
次，前者约是后者的四倍，且"社会主义"的使用在 19 世纪末、1900、
1920、1935 年分别有一个高潮期，1940 ~ 1945 年跌入低谷，1945 年以后
再次兴起；"共产主义"起于 1917 年的俄国革命，20 世纪 20 年代后半期
达到一个高潮，然后在 30 年代后期迎来第二个高潮，但这并不意味着共
产主义运动的高涨，反过来倒是政府镇压的需要。二战后"共产主义"
词频的增加则是由于日本共产党的合法化。

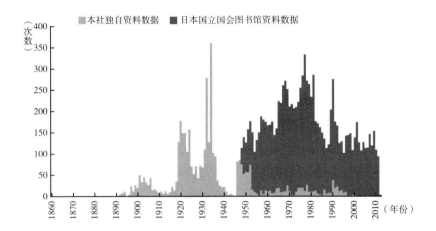

图 16 – 1　"社会主义"一词在"杂志记事检索集成数据库"中出现的频次

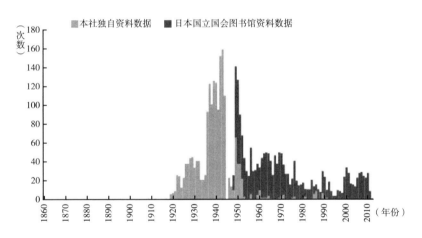

图 16 – 2　"共产主义"一词在"杂志记事检索集成数据库"中出现的频次

（三）"社会主义""共产主义"进入中国

20 世纪初，已有众多社会主义文献由日语翻译介绍过来。如《社会主义》（村井知至著，罗大维译，1903）、《社会主义概评》

（岛田三郎著，作新社译，1903）、《近世社会主义》（福井准造著，赵必振译，1903）、《社会主义神髓》（幸德秋水著，创生译，1907）等，此外还有《帝国主义》（浮田和民著，出洋营生译）、《二十世纪之怪物帝国主义》（幸德秋水著，赵必振译，1902）等著作。进而也有关于无政府主义方面的介绍和翻译。

本书第九章曾说明，中文版的《共产党宣言》也是由日文版转译过来的。最早的两种译本（1908年《天义》仅译了第一章；1920年才有陈望道的完整译本）都是根据1906年的日译本重译的。

至于为何不用"社会主义"这个概念，陈廋石在1945年翻译《共产党宣言》时是这样解释的：

> 该宣言之所以称为"共产"，不称"社会主义"，乃是因为当时一般人把各种乌托邦主义及改革主义的思想都叫做社会主义，而马克思与恩格斯则不愿使共产党同盟的纲领和这些主义相混淆的缘故。宣言的第三章，即是对流行的各种社会主义和改革主义实行客观的批判。①

这点与我们上文所说的早期"社会主义"概念包罗万象有关。胡适也早在《多研究些问题，少谈些"主义"》②一文中指出过这一概念的内涵不同：

> 因为世间没有一个抽象名词能把某派的具体主张都包括在里面。比如"社会主义"一个名词，马克思的社会主义和王揖唐的社会主义不同，你的社会主义和我的社会主义不同；决不是这一个抽象名词所能包括。你谈你的社会主义，我谈我的社会主

---

① 中山文化教育馆编辑，陈廋石译《比较经济制度·下》附录《共产党宣言》，商务印书馆，1945，第277页。
② 《每周评论》第31号，1919年。

义，王揖唐又谈他的社会主义，同用一个名词，中间也许隔开七
八个世纪，也许隔开两三万里路。然而你和我和王揖唐都可自称
社会主义家，都可用这一个抽象名词来骗人。这不是"主义"
的大缺点和大危险吗？

实际上，在对译辞典里，前面提到过，罗存德的《英华字典》
也是试图区别 communism 和 socialism 的，前者译为"大公之道"，
后者译作"公用之理"，但多少还是有些相近的地方。后来中文里
面也用"均产之说""通用""共用者""均用者"等来表示"共
产主义"这一概念。进入 20 世纪后，西洋人编辑的辞典 *Technical
Terms* 还是把 socialism 译成"均富"，而把 communism 译成"有无
相通"，但最终还是抵抗不过来自日本的影响，在 1910 年再版时，
就将后者直接写成了"共产主义"。

"社会主义""共产主义"两个词在中文语境里的最早使用者都
是当时蛰居日本的梁启超。[①] 他在日本编辑发行的《清议报》成为传
播新知识的一块阵地，这也从另一个角度说明了日语对中文的直接影
响，即在近代知识的转型过程中中国是如何汲取日本资源的。但其使
用还只是停留在介绍新思想的层面上，尚未被中文完全接受。

我们在调查中文近代杂志时，也会发现中文里"社会主义"的
高潮出现在 1919 ~ 1920 年，这个时候"共产主义"也开始出现，但
在具体定义上，已经开始重新按列宁的解说来阐述了。即"社会主
义"反倒成了抵达"共产主义"的一个过渡阶段。

在与西方概念的对译过程中，既有"nation 国家、民族""ideal
理想、观念"这类针对英语一个单词，日语多用两个以上的词来对
译的例子，socialism 也一度被解释为"社会论、共产论"，随后才区
分开来。但反之，也有"社会"一词在初期不仅对应 company，

---

① 参见金观涛、刘青峰《观念史研究——中国现代重要政治术语的形成》。

society，甚至还对应 community 的场合。而最终才由"社会主义"和
"共产主义"分别承担了 socialism 和 communism 的意思，也就是随着
时代的变迁，一对一的概念吻合才愈发鲜明。

三　"帝国主义"的时代

"帝国"一词虽然早就用于中文古典，但在 18～19 世纪的日本，
却首先用于对译荷兰语 keizerdom，然后又在麦都思出版的《英和·和
英 语 汇 》（ *An English and Japanese, and Japanese and English
Vocabulary*, 1830）里用来对译英文 empire，此后遂被英和辞典所继
承。而 19 世纪英华字典里却没有这一对译。

"帝国主义"这一组合亦首先出现在 1898 年的日文语境中。随后，
梁启超在横滨创办的《清议报》，马上将之加以翻译介绍，其本人亦对此
展开综述并抱有一定幻想。但随着"帝国主义"扩张本质的显露，对其
的批判也随之展开。革命派的章炳麟联合弱小民族的代表猛烈抨击之；
而列宁的《帝国主义是资本主义发展的最高阶段》最终则将其定位，并
揭露其侵略的本质。可以说这一概念的形成和传播构成了 20 世纪前半期
最大的时代特征。

（一）"帝国"与 Empire 的接轨

这个词要先从"帝国"二字说起。顾名思义，在中文古典里它
就是帝王控制的国家。隋代《文中子·问易》曰："强国战兵，霸国
战智，王国战义，帝国战德，皇国战无为。"① 由此可知其与"王国"
"皇国"有别，以德治国者是也。后来宋代周邦彦的《看花回》词里
又有"云飞帝国，人在云边心暗折"之句，② 此帝国则是指京都。如

---

① 《文中子·问易》，光绪元年崇文书局本。
② 《看花回》，转引自《汉语大辞典》卷 3，第 712 页。

此看来，中国古典中的"帝国"尚不是一个结合紧密的复合词，意义也和现在不同。

"帝国"一词与西方概念的接轨最早出现在日文材料里。随着《文中子》在江户时代元禄八年（1695）由深田厚斋施加训点出版了和刻本后，宽政元年（1789）日人朽木昌纲（1750～1802）的《泰西舆地图说》[①] 里便使用了"帝国"，是译自荷兰语的 keizerdom。19世纪初为学习翻译荷兰语而编的兰日对译辞典《译键》（1810）里就收有与"帝国"的对译：

Keizerdom　王民、帝国、王威[②]

随后，我们能看到的对译材料是来华传教士麦都思在荷属巴达维亚出版的《英和·和英语汇》，其中英和部分将英文 empire 直接对译为日语的"帝国"，并附读音及片假名，如：

Empire　Te-i Kokf　テイコク　帝国

在该辞典的和英部分，刚好将上述排序颠倒过来重排一次。麦都思并未去过日本，他的日语知识有可能是从荷兰人那里得知的，当然他也接触照顾过日本的漂流民，考虑到卫三畏等人从日本漂流民那里得到过具有相当深度的知识，也不排除麦都思从这一渠道得到日语知识的可能性。二十多年后，这本辞典才被日本人村上英俊（1811～1890）翻刻为《英语笺》，后又为第一本日本人自己编的英和辞典《英和对译袖珍辞书》所继承，故"empire＝帝国"的对译得以流传至今。

反观 19 世纪中国出版的一系列英华字典，其中均不见"帝国"

---

① 『蘭学資料叢書 7 泰西輿地図説』。
② 『蘭学資料叢書 5 訳鍵』

一词。最早的马礼逊的《英华字典》第六卷将 empire 直接译作"大清国"；而 19 世纪影响最为深远的罗存德的《英华字典》，则是将empire 译为"皇之国"。

在日本早期的材料里，如堤縠士志根据丁韪良的汉译本翻译成日语的《万国公法译义》（御书物制本所，1868），对"摩纳哥"所加的注解里用了这个词：

摩納哥　帝國ニ非ズ。其國ノ位公候ニテ、大名ノ位也。

即认为摩纳哥不是帝国，其国的地位为公侯，相当于日本的大名。这段解释中文《万国公法》里当然没有。

明治初期，日本的启蒙思想家福泽谕吉在他著名的《文明论概略》（1875）中也用过这个词："羅馬の帝国滅亡したりと雖ども（罗马帝国虽已灭亡）。"可见该词在日本作为近代意义"由帝王控制，实行君主制的国家"的使用要早于中国。到了明治中期，随着国家主义的抬头，确立了以天皇为中心的君主立宪制，日本正式在明治宪法里自称为"大日本帝国"（1889）。在这前后，诸如"帝国大学""帝国剧场""帝国学士院""帝国博物馆""帝国饭店"等冠以"帝国"二字的学校和公司名如雨后春笋般涌现。

清末也有国人把清朝称作大清帝国，南社会员谭作民的《丁未黄海舟中感赋》（1907）曰："皇舆有界捐禅海，帝国无人失霸才。"① 是指"大清国"本身的。从时代上讲"帝国"一词早已传入中国，如黄遵宪《日本杂事诗》就有"内称曰天皇，外称曰帝国"的记载，故该指称亦可能是受日语影响下的说法。当然，前面提到的马礼逊《英华字典》的对译，即外国人对清朝的定位也是引发"帝国"概念出笼的重要因素。

---

① 谭作民：《丁未黄海舟中感赋》，转引自《汉语大辞典》卷 3，第 712 页。

（二）"帝国主义"的缘起

"帝国主义"这个概念本身是出自英文 imperialism 的，查《牛津英语辞典》（*Oxford English Dictionary*）①知道该词出现在 19 世纪中叶的 1858 年，这一概念本是 1870 年以后英国兴起的政治用语，指针对自由主义而起的膨胀主义或殖民地主义，在 19 世纪末期它成了欧美各国崛起的主要方向。

我们知道日语里 -ism 与"主义"的对译早已出现在明治 14 年《哲学字汇》中或更早的时期，②既然已有了帝国这一概念，加上 -ism 的"主义"本会自然成词，但在日本早期的英和辞典，如明治 6 年的《附音插图英和字汇》里，imperialism 只是译成了"帝位"，其后的增补订正版一直到明治 20 年（1887）仍然是维持原译。虽然在明治 26 年的《教育时论》上就登有东京大学教授井上哲次郎的《教育与宗教之冲突》一文，其中出现了"彼等も亦多少羅馬帝国の主義に同化したるならん（他们也或多或少与罗马帝国的主义相同化了）"的字眼，但这尚不是一个固定完整的说法。因日本自称帝国，与主义结合似乎易产生歧义，早期多是以"殖民地"等概念来描述欧美的扩张行径。imperialism 与"帝国主义"的挂钩多在 1898 年左右，如高山樗牛（1871～1902）在写于 1898 年 9 月的《殖民地与历史的教训》一文中，最先使用了イムビリアリズム这一概念的音译：

> 米國は遂に全菲律賓の佔有を斷行すべしと傳へらる。『イ
> ムビリアリズム』は遂に西班牙に勝ちたる米國を征服せり。
> （据传美国最终要全面占领菲律宾，"帝国主义"终于征服了战

---

① 《牛津英语辞典》电子版（http：//www.oed.com/）。
② 明治 10 年已出现在报纸上，参见陈力卫《"主义"概念在中国的流行及其泛化》，《学术月刊》2012 年第 9 期，第 144～154 页。

胜西班牙的美国。)①

　　然后在其写于 1898 年底的《罪恶的 1898 年》中，我们才能看到打引号的"帝国主义"一词出现：

　　　　二個の事實とは何ぞや，極東問題の解釋は其一也，北米合
　　衆國『帝國主義』は其二也。(这两个事实是什么，远东问题的
　　解释为其一，北美合众国"帝国主义"为其二。)②

前者是针对列强侵略中国而言：当年德国租借胶州湾，俄国租借旅顺、大连并获得南满铁道敷设权，继而又有英国租借九龙和威海卫；后者则指美国欲占菲律宾一事。高山樗牛认为帝国主义成了风靡天下的大势，"人类历史上最为惨淡的一幕即将由此拉开"。③ 而翌年德富苏峰著《社会与人物》④ 中便专设一节"帝国主义之真义"，其中就已阐明"帝国主义"概念创于英国，后经美国传入日本，目前正在成为政界的热门词语，并对之多持褒义加以介绍。但直接与英文的对译在辞典里则出现得更晚。⑤

　　明治 33 年（1900）11 月 17 日的《万朝报》曾登载《排斥帝国主义》一文，开头便说：

　　　　英國の総選挙に於いて、いわゆる帝國主義は勝利を獲た
　　り、米國の大統領選挙に於いて、またいわゆる帝國主義は勝
　　利を獲たり、故に萬人皆曰く、帝國主義は世界の大勢なり、

---

① 高山樗牛「殖民地と歴史の教訓」『時代管見』博文館、1899、208 頁。
② 高山樗牛「罪惡の一千八百九十八年」『時代管見』、220～226 頁。
③ 高山樗牛「罪惡の一千八百九十八年」『時代管見』、220～226 頁。
④ 德富猪一郎『社會と人物』民友社、1899。
⑤ 如 *An English-Japanese Dictionary of the Spoken Language*，3rd edition（Kelly & Walsh
　Ld. ，1904）里可见"Imperialism 帝國主義"的直接对译。

これに順う者は栄え、これに逆らうもの亡ぶ、我が國民また
これを以ってその主義、目的とせざるべからずと。帝國主義
とは、そもそも何事を意味するか？（英国的大选，所谓帝国
主义获得了胜利；美国的大选也是帝国主义取得了胜利。故万
人皆曰：帝国主义是世界之大势，顺之者荣，逆之者亡，我国
民也不得不将此作为主义与目的。可帝国主义究竟意味着什么
呢？）

由此可见当时的欧美世界正是帝国主义的兴盛期。在日本现有的材料
里，"帝国主义"出现得最为频繁的是 1901 年。既有幸德秋水《帝
国主义》[①] 的出版，又有浮田和民《帝国主义与教育》[②] 的问世，后
者明确在第一章提出"日本的帝国主义"这一概念。同年的综合
杂志《太阳》使用该词也多达 71 例。年底还出版有高田早苗
（1860～1938）翻译的《帝国主义论》[③]。在著名的民权活动家中
江兆民的《一年有半》中，也多见此词的使用：

　　民権是れ至理也、自由平等是れ大義也、此等理義に反する
者は竟に之れが罰を受けざる能はず、百の帝國主義有りと難も
此理義を減没することは終に得可らず。（民权为至理也，自由
平等乃大义也。反对此等理义者竟能不受其惩罚，纵有上百个帝
国主义也难减灭此理义。）

到了 20 世纪初，德谷丰之助、松尾勇四郎编的《普通术语辞
汇》里更为详细地解释此概念为：

---

① 幸德秋水『帝国主義』警醒社、1901。
② 浮田和民『帝國主義と教育』民友社、1901。
③ 『帝国主義論』東京専門学校出版部、1901。

　　帝國主義とは、政治的意義の語にして、一言以て謂へば、帝國の拡張を以て社会生存の最高善又は最良策となすものを謂ふ、故に如何なる理想如何なる主義を有するに関わらず、帝國主義とは、自己の勢力を用ゐる機会の許す限り、世界の表面に於て可成的多くの領土を割取し、又は割取するに至らざる迄も、其の勢力範囲を扶植するを以て主義となすものと謂って可なり。(所谓帝国主义，从政治层面来说，就是以帝国的扩张作为社会生存的最高手段。所以，不管其有什么理想什么主义，只要有机会可以利用自己的势力，帝国主义就是尽可能地在世界上瓜分更多的领土，即便做不到这一步，也是以扶植其势力范围为主义的。)

(三) 中文语境的早期使用

　　由梁启超主笔，在日本发行的《清议报》反映出国人对各种主义的初期认识，我们亦可从中看出中文早期从日本引进相关概念的规模。我们如果按《清议报》的出版年分为三期的话，"帝国主义"的出现次数几乎占整个"～主义"的1/3，三个时期的出现次数比例为6∶11∶111，完全印证了19世纪末20世纪初的时代特征。而且从数字上可见，1901年是这一概念出现最多的一年，与日语的使用高潮几乎同步。比如早在1898年的第一册中还只有"整定官制为主义"，或第二册的"利士佛在上海演说主义"这种"主义"的单独用法，而第二册便载有关于"帝国主义"的译文《极东之新木爱罗主义》，内有"举用此议，使美英二国操持世界共通之新帝国主义"之例。① 但该文是收在"东报译编"栏内的，由日本人片冈鹤雄译出，"新木爱罗主义"即现在的"新门罗主义"。因此，也可

---

① 《清议报》第2册，刊于光绪二十四年十一月二十一日，即1899年1月2日。

以将之视为日文材料的汉译,而并非中国人的直接使用。但从上一节日语中"帝国主义"一词出现的年代我们知道,《清议报》译自日文的例子也是同步的。1899 年的第 13 册上开始出现有 "其他或云帝国主义,或云侵略主义,或云平和主义" 等例,随后在第 17 册里还对"帝国主义"释义为:"帝国主义者,谓专以开疆拓土、扩张己之国势为主,即梁惠王'利吾国'之义也。"

在这种诠释中,拿梁惠王做例子确实便于国人理解其概念,因为在梁惠王眼中,如何帮助自己重获土地,重新获得昔有的声誉与威望,这才是他所要的"利"。但在孟子眼中,这只是蝇头小利,只是为了梁惠王一己之私的私利。如以"仁义"施于天下,将使天下皆幸矣。所以以此例释"帝国主义",多少含有一定的批判意义。

《清议报》第 90 册以后,围绕着"国家主义""民族主义""帝国主义"的议论愈发增多,其中梁启超对"帝国主义"的议论最多,而且是将其置于"民族主义"的基础之上的。他在《国家思想变迁异同论》中对欧洲国家思想的"过去现在未来变迁之迹"做了以下图示:

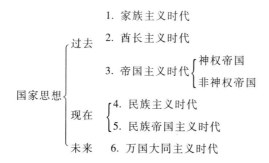

**图 16 - 3　梁启超《国家思想变迁异同论》中
欧洲国家思想演变的经过**

资料来源:梁启超《国家思想变迁异同论》,《清议报》第 95 册。

梁启超还说："今日欧美则民族主义与民族帝国主义相嬗之时代也，今日之亚洲则帝国主义与民族主义相嬗之时代也。"且欧洲"民族主义全盛于十九世纪，而其萌达也在十八世纪之下半；民族帝国主义全盛于二十世纪，而其萌达也在十九世纪之下半。今日之世界，实不外此两大主义活剧之舞台也"。①

梁启超后来在《新民说》（《新民丛报》，1902）第二节中对"民族帝国主义"解说如下："民族帝国主义者何？其国民之实力，充于内而不得不溢于外，于是汲汲焉求扩张权力于他地，以为我尾闾。"②

特别是"时论译录"栏连载的译自日本《国民新闻》的《帝国主义》长文，读者可从中看出当时中国对这一主义的关注几乎与日本同步，也可看出中日之间的知识概念的转移过程。因为《国民新闻》上的日文原文是 11 月 5 日开始连载，至 11 月 23 日结束，共分为 15 次。而《清议报》将之分为四册连载。分别登在第 97 册（第 5～7 日三次）、第 98 册（第 9～12 日四次）、第 99 册（第 13～16 日四次）、第 100 册（第 19、21～23 日四次，但最后一天仅译了最后一段，其余都用"中略"来处理了）。我们知道第 97 册是光绪二十七年十月初一日发行的，即 1901 年 11 月 11 日，也就是说《国民新闻》的《帝国主义》开始见报的第 5～7 日的三次连载的最后一天，距《清议报》第 97 册的出版只有短短的三天，真是争分夺秒的同步刊出！第 98 册发行于光绪二十七年十月十一日（11 月 21 日），《帝国主义》的连载尚未完，但时间上多少有了些富裕，所以翻译的稍稍从容些。第 99 册发行于光绪二十七年十月二十一日（12 月 1 日），连载已完。尽管如此，第 100 册（光绪二十七年十一月二十一日）

---

① 梁启超：《国家思想变迁异同论》，《清议报》第 95 册，第 1 页。
② 承梁启超之说，杨笃生《新湖南》（东京，1903）第 4 篇就两者的关系分析道："而此帝国主义，实以民族主义为之根柢；故欲横遏此帝国主义之潮流者，非以民族主义，筑坚埔以捍之，则如泛桃梗于洪涛之上而已矣。"

里还是删去一整次的篇幅，最后才全文译出刊发。

其后，在 1902 年 2 ~ 4 月间连载于《新民丛报》第 2 ~ 5 号的《论民族竞争之大势》中，梁启超反复论及"帝国主义"，先究其由来："英人自中古以来，与罗马帝政不兼容，去而自立，实为民族国家发生之嚆矢。故其民族帝国主义亦着先鞭，得善处属地之法，遂能控驭全球。"然后对各国的帝国主义加以分析，又说："近者帝国主义之声，洋溢于国中，自政府之大臣，政党之论客，学校之教师，报馆之笔员，乃至新学小生，市井贩贾，莫不口其名而艳羡之。"这种议论刚好和 1899 年前后日本的情形一致，其中亦能看出德富苏峰文章的影响，加之其维持帝制的态度（凑巧 imperialism 的早期译词是"帝位"），所以对"帝国主义"情有独钟。

就帝国主义在当时的流行，梁启超《生计学学说沿革小史·斯密亚丹学说》亦云："况乎今日帝国主义日行，各国之民业，皆以政府为后盾，以出而竞于世界。"[1] 雨尘子《论世界经济竞争之大势》第三节也说："帝国主义，既盛行于列国，凡政治家所经营，士大夫所议论，皆无不奉之为标表。"[2] 可见多是呈欢迎之态。

1903 年汪荣宝等编写的《新尔雅·释群》里将之释为："以一群为主，而众群从属其下者，谓之帝国主义。"[3] 由此可见，"帝国主义"这一概念经日本流入中国，基本上是日本意义的一种转译，当时人们对之尚存善意，认可这一主义。

（四）对"帝国主义"的批判

社会主义者幸德秋水所著的《帝国主义》就是针对日本"帝国主义"的表现军国主义及其侵略所写的檄文，翌年由赵必振译成中

---

[1] 梁启超：《生计学学说沿革小史·斯密亚丹学说》，收于《饮冰室文集类编》（下），第 244 页。

[2] 雨尘子：《论世界经济竞争之大势》，《新民丛报》第 11 号，1902 年 7 月。

[3] 汪荣宝等编《新尔雅·释群》，民权社，1903，第 70 页。

文出版，成为影响中国社会主义运动的著作之一。1906 年 7 月至
1908 年 10 月章炳麟在日本主持同盟会机关刊物《民报》，用笔同以
康有为、梁启超为首的改良派斗争。1907 年 4 月，他与印度爱国志
士钵逻罕、保什等倡导在日本发起成立"亚洲和亲会"，这是流亡在
日本的亚洲各被压迫民族爱国志士们的第一个反帝联合组织，其
《亚洲和亲会约章》里鲜明地提出"反对帝国主义"，且将其当作未
来运动的宗旨：

> 仆等鉴是则建亚洲和亲会，以反对帝国主义而自保其邦族。
> 他日攘斥异种，森然自举，东南群辅，势若束芦，集庶姓之宗
> 盟，修阔绝之旧好。用振婆罗门、乔答摩、孔、老诸教，务为慈
> 悲恻怛，以排摈西方旃陀罗之伪道德。[①]

革命派对"帝国主义"的认识在逐步加深，并开始批判地看这
一主义，章炳麟在《送印度钵逻罕、保什二君序》中的"使帝国主
义者之群盗，厚自惭悔"[②] 则直称之为"群盗"。又在《驳神我宪政
说》（1908）中说："今假众乐之言，以文饰其帝国主义，是犹借兼
士之名，以文饰其兼并主义。墨、孟有知，必萦以朱丝，攻以雷鼓无
疑也。"[③] 这更是明确示出帝国主义的本质就是兼并主义。

这种认识虽然在第一本近代辞典《辞源》中也有反映，但明显
批判不足：

> 以进取兼并政策立国也。国力所及，务乘机扩张领土及权利

---

① 《亚洲和亲会约章》，朱维铮、姜义华等编注《章太炎选集》，上海人民出版社，
    1981，第 429 页。
② 章太炎：《送印度钵逻罕、保什二君序》，《民报》第 13 号，收入《太炎文录·别
    录》卷 2，上海书店出版社，1992。
③ 《驳神我宪政说》，汤志钧编《章太炎政论选集》，中华书局，1977，第 407 页。

范围为目的，如美国世守蒙禄主义，不问本洲以外事，近颇改用
帝国主义，渐伸势力于境外是也。①

1916 年以后，列宁在其《帝国主义是资本主义发展的最高阶段》
中将帝国主义用来指 19 世纪末至 20 世纪初达到垄断阶段的资本主
义，使这一批判成为定论。② 1919 年的五四运动则是高举反帝反封建
的大旗，将帝国主义视为压在中国头上的"三座大山"之一。1924
年 1 月 23 日的《中国国民党第一次全国代表大会宣言》称："国内
之军阀既与帝国主义相勾结，而资产阶级亦眈眈然欲起而分其馂余，
故中国民族政治上、经济上皆日即于憔悴。"③ 所以，打倒帝国主义
成为中国革命的目标之一。进入 20 世纪 30 年代，《辞海》初版对
"帝国主义"的解释恰好反映了这一变化：

> Imperialism 原词由拉丁语 imperium 一字变化而来，指罗马
> 帝国之统治及其武力政策。后引申为扩张殖民地运动。今则凡以
> 武力、经济力侵略异国，压迫弱小民族，乘机扩张领土或势力范
> 围者，不论其国体若何，均称帝国主义。马克思派学者谓此为资
> 本主义发展之必然结果。④

尽管如此，在后来的《辞海》修订版⑤中对该词条还是做了很大改
动，几乎全面采用了列宁的观点来重新诠释近代的历史趋势。以至于
连我们现在手头上的《现代汉语词典》的定义也是：

① 《辞源》正续编合订本，商务印书馆，1915，第 513 页。
② 列宁《帝国主义是资本主义发展的最高阶段》原文发表于 1916 年，本书参照中译
本（人民出版社，1973）。
③ 《中国国民党第一次全国代表大会宣言》，《孙中山选集》下册，人民出版社，
1956，第 520～531 页。
④ 《辞海》，中华书局，1936，第 475 页。
⑤ 《辞海》，辞书出版社，1979。

[帝国主义]（1）垄断的、寄生的、腐朽的、垂死的资本主义，是资本主义发展的最高阶段。它的基本特征是垄断代替了自由竞争，形成金融寡头的统治。对内残酷压榨劳动人民，对外推行殖民主义和霸权主义政策。帝国主义是现代战争的根源。（2）指帝国主义国家。①

本来这一概念是针对资本主义国家的，但到了 20 世纪 70 年代，当中国批判苏联的霸权主义时，也将之划为帝国主义，称其为"社会帝国主义"，即口头上的社会主义而实际上的帝国主义。所以，只要有称霸的可能性，这顶帽子是可以灵活运用的。

（五）小结

"帝国"一词虽然早见于隋代文献中，但尚未固定成词，在其后的中文语境里使用频率亦极低。反倒是日本通过吸收汉文而引进该词，并在 18 世纪末将之对译于荷兰语的概念，这一对译也反映到 19 世纪的英和辞典中，加固了"empire = 帝国"概念的形成，并使之广为流传。

"帝国主义"作为 19 世纪末 20 世纪初的一个世界性趋势和潮流，在当时的欧美列强中盛行，日本也不甘落后，在建立以天皇为中心的君主立宪制后，1889 年便自称"大日本帝国"，逐步奉行帝国主义路线。19 世纪末，以梁启超为首的改良派知识分子一方面通过媒体译介了源自日本的帝国主义概念，并对之抱有一定的幻想，认为这正是当时世界的主要潮流之一，中国应该赶上这班车。而现实是严酷的，帝国主义扩张的本性必然要侵害到中国的利益。相对而言，以章炳麟为首的革命派，受社会主义者幸德秋水的影响，对其本质认识较早，20 世纪初就在日本聚合被压迫民族的代表，高举起反抗帝国主

---

① 《现代汉语词典》，商务印书馆，1983，第 230 页。

义的旗帜。

1917 年列宁将帝国主义判为资本主义发展的最高阶段，并认为由此会引发侵略战争。后来的历史发展也印证了这一点。中国革命的现实也正是从要求推翻帝国主义出发，即彻底清算其在中国的各种垄断和特权，以达到完全的独立自主。

从译词的创制来看，"帝国"或"主义"都是日本人用中文的古典词来对译西方的近代概念，并使之流通。而中文则通过对日文的翻译，几乎同步直接采纳了这一译法。这种拿来主义为"帝国主义"的概念在中国的迅速传播和普及提供了便利，也正是通过这种方式，中国才得以及时应对当时汹涌来袭的各种思潮和主义，与世界局势接轨。

第十七章 "优胜劣败，适者生存"：
严复译词与日本译词

引　言

　　严复生于福建省，年轻时进入福州船政学堂接受新式教育。1877年留学英国，回国后任北洋水师学堂总教习。1895年中国甲午战争战败后，严复开始在报刊上批评时局及政治，主张变法维新，开展启蒙运动。1898年翻译出版《天演论》，风靡一世，对当时的知识人士产生了巨大的影响。

　　此后，严复陆续翻译出版了政治学、经济学、社会学和逻辑学方面的西方著作，建立了"信、达、雅"三位一体的翻译理论。1908年严复任学部审定名词馆总纂，致力于统一学术用语。1912年辛亥革命后，任北京大学校长，亦作为约法会议员参与政治，起草宪法。晚年因参与袁世凯复辟帝制而受弹劾，在福州病逝。

　　百年来有关严复的研究林林总总，无论是从思想史、翻译史上的探讨，还是具体到个人事迹的印证及史料发现，都已为严复研究奠定了坚实的基础，并不断衍生出新的研究领域。① 如何寻找新的角度来发掘严复在近代中国的意义是值得我们思考的问题。从近代知识传播的角度来看，严复的翻译确实有其独特的历史地位。

比如，在翻译史上我们可以举出以下几种近代西学东渐的渠道：

（1）外国传教士的翻译；

（2）中国人直接翻译西文；

（3）中国人经日文转译。

第一种是我们常说的自明末利玛窦以来的西方传教士的西学传播，与其说是翻译，莫如说是西方知识经过他们的消化再作为新知识转化为汉语，《职方外纪》《西学凡》《博物新编》《万国公法》等书均属于这类；第二种就是清末严复的翻译，即由中国知识分子独当一面。这或许也可以上溯到明末 1627～1630 年翻译的《名理探》之类的书，但这些书还不能算是直接译自外文原文。而第三种情况正是本章要和严复翻译来对照讨论的，所谓西学经由日本传入中国的渠道。这里面又可分为两种：一种是西文→日文→中文，如《共产党宣言》的第一个汉译本便是由德→英→日→汉转译而成的。这是一种历时的文本影响关系。从知识传播这一角度来看，西方的思想和主义正是伴随着日语的新词一道进入到中国的。当然也有直接译自日本人自己执笔的文章，即日文→中文，如幸德秋水的《二十世纪之怪物帝国主义》，早在 1902 年便翻译成中文。而在严复的翻译时代，他前后都面临着来自日文的概念和译词的冲击，故而呈现出近代翻译概念上错综复杂

---

① 进入 21 世纪后，仅在日本出版的著作就有李晓东《近代中国的立宪构想：严复、杨度、梁启超与明治启蒙思想》（法政大学出版局，2005）和区建英《自由与国民：严复的摸索》（东京大学出版会，2009），该两书均是从思想史上分析严复翻译活动的作用和贡献。此外尚有永田圭介《严复：中国近代探寻富国强兵的启蒙思想家》（东方书店，2011）一书，将严复比喻为"中国的福泽谕吉"。

的景象。

在近代，东亚中国和日本的知识分子都不约而同地向西方寻求救国方略，这便产生了一个奇特的现象：即在同一西文文本下，中日两国可以各自同步翻译出两种文本，其相互之间有些是没有参照关系的，有些则受到另一方的影响。比如：

表 17 - 1　严复译本与日文译本的对照

原著者	原书名	严复译	日文译	备考
Aldous Leonard Huxley	*Evolution and Ethics*, 1894	《天演论》（陕西味经售书处，1898 重刊）	上野景福訳『進化と倫理』（育生社、1948）	中文现译名《进化论》
Adam Smith	*An Inquiry into the Nature and Causes of the Wealth of Nations*, 1776	《原富》（上海南洋公学译书院，1901）	石川暎作訳『富国論』（1888）	中文现译名《国富论》
Herbert Spencer	*The Study of Sociology*, 1873	《群学肄言》（上海文明编译书局，1903）	大石正巳訳『社会学』（1883）	中文现译名《社会学研究》
John Stuart Mill	*On liberty*, 1859	《群己权界论》（商务印书馆，1903）	中村正直訳『自由之理』（1872）	中文现译名《论自由》
John Stuart Mill	*A System of Logic*, 1843	《穆勒名学》（1903）	大関將一訳『論理学體系』（春秋社、1949）	中文现译名《逻辑学体系》
Edward Jenks	*A History of Politics*, 1900	《社会通诠》（商务印书馆，1904）	ジェンクス川原次吉郎講述『政治史』（松本書房、1928）	日语现译名『政治史概説』
Montesquieu	*L'esprit des lois*, 1750	《法意》（商务印书馆，1904～1909）	何禮之訳『萬法精理』（1875）	日语现译名『法の精神』
William Stanley Jevons	*Primer of Logic*, 1876	《名学浅说》（1908）		日语现译名『論理学入門』

从表 17 - 1 中我们可以看出，严复的代表译著《原富》（1901）、《群学肄言》（1903）、《群己权界论》（1903）、《法意》（1904～

1909）都有相应的日文译本存在。① 从出版时间来看，严译的出版虽在日本之后，且均为进入 20 世纪后的译著，但似乎并没有参阅过日本的译本。另一方面，《天演论》《社会通诠》《穆勒名学》《名学浅说》等翻译又早于日本。通过比较中日两种译本，我们可以看出两个东亚民族在应对西方新思潮时用什么样的语词和文体来翻译之，译者着眼点和翻译的侧重面在哪里，由此可以看其文化背景和价值取向的不同。

实际上，日本学者铃木修次也说："以名文家自任的严复在其初期翻译里，竭力回避使用日本译词，努力创作独自的新译。但不久，从翻译亚当·斯密的《原富》开始就不得不时而采用日本汉语译词，这一倾向到了约翰·穆勒的《穆勒名学》和孟德斯鸠的《法意》时则更为显著。"② 同样，对于严复译词的去向，他也认为："现代中国严复苦心翻译的词大多成为死语，取而代之的是日本创造的'新汉语'，也就是说严复译词被潮水般涌来的日本汉语词所淘汰了。"③

为何严复的译词最终不敌日语借词，在汉语里留下的甚少？关于这个问题，前人已说了很多，这里可以举黄克武所概括的以下几条：

一、清末以来译自日本的书刊数量太多，形成一整套系统，这些书刊不但垄断了出版界，也包括了上游字、下游字贯穿为一体的语言体系，这些日本词汇在人们约定俗成之后，即难以抗拒。相对来说，严译书刊只在市场上占一小部分，同时严复又未能积极经营报业，因而在影响力上有所局限。

二、严译"太务渊雅，可以模仿先秦文体"，不易为人理

---

① 张相文曾将《万法精理》译成中文，出版于 1903 年。
② 鈴木修次「厳復の訳語と日本の『新漢語』」『国語学』132 集、1983。
③ 鈴木修次「厳復の訳語と日本の『新漢語』」『国語学』132 集、1983。

解，以致在五四白话文运动后很难受到人们的欢迎。

　　三、严复翻译好用单音词（如"计学""群学""心学"；又如以"联"来翻译 corporation，以"货"来翻译 commodity），不敌"复合词"（如"经济""社会""心理""法人""商品"）在意义传递上的丰富性。

　　四、严复喜用音译。[①]

　　五、严复所负责之译名统一工作迟迟无法有效推行。[②]

这里面，除了第一条作为当时出版界的大环境和日语的构词特征不得不加以考虑外，其他都是严复个人的问题。第二条本是严复的长处，但这一主导方向随着汉语文体的变化，愈发显得格格不入了。第三、四条是具体译词的特征，其译词方法上独创多于继承（这一点我们后面还会提到）。第五条仍然是与日语新词的骤增息息相关的，即日语多用既有的汉语来对译新概念，容易为国人所接受，而严复本人对待新词的态度则是另起炉灶，即尽量以新的形式来对译新概念。

　　所以，在考虑中国近代知识传播和概念的形成时，首先值得我们关注的是中文自身的翻译，即严复的翻译与之前外国传教士的翻译之

[①] 杨红将《天演论》的译词分类为下表，以显示音译词为意译词的约三倍，但在"现仍使用"一栏里仅举了两个音译词，且形态判断的标准过于主观。参见杨红《从〈天演论〉看严复的译名思想》，《兰州交通大学学报》2012 年第 5 期。

译法	译名类	数量	译词例
意译	意译词（造字）	38	进化、名学、生学（生物学）、理财之学（经济学）、爱力（化学亲和力）
音译	音译词	119	歌白尼（哥白尼）、斐利宾（菲利宾）
	总计	157	
	现仍使用	35	歌白尼（哥白尼）、斐利宾（菲利宾）

[②] 黄克武：《新名词之战：清末严复译语与和制汉语的竞赛》，《中央研究院近代史研究所集刊》第 62 期，2008。

间的历史继承及统一问题；其次是如何甄别严复翻译中来自日本的要素和影响的问题，即从概念史研究上来看，中日近代概念产生的时间差等问题。

具体从语言史上来看，就中文本身来说，也就是如何克服第一种和第二种翻译所产生的不同译词的历史差异问题。比如，同一英语词unit，在早先的第一种翻译中译为"单位"，而严复的翻译虽然时代靠后，却不去继承这种译法，而是另外新辟音译词"么匿"，最终"单位"一词反倒作为经由日本翻译的第三种译词再次被中国采纳。

因为日本在其自身近代概念的形成和发展上，又受到来自中国的第一种翻译的影响，亦即通过汉译西书和英华字典来汲取西方知识，所以对于同一外来概念会出现中日两种不同译法，例如"共和（日）—民主（中）""裁判（日）—审判（中）"或"越暦（エレキ，日）—电气（中）""舍密（日）—化学（中）"等，这些词在一段时期内同时存在于日语中，然后才开始意义分化或先后替代，形成今天的格局。也就是说经日文转译的第三种译词反倒是含有直接吸收第一种翻译的成分。

由于日文在明治时期的翻译文体多使用所谓汉文训读式的"普通文"，① 故汉字语词的使用可占文章的 70% 以上（见第一章图 1 - 2），所以其翻译中也必然出现大量的汉语语词，这就与我们关注的问题相关：相比中文译本，同样使用汉语语词来翻译的日文译本，会出现哪些语词上的差异呢？直接译自西文的严复的翻译和经由留日学生根据日文文本的再翻译，这两股潮流在近代中国的语境中相互作用，经过几十年的磨合后，会呈现出一个什么样的结果呢？

在此，我们主要以严复为代表来讨论在进化论的翻译和流传过程中，中日两种译词的糅合及取舍问题，从近代中日语言交流史的角度重新审视日语新词在当时的处境，并通过比较来发现严复翻译的独特之处。

---

① 明治至大正时期广泛使用的报刊上的一种以汉文训读语法体系为主的文言文。

一　进化论传播过程中的中日语词糅合

（一）"天演"与"进化"

如表 17 - 1 所示，严复的《天演论》出版于 1898 年，而在这前后，日本翻译过不少赫胥黎的著作，如《生种原始论》（森重远，1879）、《科学入门》（普及社，1887）、《通俗进化论》（金港堂，1887）、《进化原论》（丸善，1889）、《生物学》（金港堂，1890）、《进化论大意》（语学文库刊行会，1910）等，但严复《天演论》所依据的底本似乎没有被翻译过来。尽管如此，日语中有关进化论的概念及译词也基本上是在 1879 ~ 1890 年这个时段确定下来的。铃木修次在其所著的《日本汉语和中国：汉字文化圈的近代化》（中央公论社，1981）一书中，专设一章"'進化論'の日本への流入と中国"讲进化论在日本的流传以及与中国的关系。这里当然论及严复的《天演论》，且特别关注中日两国在引入进化论过程中的翻译语词差异问题。李冬木将该论文中所涉及的中日双方有关进化论方面的语词整理为表 17 - 2：

表 17 - 2　《日本汉语与中国》所见译词对照一览

原　词	严复译词	日本译词	日本译词出处
evolution	天演/进化	化醇、进化、开进 进化、发达	『哲学字彙』Ⅰ、Ⅱ 『哲学字彙』Ⅲ
theory of evolution		化醇论、进化论	『哲学字彙』Ⅰ、Ⅱ
evolutionism		进化主义、进化论	『哲学字彙』Ⅲ
evolution theory		天演论 进化论	『動物進化論』
struggle for existence	物竞	竞争 生存竞争	『哲学字彙』Ⅰ 『哲学字彙』Ⅱ
selection		淘汰	『哲学字彙』Ⅰ
natural selection	天择	自然淘汰	『哲学字彙』Ⅰ

续表

原　　词	严复译词	日本译词	日本译词出处
artificial selection	人择	人为淘汰	『哲学字彙』Ⅰ
survival of the fittest		适种生存(生) 适种生存(生)、优胜劣败 适者生存(生)、优胜劣败	『哲学字彙』Ⅰ 『哲学字彙』Ⅱ 『哲学字彙』Ⅲ

注：《哲学字汇》先后出有三版，初版为 1881 年，再版为 1885 年，三版为 1912 年。

资料来源：李冬木「『天演』から『進化』へ—魯迅の進化論の受容とその展開を中心」石川禎浩・狭間直樹編『近代東アジアにおける翻訳概念の展開』京都大学人文科学研究所、2013。

我们由此表首先可以看出一点：在《哲学字汇》初版中，日本进化论方面的译词已经基本完善。在日本，进化论的引进要早于中国，明治 10 年（1877）在东京大学任教的美国人爱德华·莫斯（Edward Sylvester Morse，1838 – 1925）便开设课程介绍生物进化论，"进化"一词也最早出现在东京大学法、理、文三学部编纂的《学艺志林》第 14 ~ 17 册（日就社，1878）上，说的是"創世地質進化三説ノ歸一"。在这之后，同为东京大学教师的井上哲次郎与有贺长雄编辑出版的《哲学字汇》马上就收录该词，这既是一本包括人文社会科学内容的综合性术语辞典，又是一本对当时鼓吹进化论的人来说，能将东京大学洋教习的讲义尽快转化为日语的便捷手册。① 紧接着，时任东京大学法、文、理三学部总理的加藤弘之也在 1882 年出版了《人权新书》，竭力主张抛弃天赋人权论，转而提倡弱肉强食的社会进化论，为日本走向国家主义张目。② 与此同时，1883 年爱德华·莫斯用日语出版了《动物进化论》，随后有贺长雄又出版了《社会学》（卷一社会进化论，卷二

---

① 真田治子「明治初期洋書教科書の副読本としての『哲学字彙』—東京大学洋書教科書及びフェノロサ講義受講ノートとの比較」第 321 回日本近代語研究会、2015 年 2 月。

② 王道还：《〈天演论〉原著文本及相关问题》，《新史学》第 3 卷，2009。

宗教进化论，卷三族制进化论，东洋馆，1884），一时间，以东京大学为主要阵地的进化论之风吹遍了扶桑大地。^① 尔后，日本出版的英和辞典均采纳了《哲学字汇》的译法，彰显出官学（东京大学）的威力。如：

　　　　《英和字汇》（再版，1882）　　　　evolution 進化
　　　　《学校用英和字典》（1885）　　　　evolution 進化
　　　　《汉英对照いろは辞典》（1888）　　ひらけすすむこと（世
　　等が）、すすみゆく。進化。Development；evolution，to
　　develop。

　　著名评论家、出版人德富苏峰也在《何为进化》（《静思余录》第 2 册，民友社，1895）一文中反复诠释其意义：

　　　　進化は勢力にあらず、方法也。原因にあらず、法則也。故
　　に人若し進化に放任せば、人生に進化なき也。社会に進化なき
　　也。人此れが勢力となる、故に進化は方法として存する也。人
　　此れが原因となる、故に進化は法則として存する也。別言すれ
　　ば革新人を導くにあらず。人、革新を導く也。（进化不是一种
　　势力，而是方法；不是原因，而是法则。故人若听任进化，则人
　　生无进化也，社会亦无进化也。人是其势力，故进化只作为方法
　　存在；人是其原因，故进化只作为法则存在。换言之，不是革新
　　引导人，而是人引领革新。）

----

① 在其他翻译作品中也频频出现"进化"一词，如斯宾塞著《道德之原理》（须原铁二译，1883）里有"行為ノ進化ヲ論ズ（论行为的进化）"，莫斯著《动物进化论》（石川千代松译，1883）里也有"動物種族ハ同一元祖ヨリ變遷進化（动物种族由同一祖先演变进化而来）"等。

由上可知，在严复翻译出版《天演论》之际，亦即甲午战争后，来自日本的这股进化论之风有没有吹到中国，还是值得再仔细探讨的问题。表 17-2 的另一特征是严复的《天演论》也用了"进化"一词。据黄克武的研究，"早在 1895 年严复的文章之中就有'进化'这一观念，其意涵为进步到文明与教化之阶段的意思，包含了人类在物质、组织与精神上的成就"。而且，该研究还指出："《天演论》定稿本出现了六处'进化'，为严复 1895～1897 年阅读、翻译斯宾塞、赫胥黎的著作时所创造出的词汇，与日译新词无关，应是'不谋而合'。"① 当然，对这种"偶合"说还是可以再商榷的，严复有没有受到来自日文的影响，是要通过更为详尽的调查才能得到确证的。但至少在推崇德富苏峰文章的梁启超任主笔的《时务报》第 17 册［光绪二十二年（1896）十二月十一日出版］里就已出现过三次"进化"，且均是译自日文的报刊。② 所以我们很难排除严复使用来自日文"进化"一词的可能性。

在严复后来的文章中，常将"天演"与"进化"两词并列使用，1913 年《天演进化论》的文章题目便是一例。③

与"进化"相对应的"退化"，也在 19 世纪末作为明治时代的新词率先开始在日本使用，它对应英语的 degeneration。如德国人ワイツマン著《万物退化新说》（小川堂，1889）里说"一生ノ間ニ多少ノ退化アリト（一生之间会有些退化）"；而中文也是出现在 1897 年 1 月 13 日的《时务报》上："有退化于不善者，亦在胚胎于变化之中。"上面举过的严复的《天演进化论》中也用了"民种退化，渐

---

① 黄克武：《何谓天演？严复"天演之学"的内涵与意义》，《中央研究院近代史研究所集刊》第 85 期，2014。
② "生物之成育，本非有进境，惟有变境耳。然进境实在变境之中，则社会之进化于善，亦当常求之于变化之中也。""'论社会'译大阪朝日报。西十二月初十。"
③ 参见王栻主编《严复集》第 2 册，中华书局，1986，第 309～319 页。当然该文里已经出现了不少日文新词，如"哲学""生物界""社会""细胞""有机""有机体""团体""自由婚姻""宗教""生理学""制限""义务"等。

丧本来"的说法。

"天演"和"进化"实际上在 20 世纪初都成了中文里最为灿烂的语词。我们通过当时的两本英华辞典，来看看它们的定位：

颜惠庆《英华大辞典》里有三处英文词下使用了"进化"译词：

（1）Darwinism：The doctrine of Darwin, as regards especially the origin of species by natural selection，达尔文之天演说，进化论，天然淘汰说。

（2）Anamorphosis：The change of form throughout the species of a natural group of animals or plants, in the course of time，（生物）渐进，进化。

（3）Cosmism：A philosophy of things which grounds itself on the doctrine of evolution，（哲）宇宙论，宇宙进化哲学。

例（1）将"天演说，进化论"并列在同一概念下；例（2）表示生物的"进化"；例（3）则反映了新的哲学领域。

而另一本赫美玲的《官话》则对译更多的英文概念：

Advance	vt. to make progress/进化	
Develop	vi. by evolution to a more perfect state/进化（新）	
Development	n. -theory/进化论（新）	
Evolution	n. same as evolve, vi. /天演（新）；进化（新）	
Evolve	vi. to a more perfect state/进化（新）；进化天演（部定）	
Natural	a. -elimination/天演淘汰（新）	
Selection	n. natural-/天演淘汰（新）	
Phylogeny	n. 种族进化论；系统护生	

我们注意到这里把"进化天演"视作一个整体概念，并赋予"部定"的标签予以认可，这与严复自身为学部名词审定会的负责人有关（见本章第四节），而来自日语的"进化""进化论"和中日混合的"天演淘汰"在这里均被作为新词看待。

也就是说，在近代中国掀起天演论高潮的时候，除了"物竞天择""民力""民智""民德"等众多全新的概念术语之外，实际上还有一批日语词汇在起着推波助澜的作用，这类词在后来的文章中反倒呈后来居上之势，成为宣传鼓吹进化论时不可缺少的词藻之一。

（二）"优胜劣败，适者生存"——时代的最强音

胡适《四十自述》云："《天演论》出版之后，不上几年，便风行到全国，竟做了中学生的读物了。读这书的人，很少能瞭解赫胥黎在科学史和思想史上的贡献。他们能瞭解的只是那'优胜劣败'的公式在国际政治上的意义。在中国屡次战败之后，在庚子、辛丑大耻辱之后，这个'优胜劣败，适者生存'的公式，确是一种当头棒喝，给了无数人一种绝大的刺激。几年之中，这种思想像野火一样，延烧着许多少年的心和血。"[1]

《天演论》正式出版后不久，不少小学教师就拿它做教材，中学教师往往拿"物竞天择，适者生存"作为作文题目。生存竞争、优胜劣败的原理还被有心人编入启蒙教材，如庄俞编撰的《蒙学初级修身教科书》（文明书局，1903）。"物竞天择""淘汰""争存""优胜劣汰"等术语不仅成为人们的口头禅和喧腾于报章的熟语，而且被广泛用作人名和学校名称，如"胡适之""孙竞存""杨天择""争存女子学堂""竞化学堂""竞存初等小学堂"等。"物竞天择，适者生存"之千古佳句，不但一语道尽自然奥秘，也给胡适先生取

---

① 胡适：《四十自述》，中研院近代史研究所，2015，第59页。

了名。①

　　或许正因为如此，至今很多人都认为"优胜劣败""适者生存"
这两个词是经严复之手创造出来的。然而，实际上在《天演论》的
通篇里我们只能找出"物竞天择"（对译 survival of the fittest）的说
法，其他如"优胜劣败""适者生存"等语词并非严复所造，而是借
助了另一股力量，即来自日语的表述。美国学者浦嘉珉（James
Reeve Pusey）曾认为"优胜劣败"是由梁启超从日本传入中国的，
而并非严复自己的翻译。② 从先行研究来看，其观点可能是基于上述
铃木修次的文章所做的判断，或是受前人研究的启示，如史华慈
（Benjamin I. Schwartz）就说道："但他（严复）造的新词大部分没能
竞争过日本过来的新词，最终在中文里消失。"③ 对于这点，皮后锋
《严复评传》则认为这一说法并不符合史实，举出严复在 1898 年 6
月已使用过"优胜劣败"一词。④ 我们检索其原文为：

　　　　英达尔温氏曰："生物之初，官器至简，然既托物以为养，
　　则不能不争；既争，则优者胜而劣者败，劣者之种遂灭，而优者
　　之种以传。"⑤

这里的"优者胜而劣者败"也可以解释成四字格"优胜劣败"衍化
出的短句。而"优胜劣败"最早出现在前面提到的加藤弘之的《人
权新说》（穀山楼，1882）里，其扉页上就赫然印有作者的手书"优
胜劣败是天理矣"。该词亦在书内反复使用。

　　据邹振环《影响中国近代社会的一百种译作》介绍，1882 年加

----

①　此段描述引自皮后锋《严复评传》，南京大学出版社，2006，第 389 页。

②　James R. Pusey, *China and Charles Darwin* (Harvard University Press, 1983), p. 463.

③　B. I. シュウォルツ 著・平野健一郎訳『中国の近代化と知識人：厳復と西洋』東
　　京大学出版会、1978。

④　皮后锋：《严复评传》，第 389 页脚注 3。

⑤　《保种余义》，王栻主编《严复集》第 1 册，第 86 页。

图 17 - 1　加藤弘之《人权新说》扉页作者手书
"优胜劣败是天理矣"

藤弘之出版了直接向自由民权派挑战的《人权新说》(陈尚素译,译书汇编社,1903)一书。他认为,天赋人权本来就没有真正存在的证据,因为它是从学者的妄想中生出来的。他以自然科学的进化论来驳斥天赋人权论,认为动植物界的生存竞争、自然淘汰等进化现象,是"优胜劣败"的"永世不易的自然规律"和"万物法中的一大定规"。他的《人权新说》出版后的第二个月,即 1882 年 11 月,《邮便报知新闻》《东京横滨每日新闻》《朝野新闻》《时事新报》《东京经济杂志》等报刊接连刊登了批判该书的社论和文章,这些文章不久就被编印成了好几种《人权新说驳论集》。1893 年的《强者的权利竞争》一书,将《人权新说》一书的第二章"论权利的发生和增进"加以发挥,认为权利也是由于优胜劣败的竞争而逐步增进的。该书指出在人类社会中所发生的一切生存竞争,为强者之权利而进行的竞争是最多而又最激烈的,而且这种竞争不只为了增大我们的权利自由,

而是为促进人类社会的进步发展所必需。这种把注意的焦点集中在
"优胜劣败"的观点，引起当时留日学生的重视也就不足为奇了。该
书 1901 年由杨荫杭译为《物竞论》，在 5 月 27 日《译书汇编》第 4
期、7 月 14 日第 5 期和 10 月 13 日第 8 期上连载。1901 年 8 月由译
书汇编社出版单行本，销路颇好，1902 年 7 月由上海作新社再版，
1903 年 1 月又由作新社出版第三版。① 加藤著作中的术语也基本原封
不动地照搬过来。

这一时代背景告诉我们，本来"优胜劣败"一词是指生物在生
存竞争中，竞争力强者取胜，得以生存；竞争力弱者失败，被淘汰。
这是达尔文主义的一个基本观点，后被加藤应用到人类社会上来。故
而日本自由民权运动的领导人植木枝盛在其《天赋人权辩》（1883）
第五章里就对之进行反驳，他说：

> 人間社會ノ運行ハ単二優勝劣敗トノミ云ヒテ言ヒ尽ス可キ
> 二非ラス。（人类社会的运行不单凭一个优胜劣败就能囊括的。）

该词在日本当时的报刊中被广泛使用，当然也会引起在日的梁启
超的注意。实际上，在《清议报》第 1 册［光绪二十四年（1898）十一
月十一日］里，梁启超就在《续变法通议》中开始使用这一表述：

> 凭优胜劣败之公理。劣种之人。必为优种者所吞噬所胺削。
> 或曰：如子之言，则自五胡北魏辽金元以来游牧之种犭主中
> 夏，而蒙古之兵力东辖高丽，北统俄罗斯，西侵欧洲，南吞缅
> 甸、越南，迫印度、阿剌伯、回回之种，抚有希腊、罗马、西班
> 牙、印度之地，峨特狄打牲之种亦曾蹂半欧，然则优胜劣败之说
> 未可凭，而子所忧者特过虑耳。（《论变法必自平满汉之界始》）

---

① 邹振环：《影响中国近代社会的一百种译作》，江苏教育出版社，2008。

但细查《清议报》中的 19 处用法，有一半均是出自日文译文，比如
有译自日本政治小说《佳人奇遇》① 的例子：

> 声言曰：优胜劣败者，天之数也。（声言シテ曰ク優勝劣败
> ハ天数ナリ。）

亦有译自政论文的，如《清议报》第 14 册［光绪二十五年
(1899) 四月一日］刊登的望月茑溪的《对东政策》一文开头就使用
了"优胜劣败，适种生存"的说法，我们注意到其夹注里将之解释
为"即《天演论》物竞天择之说也"，这亦可视为一种对译。《清议
报》里常常用这种对译来解释日本的"汉语词"，故此亦被作为判断
该词是否为日语词的一个指标。② 另据黄克武所引，1899 年 9 月梁启
超在《清议报》第 30 册上撰写《放弃自由之罪》一文，谈到"物竞
天择，优胜劣败，此天演学之公例也"时，亦在其后加一注解："此
二语群学之通语，严侯官译为'物竞天择、适者生存'，日本译为
'生存竞争、优胜劣败'。今合两者并用之，即欲定以为名词。"③

这里也是一种中日比较，承认日译"生存竞争、优胜劣败"对
应严复的"物竞天择"，并将"适者生存"也视为严复所译，而实际
上该词也是在日本新造的词。"适者生存"应该是由"适种生存"变
换过来的。如前所述，早在《哲学字汇》初版里就已经将"适种生
存"对译为 survival of the fittest 了。当然除了用于生物界外，一般社
会里也多开始使用此词，如日人森笹吉所著《文明之目的》（1888）
一书多改用"适者生存"，其后该词得以广泛应用。还有的加上了程

---

① 原作《佳人之奇遇》由东海散士（柴四郎）出版于明治 24 年（1891）12 月。此
译文出现在《清议报》第 30 册（1899 年 9 月）里。
② 参见李运博《中日近代辞汇的交流：梁启超的作用与影响》，南开大学出版社，
2006。
③ 黄克武：《何谓天演？严复"天演之学"的内涵与意义》，《中央研究院近代史研
究所集刊》第 85 期，2014。

度副词"最"的修饰，如达尔文《生物始源》（一名《种源论》，经济杂志社，1896）第四章的标题就是"自然淘汰即ち最适者生存"，将之与"自然淘汰"又画上了等号。

由此看来，"物竞天择，优胜劣败"这一中日糅合的表述出自梁启超，他在后来的文章里也时常引用严复的"物竞天择"。如《新民论》第六节说："循物竞天择之公例，则人与人不能不冲突，国与国不能不冲突。"或两者并举，如《近世文明初祖倍根笛卡儿之学说·绪言》："物竞天择，优胜劣败；苟不自新，何以获存……故撮录其学说之精华以供考鉴焉。"

严复译《社会通诠》（1904）亦开始称之为"公例"："中西政教之各立，盖自炎黄尧舜以来，其为道莫有同者，舟车大通，种族相见，优胜劣败之公例，无所逃于天地之间。乃目论肤袭之士，动不揣其本原，而徒欲模仿其末节。曰是西国之所以富强也，庸有当乎！"

康有为《大同书》丁部也是将之与天演论并称："就优胜劣败天演之理论之，则我中国之南，旧为三苗之地，而为我黄帝种神明之裔所辟除。"

除了这种论说文外，清末小说里也开始用该词，这已成为一个反映时代特征的流行表述。《女娲石》云："登此二十世纪活泼之舞台，见此优胜劣败之结果，欲解决此独一无二之问题，下一个圆满无缺之定义曰：国民教育，个人教育而已。"《痛史》（1903）第一回里也说："既有了国度，就有竞争。优胜劣败，取乱侮亡，自不必舜。"连《九尾龟》（1910）都有例子称："秋谷道：'这是如今世界上优胜劣败的公理，没有什么说的。'春树道：'优胜也罢，劣败也罢，你且把昨天晚上的事情细细的和我说来。'"

从语词结构来看，相对于中文的二字译词（如"天演""物竞""天择"等）多为主谓结构（即可延伸为句），日文里的二字词（如"进化""开进""竞争""淘汰"等）多为并列结构。的确，四字格的"优胜劣败"与"物竞天择"都同样是主谓结构，虽然前者是源自日本的说法，但国人并不感到生疏，至今没有见过什么人对这一说法有何疑义。而且，"适者生存"也是主谓结构，这种叙述性的结构是句子的浓缩，与后来的"生存竞争""自然淘汰"并举，成为中国推行天演论之时必不可少的辞藻。

（三）"生存竞争""自然淘汰"及"弱肉强食"

"生存竞争"和"自然淘汰"这两个词最早也是出现在加藤弘之的《人权新说》里的，如：

> 抑進化とは蓋し動植物が生存競争と自然淘汰の作用により漸く進化するに随て漸く高等種類を生ずるの理を研究するものにして。（进化就是研究动植物因自然淘汰的作用，随着逐步进化而产生出高等种类的道理。）

作者先举出"动植物进化"过程中有"自然淘汰"和"人工淘汰"两种，动植物因这两种作用而产生"优劣等差"，然后为成长而相互竞争，优者击败劣者以获得独自的生存，仍"是永世不易之自然规律，即万物法之一大定规"，故将之称为"优胜劣败的定规"。且其结果总是符合这一规律的（而テ其結果タルや常ニ必ス優勝劣敗ノ定規ニ合セサルモノハ絶テアラサルナリ），并一再强调"生存竞争自然淘汰之理"。

这两个词不光常被并列使用，还多与"适者生存"同现一文，如前面提到日本在翻译达尔文的《生物始源》时，就已经把这三个词放在一起来论了。既论及"生存竞争与自然淘汰之关系"，又说"自然淘汰即最适者生存"。而饭塚启著《植物学新论》（帝国百科全书第72编，博文馆，1901）里就有"适者生存""生存竞争"的说法，后来又加上"自然淘汰"一词，构成了一个类义语义场。岩崎重三著《进化论者达尔文》（洛阳堂，1920）第六章的标题就是"自然淘汰适者生存"。

早在有贺长雄著《社会进化论》中的第四章，就将之用于社会科学方面：

> 社會發生の相互要素即ち生存競爭の理に依て協力分勞する人類の聚合の起る次第。(社会形成的相互要素在于依靠生存竞争的原理来实现协作分工的人类聚合。)

随后，加藤弘之的《道德法律进化之理》（博文馆，1900）也说：

> 優劣両階級の間に起る自利競爭即ち権力競爭及び其自然淘汰の必然結果。(这是优劣两阶级之间为自己利益的竞争，亦即权利竞争及其自然淘汰的必然结果。)

日语里用的是"人为淘汰"和"自然淘汰"这一组词，而当时的中文里多用"天然淘汰"来表述后者。当然，"自然淘汰"的对象也是由生物界扩大到人类社会的。如十时弥著《社会学撮要》（普及社，1902）专设一章名曰"社会中的自然淘汰"，再往后如宗教、思想，包括金融等都可用这个词来表述了。

另有"弱肉强食"一词，也是这一时代的显词。该词原本出自韩愈《送浮屠文畅师序》"弱之肉，强之食"；明代亦有刘基的《秦女休行》"有生不幸遭乱世，弱肉强食官无诛"。到了近代多比喻弱者被强者欺凌，弱国被强国侵略。故在强调社会进化论时也常常与上述几种表达构成一种类义概念，比如日本的《朝日新闻》1885年以后不断出现该词，1886年1月29日的社论《交际论》中亦与"优胜劣败"同现一句，强调曰：

> 弱肉强食一日安寧なかるべくして優勝劣敗の世の中となる

べし。(弱肉强食无一日安宁,必将成为优胜劣败的世界。)

丰崎善之介著《社会主义批评》(警醒社,1906)也说:

競争は弱肉強食にあらず自然界の微妙。(竞争不是弱肉强食,而是自然之所然。)

19世纪末至20世纪初这个词频繁使用,似乎与"帝国主义"这一概念是连动而起的。[①] 比如中文里陈天华的《狮子吼》(1905)便是述说天演论的原理,阐明弱肉强食、优胜劣败的自然法则,以为世间痴迷者当头棒喝。而康有为《大同书》乙部第二章也说:"其强大国之侵吞小邦,弱肉强食,势之自然,非公理所能及也。"都是这一类的用法。

如果单纯按年代来调查该词在中日两国同步使用频率的话,那么在近代"弱肉强食"一词恐怕反倒是先经日文"启动激活"后,再传回中国的。

20世纪初,上述各词均在中文里使用,实际上在赫美玲的《官话》里都有收录,其标记亦可视为当时的基本认识。如:

Survival n. Survival of the fittest 优胜劣败 (新)、适者生存、优存劣亡 (部定)
Darwinism n. 自然淘汰 (新) 适者生存 (新) 优胜劣败
Strong Strong devour the weak 弱肉强食

也就是说,除了没有标记的"弱肉强食"为一般通用者外,从日语过来的"优胜劣败""适者生存""自然淘汰"都一概被视为新词,还特意造出一个模拟"优胜劣败"的"优存劣亡"来区别之,并作

① 参见陈力卫《"帝国主义"考源》,《东亚观念史集刊》第3期,2012。

为"部定"，可见参与学部审定名词的严复还是很在乎来自日语的译法的。

由以上描述可知，进化论在中国的传播过程中，数严复的功绩为大，其翻译占有独特的历史地位。但来自日本的影响也不容忽视，日语的进化论用语实际上起着推动作用，特别是加藤弘之喊出来的口号"优胜劣败是天理矣"，将"优胜劣败"视为不容置疑的"天理""定规""公式""公例"，营造出一种强烈的时代气氛，推动了进化论思想的普及。中文亦同出一辙。

那么，下一步我们要思考的问题就是，在严复的翻译理论"信、达、雅"中，他是否意识到了日语译词的存在，"雅"是否因此而成为 20 世纪初中国知识人排斥和抵抗日语新词的一种理论支撑？同样反过来看，在这种抵抗意识最为强烈的时代，为何同为来自日语的"优胜劣败"等四字格语词反倒没有遭到任何阻碍便顺利地进入到中文语境中，并被反复使用？换言之，必须排斥抵制的日语词和能够被中国所接受的日语词在构造及意义上到底有何不同？同样，严复的译词对中国社会的影响究竟到何时、何处？这些疑问都是值得我们再进一步分析探讨的。

二　所谓"雅驯"的尺度

（一）传统的"雅驯"与严复的"雅"

中国传统的"雅驯"多指文章的层面，如六朝时代的《华阳国志》序云：

　　道将乃独能援经据典，辨析群言，以一之于中和，而文之以雅驯；非学识兼至，能如是乎？

北宋的《朱子语类》也说：

> 诗须是平易不费力，句法混成。如唐人玉川子辈句语虽险
> 怪，意思亦自有混成气象。……（行年三十九，岁莫日斜时。
> 孟子心不动，吾今其庶几！）此乐天以文滑稽也。然犹雅驯，非
> 若今之作者村里杂剧也！

仅就字面意义上而言的也有，如宋代范成大的笔记《吴船录》里说：

> 今日山后老人村耆耋妇子辈，闻余至此，皆扶携来观。村去
> 此不远，但过数绳桥。俗称其村曰僚泽，余以为不雅驯，更名老
> 宅。近来盐酪路通，寿亦减。

即将俗称"僚泽"更名为雅驯的"老宅"。再有讲文章作法的，明代
顾炎武的《日知录》说：

> 娄坚重刻《白氏长庆集序》曰：序者，叙所以作之指也。盖始于
> 子夏之序诗，其后刘向以校书为职，每一编成，即有序，最为雅驯矣。

从以上例子看来，传统的雅驯还是讲究文章格调是否协调以及语词搭
配是否贴切。在 19 世纪的英华字典中，也是多拿 elegant 来对译"雅
驯"的，如：

his style is easy and elegant 其文雅驯

这一例句自麦都思《英华字典》到罗存德《英华字典》，再到卢公明
《英华萃林韵府》都被沿用。进入 20 世纪，颜惠庆《英华大辞典》
也有以下对译：

elegantly written　雅驯之文，文词工雅

颜惠庆本人对"雅驯"的看法，反映在《英华大辞典》例言中。在涉及辞典编辑问题时，他说：

> 溯字典之辑，远则一二十载，近亦三四五年。西学之探索日精，字典之程度日上。先所摭拾，类多巷语街谈，暨市间贸易之套词，国际镯移之公牍，势不能尽出于雅驯。今者文明类多输入，凡泰西之科学美术，博取兼收，推而彼之新思想、新名辞，散见于我华文字者，尤比比皆是，是编罔不分类著录。《天演》所谓同类争存，存其最宜之道，固如是耳。

也就是说从巷语街谈及贸易之套词、公牍等收集来的语词"不尽出于雅驯"，而"新思想、新名辞"反倒不在此列，且"罔不分类著录"，听由其"同类争存，存其最宜之道"。

由此可见，颜惠庆的"雅驯"观多为传统的，但并不拿它来排挤新名词。

那么，在严复所处的时代，这种雅驯的意义何在？严复的"雅"和抵制新名词有没有关系呢？我们知道，它也是分为两个层次：一是文体层面的，一是语词层面的。前者是严复为文的目标"乃骎骎与晚周诸子相上下"（吴如纶）；后者则是广为传颂的"一名之立，旬月踟蹰"。可以看出严复在将西方概念与中国传统文化融为一体上所做的不懈努力。所以，严复的"雅"就是与中国传统的典范古文相结合，实际上亦可以视为其抵制文体上西化的一种方法。

（二）抵制日语新词的一种说辞——"不雅驯"

有关日文新词的"不雅驯"以及其在清末民初所遭到的抵制已

经有了不少研究，① 各种研究似乎不可避免地都举到张之洞《学务纲要》中的一段话：

> 日本各种名词，其古雅确当者固多，然其与中国文字不宜者亦复不少。近日少年习气，每喜于文字间袭用外国名词谚语，如团体、国魂、膨胀、舞台、代表等字，固欠雅驯；即牺牲、社会、影响、机关、组织、冲突、运动等字，虽皆中国所习见，而取义与中国旧解迥然不同，迂曲难晓；又如报告、困难、配当、观念等字，意虽可解，然并非必需此字，舍熟求生，徒令阅者界说参差，于办事亦多窒碍。

这里先强调"日本各种名词，其古雅确当者固多"，② 却没有举出例子来，而其他三类则皆不可取，沈国威归纳为：

> 甲、欠雅驯：团体、国魂、膨胀、舞台、代表
>
> 乙、同形异义：牺牲、社会、影响、机关、组织、冲突、运动
>
> 丙、舍熟求生：报告、困难、配当、观念③

---

① 罗志田：《抵制东瀛文体：清季围绕语言文字的思想论争》，《历史研究》2001 年第 6 期；黄克武：《新名词之战：清末严复译语与和制汉语的竞赛》，《中央研究院近代史研究所集刊》第 62 期，2008；沈国威：《清末民初中国社会对"新名词"之反应》，『アジア文化交流研究』2 号、2007；黄兴涛：《新名词的政治文化史》，《新史学》第 3 卷，2009；桑兵：《清季变政与日本》，《江汉论坛》2012 年 5 期；章清：《晚清中国接纳新名词、新概念遭遇的三重屏障》，《南方学术》2015 年第 4 期。

② 《学务纲要》又引外国成例来增强其说服力，指出"此类名词在外国不过习俗沿用，并未尝自以为精理要言"。而当时"日本通人所有著述文辞，凡用汉文者，皆极雅驯，仍系取材于中国经史子集之内，从未阑入此等字样。可见外国文体界限本自分别，何得昧昧剿袭"。参见罗志田《抵制东瀛文体：清季围绕语言文字的思想论争》，《历史研究》2001 年第 6 期。

③ 沈国威：《清末民初中国社会对"新名词"之反应》，『アジア文化交流研究』2 号、2007 年 3 月。

据罗志田的引文，乡试课卷中"如'改良''起点''反影''特色'之属，概不准阑入卷端"，还有"因榜首用'文明''野蛮'字，经本司严批痛斥"。

黄兴涛介绍了康有为1910年8月5日写给梁启超的一封信，[①] 其中亦语重心长地劝诫梁不要使用日文新词如"手段""手腕""组织""目的""舞台""二十（世）纪"。其后在《中国颠危误在全法欧美而尽弃国粹说》（1913年7月）一文中，再次痛斥所谓"文字名词，且媚及日本"的"无耻可悲"现象，认为汉语里滥用日本新名词，是抛弃传统雅言，丢失国粹；学日本俚语，乃是语言上的退化。他举出的例子为：

> 乃并其不雅之名词而皆师学之，于是手段、手续、取消、取缔、打消、打击之名，在日人以为俗语者，在吾国则为雅文，至命令皆用之矣。其他若崇拜、社会、价值、绝对、唯一、要素、经济、人格、谈判、运动，双方之字，连章满目，皆与吾中国训诂不相通晓。

这里康有为又给出了两个判断标准：一是日文本为俗语，而我国则为雅文；二是最后一句"皆与吾中国训诂不相通晓"，亦即用传统的训诂学难以解释之。再有认为"文不成体"的有"脑筋、起点、压、爱、热、涨、抵、阻诸力，及支那、黄种、四万万人等字，纷纶满纸，尘起污人"，除抨击上述新名词之外，还提到了"摄力""吸力""震旦""成线""血轮""以太""白种"等其他名词。后来集大成的就是留日学生彭文祖所著的《盲人瞎马之新名词》一书了。其所抨击的新名词之数量最多，也列得比较详尽。包括"引渡""让渡""抽象（的）""具体（的）""积极（的）""消极（的）""动员

---

① 黄兴涛：《新名词的政治文化史》，《新史学》第3卷，2009。

（令）""场合""必要"等都难免其咎。

这种矛头所指显然是另有衡量的标准，因为它排斥的似乎不限于日本新词，比如"震旦"为中国传统词，"脑筋""摄力""吸力"为早期传教士译词，[①] "崇拜""必要"也早出现在英华字典里了。[②] 而"四万万"一词，康有为、梁启超都用，为何对之也要进行讨伐呢？

彭文祖对"起点""压力""阻力""热力"的不满，是因为动词和名词的组合，在传统中文里容易被视为动宾结构（如"读书""喝酒"），而新词中的动词多为偏正结构，这种结构的构词在汉语中本来就是不发达的，所以容易引起误解。[③]

"四万万"可能是和数学上的单位改换有关，即一种新旧冲突。当时多用"四百兆"称中国人口，如汪康年《论今日中国当以知惧知耻为本》［《时务报》第 11 册，光绪二十二年（1896）十月十一日］说："而我中国四百兆人之公惧也。"近代西方传教士合信编写的《博物新编》卷三《万国人民论》亦称"合计天下人民大约有九百兆（一百万为一兆）之数"，即指当时全世界有九亿人口，并在夹注中注明"一百万为一兆"。那么，四百兆等于四亿，而四万万也等于四亿，本来表达的是同一个意思，但前者是旧的固有说法，而后者则是新的单位换算。过去，一亿只等于十万，现在一亿等于万万了。[④] 用新的表达方式，

---

① 陳力衛「明治の科学啓蒙家の苦心—『～力』、『～性』の接辞化へ向けて」『日本語学』33 巻 3 号、2014。

② 马礼逊《英华字典》里将"崇拜"作为 worship gods 的译词；将"必要"作为 necessarily required 的译词。

③ 陳力衛「語構成から見る和製漢語の特質」『東京大学国語研究室創立百周年記念論文集』汲古書院、1998。

④ 据《辞源》（1989 年版）载："亿之数有大小二法：其小数以十为等，十万为亿，十亿为兆也。其大数以万为等，万至万，是万万为亿。兆，古代下数以十万为亿，十亿为兆。中数以万万为亿，万亿为兆。上数以亿亿为兆。"但这种解释容易混淆具体时代的用法，莫不如看近代传教士马礼逊编的《五车韵府》更能了解当时的用法。其将这两个字分别解释为："亿，One hundred thousand；兆，A Million。"即亿为 10 万（100000），兆为百万（1000000）。

正是与近代西方数学接轨的结果，这一转换本身是一种求新的表现。说到底，彭文祖是对新概念、新词整体不满，加上甲午战败后的厌日情绪，一股脑都将其当作"不雅驯"来排斥。

（三）双音节词与雅驯

古代汉语本来是"字本位"的，所以，"在康有为看来，汉字单音节构词作文（称为'单字成文'）其实很美妙，它不仅是汉文雅洁的基础，甚至也是其韵律节奏（称为'文调'）之完美得以保证的前提，而日本双音节词（称为'双字'）的大量引入，既'俚俗不堪'，还致使传统汉文变得冗蔓"。①

本书第一章中提到，日语里的汉语词是中日语言交流的一个接点，汉语词所占的比例（单词个数）在整个明治期间始终保持在70%以上（这是整个历史上的最高纪录），只是在进入大正时期以后才开始逐渐减少至约60%。而且，这类汉语词的增加主要体现在复音节词上，这一点只要看一下前面所举的日文新词就可知道。相比之下，严复译文的特点是崇尚古文，他自己也在古文中探索，并以桐城派的传人自居。其结果是，译词中以字为单位的多，即便是词，也是按主谓结构即句子的短缩型为主，如"物竞天择""天演""庶建"等，单纯的并列结构少。不像日文采用"自由""社会""文化""宗教"。尽管在时代上严复的译文较日文译本晚了近20年，但单音节的语词占的比例明显较复音节词高。反过来说，在近代的一段时间内，日语的复音节化进程要比中文更快。

尽管如此，"日本各种名词，其古雅确当者固多"（《学务纲要》），此话似乎是要承认有些日语新词也是可取的。因为日本人在创造新词时，也是从中文古典中找出其认为与西方概念相近的语词来对译，两者间是有共同的基础和要素的，即以"用典"和"可训诂"

---

① 黄兴涛：《新名词的政治文化史》，《新史学》第3卷，2009。

为基本条件。这一点已有罗志田指出"其实日本人自己在造'新语'时也试图使之较'古雅'"。① 而沈国威则从共通语义场上来阐述之，也就是在汉语汉文这一共同基础上应该是有共通的地方的。② 有些日语新词当时的人们感到唐突，尽管有许多意见，但还没有一棍子打死。所谓"雅驯"的判断似乎对此网开一面。如：

国粹	个人	简单	动产	方案	方针	观念
汽船	素描	法定	哲学	义务	学位	学年
辩护士	不动产	看护妇	观察点	寒暑计	胃溃疡	高利贷
国际法	所有权	立宪政体	共和政体	新陈代谢	一触即发	

陈继东举过梁启超《中国之武士道》中采用"武士道"这一概念的理由：

> 武士道者，日本名词。日人所自称大和魂，即此物也。以其名雅驯，且含义甚渊浩，故用之。③

武士道等同于大和魂，无疑表明了武士道这一概念的特殊性。但是，作为不必翻译的汉字词汇，在梁启超看来，武士道除了其含义深广之外，符合汉语的"雅驯"这一十分主观的感受。

这一点也印证了上述颜惠庆收录新词的态度。新词不是不可以用的，只是看使用者本人的立场和态度。当"雅驯"这一尺度消失后，连严复也开始大量使用日语借词了。我们可以看出严复中期翻译的书里，双音节词在不断增多，且也在使用新词。所以有人说这种"雅"

---

① 罗志田：《抵制东瀛文体：清季围绕语言文字的思想论争》，《历史研究》2001 年第 6 期。
② 沈国威：《严复与译词：科学》，《翻译史研究》第 1 辑，复旦大学出版社，2011。
③ 梁启超：《中国之武士道》，广智书局，1904，第 2 页。参见陈继东《在中国发现武士道——梁启超的尝试》，《台湾东亚文明研究学刊》2010 年第 2 期。

只是一种"糖衣"，是严复的"招来术"。①

后人将"信、达、雅"视为三位一体的翻译理论，其实是给"雅"的解释留下了无限的诠释空间。本书第十章提到过，只有鲁迅是不信这一套的，他的直译可以视为一种信念所至，即只有直译才能冲击这一套古老的话语系统，才能在真正意义上接近西学的真实面目，而这一认识又正是他经历了日本文体变化的洗礼后所获得的。

三　严复译词对后世的影响

（一）"部定"与"新词"之争

严复的"雅"在当时固然受到士大夫们的称赞，其独到之处也有不少被保留至今。这与其身兼编定名词馆总纂有关。沈国威对严复在名词馆所做的工作有过详尽的考察，② 他指出，赫美玲在编辑《官话》时，得到了严复审定的 3 万个"部定"词，这一点在该辞典的前言中也交代得很清楚：

> 标准科学术语（约 3 万条）是中国教育部的一个委员会在1912 年为中国的大学制定的。这个委员会由著名的英语学者严复博士领导，所制定的术语在本辞典中用"部定"标出。这些术语涵盖了以下的学科：算数、代数、几何、三角法、逻辑、心理学、伦理学、经济学、国内法、国际法、宪法、历史、动物学、植物学、有机化学、无机化学、生理学、动植物生理

---

① "他有认识到这些书对于那些仍在中古的梦乡里醋睡的人是多么难以下咽的苦药，因此他在上面涂了糖衣，这糖衣就是士大夫们所心折的汉以前的古雅文体。雅，乃是严复的招来术。"参见王佐良《严复的用心》，商务印书馆编辑部编《论严复与严译名著》，商务印书馆，1982，第 27 页。

② 沈国威《〈官话〉(1916) 及其译词——以"新词""部定词"为中心》，『アジア文化交流研究』3 号、関西大学アジア文化交流研究センター、2008 年 3 月。

学、地质、物理学（力学、光学、声学、电学、磁力学、热学）、卫生学、医学。所标出的学科术语只是所制定术语的一小部分，因为全部收录这些术语将超过本辞典的范围。这些部定术语由于某些政治、经济上的困难，在收入本辞典之前没有由政府正式公布。

但实际上，在赫美玲编的辞典里只收录了 1.6 万余个部定词，另外又加上的是自己设定的"新词"。该辞典所收的两者比例为：

新词	部定词	总数
12059	16041	28100①

当然这并不意味着所有部定词都是严复自己的译词。据沈国威的调查，部定词的来源有三：传教士系统的译词；严复译词和日本译词。传教士译词偏于化学、医学和制造领域；而严复译词偏于逻辑学、社会学及人文科学；日本译词则多是报章常见词。罗志田指出，部定词里面收录日本译词，或许与王国维的加入有关：

　　1909 年秋，清学部设立编定名词馆，严复为总纂，而王国维任协修。王任此职大约多恃罗振玉的援引，固非因此文之作，然其与严复同在馆中如何"编定"名词，当必有趣。其实若从新名词的社会使用看，到名词馆成立时，严总纂所代表的"造语"取向已基本大败于王协修所倾向的模仿日本派了。名词馆

---

① 这个数字可能要加以修正。据中研院近代史研究所"英华字典数据库"显示：在 1916 年赫美玲的《官话》中，以"新"来全文搜索的话，在 5651 个词目下，共找到 12309 条；同样全文搜索"部定"的话，在 6507 个词目下，共找到 16125 条。也就是说新词和部定词的实际数量都有所增加，总数应该为 28434 条，较沈国威的统计多出 334 条。

没能留下多少实际的成绩，亦良有以也。①

这一方面说明严复的"造语"与王国维的模仿日本有本质上的不同，也说明日本新词实际上是起着弥补严氏"造语"的作用。近来由黄兴涛发现的部分名词馆手稿，也反映出严复审词的局限性。他说：

> 此外，透过严复审改的这部原稿本，我们还可发现当年学部编订名词馆工作的一个重大缺陷，那就是每个学科只能靠个别编纂者努力，仅总校者严复一人最终把关而已，甚至连"分校"和"覆校"的环节都没有设置，就更谈不上集体磋商和讨论审定的科学程序了。处于革命风起、王朝统治临近崩溃的边沿，清廷实际上已经没有耐心、经费和能力，来维持名词编订这样一类带有基础性质的科研工程。其进展和结局，实在也不是严复一个人的博学和负责与否，所能决定和改变的。②

从这一角度来看，赫美玲辞典里另设"新词"，主要是吸收源于传教士的译词和日本译词。也就是说，无论是"新词"还是"部定词"都包括了日本译词，而严复的译词只出现在"部定"里。如果单就日本译词和严复译词比较的话，正如铃木修次所指出的那样，在现代汉语里严复的译语已多被日语译词所替换：

> 严复的翻译从用词上来看，在中国已经成了古典了。民国19年（1930）上海商务印书馆发行的"严译名著丛刊"卷末附有严复译词和原文的"译名表"，其注记标出的现代中国社会所使用的

---

① 罗志田：《抵制东瀛文体：清季围绕语言文字的思想论争》，《历史研究》2001年第6期。
② 黄兴涛：《新发现严复手批"编订名词馆"一部原稿本》，《光明日报》2013年2月7日。

用语多与日语相符合，这也意味着日本汉语流入中文……①

沈国威的结语也是："保留至今的词大部分是中日同形词，即意味着这些语词的形成是中日语言交流、互动的结果。"②

（二）严复译词的断层

严复译词曾在《新尔雅·释计》中出现一些，在其后的对译辞典里很难找到，只有 1908 年的颜惠庆《英华大辞典》因有严复作序，故也能找出一些（如"庶建"），主要部分还是反映在上述赫美玲的辞典里了，后世留下来的并不多。其理由之一反映在严复对以往的英华字典的看法上。如其在《商务书馆华英音韵字典集成序》中说：

> 尚忆三十年以往，不佞初学英文时，堂馆所颁，独有广州一种。寥落数百千言，而义不备具，浸假而有《五车韵府》等书，则大抵教会所编辑，取便西人之学中国文字者耳。

也就是说，他看到的只是最早期马礼逊的华英字典《五车韵府》，其后的字典似乎没有利用过，特别是 19 世纪规模最大的罗存德的《英华字典》在日本曾被两度翻印，流传甚广，日语从中汲取了大量的汉语新词以充实其近代概念，③ 包括严复在内的中国知识分子反倒没有利用过这批材料。这导致了严复译词独创多于继承，我们通过比较严复译词和其他英华辞典的译词可以看出这一特点（见表 17-3）。

---

① 铃木修次「厳復の訳語と日本の『新漢語』」『国語学』132 集、1983。
② 沈国威《〈官话〉（1916）及其词汇——以"新词""部定词"为中心》，『アジア文化交流研究』3 号、関西大学アジア文化交流研究センター、2008 年 3 月。
③ 陈力卫：《19 世纪至 20 世纪的英华辞典与英和辞典的相互影响——中日近代新词往来的渠道之一》，《翻译史研究》第 2 辑，2012。

表 17-3　近代各类英华辞典与严复译词比较

严复译词	1822 马礼逊	1847 麦都思	1866 罗存德	1908 颜惠庆	1916 赫美玲
astronomy 天学	天文	天文	天文、历法	天文、天文学、星学、历法、通天文之人	天文学、星学
biology 生学			生活之理、生活总论	生活之理、生活总论、生物学	活物学（新）、生物学（新）
body 形	身、身体；形体	身、体、身体、肉身、肉体、肢体、躯、躬、躲、形体、形身；质、形质、物	身、体、身体、肉身、肉体、肉躯、躬、躲、臁；形体；物、质、物质、形质	体、身体、形体、肉体、身体灵魂；物、实体、坚质、坚形、虚形、浮质	身体（Physical）、身、身材、肉身、身子、人体；机槽（新）、团体（新）、群、团（新）；正身、正干（文）、物体（部定、Dynamics）
chemistry 质学		丹炼之事、炼用法	炼法、炼物之事、炼物之理	化学、质学、无机化学、有机化学	化学（部定）、质学（新）
concept			稿	概念、意像、意影、意想、意见、意念	意想、意影、概念（部定、Logic）、观念（新）、概观（新）
consciousness 觉、觉性		自知之心	自知者、知者、心内知者、自知之心	悟才、觉悟；觉悟才（心自知，且知其举动与感情之能力）；直接之知识、感悟、觉；识、识、觉	权力之觉（部定）、自觉（部定）、群觉（部定）、阴觉（部定）、觉阈（部定）、觉识（新）；集合意识（新）、同类意识（新）、意识流（新）、蓄觉（新）
democracy 庶建	既不可无人统率，亦不可多人乱管	众人的国统、众人的治理	民政、众人管籍、百姓弄权	民主政体、民政、庶建	民主政体（新）、平民政治（新）、民政（部定）
economics 计学				关理财学的、经济学的	富国策、经济学（新）、理财学（新）、计学（部定）、国计、民生主义（新）

续表

严复译词	1822 马礼逊	1847 麦都思	1866 罗存德	1908 颜惠庆	1916 赫美玲
logic 名学		明论之法、推论明之学	思之理、理论之学、明理、明理之学、理学、推论之法	辩学、名学、论理学、是非学、推理之学、思想公理之学、理、道理、理由、论理	名学(新)、辩学(部定)、思理学(新)
metaphysics 美台裴辑、理学	天地鬼神之论	理气学	理学、理知、万有理之学	哲学、理学、形而上学、万有之理之学、心理学	形而上学、哲学(Philosophy)、心理学(新)
philology 字学		译字之学、译文之学	话学、字语总知、译字之学博理	译学、语学、方言学、博言学	博言学(新)、言语学(新)
psychology 心学			灵魂之学、魂学、灵魂之智	心理学、心灵学	心灵学(新)、心理学(部定)
sensation 感		麦情	觉者、见者、麦情	觉见、感觉、知觉、官觉、觉畏、觉惧、觉寞、见寞、麻木不仁	觉、知觉、官觉(部定)
sociology 群学				社会学、交际学、群学、世态学	社会学(部定、Economics)、群学(部定)
space 宇	虚空清净、空无有边界	虚空清净、空虚、空虚地方	地方、间;空处、空地、空虚地方	空间、空处、场所、用武之地、空地、地位、远、距、间、同距、距离、时间、间、时	地实(新)、空界、空间、空地方、地方
unit 么匿	单位	一、单一、单位、奇	一、奇、单、独一、单位	(数与理)单位、准个、么匿、本数	准个(个)(新)、单位(Math.)、么匿(部定、Geom.)、Economic(部定)、~ quantity 么匿几何(部定)~生计上之么匿(部定)

资料来源：此表参照中研院近代史所"英华字典数据库"制作而成。

我们从表 17 - 3 中可以看出严复译词的几个特征。第一条"天学"和第四条"质学"都置前人的译法于不顾，仅被 1908 年的颜惠庆《英华大辞典》所采纳；第二条"生学"、第三条"形"及第六条的"觉性"也都与之前的辞典无关，最终形成一种孤家寡人的状态。下面再举几个常见的例子来说明这点：

Democracy 译成"庶建"，也只在颜惠庆的《英华大辞典》里被采纳，严复与编者的父亲颜永京为挚友，在心理学及其他领域的译词上有过交流，故为其子所编的《英华大辞典》写序。该词或许收在严复自己的"部定"里，但至少没有被赫美玲收录。反倒是将罗存德《英华字典》出现的"民政"设为"部定"，而这个词亦是经由日本返回的。①

Sociology 译作"群学"是流传甚广的例子，参见本书第十六章第一节。

Unit 如前所述，早在第一本马礼逊的英华字典里就译作"单位"，然后一直被后来的辞典所沿用，也被日本的英和辞典所采纳，但严复还是独具匠心地选择了音译的"么匿"，并将之命名为"部定"。该词的确也被伍光建的《最新中学物理教科书》（1904～1906）所采纳，并沿用到 20 世纪 20 年代。但最后，"单位"反倒被当作"日本借词"又借回到了中文里。②

结　语

严复自身所奉行的翻译方针（崇尚桐城派文体），使得他不看好自明清以来的白话文，特别是传教士的翻译及英华辞典的对译，更不要说是译自日文的书刊了。前者是因为文体中多含口

---

① 参见本书第十四章。
② 参见刘正埮等《汉语外来词词典》。

语，严复根本就看不上；而他对后者更是不屑一顾。他在致友人信中忿忿不平地说："上海所买新翻东文书，猥聚如粪壤，但立新名于报端，作数行告白，在可解不可解之间，便得利市三倍。此支那学界近况也。"①

我们通过比较可知，严复译词中基本没有利用 19 世纪以来的传教士的汉译西书和英华对译辞典中的新词、新概念。而这两方面反倒成为日本知识分子汲取西方知识的直接途径，它为日语灌输了新鲜血液——新词、新概念、新知识，这一血液经日本过滤后又被留日学生传回中国。译自日本的各种书籍最终以量取胜，遍地开化，其实是有很多中文易于接受的成分。所以，所谓的日语新词能够迅速被人们所接受，并不单纯是因为"和制汉语"在"中日新语大战"中获胜，实际上其中不少成分就是中国自己语词的新旧大战。说到底，严复译词不敌日语借词的根本原因，就是时代要求新的文体，而承载这一文体的又主要是复音节词。

1902 年在《新民丛报》第一期里，梁启超评论严复的译文说：

　　吾辈所犹有憾者，其文章太务渊雅，刻意摹仿先秦文体，非多读古书之人，一翻殆难索解。夫文界之宜革命久矣。欧、美、日本诸国文体之变化，常与其文明程度成正比例。……况此等学理邃赜之书，非以流畅锐达之笔行之，安能使学童受其益乎？著译之业，将以播文明思想于国民也，非为藏山不朽之名誉也。文人积习，吾不能为贤者讳矣。

后来，他也有一段评述自己文字的话：

---

① 转引自王宪明《语言、翻译与政治：严复译〈社会通诠〉研究》，北京大学出版社，2005，第 76 页；马勇整理《严复未刊书信选》，《近代史资料》第 104 号，第 58~59 页。

　　启超夙不喜桐城派古文，幼年为文，学晚汉魏晋，颇尚矜炼。至是自解放，务为平易畅达，时杂以俚语、韵语及外国语法，纵笔所至不检束。学者竞效之，号为新文体。老辈则痛恨，诋为野狐。然其文条理明晰，笔锋常带情感，对于读者，别有一种魔力焉。①

这正可作为本章的结论。所谓严复与梁启超的文体之争，最终还是要顺应时代对新文体的要求，也就是白话文的兴起所带来的各种语言上的问题，从语法变化到新词的吸收实际上都是由这一要求引发出来的。

---

① 梁启超：《清代学术概论》，中华书局，1954，第 62 页。

第十八章 "金字塔"的认识及其意象形成

引 言

几年前日本某家电视台为做一知识问答节目来函询问："金字塔"一词是否为日本人创造的"和制汉语"？他们的节目当然是希望证明这一点，因为现有的辞典似乎都表明日文中的用法要早于中文。检索一下日本出版的《新明解语源辞典》①《新明解现代汉和辞典》②，都是将之视作"和制汉语"的。而且，比较一下《日本国语大辞典》（小学馆，2001）和中国的《近现代辞源》（上海辞书出版社，2010）也会发现，日文里的用法早在1886年就出现在当时著名人物德富苏峰的文章里；而中文方面要到1900年才出现在《清议报》梁启超的文章中。再加上考虑到在日本办《清议报》的梁启超曾多次援用德富苏峰之文，故而《近现代辞源》才会明确标注："金字塔为日语词，大约于19世纪末传入中国。"

事实果真如此吗？当时我就回答电视台说，这个问题值得慎重考

---

① 小松寿雄・鈴木英夫編『新明解語源辞典』三省堂、2011。
② 影山輝國・伊藤文生・山田俊雄・戸川芳郎編著『新明解現代漢和辞典』三省堂、2011。

虑，不宜作为设问，至少要调查一下 19 世纪的英华字典后才能有个比较确切的答复。因为就《近现代辞源》在这方面举例不足的问题，我曾有过批评。①

一　"金字塔"一词由英华字典进入英和辞典

台湾中研院近代史研究所建设的"英华字典数据库"②，使得这一问题的解决变得更容易了。我们只要检索一下 pyramid 一词就会发现"金字塔"出现在 19 世纪 60 年代的英华字典中（见表 18 - 1）：

表 18 - 1　19 世纪英华字典中的"金字塔"

英华字典	pyramid	pyramidal	pyramidic pyramidical
马礼逊《英华字典》(1822)	尖瓣体，Many sided pyramid 众瓣尖体，pyramid triangular 三瓣尖体		
卫三畏《英华韵府历阶》(1844)	尖瓣体		
麦都思《英华字典》(1847 ~ 1848)	塔、高而尖的石牌		
罗存德《英华字典》(1866 ~ 1869)	金字塔	金字塔形	金字形的
卢公明《英华萃林韵府》(1872)	pyramid or pagoda 尖瓣体、尖方形棱锥体(数学与天文术语)		
井上哲次郎《订增英华字典》(1884)	金字塔、棱锥体	金字塔形	金字形的
邝其照《华英字典集成》(1899)	塔、高而尖的石牌	金字塔形	

---

① 参见陈力衛「国際シンポジウム『近代語の語源研究とその周辺』についての報告—『近現代辞源』の評を兼ねて」『東方』364 号、2011 年 6 月、2 ~ 8 頁。而且，该辞典把《清议报》中梁启超的例子视为 1899 年，实际上应该为 1900 年。

② http：//mhdb. mh. sinica. edu. tw/dictionary/enter. php. 检索日期：2016 年 12 月 15日。

从表 18 - 1pyramid 的对译中我们可以知道，在罗存德的《英华字典》之前，尚没有出现"金字塔"一词，多是继承了马礼逊的"尖瓣体"。而在 19 世纪最大规模的罗存德的《英华字典》里，"金字塔"出现了三处：

Pyramid	金字塔
Pyramidal	金字塔形
Pyramidic，Pyramidical	金字形的

而且前面提到，该辞典在日本所藏的原本颇多，并两次被直接翻刻为日文版，对日本近代词汇的形成影响巨大，表 18 - 1 显示的就有 1884 年井上哲次郎翻刻的《订增英华字典》。这不仅成了"金字塔"直接进入日语的一个重要渠道，而且还从卢公明《英华萃林韵府》中增补了一个新的译词"棱锥形"。[①] 该词后来进入中文的途径反倒是通过井上的这本字典，此为后话，暂且不表。

实际上，罗存德的《英华字典》还有一个日文译本，即《英华和译字典》,[②] 它的出版早于井上哲次郎版五年，也是原原本本地照搬了上述译词。值得注意的是针对中文的"金字塔"，它加上了日文翻译"スギナリヅカ（杉树形塚）X"，完全是按照日本的意象来对译的,[③] 后来在日语里也果真用"金字塔状"来比喻树的形状。不仅如此，除了上面两种直接翻刻的日文版外，我们还知道早在明治 6 年出版的《附音插图英和字汇》就已经深受罗存德《英华字典》的影

---

① 有关井上辞典增补的来源问题参见宫田和子『英華辞典の総合的研究』。

② 津田仙訳・中村敬宇校正『英華和譯字典』山内輵、1879～1881。

③ 当然平文的《和英语林集成》的英和部分（1867 年初版及 1872 年再版）都是将 pyramidal 译成 suginari（杉树形）的，也就是说不排除《英华和译字典》（1879）参照其翻译的可能性。

响，从中采纳了许多译词，其中，将 pyramid 译作"金字形，金字塔"也是源于此。这本在明治时期影响广泛的英和辞典还对"金字塔"特地标注了日文读音キンジタフ，这对该词进入日语起到了决定性的作用。

另一方面，邝其照编的《华英字典集成》作为国人编撰的第一本英华字典（当时称作《字典集成》），受麦都思字典的影响不小。比如，它完全照搬了后者关于 pyramid 的译法。它自 1868 年初版后，又多次增补再版。一直到 1899 年的版本中，才开始收有"pyramidal 金字塔形"的对译。实际上从现有的 1887 年版来看，已经开始收录该对译了。①

日本虽然在明治 14 年（1881）由永峰秀树将之翻刻为《华英字典》，但从该字典尚没有收录"pyramidal 金字塔形"的字样来看，其至少是根据邝其照字典 1879 年版之前的版本翻印的，因为我们现在能看到的 1868、1875、1879 年各版都没有收录该词。而直到 1882 年以后的版本才有可能出现"金字塔形"。

于是，我们可以说通过英华字典的传播，早在 1873《附音插图英和字汇》、1879 年《英华和译字典》和 1884 年《订增英华字典》中，与英文对译的"金字塔"一词就已经传入了日本。其后的英和辞典多延用这一译法，如明治 17 年（1884）的《英和袖珍字汇》②就将 pyramid 用片假名诠释为"尖顶形的柱子"，并用了音读词キンジトウ（金字塔）和对译 pyramidical 的偏正结构キンジトウノ（金字塔的）。在《附音插图英和字汇》的第二版《增补订正英和字汇》③中，不仅延用了"金字形、金字塔"的译词，甚至把井上哲次

---

① 我们还发现，邝其照编的《华英字典集成》，带有 1882 年《自序》的《循环日报》版（1899），实际上早于光绪十三年（1887）重镌版出版。因为后者在 pyramid 原有的释义"塔、高而尖的石碑"后又新增加了"金字形"一词。

② 西山義行編・露木精一訂『英和袖珍字彙』岩藤錠太郎、1884。

③ 柴田昌吉・子安峻『増補訂正英和字彙』日就社、1887。

郎的《订增英华字典》中增补的"棱锥体"一词也一并收入,由此亦可窥见两者的关系。

二 西学新书对"金字塔"的描述及国人的想象

那么,"金字塔"一词是从何时开始在中文里使用的呢?换句话说,汉语世界对金字塔的认识过程是如何展开的呢?梁启超在《中国近三百年学术史》中说:

> 言世界地理者,始于晚明利玛窦之《坤舆图说》、艾儒略之《职方外纪》。清初有南怀仁、蒋友仁等之《地球全图》。然乾嘉学者视同邹衍谈天,目笑存之而已。①

也就是说,西方传教士是传播世界地理知识及相关奇迹的先驱。但有关金字塔,利玛窦并没有提及,艾儒略(Giulio Aleni, 1582 – 1649)则在《职方外纪》(1623)中有以下记载:

> 昔国王尝凿数石台,如浮屠状,非以石砌,是择大石如陵阜者,铲削成之。大者下趾阔三百二十四步,高二百七十五级,级高四尺,登台顶极力远射,箭不能越其台趾也。②

这段描述成了后人对金字塔想象的范本。但在这里,用"石台"表述之,形容其"如浮屠状"。又过了半个世纪,南怀仁(Ferdinand Verbiest, 1623 – 1688)的《坤舆图说》出版,它初刻于1674年,下卷末附"异物图",有动物23种,以及"七奇图"(即我们所说的世

① 梁启超:《中国近三百年学术史》,东方出版社,1996,第391页。
② 艾儒略:《职方外纪》,中华书局,1985,第89页。

界七大奇迹），其中图文并茂地描述了金字塔的样子，才使人们首次
从视觉上感受到金字塔的魅力（见图 18 - 1）：

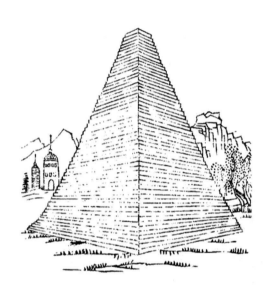

图 18 - 1　《坤舆图说》中的金字塔

资料来源：艾儒略：《职方外纪》，第 221 页。

利未亚洲厄日多国孟斐府尖形高台，多禄茂王建造。地基矩
方，每方一里，周围四里，台高二百五十级，每级宽二丈八尺五
寸，高二尺五寸，皆细白石为之。自基至顶，计六十二丈五尺，
顶上宽容五十人。造工者每日三十六万。①

利未亚洲即非洲，厄日多国则是埃及的旧称。《坤舆图说》用

————————

① 南怀仁：《坤舆图说》，中华书局，1985，第 222 页。

"尖形高台"来描述之,也没有用到"金字塔"一词。

有关《坤舆图说》及"七奇图"的传播及影响,邹振环有过详细的叙述。[1] 随着《坤舆图说》被陆续收录在《虞初新志》《古今图书集成》《四库全书》中,该书不仅激起了中国知识分子对金字塔的想象,甚至也影响了日本。本章在此研究基础上,再补充一些例子和日本方面的接受过程。

进入 19 世纪后,随着基督教的传播,就金字塔的描述愈发增多,首先是普鲁士传教士郭实猎(Karl Friedrich August Gützlaff, 1803 – 1851)在广州办的杂志《东西洋考每月统记传》中写道:

> 古王者建塔四方。高七十七丈,各方一百十丈,此巨塔御陵,莫敢相同。虽建之有三千余年,其塔还存也。[2]

这里首次将之称为"塔",其后郭实猎在新加坡出版的《古今万国纲鉴》(1838)中依旧称之为"高塔",[3] 但到了袆理哲著的《地球说略》[4] 中则以插图的形式称之为"石塚",[5] 并描述为:

> 又介尔阿城[6]相近处,有最奇之古迹。非亭、非塔,状如塚,皆石为之。基阔顶尖于峰。其最大者,即其下之一隅,量之

---

① 参见邹振环《〈坤舆图说〉及其〈七奇图说〉与清人视野中的"天下七奇"》,古伟瀛、赵晓阳主编《基督宗教与近代中国》,社会科学文献出版社,2011。

② 郭实猎:《史记麦西国古史》,《东西洋考每月统记传》丁酉四月(1837 年 5 月),第 3 页。

③ 郭实猎:《古今万国纲鉴》卷 2《麦西国史》,新加坡坚夏书院藏版,1838,第 18 页。

④ 1848 年初版为《地球说》。

⑤ 袆理哲:《埃及国图说》《亚非利加大洲图说》,《地球说略》,华花圣经书房,1856,第 76 页。

⑥ 即开罗。

长约计六十丈，顶之高亦约有六十丈。①

这一描述成为 19 世纪中叶以后人们对金字塔认识的"知识仓库"，②
较之天主教耶稣会士的《坤舆图说》所刊载的单塔独立图，《地球说略》有关金字塔的插图也首次按远近法将基沙三大金字塔收入一图，更富有现实感。其后该书在日本的传播更是刺激了不少日本人的世界认识，1860 年就直接将之加上训点翻印出版（见图 18 - 2）。③

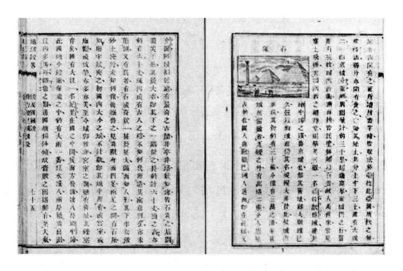

图 18 - 2   《地球说略》日本版有关金字塔的介绍与插图

在称呼上，较之郭实猎的"塔"的认识，这里明确称其"非亭、非塔"，"状如塚"。徐继畬（1795 ~ 1873）的《瀛寰志略》（1849）虽然早于《地球说略》，但如果他参照了 1848 年初版《地球图说》的话，其"古王塚"的描述或许也与此有关：

---

① 祎理哲：《埃及国图说》，《地球说略》，第 76 ~ 77 页。
② 参见潘光哲《晚清士人的西学阅读史（1833 ~ 1898）》，中研院近代史研究所，2014。
③ 褘理哲著述・箕作阮甫訓點『地球說略』老皂館、1860。

> 都城外有古王塚数处，皆基阔顶锐。……有一塚基阔五里，高五十丈，顶似峰尖。①

而且其最后夹注还有"南怀仁宇内七大宏工记有此塚"字样，亦可见当时《坤舆图说》的影响尚在。

魏源（1794~1857）的《海国图志》（百卷本，1852）收纳了各种相关的说法，如：

> 麦西国自古有名，于商朝年间，国家兴盛，所筑之塔，高大尚存，其坟塚如殿，及于今日，有人不远万里以观此古迹。②

徐继畲和魏源的描述也多是源自西洋人的说法，后者既称其为"塔"，也留有"坟塚如殿"之说，其中"有人不远万里以观此古迹"就说明当时金字塔已经遐迩闻名了。

也就是说，到了19世纪中叶，在中文语境的主要描述中，虽然尚未出现"金字塔"一词。但至少国人对金字塔的想象已经展开了。

那么，第一个访问金字塔的中国人是谁呢？又是谁命名了它呢？这一点我们至今不敢确定，现在能看见的记录也都是在19世纪中叶以后的游记。比如作为天主教徒的郭连城，他留下的《西游笔略》③是写于咸丰九年至十年（1859~1860）的欧洲游记，其返回时路过埃及，称开罗为"加以罗"，记录了有关金字塔的情形：

> 加以罗城内有最奇之古迹，状如塚，皆石为之。阔下而

---

① 徐继畲：《瀛寰志略》卷8，上海书店出版社，2001，第243~248页。
② 魏源：《厄日度国·重辑》，《海国图志》中册，岳麓书社，1998，第997页。
③ 为其书作序的陆霞山也是天主教徒，且早于郭连城八年就去了欧洲，称"所录沿途见闻，皆余曩所身亲目睹，而毫无浮词者也"。可知其亦去过埃及，有可能是第一个亲身探访金字塔的中国人，但没有留下记录。引文见陆霞山《西游笔略序》第2页，收入郭连城《西游笔略》，文海出版社1972年影印本。

锐上，其最大者，即其下之一隅，量之长约六十丈，高亦六十丈。①

这里仍记之为"状如塚"，与《地球说略》的描述相似，尚未用"金字塔"一词。该书同治二年（1863）的版本中没有插图，1921 年由武昌天主堂印书馆刊行的版本中插图精致，颇具特色，倒像是《地球说略》插图的版画式风格（见图 18 - 3）：

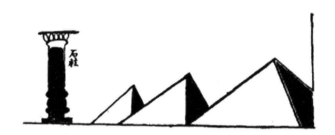

图 18 - 3　《西游笔略》1921 年版所载金字塔插图

这其后，清末外使斌椿（1828 ～ 1897）的《乘槎笔记》（1866）中，不仅有《瀛寰志略》作者徐继畲的序文，而且他对金字塔的观察更为仔细：

又十余里，至古王陵。相连三座。北一陵极大，志载基阔五里，顶高五十丈，信不诬也。方下锐上，皆白石垒成。②

该书颇为详细地记述了斌椿在埃及的游历。作者自出发后经过

---

① 郭连城：《西游笔略》，第 131 页。
② 斌椿：《乘槎笔记》，湖南科学技术出版社，1981，第 15 页。

50 天行程来到埃及,终于目睹了"古王陵"之气势,且对前人所言"信不诬也"。然后又描述"横石刻字"如"古钟鼎文"。最后描写狮身人面像时,竟用"凿佛头如浙江西湖大佛寺像"来比喻其身型高大。与之同行的张德彝在《航海述奇》中也称之为"王陵",描述说"其陵三尖形",为"三千数百年建造天下第一大工也"。该描述后以《埃及古王墓》为题,再次被收入《中西闻见录》第 14 号(1873 年 9 月)中。①

19 世纪其他有关埃及的记载,如《教会新报》1868 年第 57 期亦附图(与《地球说略》同)登载了有关金字塔的描述,其中说道:

> 国多古迹,有最奇者有三高阜焉。非亭、非塔、非塚、非台,以石砌成,有级可上,人可步而登焉。

这里虽然还保留着《地球说略》的插图,但对金字塔的认识有所不同,改称其为"三高阜",且在前人认识的"非亭、非塔"上,又加上了"非塚、非台"。

罗存德《英华字典》出版之后,有关描述仍没有采用"金字塔"一词。比如,韦廉臣(Alexander Williamson, 1829 – 1890)登载在《万国公报》第五册上的《埃及纪略》(1874,后收在《小方壶斋舆地丛钞》第十九帙第九册中)亦云"大石塚墓"。

这种外国传教士的描述以及国人对金字塔的想象,也出现在近代报刊上。同治十二年(1873)上海发行的《申报》上刊出了《记埃及国皮拉米事》一文。"皮拉米"一词,显然是 pyramid 的音译,不

---

① 《中西闻见录》(*The Peking Magazine*)是传教士丁韪良、艾约瑟(Joseph Edkins, 1823 –1905)等人于 1872 年 8 月在北京创办的一份近代报刊,1875 年 8 月停刊。该刊真实地记录了当时的一些事实,对洋务运动起了推动作用。1876 年 2 月,《格物汇编》(*Chinese Scientific Magazine*)在上海创刊,成为《中西闻见录》续刊。日本在明治 8 年(1875)曾购入此刊。

过并未被广为采用。

到了清末的《点石斋画报》（1885）里，出现了题为《狮庙千年》的插画（见图 18 – 4）。较之早先《坤舆图说》和《地球说略》中的金字塔图，该图把金字塔画得更尖，过于突出了基沙三大金字塔中的一塔，且新增了狮身人面像。其形象似乎更为离谱，与前面所描述的"凿佛头如浙江西湖大佛寺像"迥然不同，平添了许多异国风情，① 也更能够勾起人们对金字塔的向往，但在解说时仍没有使用"金字塔"一词。

图 18 – 4　《点石斋画报》（1885）中的金字塔

---

① 这是光绪十一年十月十五日（1885 年 11 月 21 日）晚，曾经周游世界各国的颜永京在上海"格致书院"举办幻灯片放映会的一环。

到了 1886 年，艾约瑟的《西学略述》里仍是延用前人的描述，称其"帝王之陵塚工程浩大，修为方形高台"。①

这也就是说，虽然在 19 世纪 60 年代的英华字典里已经完成了"pyramid 金字塔"的对译，但实际文章中却极少采用。如果认为金字塔一词是中国人对古埃及的角锥体陵墓形象化的称呼，理由是这种建筑物的外形类似汉字"金"字的形状的话，那么，中文里应该有类似的表达才对。其译法有没有语言上的佐证呢？用"金"字来表述这一形状的说法是源自何时？

有关这一点，我们还是能在 19 世纪的英华字典中找到证据（见表 18 - 2）：

表 18 - 2 英华字典中的"金字"构词

语词	pediment	frame	roof	gable	fastigiate, fastigiated
卫三畏《英华韵府历阶》(1844)	金字房				
罗存德《英华字典》(1866~1869)		屋背架、金字架	金字屋背、高屋背	金字墙	金字样
卢公明《英华萃林韵府》(1872)	人字线、金字房				
邝其照《华英字典集成》(1899)				屋上之金字髻	

从上述例子中我们可以看出，以"金字"表示顶尖下宽的形状，早在 1844 年卫三畏的《英华韵府历阶》中就有"金字房"的说法。罗存德《英华字典》用得最多，都是用在房屋建筑上，除上面出现的"金字形"外，还有"金字架""金字屋背""金字墙""金字样"等。卢公明延续了卫三畏的用法，而邝其照则新添了"屋上之金字

---

① 艾约瑟：《西学略述》卷 6《史学·释古文以识古史》，光绪二十四年图书集成印书局本，第 1 页。

髻"的说法。除这些对译字典外，中文文献里尚有"金字山"等更早的称呼，如：

> 金字山在石泉县东二十里，列嶂如屏，冈峦耸翠。①
>
> 俞懋文宅（万历《象山县志》），九都金字山下，宋侍郎俞懋文及孙承简世居于此。②
>
> 巴山县南一里又名金字山，一峰分三岗，而下形如金字，县治依之。③
>
> 金字山在州东二十里。④

道光年间的《施南府志》中亦载有："龙泉西峙，金字车盘，乃利川之胜。"⑤ 换言之，用"金字"表形状的历史并不悠久，没有出现在宋以前更早的中文语料里，且北方话里少有这种用法。那么，这种构词法是否为南方或川粤地区的一种特有表述，尚不可知。至少在香港出版的罗存德《英华字典》里用得最多，我们可以将该词视为在当时已经具备了一种构词能力。

反过来说，日本人用不用"金字"来表示形状呢？在我们能调查的范围内，找不到用"金字"来构词的迹象（至今也只用"金字塔"一词），反倒是其传统的表述占上风。如前所述，针对中文的"金字塔"，日文的翻译为"スギナリヅカ（杉树形塚）"，也是从注重形象而起的。

至此我们可以说，"金字塔"一词出现在 19 世纪 60 年代罗存德

---

① 穆彰阿、潘锡恩等纂修《大清一统志》卷399，第 7 页，上海古籍出版社 2008 年影印本。

② 沈翼机等纂，嵇曾筠等修《浙江通志》卷43，商务印书馆，1934，第 979 页。

③ 迈柱等监修，夏力恕等编纂《湖广通志》卷10，第 52 页，收入《文渊阁四库全书》第 531 册，上海古籍出版社 1987 影印本。

④ 杨芳灿撰《四川通志》卷25，第 25 页，收入《文渊阁四库全书》第 560 册。

⑤ 主要指位于湖北恩施利川境内的山脉，其他各地亦有该称呼。

的《英华字典》里绝不是偶然的。但实际上大多数中文文献中多是沿袭"高台""石塚"等旧说,很少使用"金字塔"一词,也就是说对金字塔的想象只停留在建筑物本身的古老宏伟及奇特上。

三 日本人对金字塔的认识

日本人认识金字塔是通过两种不同渠道。一种来自中国,还有一种来自荷兰。首先,在中国传播的描述和记载金字塔的所有书刊,几乎都在日本有过流传,无论是耶稣会士艾儒略的《职方外纪》和南怀仁的《坤舆图说》,还是徐继畬的《瀛寰志略》和魏源的《海国图志》,在日本都有过几种翻刻本。[①] 特别是明末清初的文言短篇小说集《虞初新志》更是在日本广泛流传,该书自 1762 年传入日本后,有多种版本,19 世纪初就出版有加点和刻本《虞初新志》(见图 18 – 5)。[②]

这完全是翻刻了南怀仁《坤舆图说》的"七奇图说",只是文字说明部分略有删减。其后,日本虽然还出版过《日本虞初新志》[③] 和《本朝虞初新志》[④] 等汉文小说,但其中都没有采纳"七奇图说"。

来自中文的汉译西书也是传播这一知识的重要途径。除前面举过的几种主要图书外,还有以下两种:一是郭实猎《古今万国纲鉴》,既在日本出版有训点本 (1874),[⑤] 还于同年出版了其日译本,均称不知原著为何人所作,但标注为"模礼松著",可见当时日本对马礼

---

① 《职方外纪》有宽政九年(1796)抄本;《坤舆图说》通过《虞初新志》得以在日本传播;《瀛寰志略》有文久元年(1861)刻本和明治元年(1868)刻本;《海国图志》在日本有 23 种重刻本。参见源了円「幕末・維新期における『海国図志』の受容—佐久間象山を中心として」『日本研究』9 号、1993、13 ~ 25 頁。

② 張潮輯・荒井公廉訓點『虞初新志』岡田茂兵衛印、1823。

③ 近藤元弘編『日本虞初新志』武市英俊、1881。

④ 菊池純著述・依田百川評點『本朝虞初新志』文玉圃、1883。

⑤ 模礼松著・大槻誠之 [東陽] 點・塚本明毅・重野安繹閲『古今万国綱鑑録』青山堂、1874。

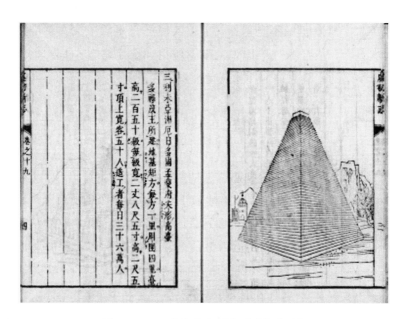

图 18 – 5　日本加点和刻本《虞初新志》

资料来源：張潮輯・荒井公廉訓點『虞初新志』卷 19、4 頁。

逊的推崇。但实际上这是郭实猎所作。①

另一本就是前面提到的 1856 年祎理哲的《地球说略》，万延元年（1860）由箕作阮甫加训点，将之分为上、中、下三卷在老皂馆出版和刻本。不仅如此，它还刊有两种日文译本。分别为明治 7 年（1874）的和解本②以及明治 8 年的译解本（见图 18 – 6 和图 18 – 7）。③

看上去似乎前简后繁，后者的插图（图 18 – 7）基本照搬和刻本（图 18 – 2），且更为精密。而前者（图 18 – 6）则是另采插图，试图加进"人面狮身像"，两者依旧称"石塚"。

---

①　邹振环：《西方传教士与晚清西史东渐——以 1815 至 1900 年西方历史译著的传播与影响为中心》，第 329 页。

②　祎理哲著・赤沢常道訳『地球説略和解』甘泉堂、1874。

③　福田敬業訳「亜非利加大洲図説」『地球説略譯解』江藤喜兵衛、1875。

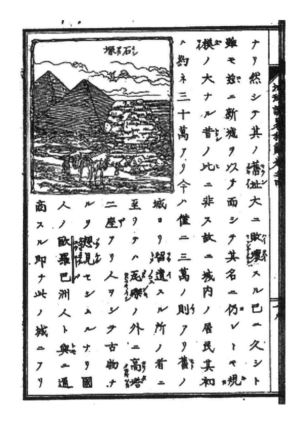

图 18-6 明治 7 年和解本《地球说略》

当然，日本也有其直接吸收西方知识的渠道，所谓的兰学即是日本人最早接触外国知识的媒介，从这一角度来看，在 1796 年日本编辑的第一本兰和辞典《波留麻和解》[①] 和以其为蓝本删减的《译键》中，均记载：

Piramide　刹柱

这种译法是依照荷兰语的解释做出的。另一本兰和辞典 *Nieuwe-*

---

① 稲村三伯編纂『波留麻和解』、1796。

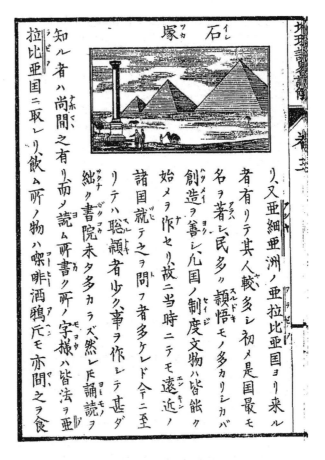

图 18-7　明治 8 年译解本《地球说略》

gedruct Bastaard Woorden-boek（1822）则是用"石碑"一词来对译的。这之前虽然还有 1595 年刊行的天草版《罗葡日对译辞典》，其原文（第 662 页）记载为"四角尖塔"，但该书没在日本流通：

Pyramis, idis. Lus. Piramide. Lap. Suyebe foni ixiuo xicacuni ccugui aguctaru to.

在兰学兴起之时，司马江汉的功绩是人所共知的。他 1805 年就出版了《和兰通舶》一书，内容大多由荷兰语翻译而成，里面就附有金字塔的插图（见图18-8）。与七大奇迹的"巨铜人"一道，司马江汉将金字塔介绍如下：

> 此国人好格物穷理之学，精通天文医术。去城下一里处有尖台三处，甚大。一周三百二十四步，拾阶二百五十步。其傍有人面狮身像。[①]

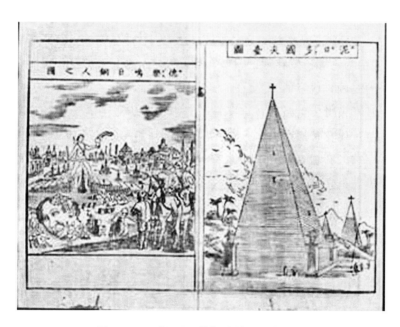

图18-8　《和兰通舶》中的金字塔插图

我们如果将之与南怀仁《坤舆图说》相比较就会发现，金字塔的造型、构图和周围风景等细节都不一样，当是根据当时的荷兰版资料绘制的。这里也是将之描述为"尖台三处"。

---

① 司馬江漢編『和蘭通舶　卷1』春波樓蔵、1805、13～14頁。

另有一本世界地理书《坤舆图识》也是从荷兰语翻译过来的，其中称：

> 此国上古其威势宏大，其文物艺术昌盛，非今日之比，从其尖形高台趾及处处出土的木乃伊可以推知。[①]

即将金字塔作为"尖形高台"来加以介绍。但这些描述并没有被后来的文献所继承。比如，日本最早的英和辞典《英和对译袖珍辞书》在其编撰过程中当然受到兰和辞典的影响，但它对 pyramid 的诠释却基本上是延续了传统汉译西书的说法，称为"石塚，巨大而呈屋顶形"。因为它早于罗存德的《英华字典》，译词里面没有出现"金字塔"也是顺理成章的。

日本人当然也亲临过金字塔。日本近代历史上有三次外访使节团，路过埃及时都去观赏了金字塔的雄姿。第一次遣欧使节团是文久二年（1862）派往欧洲去要求开港延期的，日本近代的启蒙思想家福泽谕吉也是随员之一，他在《西航记》中记录了当时观看金字塔的情形：

> 世人周知埃及有壮观的金字塔（ピラミデ），以石筑造，呈四角尖柱形，二个相对立，各高四百尺，柱底之经六百尺。盖四千年前埃及国王 Cheops 之墓碑，据说当时为建造之花费人工二百万。[②]

福泽谕吉是第一个将金字塔用日语片假名标出的人，按当时荷兰语发音读作ピラミデ，称其呈四角尖柱形，并说明为四千年前埃及国王胡

[①] 箕作省吾『坤輿圖識』須原屋伊八［夢霞樓藏版］、1847。

[②] 福沢諭吉「西航记」慶応義塾編纂『福沢諭吉全集 卷19』岩波書店、1969～1971、16頁。

夫之墓碑，这种认识当然比前人更进了一步。四年后福泽谕吉出版的
《训蒙穷理图解》^① 卷二里虽收录了埃及金字塔图景，但并未给出具体
名称来。

结团访问金字塔并留下纪念照的是 1864 年第二次遣欧使节团，
如图 18 – 9 所示，一群带刀的武士站在狮身人面像前合影留念，构成
了一副奇特的景象。

图 18 – 9　日本第二次遣欧使节团在金字塔前的留影

当时松平康道副使将其描述为"奇形尖顶的大石塔三基"，为"世
界奇观之一"，故于当年 2 月 23 日乘马车去观览之，称为"奇观塔"。^②
这种认识显然也与南怀仁《坤舆图说》中的"七奇图说"有关。

第三次岩仓使节团的欧美巡览则是明治开国以后最为重要的一

———————

① 福沢諭吉『訓蒙窮理圖解』慶応義塾同社、1868。
② 日本史籍協会編「尾蠅欧行漫録」『遣外使節日記纂輯 第二』東京大学出版会、
1929、310 ~ 311 頁。

次，在回程时，使团一行来到了埃及，《米欧回览实记》第 95 卷
"红海航程记"里是这样记载的：

> 开罗府博物馆为好古之士不远千里也要走访的名地。府中又
> 存有巨人首之类。古时埃及的豪酋驱役奴隶、俘囚，造成这一大
> 建筑，视之足以想象古时。①

这里将金字塔称为"锥形塔"，并用片假名夹带了当地的读音，这种
做法明治以后逐步增多。比如《万国奇谈》（一名《世界七不思
议》）②就是纯粹描写世界七大奇迹的，其中金字塔也是用片假名ビ
ラミーデ来表示的：

> 亞非利加州の内埃及國の介爾阿といへる處に近く、ビラミ
> ーデと稱せる奇形の石塚大小ともに數多あり。（非洲内埃及国
> 开罗近处有许多称为金字塔的奇形大小石塚。）

其后先介绍图 18 - 10 的右半部分，称之"非亭非塔，如粗塚"，
与《地球说略》的描述相似。随后则说图 18 - 10 的左半部分似有绝
大的女子从地中伸出头来，半身埋于土中，不知其形为何物。这为后
来将其称为"女面狮身像"提供了依据。但从其称金字塔为"石塚"
来看，与石黑厚译述的《舆地新编》（1874）一样，还是没有摆脱
《地球说略》的影响。

同年的《世界新名数》③里，金字塔则被描绘得像一个巨大的烟

---

① 久米邦武「紅海航程ノ記」『米欧回覧実記 冊 5 巻 95』宗高書房、1975、301
   頁。
② 青木輔清編『万国奇談：一名 世界七不思議』和泉屋市兵衛、1873。
③ 松川安信編『世界新名数』松雲堂、1874。

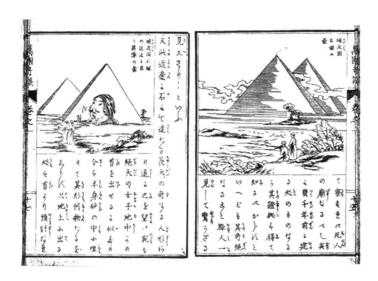

图 18 - 10 《万国奇谈》中的金字塔

囵，而且将其片假名ビラミーデ音译为汉字"比罗美井天"。

明治 8 年（1875）出版的《舆地志略》（内田正雄编译）是影响甚广的世界地理书，它与福泽谕吉的《西洋事情》、中村正直的《西国立志编》并称为"明治三书"，风靡一时。其卷八的"亚非利加洲"里详细描绘了金字塔的内部结构，在当时算是最为全面细致的描写，但仍是称之为"大石塚"。有意思的是在文中解释说：

> 就中、石塚ノ極メテ大ナル者ガアリ、「ピラミッド」ト名ク。（其中石塚极大者又称ピラミッド。）

可紧接着后面又在夹注中特意表明："译作石塚，并非字义。"也就是说开始意识到"石塚"的译法未必妥当。

亲临过金字塔的中井樱州在明治 10 年出版的《漫游记程》（1877）里，先是在卷上的末尾处描写到：

> 九日，和三名美国人于早上六点出发，一同乘火车前往开罗府。……十二点时，远远眺望到古墓"金字塔"（ピラミット）。这石塔为四千年前的古物，高达四百尺，形状奇伟，为四角尖塔，皆以大石建造而成。①

这里的金字塔音译为ピラミット，与当今的外来语表记相同，明显是出自英语，或将之称为"四角尖塔"，或在卷中的埃及部分称之为"大石塔"。

> 十一日，前往埃及王的离宫。……用过早餐后，我同三名美国人、一名俄罗斯人于七点半一同乘上马车，穿过尼罗河的铁桥，想去看大石塔，连赶三里路。石塔建在沙漠的丘陵上方，皆用巨型方石垒砌而成，大者可达四百尺长，中有穴洞。应匍匐爬入穴洞。此外还有两座大石塔及数不胜数的小塔。此处为古代国王的坟墓，历经四千年风霜摧残，今日仍屹立。②

对这一描述，当时的汉学家依田百川评道："尖塔实宇宙间无比奇物，人人皆能知之，而其能游瞩者几人？壮哉游也，健羡健羡。"③可见当时能目睹金字塔，还是十分令人羡慕的。

本来，音译词ピラミッド最初只是作为汉字词的对译而并用的，到后来开始独自使用。在明治19年（1886）日本出版的《世界旅行万国名所图绘》里，提到了旅游胜地金字塔，插图中的金字塔及其狮身人面像被画得栩栩如生。但在语词上并没使用汉字"金字塔"，而一律用的是片假名ピラミッド。

由此可见，虽然"金字塔"一词已经进入到日本的英和辞典中，

---

① 桜洲山人中井弘『漫游記程　卷上』中井弘、1878、43頁。
② 桜洲山人中井弘『漫游記程　卷中』11～12頁。
③ 桜洲山人中井弘『漫游記程　卷中』12頁。

但与中国一样,大多数描述中并没有使用之。明治初年最为流行的《万国史略》(明治四年至 8 年)还是用"大石塔",后来的《万国史》(1886)用的是"尖塔"和"狮面女身像";一直到 1899 年为止,"三角石塔"① 或"三角塔及び女面狮身の像"等还在使用。

也就是说,在英华字典的译法"金字塔"传入日本之前,日本的译词主要是"石塚""奇观塔"或片假名音译。"金字塔"传入日本之后的一段时间内也只见辞典登载,并不见其使用。那么,"金字塔"作为文章中的表述最早出现在什么时候呢?这就不得不提《万国史记》的出版了。正是在这部用汉文写就的世界史概说里,"金字塔"才首次出现。

四 《万国史记》的流传与"金字塔"的普及

《万国史记》是明治初期日本学者冈本监辅②用汉语编写的世界通史性质的读物,由中村正直审阅,内外兵事新闻局出版。中国驻日公使何如璋(1838~1891)、日本的副岛种臣(1828~1905)、赫赫有名的汉学家及知名人士重野安绎、中村正直、冈千仞(1833~1913)、鸟尾小弥太(1847~1905)、川田刚(1830~1896)和岛田重礼(1838~1898)等人为该书写了序跋,使之不仅在日本博得好评,还畅销中国和朝鲜,成为世界史在东亚普及的一个重要文本。

"金字塔"一词出现在该书亚洲部分卷四的《巴勒斯坦记》里:

---

① 玉瑟斋主人译《埃及近世史》,《清议报》第 45 册,1900 年 5 月;麦鼎华译《埃及近世史》,广智书局,1902;柴四朗『埃及近世史』、1889,中文版参见柴四朗撰《埃及近世史》("历史丛书"之一),章起渭译,商务印书馆,1903。

② 冈本监辅(1839~1904),探险家,教育家。出生于德岛的小农家庭。名监辅,号韦庵。嘉永元年(1848)入东畡门学汉学。前半生投身于桦太探险和北海道开发,后半生致力于儒学教育,曾任"台湾总监府"国语学校教授、私立神田中学校校长等。为复兴汉学而努力,成为明治 14 年(1881)结成的斯文会首任书记。著书有《北虾夷新志》《穷北日记》《烟台日记》《万国史记》等 39 种。

当是时，厄日多人口稠密，文明冠于天下。法老卒，约瑟福
继殁。厄日多王恶以色列子孙渐昌，而其教法异己。虐使之如奴
隶。凡百苦役皆令希伯来人当之。今尼罗河畔所有金字塔亦希伯
来人所筑。①

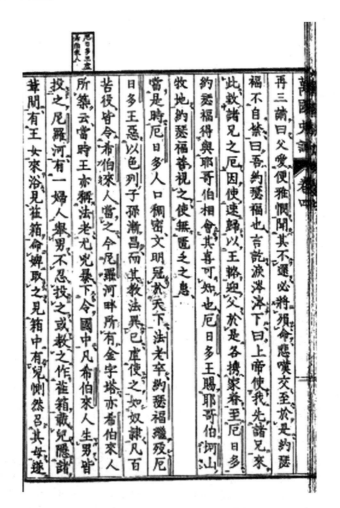

图 18-11　《万国史记》有关金字塔部分的书影

① 「巴勒斯坦記」岡本監輔著・中村正直閲『万国史記　巻4』内外兵事新聞局、
1879、8 頁。

卷四还收有《亚西里亚记》《西里亚记》《亚剌伯记》,均无"金字塔"字样。而《万国史记》卷五的非洲《亚非理驾史》的埃及篇《厄日多记》[1] 以及其他篇章里则仍用"营工大石塚"这一传统表述,不见"金字塔"的字样。也就是说,在二十卷本的《万国史记》中,"金字塔"一词只孤零零地出现了这一次(见图 18-11 倒数第四行下部),而且还不是在正宗的埃及篇里。

那么,这种对金字塔描述上的不统一是否是因为冈本监辅的《万国史记》依照了不同的底本呢?据该书冈千仞序文曰,冈本"辑和汉近人译书数十部,撰万国史数十万言"。《万国史记》凡例亦云:"此篇就翻译诸书,摘录其要而成。"即《万国史记》是依照多个本子编辑而成的。但也有不同看法,狭间直树引金泽治编的《冈本韦庵先生家系年谱》说,该书是将友人三宅舞村的弟弟三宅宪章译自法文的书稿,再转译成汉文的。[2] 但查井上羽城编的传记《三宅宪章翁》[3],里面虽记有三宅宪章跟中江兆民学法语之事,也记有与冈本监辅相交之谊,但均未言及译书之事。倒是几年后两人一起联名出版过一本《万国通典》。[4]

这给我们两条思路去追索。一是从法语翻译方面去找当时的资料有无出现"金字塔"的用法。然而,在 1879 年以前出版的法日辞典里实际上并没有出现用"金字塔"来对译的例子。反倒是日本最早的法语启蒙家村上英俊(1811~1890)在明治三年(1870)用汉文翻译过一套《西洋史记》(第一次在世界史书中用"史记"之称),虽然只出版了六册上古史和四册中古史的部分,但其中卷一就出现了有关金字塔的记述:

---

[1] 后改名为《埃及国记》,收在《小方壶斋舆地丛钞》第 12 帙第 9 册中。

[2] 狭間直樹「初期アジア主義についての史的考察(7)第六章 善隣協会について—岡本監輔のばあい」『東亞』416 号、2002、64~70 頁。

[3] 井上羽城編『三宅憲章翁』島正太郎、1920。

[4] 岡本監輔著・三宅憲章校『万国通典』集義館、1884。

令族人等从大难事业。命族人等造营尖顶四角大石庙及日
表，又营作诸街陌矣。①

这之后紧接着还有译者的按语：

（茂按）：《地球说略》曰：……非亭、非塔、状如塚者，即
碏居符氏族人等营造尖顶四角大石庙乎，待后考。②

显然译者也是看过《地球说略》的。其卷一也有一节是专讲巴
勒斯坦的，即"把列私智拨國"，③ 但用语与冈本监辅明显不同，里
面也没有出现有关金字塔的叙述。另在卷二还有"挨及史"的部分，
其中提到的也只是称"四角柱塔"，如：

近部建造有名義碎布四角柱塔。④

这就是说，虽然是用汉文写就的世界史，冈本监辅也有可能参照了
它，但至少《万国史记》中"金字塔"的用法不是出自此。

另一条思路就是注重冈本监辅的访华经历。冈本监辅生平四次
访华，《万国史记》出版前，他于 1875 年和 1876 年两次访华；之
后 1900 年和 1901 年也两次访华。如果他在访华期间设法收集当时

---

① 駞儒屡原撰·村上義茂［村上英俊］重訳『西洋史記 上古史 巻 1 第四神代紀 章
1 埃及退去』山城屋佐兵衛［达理堂蔵版］、1870、17 頁。
② 駞儒屡原撰·村上義茂［村上英俊］重訳『西洋史記 上古史 巻 1 第四神代紀 章
1 埃及退去』、17 頁。
③ 駞儒屡原撰·村上義茂［村上英俊］重訳『西洋史記 上古史 巻 1 第五神代紀』、
22～26 頁。
④ 駞儒屡原撰·村上義茂［村上英俊］重訳『西洋史記 上古史 巻 2 挨及史 章 1 上
古把剌恩王』、3 頁。

的中文文献的话，那么上述那段出自《巴勒斯坦记》的"金字塔"孤例也有可能出自中文。照这个线索去查找当时用中文写就的世界史，特别是巴勒斯坦史，至少在本文所列举的上述中文文献中，均未出现过"金字塔"的字样。当然不排除有些材料我们还没有看到。

所以，就冈本监辅《万国史记》"金字塔"的用法，我们不能确定究竟是他自己首先使用，还是从别人的材料转抄过来的。如果是前者，那么他应该是参照了英华字典或受其影响的英和辞典的译词；如果是后者，也还要区别是取自日文文献还是中文文献。

尽管"金字塔"只在《万国史记》中出现过一次，但该书不仅在日本广泛阅读，还对中国有重大影响。如果单纯从时间维度上看，《万国史记》的"金字塔"是出现得最早的用例，当然也出现在别的翻译书中，比如《拿破仑第一世传》里就描述了拿破仑打到埃及时在金字塔附近的一场著名战役，称"金字塔ノ戦ノ事"。①

明治 16 年（1883）翻译出版的《百科全书》在讲述埃及的古物时，多次用到"金字塔"一词，如：

> 而シテ目ヲ埃及ノ金字塔、寺院、塚墓等ノ上ニ転スルトキハ、即チ其開明ハ今世ニ現存スル最古史乗ノ已前ニ在リテ。（此外，当目光转向埃及的金字塔、寺院、坟墓等建筑时，记载于最古老的史书上的开明文化即刻呈现在眼前。）②

在《百科全书》的《养树篇》里，开始用金字塔来形容树木的

① 小林雄七郎訳『拿破侖第一世伝　巻 2』陆軍文庫、1880、42 頁。
② William Chambers「古物学」柴田承桂訳・久保吉人校『百科全書　巻下』丸善商社、1884、1036 頁。

形状，即前面日文所译的"杉树形状"：

> 此樹ハ速ニ成長シテ奇麗ナル金字塔状ヲナス。（此树成长
> 快，会长成漂亮的金字塔状。）①
> 奇麗ナル金字塔状ノ木トナリテ其高サ五十。（树高五十，
> 呈美丽的金字塔状。）②

之后，享誉舆论界的德富苏峰所著的《将来之日本》（1886）中
则将金字塔用于比喻工程之巨大：

> 曾几何时，史蒂芬孙氏在伦敦和伯明翰之间修建了一条铁
> 路。这在当时是举世震惊的大工程。在我看来，基奥普斯（即
> Cheops，胡夫——引者著）金字塔（Pyramid）也恰如此般。③

在此后的明治 21 年（1888）的《如氏地理教科书：中等教育》
中，是用"大金字形塔"来和ピラミト对译的：

> ナイル河ヲ遡ルニ際シ、先ツ旅人ノ眼ヲ驚スモノハキゼー
> ノ大金字形塔（ピラミト）並ニメムフィスノ舊跡是ナリ。［沿
> 尼罗河溯流而上之际，首先映入旅客眼帘的是令人震惊的吉萨大
> 金字塔（Pyramid）和孟菲斯古迹。］④

---

① William Chambers「养樹篇」坪井為春訳・久保吉人校『百科全書　卷上』、
　　1465 頁。
② William Chambers「养樹篇」坪井為春訳・久保吉人校『百科全書　卷上』、
　　1465 頁。
③ 德富猪一郎［蘇峰］『将来之日本 第五回 平和世界』経済雑誌社、1886、63 頁。
④ Johnston 著・富士谷孝雄訳『如氏地理教科書：中等教育』内田老鶴圃、1888～
　　1890、45 頁。

1900 年高安三郎创作了"社会小说"《金字塔》,[①] 书内页配有金字塔和狮身人面像,其装潢精美,博得世人的好评。但内容上却是和埃及的金字塔没有半点关系。该书讲的是一个东京人由于人生的苦闷,改做工人后所面临的种种社会问题,由此可见,"金字塔"一词已经开始摆脱其具体形象,成为一种时髦的、带有象征意义的名词,在这本小说里即表示由高层沦落到底层的意象。

随着日本人对金字塔的想象及语词的广泛使用,明治末期便开始将"金字塔"比喻为最高峰或不朽的业绩。如 1908 年 4 月 7 日《读卖新闻》朝刊第六版上有:

> 作为美的生活论者,高山樗牛博士的名字是值得铭刻在明治思想史的金字塔之上的。

这种比喻义的产生与明治后期的教科书中对"金字塔"的描述有关。如芳贺矢一编《中等教科明治读本订正字解·第 4、5 学年用》(东云堂,1909)对其中的"大金字塔"一词,释义为"ピラミッド 古代国王の墳墓"。而从课文中可抽出的形容词有"巍然""悠久""庞大""不朽""俨然""优秀""记号的""具象的""数量的""崇高庄严""怪奇不自然""典雅优美""崇敬"等,这些词是这一时代描述金字塔的主要用语,其中也包含着"金"字本身所引发的价值判断。由于教科书的普及,人们对金字塔的印象开始由具体的实物转向抽象的比喻或象征意义,即可以用金字塔表示巍然、悠久、庞大、不朽、优秀和崇高庄严等正面意义。比如 1928 年的《国民新闻》里有:

> フーバー氏こそは實に「米国繁栄の金字塔」である。(胡佛才是实际上"美国繁荣的金字塔"。)

---

① 高安月郊〔高安三郎〕『金字塔』高安三郎、1900。

这是用于称赞个人的说法。① 这一正面用法在其后的二战期间愈演愈烈，变成了鼓舞士气的一种特殊表述，比如多用于赞扬某一英雄事迹和伟大的举措：什么"銃後赤誠不滅の金字塔（后方忠诚不渝之金字塔）"，或"ソ満国境に不滅の金字塔（苏"满"边境上不灭的金字塔）"等。甚至出现"～に輝く金字塔（闪耀在～之地的金字塔）"的表述，用以张扬在某一领域、某一地方做出特别光耀夺目的业绩。

当然，在形式上，也开始用"～金字塔を打ち立てる（树立起一座金字塔）"这一种说法，来表扬在某一领域里达到了最高水平或建立了不朽业绩的人。但这一新义并没有传入中文，仅停留在日文的语境中，或许也用于其殖民地区。②

另一方面，由底层至顶峰的形状引发出的比喻意思仍在使用，如"教育の金字塔的發展（教育的金字塔的发展）"③ 等；而实际上日语里片假名的写法开始趋于独立使用，1930 年的《现代辞典》里收有该词，解释为：

> ピラミッド　古代エジプトの墓場用の大建築物。下から積み上げ、上になる程少さくなってゐる、従ってこんな種類の事物の名詞、形容詞に使ふ。（古代埃及用作墓地的大建筑物。从下往上堆积，逐层递减。这个词被用作描述类似事物的名词或形容词。）④

也就是说，片假名的ピラミッド已经多用于这一形状的修饰和比喻。所以，数学几何中的概念基本上用的都是片假名音译词。而后来，随

---

① 这些用法都早于《日本国语大辞典》第二版所举的例子。
② 如国家体委体育文史工作委员会编《中国近代体育史》（北京体育学院出版社，1989）里有这样的描述："《新京日日新闻》吹嘘它是什么'划时代的创举'，是'满洲体育界不朽的金字塔'。"
③ 参见高山直通『富と教育』明治图书、1925。
④ モダン辞典編輯所編『モダン辞典』弘津堂書房、1930、227 頁。

着汉字词"金字塔"的抽象比喻用法愈发频繁,用音译词表示其具体实物及形状的用法反倒更为普及。

事实上,我们调查"现代日语书面语均衡数据库"里近四十年的用法,其中用汉字书写的"金字塔"有 46 例,均为抽象的比喻义;而片假名的ピラミッド则高达 714 例,除表示埃及金字塔这一实物外,因其形状引起的比喻义也多用于此。

五 "金字塔"在中文里的使用

"金字塔"一词在中文里的使用跟冈本监辅《万国史记》在中国流传应有不可分割的关系。有关该书在中国的流传和影响已经有不少研究。邹振环不仅从版本方面对该书做了详细的介绍,也同时指出,较之 19 世纪的中国,日本出现了一大批以"万国"命名的地理与历史类著述。① 潘光哲在其著作中专设一章讲述该书作为"知识仓库"是如何给予中国士人以世界史的给养的。② 这一点,王汎森亦早有论及:

> 我们在探讨晚清以来的所谓启蒙时,往往忽略了其中的一个重要来源:世界史教科书。事实上,在一个对世界了解的资源非常有限的时代,史书所提供的各种知识,为人们开启了一扇天窗,是人们模仿、撷取、批评自己的历史文化最重要的素材。日本人冈本监辅的《万国史记》、李提摩太口译的《泰西新史揽要》等书,披露了一些陌生却先进的国家的历史,给人们思索、批判现实时,提供了最具体的依据。1880 年代以来,在中国出现的一批政治评论书籍,到处有世界史教科书的影子。譬如,宋

---

① 参见邹振环《西方传教士与晚清西史东渐——以 1815 至 1900 年西方历史译著的传播与影响为中心》。
② 参见潘光哲《晚清士人的西学阅读史(1833～1898)》。

恕的一系列在当时看来极为犀利的论评，每每是从冈本监辅的《万国史记》而得到的启发。①

　　该书有数种版本，最近还有很多研究在争论该书传入中国的年代，② 但其至少自 19 世纪末就已在中国学术界广为流行。首先，王韬在《扶桑游记》1879 年 6 月 21 日条中就称之为"必传之巨制，不朽之盛业"，当然这可能是他访日期间直接看到日本刚出版的原版书后发出的感慨。

　　梁启超对该书的评价甚高。在《读书分月课程》（1894，后作为横滨大同学校 1898 年的教材）中，他称"读西书，先读《万国史记》以知其沿革，次读《瀛寰志略》以审其形势"。③ 其《西学书目表》（1896）在史志部分首篇举的便是这本《万国史记》（上海排印本，十本，五角）。其识语云："虽甚略，然华文西史无详者，姑读之。"该书后面的《读西学书法》又云："通史有《万国史记》《万国通鉴》等，《通鉴》乃教会之书，其言不尽可信，不如《史记》。"④ 梁启超在他自己所编的《史学书目提要》中把它列为首条，认为读此书可以使人认识到"大率研求新政新学者胜，拥虚名而无实际者败"，这是"古今不易之理"。

　　的确，甲午惨败的剧痛已经告诫有见识的中国人应该把目光投向哪里。为了迎合知识分子读西书的需要，当时社会上出现了近代第二次译书热潮。既有介绍西方政治、经济、社会学说的，也有介绍西方国家史地及发展概况的，《万国史记》就是借此东风，在中国不断发行，据说有 30 万部流传于坊间。日本汉学家内藤湖南（1866～1934）

① 王汎森：《历史教科书与历史记忆》，《思想》第 9 期，2008，第 123～139 页。
② 王艳娟：《〈万国史记〉在清末中国的传播和影响》，《清史研究》2016 年第 3 期；王勇：《"和刻本"与"华刻本"》，《中日"书籍之路"研究》，北京图书馆出版社，2003，第 238～253 页。
③ 梁启超：《读书分月课程》，《饮冰室合集·专集》第 15 册，中华书局，1936，第 4 页。
④ 收入梁启超《中西学门径书七种》，光绪二十四年大同译书局石印本。

的访华记录《燕山楚水》(1899)中有一段对话反映了这一事实:

> 蒋(国亮):把贵国的书籍翻译成中文是非常有益的事情。不但可以开启中国的文明,而且贵国也从中获得利益。比如最近的《万国史记》《支那通史》,有很多中国人购买。可惜的是,这类书翻译成中文的太少。所以我很希望贵国人把日语的书籍翻译过来。贵国维新时的历史,以及学堂的好教材之类,都很有益。先生以为我说的对不对呢?
>
> 内藤(湖南):我国现在设有善邻译书馆。吾妻某氏和冈本监辅翁等人一起正从事翻译。听说贵国的李公使也很赞成这事。但我国人辛辛苦苦译出来,上海的书肆马上翻刻出售,我国人精力的结晶就徒然地被射利之徒掠取。贵国政府对此应该严厉查办。贵国的石印书籍价格极为便宜,这是我国无法匹敌的地方。《万国史记》就是冈本翁的著作。《支那通史》是那珂通世所著。两位先生我都认识。冈本氏曾游历贵国,访问了阙里先圣的故址。那珂是我的同乡前辈。①

该书不仅在中国畅销,连朝鲜也出了经玄采改编的《万国史记》。所以,我们不能否定"金字塔"一词在中国乃至东亚的使用过程中《万国史记》所起的作用。

在中文语境里,我们能看见的最早的例子出现在光绪二十三年(1897)的《时务通考》卷二十二《史学八》里:

> 法王拿破仑第一起大兵来攻于金字塔下。

这一描述与前面日文《拿破仑第一世传》(1880)的"金字塔ノ戦ノ事"相似。其后在日本办《清议报》的梁启超所写的《少年中国说》中亦有:

---

① 内藤湖南:《燕山楚水》,吴卫峰译,中华书局,2007,第80~81页。

老年人如埃及沙漠之金字塔，少年人如西伯利亚之铁路；老年人如秋后之柳，少年人如春前之草。①

在这一连串对老年人和少年人的描述中，他似乎是把"金字塔"用于贬义，比喻为古老、时间漫长；而把"西伯利亚之铁路"当作新兴之开发。

《新民丛报》（1902 年第 20 期，第 12～13 版）上刊载的梁启超的《新史学》一文，亦从历史悠久的角度对金字塔做了详细介绍：

埃及文明之花，实现于距今四五千年以前，于金字塔观其工艺之伟大。（金字塔者，埃及古王之坟陵也。其最大者容积七千四百万立方英尺，底阔七百六十四英尺，侧袤四百八十英尺，世界最大之石碑也。其能运如许重大之石材，上举于数百丈之高处，则其时工械力之大可想。）

可以说，中文语境中早期使用的语词以转用日文的为多，让人不能不怀疑"金字塔"一词似乎是通过日本这一渠道被"激活"后再次引进到了中国。

我们前面提到 1873 年的《申报》用的还是音译词"皮拉米"，到了新世纪后的《申报》（1903 年 5 月 11 日）才开始转用意译的"金字塔"：

法老王所建之金字塔，此塔自亚拉伯运石，由沙漠中立基，构造巧绝，工费无穷，而仅壮王陵之观。②

当然，还有另一条渠道也是不容忽视的。进入 20 世纪后，中国的

---

① 梁启超：《少年中国说》，《清议报》第 5 册，成文出版社 1967 年影印本，第 2267 页。
② 《申报》1903 年 5 月 11 日。

英华辞典也开始大量采纳日本英和辞典的译词，即英和辞典的记述影响到了 20 世纪的英华辞典。所以，不光"金字塔"开始随之回流，连"棱锥体"① 一词，也作为 pyramid 的译法重新流入中国，如

《重订商务书馆华英字典》（1903）

Pyramid 棱锥体、金字形塔

颜惠庆《英华大辞典》（1908）

A solid body standing on a triangular, square 棱锥体、角锥、正棱锥体

Monuments, such as those of Egypt 方尖塔、埃及金字塔

To turn upside down, as, to reverse a pyramid 颠倒、倒置金字塔

Relating to the pyramids 方尖塔的、金字塔的；pyramidical 锥角形的、棱锥体的

Having the form of a pyramid 棱锥形的、尖塔形的、金字塔形的

to excuss the pyramid 察观金字塔

《商务书馆英华新字典》（1913）

Pyramid 棱锥体、方尖塔

《广增商务印书馆英华新字典》（1915）

Pyramid 棱锥体；方尖塔；埃及金字塔

而且 1916 年赫美玲的《官话》还将"棱锥体"标为"新词"，将"金字塔"列为"部定"：

---

① 《历算全书》（1723）中多用"五锥体""四锥体"，亦用"锥体"，但不见"棱锥体"；《英华萃林韵府》第三部的数学与天文术语里出现过该词。

Pyramid 棱锥体（新、Math.）、棱锥（部定、Geom.）

Monument as in Egypt 方尖塔、金字塔（部定）

Color pyramid（新）色金字塔

　　至此，我们可以知道，"金字塔"一词 19 世纪下半叶由中文进入日文，而在日本增补的"棱锥体"一词又在 20 世纪当作新词进入中文。这种英华字典与英和辞典的相互影响，成为近代中日概念传播的一个重要渠道。

　　的确，曾负责审定"部定"名词的严复本人也在 1914 年的《名学浅说》里用过该词：

　　　　埃及人建金字塔。秦人造长城。①

　　20 世纪以后的中国人，康有为算是较早亲临金字塔的近代思想家。他在 1904 年游历欧洲十一国的途中，路过埃及并论及其文明之久远：

　　　　其建都在五千年前。金字塔，古王陵，石兽诸古迹，皆五千
　　年物在焉，为大地最古文明之地矣。②

康有为和梁启超一样，都是强调"金字塔"的古老，而后康有为于 1906 年和 1908 年两度游历埃及，登金字塔，盛赞其为"地球第一古物"，特留照并题字存念，但后来却始终称其为"金字陵"，一直到

---

① 耶方斯：《名学浅说》第 26 章第 180 节，严复译，商务印书馆，1914，第 128 页。

② 康有为：《苏彝士河至钵赊》，《欧洲十一国游记》编首《海程道经记》，光绪三十
　年广智书局本，第 7 页。

民国时都如此。① 近见网上有人说"金字塔"一词为康有为所命名，实属荒唐。

20 世纪前期的几本辞典，如《普通百科新大辞典》（上海国学扶轮社，1911）、《辞源》（1915）和《辞海》（1936）等，都将"金字塔"作为百科词条收录之，但并没有记录其比喻义。实际上在现代中文里，"金字塔"多用于由其形状而引申出来的比喻义，如：

> 人类从长期的生活经验中，总结出了三种造型的基本形态：
> 1. 稳定性：以三角形构图为基准，象（像）埃及金字塔，使人感到任何力量也摧毁不了……。②
> 在封建社会金字塔式的政权机构统治下，一个七品县令能审判一品诰命夫人？③
> 在党的中、下层组织中同样形成了这种金字塔式的权力配置

----

① 康有为写于"宣统十五年"的明陵题跋，当为民国 12 年（1923）。"康有为题跋：万国陵寝之壮丽，无如吾中国明陵者。吾遍游欧美亚各国陵，既书览之，如埃及开罗与旧京录士诸陵，号金字陵者，高数百尺，石大逾丈，其为奇丽，人所共知。又开罗诸陵中，有一陵藏廿四棺，大皆逾丈，以一石成之，亦为瑰伟。如近所发现，金字陵前之人首兽身石像，人首高十五丈，身长三十丈者。今忽从石中得门而入，亦埃及先王陵也，尤伟奇绝。如录士诸陵尤多，吾所游新发现者，丹青如新，皆六千年物也，诚天下无与京（竞）矣。如明陵前列人兽诸像，立马、跪马、立象、跪象、立狮、跪狮、立虎、跪虎、立羊、跪羊，皆似一巨石成之，大逾二丈，陈列十里，表华高几十丈，大逾合抱，门前大碑，高五六丈，厚二丈，亦一石为之，其如何扶立，昔无机器，不知用何法，亦与埃及金字陵同。而其奇伟亦埃及所无，何况余国，此诚中国之瑰宝，与长城并为万国重也。顷伏读高宗纯皇帝御题明陵衰诗，讥其侈衰。其亡发帑金百万修之，仁厚如此且赞其地之美。三月恭谒泰陵，地形之美极矣。草木水泉温润以泽，佳气郁郁葱葱，未有艾也。盖由纯庙深通地形学故也。御诗所注考证既详矣，伏读喜怿。臣康有为。宣统十五年癸亥四月廿四日。"
② 沈蓓：《癫狂的秩序——舞蹈艺术纵横谈》，广西人民出版社，1991，第 5 页。
③ 郭汉城、章诒和：《中国戏曲的美学思想特征》，《戏剧美学思维》，中国戏剧出版社，1987，第 23 页。

结构，在塔顶握有重大权力的不是集体，而是个人。①

这些"金字塔"表示由下自上的阶层分明的社会结构，也用于表示顶峰、最高点，如：

> 荣誉和成就的金字塔，是苦和累的砖瓦，是勤奋和智慧的汗水，是超出常人的自我控制能力的基石所建成。②

梁启超早期用过的比喻老人义在现代汉语中所见不多，但正如有人说"人类害怕时间，时间害怕金字塔"一样，金字塔既代表死亡，也代表了永恒。

结　语

基于"金字～"的形态构词本源自中国，"金字塔"最早出现在罗存德《英华字典》的译词中，但由于17世纪以来的地理书中多用"尖塔""高台""石塚"等描述之，故到19世纪末为止，这一称呼并没有在中国流传开来。反倒是通过英华字典，"金字塔"一词在日本得以传播，并在19世纪70年代后被不断加以诠释，成为最时尚的语词之一。到了19世纪末，反在日文语境影响下又传回中国。其中《万国史记》的流传以及中文吸收日文新词的大潮也起到推动作用。

日文中因为片假名的音译词ピラミッド和来自中文的汉语词"金字塔"并用，前者除了表具体实物外，多用于数学几何等"棱锥体"之意，即表形状；后者则逐渐偏于"伟大、不朽、丰碑、里程碑"

---

① 郑谦、庞松、韩钢等：《当代中国政治体制发展概要》，中共党史资料出版社，1988，第141页。
② 李玲修：《人生交响乐》，《昆仑》1982年第2期，第227页。

等比喻意,多用于表彰个人功绩。

现代汉语中"金字塔"的用法,既表示埃及金字塔本身,也多表示由底层至顶端的一种稳定状态,或用于表示自下而上的组织机构和商业模式等。所以,中文和日文在表示埃及金字塔实物本身上意义相同,但在其后的比喻义上有所不同:

> 中文:表示古老、死亡、永恒、不朽、顶峰之意。另外再加上由形状引申出来的意思:(1)稳定;(2)底宽顶尖的社会组织结构。
> 日文:表示伟大、杰出、丰碑之意。由形状引申出来的意思多由音译词ピラミッド来表示。

在应用对象上,中文的比喻义不用在具体的个人身上,而日语里则常用"金字塔"来评赞个人的壮举和业绩。

最后,我们列出17~19世纪中日两国有关金字塔的名称变迁的轨迹(见表18-3),以便一目了然地追索该词的相互影响关系。

表18-3 中日表示金字塔的用词演变

中国		日本	
作品名	用词	作品名	用词
《职方外纪》(1623)	石台		
《坤舆图说》(1674)	尖形高台		
《虞初新志》(1704)	尖形高台	《波留麻和解》(1796)	刹柱
《东西洋考每月统记传》(1838)	塔	《和兰通舶》(1805)《译键》(1810)	尖台三处刹柱
《古今万国纲鉴》(1838)	高塔		
《瀛寰志略》(1849)	古王塚	《坤舆图识》(1847)	尖形高台
《海国图志》(1852)	塔,坟塚如殿		

续表

中国		日本	
作品名	用词	作品名	用词
《地球说略》(1856)	石塚	《英和对译袖珍辞书》(1862)	石塚
《西游笔略》(1863)	石塚	《西航记》(1862)	四角尖柱（ピラミデ）
《乘槎笔记》(1866)	古王陵	《尾蝇欧行漫录》(1864)	奇形尖顶大石塔,奇观塔
《英华字典》(1866~1869)	金字塔		
《教会新报》(1868)	三高阜。非亭、非塔、非塚、非台		
《中西闻见录》(1873)	古王墓,其陵三尖形	《西洋史记》(1870) 《万国奇谈》(一名《世界七不思议》,1873) 《附音插图英和字汇》(1873)	ピラミーデと称せる奇形の石塚 尖顶四角大石庙,四角柱塔 金字塔
《申报》(1873)	埃及国皮拉米	《舆地新编》(1874)	石塚
		《世界新名数》(1874)	比罗美井天（ピラミーデ）
		《万国史略》(1874) 《舆地志略》(1875)	石塔,大石塔 石塚,大石塚,ピラミット
		《漫游记程》(1877)	石塔,大石塔,尖塔
		《米欧回览实记》(1878)	锥形塔（ヒラミヤ）
		《万国史记》(1879)	金字塔,大石塚
		《拿破仑第一世传》(1880)	金字塔（ピラミッド）
《点石斋画报》(1885)	狮庙	《百科全书》(1883)	金字塔
《西学略述》(1886)	帝王之陵塚,方形高台	《万国史》(1886)	方尖形巨碑,尖塔
		《世界旅行万国名所图绘》(1886)	ピラミッド
		《将来之日本》(1886)	金字塔
《华英字典集成》(1887)	金字塔形		

续表

中国		日本	
作品名	用词	作品名	用词
		《埃及近世史》(1889)	三角石塔(ピラミート)
		《亚比斯尼亚国王子剌西拉斯经历史》(1890)	金字塔
《时务通考》(1897)	金字塔下		
《清议报》(1900)	金字塔		

终章 "日语借词"究竟有多少

一 问题的提出

长年以来有关这一话题一直众说纷纭,相关的论文和文章也不胜枚举,但至今也没有一个定论,人们多是凭个人判断,什么"离开了日语词就没法说话""人文社会用语的70%都是日语借词"这类论调不绝于耳。比如《上海文学》(2008年随笔精品·第2辑·守望灵魂)发表了王彬彬的一篇文章《隔在中西之间的日本——现代汉语中的日语"外来语"问题》,该文表示,我们今天使用的社会和人文科学方面的名词、术语中,有70%是从日本输入的。这些都是日本人对西方相应语词的翻译,传入中国后,便在汉语中牢牢扎根。该文后来被广泛转载和引用,意思也被无限放大到"据现代语言学家研究统计,现代汉语中的科学名词中,有70%来自日本"。还有人由此断定:"现代汉语70%词汇是从日本输入的,现在中国人说话、写字,用的基本都是日本外来语。"再比如,2013年8月9日,音乐人高晓松在电视台"晓说"节目中称:"大家只要看到双字词,基本上就是从日本引进的。所以今天的现代汉语大家用的,有大量的词,超过一半双字词,都是日本引进的。"

这些议论当然是片面强调"文化（水）往低处流"的文化优势论，其实是凭感觉说话，大有混淆视听之势。且这种议论总是在原地踏步，不见任何进展。究其原因，除了感情因素外，还是因为我们没有确定日语借词的定义和范围。通过本书的分析，我们已经知道这些议论的荒谬，但最终还是要回答这一问题：现代汉语里究竟有多少日语借词？

二 中日同形词的定义及范围

分析日语借词的最大公约数就是要先举出现代汉语里的中日同形词。我们今天都知道同形词大量存在于中日语言里，本书实质上始终是围绕着这一内容展开的。我们可以再次确认一下同形词的范围：如果按日语词汇本身的分类来看，其内涵可分为"和语""外来语""汉语"这些语种，甚至还可以将"汉语"再细分为新、旧汉语，而站在更高的角度来看中日同形词的话，实际上图 19-1 中①到⑩都可以看作同形词。①是纯和语的汉字表记；②是所谓的熟字训，即读作日语却与中文是同一汉字。外来语的③是源自中文表记的，而④则是由日语传到中文里来的写法，从中文的角度来看，这些都是和日语同形的词。即便是"汉语"词的新旧，现在也都是中日通用的。

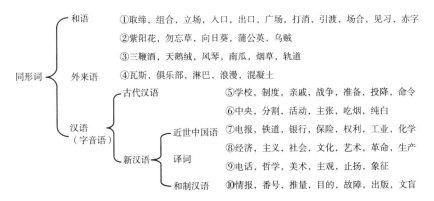

图 19-1 中日同形词的分类

从历史上看，汉语早在 4 世纪末 5 世纪初就已经传入日本，并逐步融入日语，至今已经成了日语的一部分。图 19 - 1 中从中文进入日文的有②③⑤⑥⑦，反之，由日文进到中文的是①④⑨⑩。这些都不成问题，只有⑧是被我们视作"日语回归借词"的，即先由中文进入日文，在日文中被赋予了近代新义后又被中文吸收过来的。这些词形态上虽然出自中文，但词义与过去的传统意义有很大的差距，其新义如果是在日语语境中被赋予的话，当然可以视为日语借词。特别是其近代意义的发生和使用都可以由第三者——西洋概念来加以确认。

中日同形词的范围如上所示，广义而言，形态上一致的都算，所以像"大家""大方""公安"等意思不一致的，或偶然的"暗合"都包含在内。当然连"达到""结冰""介绍"等逆序词或"艺术·芸术"等字体有些差异的词都应算在内。也就是从历史上看中日间有过相互影响关系的都可以视为同形词。不仅如此，为了对应新概念所创造出的"国字"也对近代中国产生了影响。随着大量近代译词流入中国，表示新式度量衡的日本国字也一并传来。只是当今中文里已经改译了不少，仅剩下"糎""腺"等词还有时可见。

那么，现代汉语里有多少中日同形词呢？这当然要先看是在多大范围里来说这个问题。一般语言中有一个高频度语词与语言习得的关系系数，即掌握一门语言需要学会多少语词（见表 19 - 1）。

表 19 - 1　语词出现频度与覆盖率

单位：%

语言	英语	法语	西班牙语	汉语	朝鲜语	日本语
高频 2000 词	86.6	89.4	86.6	82.2	81.2	70.0
高频 3000 词	90.0	92.8	89.5	86.8	89.3	75.3
高频 4000 词	92.2	94.7	91.3	89.6	—	—
高频 5000 词	93.5	96.0	92.5	91.6	89.3	81.7

资料来源：依据国立国语研究所编『語彙の研究と教育 上册』（大藏省印刷局、1984、101 頁）制成。汉语和朝鲜语分别依据其他调查报告追加。

　　从表 19 - 1 中我们可以看出，欧美语言只要掌握 2000 词，就能覆盖语言交流的 86.6%；3000 词便达到 90% 左右，5000 词能覆盖到 92% 以上。相比之下，东亚的三种语言在 3000 词的阶段上，汉语是 86.8%，朝鲜语是 89.3%，日语最低，仅为 75.3%。在 5000 词的阶段上，汉语终于达到 91.6%，而日语只能覆盖到 81.7%，相差甚远。反过来说，日语要达到欧美语言 5000 词所覆盖的 92% 以上的程度，需要 1 万个词才能实现。由此我们也可以看出日语词汇的复杂性。

　　在中文现成的词表里面，有曾经广泛使用的《普通话三千常用词表》（郑林曦编，语文出版社，1959 年初版，收 3624 词；1987 年增订版，收 3996 词，见表 19 - 2），增订版接近 4000 词，按表 19 - 1 的数值来看，可以覆盖到 89.6%。而且它不仅按词类（名词、动词、形容词、数词、量词、代词、副词、介词、连词、助词、叹词、拟音词）分类，还在每个词类中又按意义进行分类，这样就有助于我们回答前面提到的人文社科方面日语借词所占比例的问题。我们可以先看该词表中同形词在各词类中所占的比例：

表 19 - 2　普通话三千常用词表（1987 年增订版）

词　类	总词汇数	复音节词	中日同形词
名　词	1825	1552	639（41.2%）
动　词	1028	603	319（52.9%）
形容词	480	333	173（52.0%）
副　词	228	185	54（29.2%）
其　他[a]	425	174	29（16.7%）
总　计	3986[b]	2847（71.4%）	1214（42.6%）

　　注：a. "其他"中所包含的复音节词与中日同形词的词数为：数词 38/18、量词 4/1、代词 47/4、介词 17/1、连词 50/5、助词 5/0、叹词 4/0、拟音词 7/0。

　　b. 这里的词汇总计数 3986 与原著 3996 相差 10 个，是因为将跨词类的词只算作一个词来数。

名词尽管在词汇量上位于首位，但同形词率却不高，只有 41.2%。而动词虽然在词汇量上次之，但同形词率却最高，达 52.9%。形容词次之，处第二位（52%），都比名词高。剩下的其他词类同形词率偏低则是可以想象的。尽管如此，平均来看，还是能得到 42.6% 的中日同形词率。

这也就是说，即便我们按同形词的百分之百都是日语借词来算，也占不到现代汉语的一半。

三　什么算作日语借词

简单地说，日语借词就是图 19 - 1 中的①④⑧⑨⑩。但如何辨析出这五类却是要花大力气的。①④⑨⑩都是要确认中文典籍里没有与之相同的形态，或即便形态相同也是完全没有关系的（如"公安局"的"公安"和中国地名的"公安"）。而⑧的新意附加的过程要验证起来也是颇费时间，现在的概念史研究多是围绕这类词来做的。

本书的第十一章里回顾过这一问题的学术史，中国人开始意识到日本汉字词的不同大约是在梁启超《和文汉读法》或《新尔雅》的时代。到了 1915 年的《辞源》已经开始标注出源自日文的一些语词了。随后，在新词集里首次以 J 来标明日语词的是传教士狄考文编著的 *Handbook of New Terms*。但是，也就是从这个时候开始，对于这种强调日语借词的倾向，出现了一种反动，即强调这些语词的本源，从中文古典中找依据。实际上，现行的日语借词词汇表都编写的很随意，没有一个严格的标准，也没有给出一个像样的证据和验证过程，多由编者恣意判断。这种做法一直为后来涌出的各种日语借词表所继承，由此，汉语里的日语借词被不断认定。比如，《现代汉语外来词研究》收有 459 个来自日语的借词，再经过王立达、谭汝谦、实藤惠秀的不断增补，又有北京师范学院中文系汉语教研室编写的《五四以来汉语书面语言的变迁和发展》中专设两节来讲述日语借词,特别是指出"反~""非~""超~"等接头词和"~者""~化""~性""~主义"等接尾词的造词影响巨大。结果到了今天,《汉语外来词词典》便收录了892个日语借词(沈国威《近代中日词汇交流研究:汉字新词的创制、容受与共享》收有其词汇一览)。[①]但是,问题在于,不管是日本人也好,中国人也好,都互相轻信,认为对方说得不错,所以就此一边展开议论,一边不断累积其词汇。实藤惠秀在其书中特意设一节"中国人认可的日本词汇",全面肯定了20世纪50年代上述中国学者的研究,这更加快了这一议论的再生产。

日本方面也是如此,比如《朝日新闻》(1992年9月30日)所举的"日本译词"一共有48个:

電話 電信 電報 郵便 鉄道 工業 商業 銀行 保険 警察 演説
討論 主義 情報 象徴 科学 医学 美学 美術 止揚 哲学
心理学 論理学 倫理学 化学 物理学 地理学 天文学 主観
客観 現象 観察 実験 経済 社会 文学 文化 文明 教育
芸術 思想 自由 精神 生産 交通 進歩 流行 革命

我们是把它们都当作日语借词呢,还是至少甄别出其中直接借自中文的部分呢?假如按照本书序章和第一章对近代日语新词的分析,可以将其细分为三类:

A. 直接借用近代汉语词(7个)

電報 鉄道 工業 銀行 保険 医学 化学

---

① 沈国威《回顾与前瞻:日语借词的研究》,《日语学习与研究》2012年第3期。

B. 利用古典汉语词来对译外来概念（22 个）

警察　演説　討論　主義　経済　社會　文学　文化　文明　教育　芸術
思想　自由　精神　生産　交通　進歩　流行　革命　観察　実験　現象

C. 日本人独自创造新词（19 个）

電話　電信　郵便　商業　情報　象徴　科学　美学　美術　止揚　哲学
心理学　論理学　倫理学　物理学　地理学　天文学　主観　客観

　　由此，我们知道日本的媒体也爱将上述三类混为一谈，也就是说，日本译词的不确定性，部分原因是出自日本自己。那么，从形式上看，只要从中剔除出自中文的 A 类（即前面的⑦）的 7 条，我们就可以找出 B、C（前面的⑧和⑨⑩）两类日语借词。而实际上，这三类的区分和认定本身就是一项艰巨的工作。这也是至今人们拿不出一个数据来的原因。

　　那么回到我们刚才讲的来自日语的部分①④⑧⑨⑩，有没有相关的数据呢？也有。比如，早有中日两国的共同研究，[①] 从日语教科书和词汇调查表中抽出"现代汉语"1662 词（即不包括①④两类），做了以下的两种分类：

　　按意义分类：同一　84.3%　重复　13.8%　异类　1.9%

　　按出自分类：中国由来　68.9%　日本由来　27.1%　不明　4%

　　这一分类更单纯些，结果是八成以上的同形词为同一意义，按出自分类的话，有 27.1%（即 450 条词）来自日语。

　　还有我们在本书第一章提到过的野村雅昭的研究。他把"基本 3000 汉语"按开始使用的时间来分类。因为这 3000 词的涵盖面很

---

　　① 高野繁男・王宝平「中・日現代漢語の層別—その1・語彙表」，杭州大学日本文化研究中心、神奈川大学人文学研究所编《中日文化论丛》（1991 年卷），杭州大学出版社，1992；「中・日現代漢語の層別—その2・意味と典拠」，杭州大学日本文化研究中心、神奈川大学人文学研究所编《中日文化论丛》（1992 年卷），杭州大学出版社，1994。

广，且科学地对应各种语料，将它作为中日同形词的基础的话，的确可以是一个参照系数。

他做出的一种推测是：江户后期以降诞生的语词中有不少也输出到了中国，但没有给出具体数字。而这 3000 词中，至少明治时代开始用的 1167 词（38.9%）加上大正以后开始用的 165 词（5.5%），一共 1332 个词有可能是出自日语的，当然不排除其中含有近代中文传到日本的词（即 A 类），也不能忽视其并非百分之百都为中日同形词，即其中包含着没有被中文吸收的词。所以这个 1332 词还是要打折扣的。尽管这样，假如 3000 词中有 1000 词是作为日语词进到中文里，也还是一个可观的数目。这样，与上面调查结果相似，都是约 1/3 的日语中的汉语词是在日本产生的，且有可能进入中文。

四　按词类调查的结果

那么，我们就先限定在《普通话三千常用词表》的范围内来看看日语借词有多少。下面以名词为主来做分析。

名词整体的状况可以通过表 19-3 得以确认。我们发现中日同形词率低的是"家具，生活用品""植物"以及"服装"；与此相比，同形词率高的是"政治，法律，经济"（115/110/94）。即总词汇数 115 条中除去五个单音节词"事""帐""钱""货""罪"，剩下的是下面 110 个复音节词：

政治	政策	革命	解放	和平	战争	形势	局势	前途	运动
游行	罢工	红旗	标语	口号	制度	政府	中央	地方	机关
部门	单位	会议	大会	委员会	大使馆	民主	自由	平等	法律
宪法	纪律	权力	任务	义务	责任	名义	名誉	地位	秩序
利益	立场	态度	路线	主张	布告	教条	规矩	标准	命令

主义　马克思列宁主义　　马克思主义　唯物主义　　唯心主义

辩证法爱国主义　　国际主义　　集体主义　　个人主义

教条主义　　主观主义　　官僚主义　　共产主义　　社会主义

资本主义　　帝国主义　　封建主义　　经济　生产　技术　产量

货物　价钱　人民币支票　收据　广告　劳动　工作　收入　待遇

工资　报酬　生活　计画　业务　合同　事业　公事　事情　事儿

成绩　成果　功劳　办法　步骤　错误　优点　缺点　收获　经验

教训　成功　胜利　失败　事故　损失　灾荒　福利

再从中除去 16 个加下划线的非同形词，剩下的便是属于我们调查对象的 94 个中日同形词，从中可以分出以下 50 个新词，剩下的44 个当为在近代以前就由中文进入到日文的词。

a（源自中文的新词）政府　中央　地方　单位　法律　责任（6 个）

b（转用词）政治　革命　平和　运动　机关　民主　自由　平等　主义经济　技术　福利　失败　宪法（14 个）

c（日语词）政策　解放　标语　部门　委员会　义务　权力　大使馆秩序　立场　路线　辩证法　爱国主义　国际主义　个人主义　教条主义主观主义　官僚主义　共产主义　社会主义　资本主义　帝国主义　封建主义广告　劳动　收入　计画　业务　成绩　缺点（30 个）

其中，除去出自中文的 a 类新词，可算出日语借词的比例：

日语借词（b14 + c30）÷ 总语汇数（115）≈ 38.3%

也就是说，在"政治，法律，经济"领域里，日语借词所占的比例最高，约为 38%。如果局限到同形词范围内，则高达近一半。

如果我们把视野放到整个名词上，那属于 a 类的源自中文的新词会更多，比如，在表 19 - 3 的名词里，可以找出以下词语：

表 19 – 3　《普通话三千常用词表》（增订版）中名词类日语借词的分析

名词意义细分	总词汇数	复音节语	中日同形词	b 转用词	c 日语词
1 天象	38	22	11	1	1
2 地理	25	14	6	2	0
3 时间	117	102	46	0	2
4 理化现象	24	20	14	0	5
5 矿物,无生物	34	18	7	0	2
6 动物	74	49	10	1	0
7 植物	41	38	9	0	0
8 粮菜,果品	71	63	13	0	1
9 食品	67	50	11	0	0
10 服装	56	52	4	0	0
11 房屋,公共场所	61	54	16	2	8
12 家具,生活用品	144	122	16	1	1
13 生产工具,材料	86	75	13	1	1
14 人的身体,生理	79	56	13		1
15 体育,卫生,医药	42	37	13	2	4
16 人的长幼,家族关系	83	78	22	2	0
17 社会关系,称谓	60	59	41	1	13
18 职业,行业	41	41	18	1	11
19 工农商业	22	22	14	0	8
20 社会团体,宗教	43	36	26	2	16
21 政治,法律,经济	115	110	94	14	30
22 军事,公安	70	54	28	2	19
23 行政区域,城市,乡村	38	26	14	2	3
24 交通,邮电,播放	57	51	12	3	5
25 社会交际	46	43	25	2	1
26 文化,体育,学术	53	50	35	3	7
27 艺术,娱乐	67	58	15	2	2
28 思想,感情	51	50	36	2	11
29 抽象名词及其他	44	43	36	2	6
30 方向,位置(方位词)	76	59	24	0	0
合　　计	1825	1552(85%)	642(41.4%)	48	158

地球　空气　物质　分子　电气　蒸气　电池　电灯　铅笔　机器　滑车

材料　筋肉　医院　教师　公司　工业　银行　教会　政府　中央　地方

单位　法律　责任　民族　祖国　汽车　电报　铁路　（火）轮船　知识

化学　数学　新闻　文学　小说　记录　风琴　幻想　大炮　委员　压力

而如下所示的 b 类则都是在日语里被赋予了新的意义

宇宙　森林　大陆　时代　最近　最初　最后　浴室　会场　公园　机械

运动　卫生　青年　爱人　教授　宗教　职员　政治　革命　平和　机关

民主　自由　平等　主义　经济　技术　福利　失败　宪法　警察　交通

关系　传统　文化　文明　物理　历史　艺术　文艺　印象　思想　典型

程度　杂志　问题　记者　社会

最后是所谓的日本独自造词（c 类），这一部分也随着资料的公开，变得更容易确认了。现阶段我们可以举出以下和制汉语：

卫星　时间　时期　原子　原子能　温度　电流　矿物　瓦斯　马铃薯

地点　教室　俱乐部　图书馆　博物馆　展览会　广场　运动场

排球　　工具　电线　喷雾器　原料　　肥料　　神经　　体育　健康

体操　　神经病　　校长　院长　　专（门）家　　主任　部长

局长　　科长　组长　干部　　上级　　下级　　成分　　工人　社员

店员　技师　技工　木工　作家　　艺术家　画家　　手工业

商业　运输　企业　会社　农场　　市场　　商店　　国民　公民

无产阶级　　资本阶级　　团体　　政党　党派　共产党

党员　共产主义　　青年团　团员　　队员　个人　　私人　政策

解放　标语　部门　委员会　义务　权力　大使馆　秩序

立场　路线　辩证法　爱国主义　国际主义　　个人主义

教条主义　主观主义　官僚主义　共产主义　社会主义

资本主义　帝国主义　封建主义　广告　劳动　收入

计画　业务　成绩　缺点　军队　陆军　海军　空军

民兵	兵士	团长	班长	武器	高射炮	炮弹	手榴弹
军舰	原子（爆）弹	公安	公安局	派出所	特务	国际	农村
电车	三轮车	电话局	电话	电视	符号	托儿所	
常识	科学	哲学	生物学	刊（行）物	出版	出版社	
玩具	幻灯	感觉	理想	理由	主观	客观	能力
品质	目的	目标	对象	原则	方式	现象	

这样算来，表 19-3 的名词中，日语借词约占一成多：

$$日语借词（b49+c153）÷总语汇数（1825）≈11.1\%$$

如果仅限在中日同形词的范围来看，那么就是：

$$日语借词（b49+c153）÷中日同形词（642）≈31.5\%$$

也就是说，在近 4000 个常用汉语词中，中日同形词中的名词约 1/3（202 个词）有可能是来自日本的新词。

照这种做法，我们按词类分别调查了名词、动词、形容词、副词，结果是日本借词所占的数量逐步减少。比如表 19-4。

表 19-4 《普通话三千常用词表》（增订版）中日语借词的分布

词 类	b 转用词	c 日语词	合计
名 词	49	153	202
动 词	17	30	47
形容词	16	21	37
副 词	0	1	1
合 计	82	205	287

这个数字（即 287 个日语新词）也就是占了整个语汇表的（共收录 3996 词）7.2%。如果局限到 1214 个中日同形词上，那可以说 23.6% 是来自日语的新词。

如果按意义分类的话，那么在人们津津乐道的"政治，法律，经济"领域，日语借词所占的比例的确最高，为 38.3%。而同一领域的动词，日语借词所占的比例共为 12.6%。从这一数字来看，所谓社会和人文科学方面的名词、术语中，有 70% 是从日本输入的其实是无稽之谈。

五　遗留的问题

当然，或许这个初版在 60 年前、增订在 20 年前的统计有点落后于时代。于是，我们拿 2008 年的《现代汉语常用词表》（商务印书馆，收录 56008 词）来做一比较：

表 19-5　《现代汉语常用词表》（草案，2008）中中日同形词的分布

出现频度	复音节词	中日同形词
上位 1000 语	583	416（71.4%）
上位 2000 语	679	487（71.7%）
上位 3000 语	730	469（64.2%）
上位 4000 语	747	402（53.8%）
合　计	2739	1774（64.8%）

同样取高频率的 4000 词来看，《现代汉语常用词表》的复音节词合计为 2739 个，比《普通话三千常用词表》（增订版）的 2847 词要少 108 词，但中日同形词比例却较后者（1214 词，42.6%）高，达到 1774 词（64.8%）。特别是高频 2000 词中的同形词比例高达 71.7%，随后，按频度顺序开始呈下降趋势。但我们如果调查一下《现代汉语常用词表》的频度在 1 万词以上的最先的 1000 词（即

10000～11000），就会发现复音节词达到 918 个，占到九成以上。但它并不一定与中日同形词的比例增加成正比，反倒战线拉得越长，偏于专业术语的同形词便越多。

如何看待上述两种词表的差异？这首先应该是由于两者的材料性质不太一样。《普通话三千常用词表》是按口语资料来编辑的，相比之下，《现代汉语常用词表》则主要是以报刊为材料，不免带有书面语的特征。当然我们也不能忽视时代差别，前者的初版是 1959 年，增订版是 1987 年，而后者是 2008 年发行，所谓改革开放后中国与世界经济融为一体，更需要一些新的语词，而这些语词当然有来自日语的部分。比如，我们从其高频率 3000 词起调查到 3300 词为止的 300个词中，抽出 110 个中日同形词，会发现与《普通话三千常用词表》重复收录的只有 35 个词：

赔偿	娱乐	记录	英语	化学	中文	开幕	待遇	美术	爆发	商量
委托	品质	愉快	秘书	奖励	海军	白色	消灭	荣誉	原料	批判
光明	书籍	前途	近来	侵略	富裕	图书	大人	画家	呼吸	老婆
资产阶级		派出所								

而以下 75 个词却不包含在其中：

出生	倾向	着眼	中东	扶持	认定	笔者	主权	分类	成分	财务
江南	累计	总额	日常	期待	题材	加速	情景	使命	事迹	东京
调节	夜间	南部	境界	人力	降水	变革	军区	混乱	个性	电信
主导	配置	崇高	古老	振兴	纵横	养殖	南北	保存	选拔	激励
检察	地质	定期	总数	比重	宣言	诞生	象征	海上	论文	激情
理念	灯光	描写	行使	国情	法治	不时	信仰	更新	顾客	占有
原理	神秘	原始	刑事	占领	差异	概括	日报	药物		

从这 75 个词的意义来看，都是我们这一时代生活中不可或缺的词，

如果追溯其来源的话，会发现有相当一部分是出自日语。如：

> b. 行使　顾客　倾向　中东
> c. 成分　题材　加速　降水　军区　主导　配置　养殖
> 比重　象征　理念　占有　原理　占领

即这部分未收录词中日语借词呈较高的比例：

$$（b4 + c14）÷75 = 24\%$$

这就是说仅靠《普通话三千常用词表》尚不能完全反映现在的语言事实，要拿《现代汉语常用词表》来做补充才能将现代汉语中的日语借词的实际状况反映得更清楚。

所以作为课题，我们可以首先调查《现代汉语常用词表》（5.6万词）的 4000 ~ 5000 频度的 1000 词，确定其中日同形词比例，抽出日语借词数。由此便可覆盖 91.6% 现代汉语中的实态。其后，从9000 ~ 10000、19000 ~ 20000、29000 ~ 30000、39000 ~ 40000 和49000 ~ 50000 五个阶段各抽出 1000 词来做调查，便能看到日语借词在中文里的整体状况。

如果按 4000 词中日语借词占 7.2% 来单纯计算的话，5.6 万个词中日语借词就有 4032 个。而实际上我们知道不能那么单纯地按等同率递增来计算，我们在前面也说过，越往后日语借词会越偏重于专业术语。

另外，从意义分类的角度来看，应该扩大到《现代汉语词典》的词汇量程度来加以调查。要看哪一领域里日语借词较呈优势，仅凭《普通话三千常用词表》的词汇量则略显不足。

我们在本书的第一章中就已经说过，讨论这一问题的实质多是出于"文化优越论"的狭隘的民族主义情绪，在中日间的文化交流中，这个问题本不应过分夸大。从语言上来看，主要问题是我们在第一章提到过的所谓汉语词的新旧难以区分。实际上，如果拿一个整体数据来分析汉语词的话，仅按上述三类是分不尽的。剩下的很多词，从出典上看似乎都能找到中文古典的用法。比如"密度"，最先出现在中国汉代的资料里，而后便一个飞跃到了近代汉语里。这中间环节全部没有了。这种在时间上断代得很厉害的词，说是出自汉语，而实际上是在近代的日本被使用后，再回头来从古典里找出的例证，古代与近代之间并无联系。还有一些词则是近代以降的某一时点在日语环境下加大了使用量，其重要程度急速提高，成为"新汉语"的一员。比如，"实现""表现""出现"等都是逐步由边缘向中心靠拢，成为日语的基本词汇。所以，虽然从词源上看是出自中文，但使用量上升后的"基本语化"的过程却是在日本完成的，这些词也在20世纪初传入中国，重新使用开来也是不争的事实。① 沈国威站在中文的角度称之为"日本语刺激语"，即在日语语境里被激活的词。② 如果我们的调查把这一部分也算作汉语词在日语中的变化的话，是否也可以称之为"日语借词"？实际上人们大都把这一部分置于⑤或⑥里，不看作"日语借词"。但这又很矛盾，像"写真""料理"这类如果算作"日语借词"的话，那么，"实现""表现""出现"之类是否也应归到"日语借词"中去呢？这种定义上的不确定因素当然也会左右我们所说的"日语借词"的数量。

所以，严格地讲，在4000常用词的"政治，法律，经济"领域内，日语借词的比例可高达约38%，但若涉及所有领域的话，仅占约7.2%。如果我们将词汇量扩大到5.6万个词的话，日语借词就有4032个。当然要是再将日语借词的范围放宽的话，数量还会增多的。

---

① 田中牧郎「新漢語定着の語彙的基盤―『太陽コーパス』の「実現」「表現」「出現」と「あらわす」「あらわれる」など」，《日语学习与研究》2012年第3期。

② 沈國威「新漢語の二字語化について：中国語への影響も射程に」第106回『国語語彙史研究会原稿集』、2014。

参考文献

一 中文类

（一）著作

伯纳尔：《一九〇七年以前中国的社会主义思潮》，丘权政、符致兴译，福建人民出版社，1985。

陈建华：《革命的现代性》，上海古籍出版社，2000。

丁韪良：《花甲忆记：一位美国传教士眼中的晚清帝国》，广西师范大学出版社，2004。

丁韪良译《万国公法》，同治三年京都崇实馆存版本。

丁祖荫审定《博物大词典》，光绪三十三年上海宏文馆本。

冯天瑜：《封建考论》，武汉大学出版社，2006。

广东省社会科学研究所历史研究室编《朱执信集》，中华书局，1979。

黄河清：《近现代辞源》，上海辞书出版社，2010。

黄克武：《自由的所以然——严复对约翰弥尔自由思想的认识与批判》，允晨文化，1998。

金观涛、刘青峰：《观念史研究——中国现代重要政治述语的形成》，中文大学出版社，2008。

蒋敦复：《啸古堂文集》，同治七年上海道署刊。

邝其照： 《字典集成》，Hong Kong：The Chinese Printing and Publishing Company，1875。

邝其照：《华英字典集成》，《循环日报》印，1899。

李运博：《中日近代词汇的交流：梁启超的作用与影响》，南开大学出版社，2006。

林学忠：《从万国公法到公法外交：晚清国际法的传入、诠释与应用》，上海古籍出版社，2009。

陆尔奎、方毅、傅云森等编《辞源》，商务印书馆，1915。

陆尔奎、方毅、傅云森等编《辞源（续编）》，商务印书馆，1931。

马勇：《严复学术思想评传》，北京图书馆出版社，2001。

马西尼：《现代汉语词汇的形成——19世纪汉语外来词研究》，黄河清译，汉语大词典出版社，1997。

潘玉田、陈永刚： 《中西文献交流史》，北京图书馆出版社，1999。

丘宏达：《中国国际法问题论集》，台北商务印书馆，1968。

沈国威：《近代中日词汇交流研究：汉字新词的创制、容受与共享》，中华书局，2010。

沈翔云编『和文漢讀法』東京秀英舍、1900。

石云艳：《梁启超与日本》，天津人民出版社，2005。

舒新城主编《辞海》合订本，中华书局，1947。

苏中立、涂光久主编《百年严复——严复研究资料精选》，福建人民出版社，2011。

惠顿：《万国公法》，上海书店出版社，2002。

王宏志：《翻译与近代中国》，复旦大学出版社，2014。

王宏志：《翻译与文学之间》，南京大学出版社，2011。

王栻主编《严复集》，中华书局，1986。

王宪明：《语言、翻译与政治：严复译〈社会通诠〉研究》，北京大学出版社，2005。

王芸生：《六十年来中国与日本》，三联书店，1932 年初版，1981 年再版。

王云五：《王云五大辞典》，商务印书馆，1930。

王云五：《王云五新词典》，商务印书馆，1943。

颜惠庆：《英华大辞典》，商务印书馆，1908。

夏晓虹等：《文学语言与文章体式：从晚清到"五四"》，安徽教育出版社，2006。

夏晓虹：《阅读梁启超》，三联书店，2006。

夏晓虹：《觉世与传世：梁启超的文学道路》，上海人民出版社，1991。

熊月之：《西学东渐与晚清社会》，上海人民出版社，1994。

杨廷栋译《路索民约论》，作新社，1902。

张相文：《南园丛稿》，中国地学会，1929。

郑匡民：《梁启超启蒙思想的东学背景》，上海书店出版社，2003。

钟叔河：《走向世界——近代中国知识分子考察西方的历史》，中华书局，1985。

（二）论文

巢峰：《与时俱进　改革创新——〈辞海〉的四次修订》，《出版科学》2002 年第 3 期。

陈继东：《在中国发现武士道——梁启超的尝试》，《东亚文明研究学刊》2010 年第 2 期。

陈力卫：《"主义"概念在中国的流行及其泛化》，《学术月刊》2012 年第 9 期。

陈力卫：《19 世纪至 20 世纪的英华辞典与英和辞典的相互影响——中日近代新词往来的渠道之一》，《翻译史研究》2012 年第 2 期。

陈力卫：《试论近代汉语文体中的日语影响》，『東アジア文化交涉研究』别册 7 号、2011。

陈力卫：《近代中日概念的形成及其相互影响——以"民主"与"共和"为例》，《东亚观念史集刊》第 1 期，2011。

陈力卫：《〈共产党宣言〉的翻译问题》，《二十一世纪》第 93 期，2006。

陈力卫：《〈汉语大词典〉在处理日语借词上的几个问题》，《日语研究》第 2 辑，商务印书馆，2004。

陈力卫：《中日同形词之间的词义互补问题》，《孙宗光先生喜寿纪念论文集"日本语言与文化"》，北京大学出版社，2003。

川尻文彦：《"民主"与 Democracy——中日之间的"概念"关联与中国近代思想》，孙江主编《新史学：概念、文本、方法》第 2 辑，中华书局，2008。

方维规：《"鞍型期"与概念史——兼论东亚转型期概念研究》《东亚观念史集刊》第 1 期，2011。

方维规：《"议会"、"民主"与"共和"概念在西方与中国的嬗变》，《二十一世纪》第 58 期，2000。

黄克武：《何谓天演？严复"天演之学"的内涵与意义》，《中央研究院近代史研究所集刊》第 85 期，2014。

黄克武：《新名词之战：清末严复译语与和制汉语的竞赛》，《中央研究院近代史研究所集刊》第 62 期，2008。

黄兴涛：《新发现严复手批"编订名词馆"一部原稿本》，《光明日报》2013 年 2 月 7 日。

黄兴涛：《概念史方法与中国近代史研究》，《史学月刊》2012 年第 9 期。

黄兴涛：《新名词的政治文化史》《新史学》第 3 辑，中华书局，2009。

刘禾：《普遍性的历史建构——〈万国公法〉与十九世纪国际法的流通》，陈燕谷译，《视界》第 1 辑，2000。

鲁纳（Rune Svarverud）：《晚清国际法翻译的机构和语言》，复旦大学历史系、出版博物馆编《历史上的中国出版与东亚文化交流》，上海百家出版社，2009。

罗志田：《抵制东瀛文体：清季围绕语言文字的思想论争》，《历史研究》2001 年第 6 期。

沈国威：《回顾与前瞻：日语借词的研究》，『日語学習与研究』160 号、2012。

沈国威：《严复与译词：科学》，《翻译史研究》第 1 辑，复旦大学出版社，2011。

沈国威：《〈官话〉（1916）及其译词：以"新词""部定词"为中心〉》，『アジア文化交流研究』3 号、2008。

沈国威：《清末民初中国社会对"新名词"之反应》，『アジア文化交流研究』2 号、2007。

沈国威：《〈辞源〉与现代汉语新词》，『或問』12 号、2006。

沈国威：《黄遵宪的日本语·梁启超的日本语》，『或問』11 号、2006。

舒池：《舒新城和〈辞海〉》，《辞书研究》1982 年第 1 期。

孙建军：《近代日语对汉译西书新词的吸收和发展》，《中日文化交流史论集——户川芳郎先生古稀纪念》，中华书局，2002。

孙江：《概念、概念史与中国语境》，《亚洲概念史研究》第 1 辑，2013。

王柯：《"民族"：一个来自日本的误会》，《二十一世纪》第 77 期，2003。

桑兵：《清季变政与日本》，《江汉论坛》2012 年第 5 期。

狭间直树：《对中国近代"民主"与"共和"观念的考察》，《辛亥革命与二十世纪的中国》，中央文献出版社，2002。

夏志清：《新小说的提倡者：严复与梁启超》，林明德编《晚清小说研究》，联经出版事业股份有限公司，1988。

谢放：《戊戌前后国人对"民权"、"民主"的认识》，《二十一世纪》第 65 期，2001。

杨红：《从〈天演论〉看严复的译名思想》，《兰州交通大学学报》2012 年第 5 期。

章清：《晚清中国接纳新名词、新概念遭遇的三重屏障》，《南方学术》2015 年第 4 期。

赵璞珊：《合信〈西医五种〉及在华影响》，《近代史研究》1991 年第 1 期。

朱京伟：《读［德］李博著〈汉语中的马克思主义术语的起源与作用〉中译本》，『或問』8 号、2004。

周振鹤：《"裹粮遗神"：晚清民初的一场话语革命》，『或問』7 号、2004。

周颂棣：《老〈辞海〉是怎样编成的?》，中华书局编辑部编《回忆中华书局》上编，中华书局，1987。

邹振环：《晚清留日学生与日文西书的汉译活动》，《疏通知译史》，上海人民出版社，2012。

二 日文类

（一）著作

荒川清秀『近代日中学術用語の形成と伝播』白帝社、1997。

李漢燮『近代漢語語彙研究文献目録』東京堂、2010。

池上禎造『漢語研究の構想』岩波書店、1984。

石井研堂『増補改訂明治事物起源　下巻』春陽堂書店、1944。

石川禎浩『中國共產黨成立史』岩波書店、2001。

石川禎浩・狹間直樹編『近代東アジアにおける翻訳概念の展開：京都大学人文科学研究所附属現代中国研究センター研究報告』京都大学人文科学研究所、2013。

石田雄『日本近代思想史における法と政治』岩波書店、1976。

李慈鎬『近代英和辞書の譯語に関する研究』早稲田大学博士学位論文、2006。

石塚正英・柴田隆行監修『哲学・思想翻訳語事典』論創社、2003。

井上勝生『シリーズ日本近現代史 1 幕末・維新』岩波書店、2006。

歌代勤『地学の語源をさぐる』東京書籍、1978。

内田慶市『近代における東西言語文化接觸の研究』関西大学出版部、2001。

沖森卓也編『図説　近代日本の辞書』おうふう、2017。

小沢三郎『幕末明治耶蘇教史研究』亜細亜書房、1944。

越智治雄『近代文学成立期の研究』岩波書店、1984。

片野善一郎『授業を楽しくする数学用語の由来』明治図書出版、1988。

加藤周一・丸山真男編『日本近代思想大系 15　翻訳の思想』岩波書店、1991。

加藤弘之訳『国法汎論』文部省、1874。

樺島忠夫編『明治大正新語俗語辞典』東京堂出版、1984。

木村一『和英語林集成の研究』明治書院、2015。

木村秀次『近代文明と漢語』おうふう、2013。

清地ゆき子『近代訳語の受容と変容：民国期の恋愛語彙を中心に』白帝社、2018。

齋藤希史『漢文脈の近代：清末＝明治の文学圏』名古屋大学出版会、2005。

佐藤慎一『近代中国の知識人と文明』東京大学出版会、1996。

佐藤亨『幕末・明治初期語彙の研究』桜楓社、1986。

佐藤亨『現代に生きる日本語漢語の成立と展開』明治書院、2013。

さねとうけいしゅう『近代日中交渉史話』春秋社、1973。

さねとうけいしゅう『増補版　中国人日本留学史』くろしお出版、1981。

島田虔次編訳『梁啓超年譜長編』岩波書店、2004。

朱京偉『近代日中新語の創出と交流』白帝社、2003。

朱鳳『モリソンの「華英・英華字典」と東西文化交流』白帝社、2009。

沈国威『「新爾雅」とその語彙』白帝社、1995。

沈国威『植学啓原と植物学の語彙：近代日中植物学用語の形成と交流：研究論文・影印翻訳資料・総語彙索引』関西大学出版部、2000。

沈国威『近代日中語彙交流史：新漢語の生成と受容　改訂新版』笠間書院、2008。

沈国威編著『漢字文化圏諸言語の近代語彙の形成—創出と共有』関西大学出版部、2008。

沈国威編『近代英華華英辞典解題』関西大学出版部、2011。

慎根縡『日韓近代小説の比較研究：鉄腸・紅葉・蘆花と翻案小説』明治書院、2006。

杉本つとむ『日本英語文化史の研究』八坂書房、1985。

杉本つとむ・呉美慧編著『英華学芸詞林の研究』早稲田大学出版部、1989。

鈴木修次『日本漢語と中国—漢字文化圏の近代化』中央公論

社、1981。

鈴木範久『聖書の日本語—翻訳の歴史』岩波書店、2006。

惣郷正明・飛田良文編『明治のことば辞典』東京堂出版、1986。

孫建軍『近代日本語の起源：幕末明治初期につくられた新漢語』早稲田大学出版部、2015。

高野繁男『近代漢語の研究』明治書院、2004。

田中牧郎『近代書き言葉はこうしてできた』岩波書店、2013。

樽本照雄編『新編清末民初小説目録』清末小説研究会、1997。

千葉謙悟『中国語における東西言語文化交流：近代翻訳語の創造と伝播』三省堂、2010。

陳力衛『和製漢語の形成とその展開』汲古書院、2001。

津田真道訳『泰西国法論』文部省蔵版、1868。

都築洋次郎『化学用語の由来』共立出版、1974。

豊田実『日本英学史の研究』岩波書店、1939。

永嶋大典『蘭和・英和辞書発達史』ゆまに書房、1996。

永田圭介『厳復—富国強兵に挑んだ清末思想家』東方書店、2011。

野村雅昭『現代日本漢語の探求』東京堂出版、2013。

狭間直樹『中国社会主義の黎明』岩波書店、1976。

狭間直樹編『共同研究梁啓超：西洋近代思想受容と明治日本』みすず書房、1999。

B. J. シュウォルツ著・平野健一郎訳『中国の近代化と知識人—厳復と西洋』東京大学出版會、1978。

穂積陳重『法窓夜話』有斐閣、1916。

前田愛注釈『日本近代文学大系　明治政治小説集』角川書店、1974。

町田俊昭『三代の辞書：英和・和英辞書百年小史　改訂版』

三省堂、1981。

丸山真男・加藤周一『翻訳と日本の近代』岩波書店、1998。

宮田和子『英華辞典の総合的研究』白帝社、2010。

柳田泉『政治小説研究』春秋社、1935～1939。

柳田泉編『明治文学全集　明治政治小説集』筑摩書房、1966～1967。

山田俊治・林原純生校注『新日本古典文学大系　政治小説集』岩波書店、2003。

山室信一『思想課題としてのアジア：基軸・連鎖・投企』岩波書店、2001。

（二）论文

荒川清秀「ことばの行方を追う――日中同形汉语の意味と构造を考える」『月刊しにか』9巻5号、1998。

荒川清秀「ロプシャイト英華字典の譯語の来源をめぐって―地理学用語を中心に」『文明21』1号、1998。

石井研堂「精神学科の訳語」『増補改訂明治事物起源　下巻』春陽堂書店、1944。

池上禎造「漢語流行の一時期―明治前期資料の処理について」『国語国文』26巻6号、1957（『漢語研究の構想』岩波書店、1984に再録）。

石川禎浩「陳望道訳『共產黨宣言』について」『飆風』27号、1987。収入石川禎浩『中國共產黨成立史　第一章』岩波書店、2001。

李慈鎬「『附音挿図英和字汇』の二字譯詞における『英華字典』の影響」『早稲田日本语研究』12号、2004。

大原信一「梁啓超の新文体と徳富蘇峰（1）」『東洋研究』通号97、1991。

大原信一「梁啓超と日本語」『東洋研究』通号 114、1994。

大原信一「中国の近代用語事始め―フランヤーと梁啓超の訳書論」『東洋研究』通号 134、1999。

梶原滉太郎「『温度計』の語―近代漢語（Aタイプ）の変遷と定着」『国立国語究所報告 105　研究報告集 14』、1993。

金子勝「「帝国主義」概念と世界史」『情況』第二期 8 巻 10 号、1997。

川島真「中国における万国公法の受容と適用、再考」『東アジア近代史』通号 3、2000。

川島真「中国における万国公法の受容と適用―"朝貢と条約"をめぐる研究動向と問題提起」『東アジア近代史』通号 2、1999。

木村秀次「『西国立志編』の漢語―『英華字典』とのかかわり」『新しい漢字漢文教育』36 号、2003。

呉燕「『燈臺卒』をめぐって」『清末小説』33 号、2010。

小松原伴子「梁啓超における「自由」と「国家」：加藤弘之との比較において」『学習院大学文学部研究年報』通号 44、1997。

寇振鋒「清末の漢訳政治小説『累卵東洋』について―明治政治小説『累卵の東洋』との比較を通して」『多元文化』6 号、2006。

斉藤泰治「梁啓超『自由書』と『新民説』」『教養諸学研究』通号 97 ～ 98、1995。

齋藤希史「近代文学観念形成期における梁啓超」狭間直樹編『共同研究梁啓超：西洋近代思想受容と明治日本』みすず書房、1999。

茂住實男「中国語を媒介にした英学研究」『大倉山論集』27 輯、1990。

清水賢一郎「〈異邦〉のなかの文学者たち（1）―梁啓超―日本亡命と新中国の構想」『月刊しにか』9 巻 4 号、1998。

　清水賢一郎「梁啓超と〈帝国漢文〉─『新文体』の誕生と明治東京のメディア文化」『アジア遊学』13 号、2000。

　張嘉寧「『万国公法』成立事情と翻訳問題─その中国語訳と和訳めぐって」加藤周一・丸山真男編『日本近代思想大系 15　翻訳の思想』岩波書店、1991。

　徐水生「翻訳の造語：厳復と西周の比較─哲学用語を中心に」『北東アジア研究』17 号、2009。

　沈国威「新漢語の二字語化について：中国語への影響も射程に」第 106 回国語語彙史研究会予稿集、2014。

　沈国威「日本は易しいか─近代中国人日本語学習史からの一視点」『日本留学と東アジア的「知」の大循環』三和書店、2014。

　沈国威「康有為とその日本書目志」『或問』5 号、2003。

　沈国威「『泰西人身説概』（1623）から『全体新論』（1851）まで─西洋医学用語の成立について」『関西大学中国文学会紀要』21 号、2000。

　沈国威「新漢語研究に関する思考」『文林』32 号、1998。

　沈国威「近代における汉字学術用語の生成と交流　医学用語編（1）（2）」『文林』30、31 号、1996～1997。

　杉井六郎「合信の『博物新編』の翻刻について」『史窓』48 号、1991。

　杉井六郎「江蘇上海墨海書館蔵版『博物新編』とその翻刻」『社会科学』通号 47、1991。

　杉本つとむ「近世における外国語の摂取とその影響－－近代日本語史の一断面」『国語と国文学』36 巻 10 号、1959。

　鈴木修次「厳復の訳語と日本の『新漢語』」『国語学』132 集、1983。

　鈴木修次「〈進化論〉の日本への流入と中国」『日本漢語と中国─漢字文化圏の近代化』中央公論社、1981。

荘光茂樹「梁啓超について―新文体論と〈東籍月旦〉」『経済集志』53 号、1983。

孫建軍「「義務」の成立」『日本近代語研究 4』ひつじ書房、2005。

高田淳「厳復の『天演論』の思想―普遍主義への試み」『東京女子大学附属比較文化研究所紀要』20 号、1965。

高柳信夫「中村正直と厳復における J・S・ミル『自由論』翻訳の意味」石川禎浩、狭間直樹編『近代東アジアにおける翻訳概念の展開：京都大学人文科学研究所附属現代中国研究センター研究報告』京都大学人文科学研究所、2013。

田中牧郎「雑誌コーパスでとらえる明治・大正期の漢語の変動」『国際学術研究集会漢字漢語研究の新次元予稿集』国立国語研究所、2010。

田村紀雄・陳立新「梁啓超と在日期の文筆活動」『コミュニケーション科学』20 号、2004。

田村紀雄・陳立新「梁啓超の日本亡命後の『受け皿』」『東京経済大学人文自然科学論集』118 号、2004。

千葉謙悟「中國語における『聯邦』―語誌および関連譯語をめぐって」沈国威編著『漢字文化圏諸言語の近代語彙の形成―創出と共有』関西大学出版部、2008。

陳力衛「日中の比較語史研究」田中牧郎・岡島昭浩・小木曽智信『近代語コーパス設計のための文献言語研究成果報告書』人間文化研究機構国立国語研究所、2012。

陳力衛「近代日本の漢語とその出自」『日本語学』30 巻 8 号、2011。

陳力衛「国際シンポジウム『近代語の語源研究とその周边』についての報告―『近現代辞源』の評を兼ねて」『東方』364 号、2011 年 6 月。

陳力衛「『新漢語』とはなにか―漢籍出典を有する語を中心に」坂詰力治編『言語変化の分析と理論』おうふう、2011。

陳力衛「梁啓超『和文漢讀法』とその「和漢異義字」について―『言海』との接点を中心に」沈国威編著『漢字文化圏諸言語の近代語彙の形成：創出と共有』関西大学東西学術研究所、2008。

陳力衛「近代漢語譯語再考」『日本比較文学会東京支部研究報告』4号、2007。

陳力衛「新漢語の産出と近代漢文訓読」『日本学・敦煌学・漢文訓読の新展開』汲古書院、2005。

陳力衛「『雪中梅』の中国語訳について―明治新漢語伝播の媒介としての役割」『文学研究』新典社、2005。

陳力衛「近代日本語における中国出自のことばについて」飛田良文編『アジアにおける異文化交流：ICU創立50周年記念国際会議』明治書院、2004。

陳力衛「近代語と中国語」『近代日本語研究』（『日本語学』臨増）明治書院、2004。

陳立新「梁啓超の評価問題について」『コミュニケーション科学』21号、2004。

中山茂「近代西洋科学用語の中日賃借対照表」『科学史研究』31巻181号、1992。

那須雅之「W. Lobscheid 小伝―『英華字典』無序本とは何か」『文学論叢』109号、1995。

那須雅之「W. Lobscheidの『英華字典』について（1）」『文学論叢』114号、1997。

西田谷洋「イペルテクスト性とテクスト生成―末広政憲と末広鉄腸の政治小説」『近代文学研究』19号、2002。

野口忠彦「『民主主義』は適譯か―「デモクラシー」譯語考序説（2）」『拓殖大学論集　政治・経済・法律研究』12巻2号、

2010。

野村雅昭「現代漢語データベースからみえてくるもの」『国際学術研究集会漢字漢語研究の新次元予稿集』国立国語研究所、2010 年 7 月。

野村雅昭「語彙調査データによる基本漢語の抽出」『早稲田大学日本語研究教育センター紀要』12 号、1999。

野村雅昭「結合専用形態の複合字音語基」『早稲田大学日本語研究教育センター紀要』11 号、1998。

朴孝庚「韓国語版『雪中梅』にあらわれた近代漢語について」『日本語研究』14 号、2007。

飛田良文・宮田和子「ロバート・モリソンの華英・英華字典 A Dictionary of the Chinese Languageについて」『日本近代語研究 1』ひつじ书房、1991。

広瀬和子「アジアにおける近代国際法の受容と適用」『東アジア近代史』通号 3、2000。

藤井隆「概念の革新―梁啓超『十種徳性相反相成義』を読む」『広島修大論集　人文編』42 巻 1 号、2001。

古田東朔「訳語雑見」『国語研究室』2 号、1963。

松井利彦「漢訳語の日本語への受容―漢訳《万国公法》の〈責任〉の場合」『文林』36 号、2002。

松井利彦「漢訳万国公法の熟字と近代日本漢語（近代語の研究）」『国語と国文学』62 巻 5 号、1985。

松田清「吉雄権之助訳蘭英漢対訳辞典の編集法について」内田慶市編『周縁アプローチによる東西言語文化接触の研究とアーカイヴスの構築』関西大学東西学術研究所、2017。

宮島達夫「日中同形語の发掘」国際シンポジウム『近代語の語源研究とその周辺』関西大学、2011 年 3 月。

宮島達夫「語彙史の巨視的比較」，《汉日语言对比研究论丛》

第 1 辑，北京大学出版社，2010。

宮島達夫「『共産黨宣言』の訳語」言語学研究会編『言語の研究』むぎ書房、1979。

茂木敏夫「中国における近代国際法の受容―"朝貢と条約の並存"の諸相」『東アジア近代史』通号 3、2000。

森岡健二「開化期翻訳書の語彙」『近代の語彙　講座日本語の語彙 6』明治書院、1982。

森岡健二「訳語の方法　特集・明治初期の言語生活」『言語生活』筑摩書房、1959。

安岡昭男「日本における万国公法の受容と適用」『東アジア近代史』通号 2、1999。

八耳俊文「ウェルカム図書館蔵ホブソン文書を用いたベンジャミン・ホブソン（合信）伝」『青山学院女子短期大学総合文化研究所年報』11 号、2003。

八耳俊文「幕末明治初期に渡来した自然神学的自然観―ホブソン『博物新編』を中心に」『青山学院女子短期大学総合文化研究所年報』4 号、1996。

八耳俊文「清末期西人著訳科学関係中国書および和刻本所在目録」『化学史研究』22 巻 4 号、1995。

八耳俊文「漢訳西学書『博物通書』と"電気"の定着」『青山学院短期大学紀要』46 輯、1992。

馮自由著・薮田謙一郎訳「日本人徳富蘇峰と梁啓超」『新島研究』88 号、1997。

山下重一「中村敬宇訳『自由之理』―ミル『自由論』の本邦初訳（一）（二）（三）」『国学院法学』47 巻 4 号、48 巻 1 号、48 巻 2 号、2010。

山下重一「中国におけるミル『自由論』の受容―厳復訳『群個権界論』（1903）（上）（下）」『国学院法学』38 巻 1～2 号、

2000。

　　山下重一「ミル『自由論』の日本と中国における初訳―中村敬宇訳『自由之理』と厳復訳『群個権界論』」『英学史研究』33号、2000。

　　山田敬三「『新中国未来記』をめぐって―梁啓超における革命と変革の理論」狭間直樹編『共同研究梁啓超：西洋近代思想受容と明治日本』みすず書房、1999。

　　山本忠士「日中間のコミュニケーション・ギャップ考（3）中国的“百科全書式”巨人・梁啓超と日本」『日本大学大学院総合社会情報研究科紀要』5号、2005。

　　吉田寅「中国語科学書『博物新編』とその日本版」『東洋史論集』3号、1990。

　　米川明彦「近代語彙考証6―進化論」『日本語学』2巻9号、1983。

　　李冬木「「天演」から「進化」へ―魯迅の進化論の受容とその展開を中心」石川禎浩・狭間直樹編『近代東アジアにおける翻訳概念の展開：京都大学人文科学研究所附属現代中国研究センター研究報告』京都大学人文科学研究所、2013。

　　劉凡夫「中国語辞書《辞源》初版に収録された日本語語彙の性格」『国語学研究』32号、1993。

　　林学忠「日清戦争以降中国における国際法の受容過程―特に国際法関係の翻訳と著作をめぐって」『東アジア地域研究』2号、1995。

　　盧守助「1903年における梁啓超の思想変化」『環日本海研究年報』11号、2004。

　　盧守助「梁啓超の日本観：新漢語と新文体を中心に」『現代社会文化研究』35巻、2006。

三　英文类

Lydia H. Liu, *Translingual Practice Literature*, *National Culture*, *and Translated Modernity*: *China*, *1900 – 1937*, Stanford: Stanford University Press, 1995.

James Reeve Pusey, *China and Charles Darwin*, Cambridge: Harvard University Press, 1983.

Alexander Wylie, *Memorials of Protestant Missionaries to the Chinese*: *Giving a list of their Publications and Obituary Notices of the Deceased*, Shanghae: American Presbyterian Mission Press, 1867.

语词索引

后　记

本书是自己的第一部中文专著，交稿以后就一直忐忑不安，总觉得应该再缓缓，再做一些修改后可能会放心一点。但自己也知道，一直过着"债台高筑"的生活，到一定时候总得要有个交代的。

其实在十年前，就有北京的朋友怂恿我出一本自己的集子，当时也答应下来了。可没想到，十年来不停地被各种稿债所逼，不断地在写新的文章，最关键的是自己也乐此不疲，写新的内容到底比总结旧的要愉悦得多。这次，复旦大学章清教授策划的这套"学科、知识与近代中国研究书系"，拙著能忝列其中，感到甚为荣幸的同时，面对北京的朋友，却总有一丝挥之不去的内疚。

十多年来，自己陆续用中文写了一些稿子，也有些是先有日文，后改译为中文的，所以文章里不时可见翻译的痕迹。今天摆在大家面前的这部成果，可以说是至今所写的论文的一个汇编，当然考虑到内容的相互关联和读者的需求，对许多章节做了大幅度的修改。

序章最早是登载在《21 世纪经济导报》（2007 年 5 月 28 日）的读书栏里的，占了整整一版，当然之前是先在清华大学中文系王中忱教授邀请下做的一个报告，然后应编辑李二民先生的稿约写就的，他将题目改作"语词的漂移"。这次作为本书的序章，的确是能概观全书内容并凸显这一主题的。

第一编主要讲西学在"东渐"后,实际上还有个再次从中国东渐到日本的过程。第一章"近代中日新词研究的方法和问题点"实际上是承序章内容,从日语的角度重新整理了新词研究的问题,并提示了具体的数据图表等。该文最先用日语写就,为杂志『日本語学』"近代漢語"特辑(2011 年 7 月)的一篇,后又改写为中文,登在朱京伟教授策划的《日语学习与研究》杂志"中日词汇交流与近代新词研究"特辑(2012 年 3 月)上,作为本书讨论的一些基本问题,特别是就如何判断语词的出处问题展示了方法。第二章"马礼逊《华英・英华辞典》与日本的洋学"和第三章"对译概念的形成:19世纪英华字典提供的丰富译词"是相连贯的,都是讨论 19 世纪英华字典如何被日本接受的问题。最早的雏形是登载在北京大学陈少峰教授主编的《原学》第 1 辑(中国广播电视出版社,1994)和第 3 辑(1995)上的两篇文章:《早期的英华辞典与日本的洋学》和《从英华字典看汉语中的"日语借词"》,后来又应北京外国语大学张西平教授之约,专门为《马礼逊研究文献索引》(大象出版社,2008)写下《马礼逊〈华英・英华辞典〉在日本的传播和利用》一文,以此为第二章,并增加了一些新内容。而《原学》上的两篇文章则被改写为第三章。但实际上,还增加了一些本书第十二章的前半部分内容。因为加上第十二章就构成了我们所说的 19 世纪英华字典影响日本的英和辞典,而 20 世纪的英和辞典又影响我们的英华辞典,即语词交流的一个大循环。从第四章到第六章都是讨论 19 世纪汉译西学新书在日本的接受和利用问题,它与英华字典问题是相辅相成的,也深刻地影响了日本的"洋学"。这三章都是先有日文底稿,然后改写为中文的:第四章先以「『博物新編』の日本における受容形態について」为题登载在『日本近代語研究 4』(ひつじ書房、2005)上,继而才有中文稿《新词新概念的吸收和对应——日本对自然科学词汇的吸收》(《出版文化的新世界:香港与上海》,上海人民出版社,2011)。第五章的底稿和口头报告都是用日语做的(第 272 回近代语研究发表会，2010 年 4 月 24 日于明治大学），但在形成文字稿时，中文稿《从汉译〈万国公法〉到和译〈国际法〉——汉语概念在日语中的形成和转换》（《印刷出版与知识环流——十六世纪以后的东亚》，上海人民出版社，2011）在先，日文稿反倒晚了两年，收在野村雅昭教授编的『現代日本漢語の探求』（东京堂出版、2013）里。第六章"传入日本的江南制造局西学新书"最早以「明治初期における漢訳洋書の受容」为题登在日文杂志『東方学』99 辑（2000 年 1 月）上，也收在拙著『和製漢語の形成とその展開』（汲古書院、2001）里，中文稿发表在《历史上的中国出版与东亚文化交流》（百家出版社，2009）上。之所以这三篇汉译西学新书的文章都发表在上海出版的文集里，是因为那几年一直参加复旦大学邹振环教授牵头的出版史研究会。

第二编则主要围绕来自日本的"东学"所引发的问题，前三章分别以代表性的三种文献为主轴，分析了语言、文学、思想上的种种影响和演变。开头的第七章也是先以日文「梁啓超『和文漢讀法』とその『和漢異義字』について—『言海』との接点を中心に」为题登在沈国威教授主编的『漢字文化圏諸言語の近代語彙の形成—創出と共有』（関西大学東西学術研究所、2008）上，后来中文稿登载在刘东教授主编的《中国学术》第 31 辑（2012）上。第八章也同样，先是有日文稿「『雪中梅』の中国語訳について—明治新漢語伝播の媒介としての役割」（『文学研究』、2005 年 4 月），然后才是中文稿《日本政治小说〈雪中梅〉的中文翻译与新词传播》（《东亚人文》第 1 辑，三联书店，2008）。今年 9 月应陈建华教授之邀，在复旦大学讲课时，又做了大幅度修改，后由王升远教授转载在微信公众号"东亚评论"上。第九章则与第五章的情形相似，底稿和口头报告都是用日语做的（第 194 回近代语研究发表会，2002 年 5 月 17 日于东京都立大学）。2005 年秋，应金观涛、刘青峰伉俪的邀请，参加香港中文大学举办的纪念《二十一世纪》

杂志创刊 20 周年研讨会，提交了中文稿《〈共产党宣言〉的翻译问题》，翌年登载在该刊第 93 期（2006），日文版反倒是由别人翻译后登载在『マルクス・エンゲルス・マルクス主義研究』49 号（2008年 5 月）上。后来中文稿又经修改，以《让语言更革命——〈共产党宣言〉的翻译版本与译词的尖锐化》为题收在孙江教授主编的《新史学》第 2 卷（中华书局，2008）。日文稿则依此又加修改后收在孙江、刘建辉教授编辑的『東アジアにおける近代知の空間の形成』（東方書店、2014）里。

　　第二编的后三章则偏重日语影响下的词汇和文体问题。第十章"汉语欧化过程中的日语因素"本来是一次研讨会的发言稿，最早刊登在关西大学『東アジア文化交涉研究』别册 7 号（2011 年 3月），2017 年在北京大学参加"现代文学与书写语言"学术会议，经王风教授推荐，将此稿改写后登载在《文汇学人》（2018 年 1月 5 日）纪念文学革命百年特辑上。这篇文章讨论汉语文体接受日语影响后所发生的变化，而文体问题又是我们研究近代语言的终极目标，其中所涉及的例子也多出于前三章，算是换一角度来思考所谓汉语欧化语法的问题，只是因为是写给报纸，篇幅不得不缩小了。剩下两篇都是谈辞典是如何对应日语新词的。第十一章如题所示，讲近代汉语辞典在这一问题上的困惑，这也是应清华大学王中忱教授约稿，登在《东北亚外语研究》2014 年第 2 期上的，内容上与本编第七章也有些关联。第十二章谈 20 世纪以后中国的对译辞典是如何吸收日语新词的，当然是承第一编第二、第三章的内容，该文先用日文写就，发表在名古屋大学办的 *JunCture* 3 号（2012）上，中文稿则登载在香港中文大学王宏志教授主编的《翻译史研究》第 2 辑（复旦大学出版社，2012）中。收入此书时，将该文有关 19 世纪英华词典的部分放到第一编第二、第三章里去了，仅保留 20 世纪英和辞典对英华辞典的影响部分，以便与此编的时代背景相吻合。

　　第三编是具体语词概念的历史追溯，均以上述两编所涉及的文献材料为背景。首篇第十三章是概念史研究的简述和基本问题的呈现。既然西方概念与东亚的"接轨"是通过语词的翻译得以实现的，那么如何厘清东西文化交流中"橘越淮为枳"的现象，便成为东亚概念史研究的重要一环。这也是应前中国社会科学院外国文学研究所研究员叶隽先生的邀请，参加2016年盛夏在密云举办的"侨易学关键词"学术研讨会的发言稿。之后的五篇都是语词各论。第十四章的"'民主'与'共和'"是方维规教授推荐给《东亚观念史集刊》创刊号（政大出版社，2011）的，后来又蒙彭广陆教授不弃，以简体字版登载在他主编的《日语研究》第9辑（商务印书馆，2014）。第十五章"'主义'知多少？"则是《学术月刊》编辑周奇先生的稿约，当然之前也是在复旦大学召开的一个研讨会的发言稿，在最后校对阶段，当时的主编田卫平先生亲自打来电话确认细节，令人感动不已，最终登载在该刊2012年第9期上。第十六章则包括了三条词史："社会主义"、"共产主义"和"帝国主义"，前两条登在孙江教授主编的《亚洲概念史研究》第2辑（三联书店，2014）上，后一条在《东亚观念史集刊》第3期（2012）上发表，简体字版后来登在陈百海教授主编的《日本学研究纪念论文集》（黑龙江大学出版社，2014）。第十七章终于开始讨论严复的译词问题，由此知道"优胜劣败，适者生存"其实是进化论传播中的日语译词。该研究的契机是受王中江教授之邀，参加2013年秋在北京大学举办的"严复：中国与世界"国际学术会议，当时台北中研院近史所所长黄克武先生亦与会，给予了不少建议和鼓励。该文最终以繁体字版刊登在中研院近史所黄自进、潘光哲先生主编的《近代中日关系史新论》（稻乡出版社，2017）一书中，此次收入本书，改为简体字版。最后的第十八章围绕"金字塔"的认识及其意象形成，看中日两国是如何相互影响的。该稿也是经过在中研院近史所的口头报告，得到邹振环教授的鼓励，最后形成文字发表在《翻译史研究》第6辑（2017）上，算是此书收录的最新的稿子。

终章本来想写些总结性的文字，但每次参加各种学术会议，大家都爱问我一个问题：中文里到底有多少日语借词？我也觉得自己有义务回答之，于是，便把回答这一问题的日文文章（「現代中国語にどのくらいの日本借用語があるのか」沈国威・内田慶市編著『東アジア言語接触の研究』関西大学出版部、2016）简约后改写成中文，加上自己最新的认识，权作本书的结论了。

以上，之所以这么唠唠叨叨地交代各章的出处，一是要感谢自己在学术活动中遇到的各位先生的提携以及挚友陈继东、张明杰、李长波的不断鼓励；二是从最初的论文到成书已经有了多年的间隔，除了纠正一些错误外，这次整理和改稿毕竟呈现的是现阶段的看法，若需要与以前做比较的话，至少应该提供最早的原稿出处；三是上述用中、日文发表的论文横跨不同的专业和地区，且多刊登在以书代刊的集子里，以至于有一次编辑审稿说从知网上根本找不到我引的自己的几篇论文，真让我有嘴难辩。历史系的朋友也说没见过我写在日语学杂志上的论文。所以此次能有机会将自己的文章汇为一册，以完整的形式展现自己的研究脉络，岂不是件幸事？

前面提到过，文章的一半以上都是经日文转译过来的，文字显得有些生硬，当然主要原因是自己的文采欠缺。还有一点可以辩解的是，我自己是做语言史的，其基本的方法论就是客观描述语言事实和变化。所以，本书多在这方面用功，以材料说话，在许多人看来会觉得有些枯燥，且缺乏理论，又没有提出什么新的学说。尽管这样，给大家呈现的这本书，算是自己这十多年来努力的结果，剩下的只等读者的批评和指正了。

这份稿债也是一拖再拖，若没有章清教授的反复催促，尚不知能拖到何时。到了最后的关节，恰逢今年9月中旬在南京大学讲学，一并客串一个学术研讨会，编辑室主任宋荣欣女士亲自赶到南京督战，章清、孙江两教授在旁击边鼓，更是让我在惶惶不安中，抱着赎罪的心态，断断续续地写下了这篇后记。

2018 年 9 月 17 日草于南京大学国际会议中心

30 日改于东京神乐坂

　　又，交稿后不久，担任此书责任编辑的陈肖寒先生寄来了他编辑后的稿子，让人佩服不已，且更感自己的文稿不备，让编辑花费了大量时间和精力，在此谨表示歉意并致以衷心的感谢。

2018 年 10 月 31 日

图书在版编目（CIP）数据

东往东来：近代中日之间的语词概念／陈力卫著
. －－北京：社会科学文献出版社，2019.6（2022.9重印）
（学科、知识与近代中国研究书系）
ISBN 978 - 7 - 5201 - 4306 - 6

Ⅰ.①东… Ⅱ.①陈… Ⅲ.①日语 - 语言史 - 研究 -
近代 Ⅳ.①H330.9

中国版本图书馆 CIP 数据核字（2019）第 026933 号

·学科、知识与近代中国研究书系·

东往东来：近代中日之间的语词概念

著　　者／陈力卫

出 版 人／王利民
责任编辑／梁艳玲　陈肖寒
责任印制／王京美

出　　版／社会科学文献出版社·历史学分社（010）59367256
　　　　　　地址：北京市北三环中路甲 29 号院华龙大厦　邮编：100029
　　　　　　网址：www. ssap. com. cn
发　　行／社会科学文献出版社（010）59367028
印　　装／三河市东方印刷有限公司

规　　格／开　本：787mm × 1092mm　1/16
　　　　　　印　张：34.5　字　数：523 千字
版　　次／2019 年 6 月第 1 版　2022 年 9 月第 5 次印刷
书　　号／ISBN 978 - 7 - 5201 - 4306 - 6
定　　价／158.00 元

读者服务电话：4008918866